JN244367

フランス・クリュニー地方のロマネスク教会堂建築群

―建築記述と実測図面―

西田 雅嗣

アラン・ゲロー

中央公論美術出版

A l'ombre de Cluny, les églises romanes en Bourgogne du Sud
- Description et plan -

NISHIDA Masatsugu

Alain GUERREAU

Published 2019 in Japan by Chuokoron Bijutsu Shuppan Co., Ltd.

ISBN 978-4-8055-0870-1

1. アムニ教会堂
L'église d'Ameugny

会堂頭部・鐘塔
Chevet et clocher.

身廊から内陣方向を見る
L'intérieur de la nef depuis l'ouest.

2. ベルジュスラン教会堂
L'église de Bergesserin

会堂頭部・鐘塔
Chevet et clocher.

西正面・身廊南面・鐘塔
Façade ouest, nef et clocher.

身廊から内陣方向を見る
L'intérieur de la nef depuis l'ouest.

身廊東端第4ベイの南側に開く祭室
Chapelle latérale du côté sud de la nef.

3. ベルゼ＝ラ＝ヴィル修道士礼拝堂
La chapelle des moines de Berzé-la-Ville

4. ブラノ教会堂
L'église de Blanot

会堂頭部と付属建物の遠景
Le chevet de la chapelle des moines et les bâtiments contigus.

西正面
Façade ouest.

会堂頭部・鐘塔
Chevet et clocher.

内陣とその装飾
Le chœur et sa décoration.

アプシスと12世紀の天井画
Abside de la chapelle avec son décor peint du XIIe siècle

身廊から内陣方向を見る
L'intérieur de la nef depuis l'ouest.

5. ブランシオンのサン＝ピエール教会
L'église Saint-Pierre de Brancion

6. ビュフィエール教会堂
L'église de Buffières

北東から見た教会堂外観
L'église vue depuis le nord-est.

会堂頭部・鐘塔
Chevet et clocher.

南西から見た身廊・鐘塔
Nef et clocher depuis le sud-ouest.

身廊からアプシスを見る
Nef vue vers l'abside.

身廊から内陣方向を見る
L'intérieur de la nef depuis l'ouest.

南側身廊大アーケード
Grandes arcades de la nef, côté méridional.

7. シャルボナ教会堂
L'église de Charbonnat

東南から見た教会堂外観
L'ensemble de l'église depuis le sud-est.

アプシス・鐘塔
Abside et clocher.

身廊、内陣方向を見る
Nef vue vers le chœur.

8. シャルリュー修道院前身廊
L'avant-nef de l'abbatiale de Charlieu

前身廊北面と扉口装飾
L'extérieur nord de l'avant-nef et le tympan du portail nord.

前身廊地上階、南を見る
L'intérieur du rez-de-chaussée de l'avant-nef, vu vers le sud.

9. クレ教会堂
L'église de Cray

会堂頭部・鐘塔
Chevet et clocher.

身廊、内陣方向を見る
Nef vue vers le chœur.

10. キュルティル＝ス＝ビュフィエール教会堂
L'église de Curtil-sous-Buffières

会堂頭部・鐘塔
Chevet et clocher.

鐘塔北面
Clocher, côté nord.

身廊・内陣方向を見る
Nef vue vers le chœur.

鐘塔下のヴォールトが架かる矩形の内陣
とアプシス
Travée barlongue sous clocher et l'abside.

11. ドゥテ教会堂
L'église de Dettey

アプシス・鐘塔
Abside et clocher.

身廊、内陣方向を見る
Nef vue vers le chœur.

12. ドンズィ＝ル＝ペルテュイ教会堂
L'église de Donzy-le-Pertuis

会堂頭部・鐘塔
Chevet et clocher.

鐘塔、北西から見る
Clocher vu depuis le nord-ouest.

身廊、内陣方向を見る
Nef vue vers le chœur.

鐘塔下のトロンプ・ドームが架かる矩形
の内陣
Travée barlongue sous clocher, voûtée par
une coupole sur trompes.

13. ラ・ヴィヌーズ教会堂
L'église de la Vineuse

南東から見た鐘塔
Clocher vu depuis le sud-est.

南西から見た鐘塔
Clocher vu depuis le sud-ouest.

14. ル・ピュレ教会堂
L'église du Puley

西正面
Façade occidentale.

身廊、内陣方向を見る
Nef vue vers le chœur.

内陣・アプシス
Chœur et abside.

会堂頭部
Chevet.

15. マレのノートル＝ダム教会堂
L'église Notre-Dame de Malay

南西から見上げた鐘塔と南袖廊
Clocher et bras sud du transept depuis le sud-ouest.

身廊大アーケード
Grande-arcade de la nef.

16. マルシニ旧修道院
L'ancien prieuré de Marcigny

身廊内部・西立面痕跡
Trace de l'élévation occidentale de la nef de l'ancienne priorale.

南袖廊内部、東南隅を見る
L'ancienne priorale, l'intérieure du croisillon sud, vu vers l'angle sud-est.

身廊内部南立面と交差部南立面の現状
L'ancienne priorale, l'état actuel de l'élévation sud de la nef et de la croisée.

南袖廊内部、東北隅を見る
L'ancienne priorale, l'intérieure du croisillon sud, vu vers l'angle nord-est.

17. マッシー教会堂
L'église de Massy

西から見た教会堂外観
Église depuis l'ouest.

アプシス
Abside.

鐘塔南東面
Clocher vu depuis le sud-est.

身廊・内陣方向を見る
Nef vue vers le chœur.

身廊、内陣から西側入り口方向を見る
Nef vue depuis le chœur vers l'entrée ouest.

鐘塔内部
L'intérieur du clocher.

18. マズィユ教会堂
L'église de Mazille

東南から見た教会堂全景
L'ensemble de l'église vu depuis le sud-est.

西南から見た教会堂全景
L'ensemble de l'église vu depuis le sud-ouest.

鐘塔西側面
Côté occidental du clocher.

勝利門アーチとその向こうの内陣、アプシス
L'arc-triomphal et la travée barlongue sous clocher, l'abside au-delà.

アプシス
Abside.

鐘塔内部、三角錐屋根内部
L'intérieur du toit pyramidal couvrant le clocher.

19. ウジ教会堂
L'église d'Ougy

北東から見た教会堂全景
L'ensemble de l'église vu depuis le nord-est.

西南から見た教会堂上部
La partie haute de l'église vue depuis le sud-ouest.

身廊、勝利門アーチ・アプシス方向を見る
Nef vue vers l'arc-triomphal et l'abside.

鐘塔内部、頂部四角錐の見上げ
L'intérieur du clocher, vu vers l'espace pyramidal du toit.

20. サン＝ヴァンサン＝デ＝プレ教会堂
L'église de Saint-Vincent-des-Prés

南西から見た教会堂全景
L'ensemble de l'extérieur depuis le sud-ouest.

南東から見た外観
L'extérieur vu depuis le sud-ouest.

身廊、アプシス方向を見る
Nef vue vers l'abside.

21. テゼ教会堂
L'église de Taizé

南西から見た教会堂全景
L'ensemble de l'église depuis le sud-ouest.

交差部のトロンプ・ドーム
Croisée du transept voûté par une coupole
octogonale sur trompes.

北側の身廊大アーケード
Grandes-arcades du côté nord.

南東から見た鐘塔
Clocher vue depuis le sud-est.

身廊、アプシス方向を見る
Nef vues vers l'abside.

目　次
Sommaire

はじめに

　本書は、著者である西田雅嗣が、2012年度から2016年度まで、「建築考古学と尺度論によるロマネスク建築像の再考」と題して科学研究費助成事業・基盤研究（A）の助成を得て実施した学術調査の報告書の公刊という意味合いを持つ。科学研究費を得る以前の2006年から様々な研究費により実施された関係する実測調査の結果も合わせて、「フランス・クリュニー地方のロマネスク教会堂建築群」という学術的な枠組みを設定して出版するものである。

　日本では通常、クリュニー第二、三修道院などに代表される例外的な傑作大規模教会堂建築がロマネスク建築の一般的なイメージを形作っているが、現在の欧米の研究では、従来注目されてこなかった、しかし数多く遺る比較的小規模の教会堂にも注目し、今までのロマネスク建築イメージを刷新しつつある。非常に多くのロマネスク教会堂が遺るフランス・ブルゴーニュ地方はこうした小規模教会堂に着目した研究には格好の地であるが、その中でもロマネスクの代名詞でもあるクリュニー修道院があるクリュニー地方を中心とした地域の村落に散在する、あまり知られるところのない比較的小振りの二十一のロマネスク教会堂について、著者西田の研究室が2006年から2016年までの10年間に行った実測を中心とする建築考古学調査を本書にまとめた。

　建築史・美術史の専門家にとっても、中世の専門家でない限りは、日本においてはロマネスク建築について普通に参考にできる文献は非常に限られている。もはや大規模傑作モニュメントだけを相手としているのではない欧米での現在のロマネスク建築議論の理解に必要な基礎資料が、従って、日本には全く存在しない。クリュニー地方という限られた地方であるが、ロマネスク建築が最も豊かに展開した地方の比較的小規模の、我が国ではいずれも我々が初めてその建築を学術的に紹介する建築群に関する、学術的に信頼できる本邦初の建築基礎資料集を刊行することが本出版の大きな目的である。本書は、書名に示したテーマに関する、建築図面を主とした学術的な建築基礎資料集である。

　従って本書は、10年間に渡って定期的に継続してきた我々の現地での建築調査に基づく実証的な研究成果であり、我々が作成した、フランスにおいても未だかつて作成されたことのなかった正確・精緻な実測図面が本出版によって初めて公となる。また、

本書のフランス語での建築記述のうち半数近くは、フランス人専攻研究者アラン・ゲロー氏が、我々と共同して行った現地調査をもとにして、本書のために書き下ろした文章である。

　本書の核となる内容である実測図面は、ほとんどが文化財指定を受けている建築の図面であるが、フランスにおいては未だ一度も、本書に掲載するような形での学術的基礎資料となり得る正確な信頼に足る図面が作成されたことがないといってよく、本書は従って、フランスにおいても学術的基礎資料としての価値を持つであろう。実際、本書所収のマズィユ教会堂のように、我々が作成した実測図面が契機になって、教会堂所有者である自治体が国・地方の補助金を得て、修復工事が実現した教会堂もある。

　本書の構成は、クリュニー修道院の建築を含むロマネスクの教会堂建築について論じた「序」の後、二十一の教会堂が、教会堂の地名のアルファベット順に並べられて、教会堂毎の二十一の章が来る。各章では最初に、その建築についての「建築記述」が示され、その後、著者西田の研究室が実測調査で作成した「実測図面」（平・立・断）が、筆者らが撮影した外観内観の写真と共に掲載される。「建築記述」には、著者西田の他、共同研究者であるアラン・ゲロー氏の手になるものが相当数含まれる。また我々が折々に日本建築学会で発表した論文の内容も含まれ、最新の知見や調査に基づく我々の新しい解釈も示した。本文は、フランスの関係方面からの期待に応えるとともに、日本での関係分野の学術的専攻的専門家の必要にも資するように考えて日仏の二か国語表記を原則としているが、厳密な対訳ではなく、一つの教会堂についての記述が、和文では西田が執筆し、仏文についてはアラン・ゲロー氏が執筆しているものもあることを断っておく。

　「実測」という方法論、「実測図面」を通しての建築理解というのは、日本的な建築史研究の方法である。こうした日本的方法が、フランスのロマネスク建築の信頼に足る基礎資料の形成に貢献できることは、意義ある国際交流だと考えている。概して、図面を通した技術的な側面からの歴史建築へのアプローチは日本的方法といえ、このような歴史建築への眼差しが、本書を通してフランスでの美術史・考古学の世界でも理解を得られるようになってくれればと考えている。

Préface

Le présent ouvrage, dont l'élément principal, le recueil de plans, est le fruit de nos enquêtes archéologiques sur des églises romanes *in situ*, qui ont été réalisées dans le cadre scientifique de recherches financées principalement par la JSPS - Japan society for the promotion of the science.

Ces enquêtes d'archéologie du bâti ont pour site de recherche la Bourgogne du sud, région qui compte la plus grande densité en églises romanes au monde. Ces églises sont disséminées autour de Cluny qui était le centre religieux et culturel en Europe au Moyen Âge, et dont les abords comptent encore aujourd'hui une grande quantité d'églises romanes de taille plus ou moins modeste intégrées dans le paysage local.

Les recherches et les campagnes de relevé dont les principaux objectifs étaient d'effectuer des plans très détaillés et très exacts furent effectués par une équipe constituée de doctorants et étudiants en masters du laboratoire du Professeur Nishida à l'institut technologique de Kyoto, en collaboration avec des chercheurs et doctorants d'autres organismes.

Entre autres, c'était une grande opportunité pour nous d'avoir pu profiter de la présence de M. Alain Guerreau, directeur de recherche au CNRS, et cette collaboration avec lui était vraiment enrichissante. Les notices qu'il a écrites après nos visites et observations *in situ* se trouvent dans le présent recueil de plans.

Ce fut un très grand plaisir pour nous d'avoir effectué ces enquêtes en collaboration avec le CEP - Centre international d'études des patrimoines culturels du Chârolais - Brionnais - qui nous a été d'une aide précieuse. L'accueil très chaleureux et convivial dans ce Centre nous a permis d'avoir un contact intime avec la culture et la vie bourguignonne.

Après chaque campagne de relevé architectural des églises romanes en Bourgogne du sud, dans la mesure possible, nous avons publié de petits articles sous la forme de rapports et d'analyses immédiates dans des revues scientifiques d'architecture au Japon. Malgré des textes écrits dans une langue peu accessible pour les lecteurs français, nous avons décidé d'inclure ces publications japonaises, textes descriptifs et analytiques sur chaque église, à la fin de ce recueil telles que publiées dans les revues japonaises.

Le présent ouvrage est écrit en deux langues, en japonais et en français. Néanmoins, les contenus exprimés dans ces deux langues ne se correspondent pas pour tous les textes. Il ne s'agit pas de la traduction stricte. *Grosso modo*, c'est Alain Guerreau qui est l'auteur des notices en français, et les textes en japonais sont écrits par NISHIDA Masatsugu, ainsi qu'un petit nombre de notice en français et en japonais dont l'auteur pour ces deux langues est NISHIDA Masatsugu.

Dans les recherches archéologiques et historiques effectuées au Japon dans le domaine de l'architecture japonaise, la mesure et le relevé de plan occupent toujours une place primordiale. Même sans objectif concret, dans les études architecturales au Japon, on commence par mesurer les bâtiments et par dresser des plans très précis. Mesurer les bâtiments ainsi que dresser les plans sont non seulement considérés comme une méthode scientifique de base pour les recherches actuelles, mais aussi comme une façon d'appréhender l'architecture depuis l'époque ancienne. Au Japon l'action de mesurer est le point de départ pour aborder l'architecture ancienne. Pour cette raison, nous avons mis dans ce recueil les plans cotés également en parallèle des plans normaux sans cote. En espérant que cette approche archéologique et japonaise puisse contribuer aux recherches historiques de l'architecture romane en France.

NISHIDA Masatsugu

フランス・クリュニー地方のロマネスク教会堂建築群

A l'ombre de Cluny, les églises romanes en Bourgogne du Sud

—建築記述と実測図面—

Description et plan

本書は、独立行政法人日本学術振興会平成30年度科学研究費補助金（研究成果公開促進費）の交付を受けた出版である。

序

ロマネスクの建設ブーム

987年のロベール家出身ユーグ・カペーの即位は、領主権、地域の城主権、新たな奴隷階級の出現を伴って、西欧が封建社会へと突入したことを意味した。11、12世紀の西ヨーロッパでは、様々な政治的権力が分立し、諸公の勢力が拮抗する一方で、封建領主たちは、宗教的信仰心や世俗的な権力欲からカトリック教会の力に結びつき、活発な芸術擁護を推進するようになる。教会自体も、カロリング朝以来の世俗権力の介入を清算しつつ、「あるべき秩序」を求めてグレゴリウス改革などの教会の刷新運動を実行する。聖歌が集成され、教会堂の中で繰り広げられるミサ・典礼は、音楽を中心とした儀礼として整備される。神学も、古代の哲学思想の枠組みを借用して、その後スコラ哲学として姿を変えることになる、学問としての合理的形式を整え始める。教会建築を飾る彫刻・絵画、宗教儀礼に用いられる数々の工芸品などの高価な諸芸術作品も、諸公の芸術擁護を得て盛んに制作されるようになる。このような中で11世紀という時代は、極めて活発な建設活動を見せた。

紀元千年を生きた修道士ラウル・グラベールは、直接この様子を目にした。そして自らが編纂した『年代記』に以下のように記す。

紀元千年を超える三年目が近づく頃、この世界のほとんどすべて、とりわけイタリアとガリアの地で、人々は教会堂を建て替え始めた。建物の使用に不都合など何もない状態で、建て替える必要など全くないにも関わらず、キリスト教を信ずる人々全てが、より美しい教会堂を持とうと競い合うのを見た。世界は古い衣を脱ぎ捨てようとして身震いをし、そして教会という白い衣に着替えたかのようであった。ほとんどすべての宗教建築、大聖堂、様々な聖人に捧げられた修道院、そして村々の礼拝堂までもが、信者たちの手によって、もっと良いものに改められてしまったのである。

(第三巻、IV、13)

トゥールーズのサン゠セルナンやオータンのサン゠ラザール、あるいはクリュニー第三のようなロマネスクを代表するモニュメンタルな有名教会堂建築とともに、グラベールが記すこのロマネスクの一大建設ブームを如実に物語るのが、現在でもフランス各地の小村や小集落に現存する教区教会堂などの小規模ロマネスク教会堂である。特に、クリュニー修道院が本山を置いた南ブルゴーニュ地方に関しては、この地の東半分を占めるシャロレ゠ブリオネ地方だけでも、12、13世紀の建築部分を持つ現存の教会堂・礼拝堂の数は百三十棟近くに登るという驚くべき密度の高さが見られ、「村々の礼拝堂までもが、もっと良いものに改められた」というグラベールの記述を裏付ける。ロマネスクの教会堂や礼拝堂のほとんどは、壁や天井の石の表面に漆喰の上塗りが施されていたので、その姿は本当に「白い衣に着替えた」ものとして目に映ったと想像される。

クリュニー修道院

クリュニー修道院と、クリュニーの本山があるブルゴーニュ地方の司教団との間の、あるいは城主階層である領主との関係は、クリュニー修道院が創建された910年から始まって11、12世紀を通じて、もちろん一様ではない。例えば、11世紀初めにクリュ

ニー修道院が、教皇から交付された特許状により教区司教権から事実上免属すること
になり、これがクリュニー修道院の大きな展開の要因となるが、一方でこの教区司教
権からの免属はブルゴーニュ司教団とクリュニー修道院の大きな対立の原因ともなっ
た。城主階層は司教とクリュニーの間で機に応じて様々な動きをする。

　南ブルゴーニュ地方に、ロマネスク時代に数多く建設された教会堂の多くは教区教
会堂である。つまり名目上はクリュニー修道院とは直接の関係を持たない、あるいは
時代によってはむしろ敵対する権力が建設、維持、管理する教会堂である。しかし、
そうした教会堂の中にも、その教区教会堂の土地を寄進した領主が、クリュニー修道
院と貴族としての血縁的なつながりを持つ場合など、教区教会堂にクリュニー修道院
の影響がないとは言えない場合も多い。またクリュニー修道院所属の修道士は司祭と
して教区教会堂と関係を持つ場合もあった。そうした場合、クリュニー修道院の修道
士が司祭館を教区の中に、あるいはクリュニーに寄進された土地に建設し、そこに司
祭直属の、つまりクリュニー直属の教会を建設する場合もあった。さらには、クリュ
ニー修道院直轄の領地の中に設けられる礼拝堂や教会堂というのもある。もちろん、
クリュニー修道院の支院もあり、そこには修道院付属教会堂が建てられる。支院の中
には、当初クリュニーとは別の修道院として設立されたものが創設後にクリュニーに
所属して支院となるものと、創建がクリュニーによるクリュニーの支院としてなされ
る場合とがあった。

　クリュニー修道院の本山がある南ブルゴーニュ地方の、現存ロマネスク教会堂の密
度の高さは、以上のような様々な種類の教会堂や礼拝堂がクリュニーとの関係におい
て建設された結果であり、直接クリュニーの建てた建築であるかどうかは別として、
クリュニー修道院の本山の存在ゆえの現象であるといえる。

修道院長ユーグ・ド・スミュールとクリュニー建築

　クリュニー修道院は、910年、アキテーヌ公ギヨーム敬虔公がブルゴーニュの自ら
の所領に創設した修道院であるが、11世紀にもなるとベネディクトゥスの『戒律』の
厳格な遵守を目指す修道院改革の一大中心地として、従属修道院である支院を多数創
設し、修道院ネットワークが形成され、クリュニー建築の伝播に拍車がかかった。ま
た、特にブルゴーニュ地方では、上述のように教区教会堂などの教会堂にも関係を持

ち、直轄領地の教会堂や礼拝堂などもクリュニー建築の影響を様々な形で見せる。そ
して、こうしたクリュニー建築が、11世紀末になると全く新しい段階に達し、新しい
クリュニー建築も次第に周囲に影響を及ぼし始めるようになる。

　11世紀末、第六代クリュニー修道院長ユーグ・ド・スミュール（1024-1109）はス
ペインから得た資金によりクリュニーの地で、クリュニー第三と呼ばれる未曾有の規
模を誇った付属教会堂の建設を含む一連の建設工事に着手する。この巨大建築の建設
現場は、それまでの修道院の様相を根底から覆すもので、クリュニーは、瞬く間にク
リュニー世界の、あるいはヨーロッパにおける建築の一つのモデルとなり、12世紀の
建築の歴史に不可欠の役割を果たすことになった。新しい建築様式の中心地となった
クリュニーは実際、建設技術にとっての決定的な進歩を生み出す驚くべき実験場とも
言える地だったのである。

　ユーグ・ド・スミュールは、彼が建設した新しい修道院教会堂について、その規模
や平面の形式のみならず、建設技術や様式においても革新的な建築の計画を打ち出し
ている。この大修道院長は、クリュニー第三教会堂建設のために、現存するオータン
のサン＝ラザール教会堂のモニュメンタルな扉口のような、古代ローマのモニュメン
トに着想を得た全く新しい一つの様式を作り上げたのである。ユーグ・ド・スミュー
ルは、それまでの修道院建築を特徴付けていたロマネスク様式を拒否し、代わって古
代ローマの大規模建築、つまりキリスト教とは無関係の異教の建物群をモデルとして
採用したのである。この決断は、11世紀末の当時にあっては、革新的なものであった。
ロマネスク美術の新しいあり方、今日我々が12世紀ルネサンスと呼ぶものの基礎が
こうして築かれる。

　ユーグ・ド・スミュールが構想したこの巨大な修道院教会堂は、建築としてだけで
なく、同時に典礼においてもこの時代のモデルとなるように構想された。クリュニー
第三教会堂は、クリュニー世界の修道院生活規則に完璧に適応したものであったため、
このクリュニー第三の建築モデルは、クリュニー修道院傘下のどんな修道院建築でも
複製可能で、かつ有用だった。例えば、12世紀のブルボネ地方では、クリュニーの大
規模な娘修道院の中でもとりわけ重要であったスヴィニーのサン＝ピエール修道院教
会堂は、クリュニー第三教会堂と同じ五廊式で、ヴォールトの架けられた交差廊を二
つ備えた教会堂として拡張される。また11世紀末から12世紀初めにかけて、クリュ
ニーの最初の支院ラ・シャリテ＝シュール＝ロワール修道院教会堂やパレ＝ル＝モニ
アル修道院の教会堂のような建築が、クリュニー第三教会堂と同じ様式で再建される。

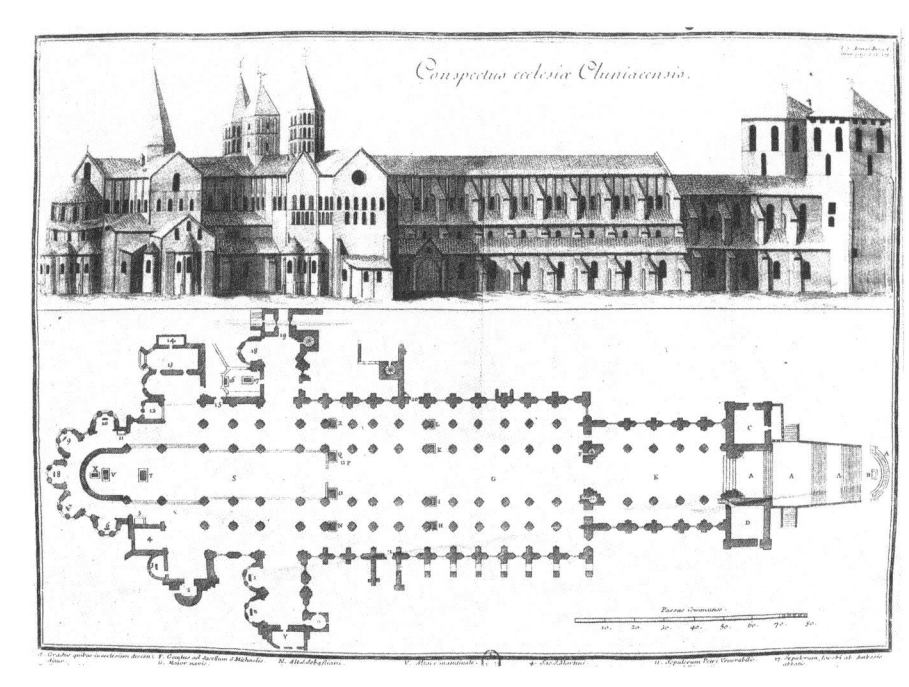

図序-1　クリュニー第三教会堂（1080-1130年）、1700年頃に描かれた図

（出典 Conant, 1968.）

図序-2　クリュニー第三教会堂、K.-J. コナントの復元断面図

（出典 Conant, 1968.）

ブリオネ地方にあるパレ＝ル＝モニアル修道院教会堂は、最も忠実なクリュニー第三のコピーとも言われる。この建築モデルは、本山修道院であるクリュニーから遠く離れた外国にまで輸出することができるモデルでもあり、イギリスのルース修道院教会堂（1090年以後の建設）は、クリュニー第三の忠実なコピーであるし、北イタリア、マントヴァ近くのポリローネには、1077年にクリュニーに寄進されたサン・ベネデット・ポ修道院が、五つの放射状祭室を持つ半円形周歩廊を持った教会堂として再建されている。現在のスイスにある、クリュニーの影響を強く受けたヒルサウ修道院に所属していたシャッフハウゼンでは、五廊式のクリュニー第三の計画を模倣した教会堂の建設が1080年代に開始されている。

　クリュニー第三教会堂は、その建設技術を通して、ゴシック建築への道筋もつけることとなる。実際、この建物の途方もない大きさ、とりわけそのヴォールト天井の高さは、それまでの建設の様々な技術を根底から覆すものであったし、その巨大建物の

図序-3　クリュニー第三教会堂、K.-J. コナントの復元図

（出典 Conant, 1968.）

図序-4　クリュニー第三教会堂、現存する南小袖廊内部

（写真　西田雅嗣）

5

実現のためには、それまでになかった技術的な解決策を考案する必要があった筈である。かくして、極めて高いところにある天井に架かるヴォールトを支持し、建物全体の安定性を確保するために、格子状に配置された基礎が開発されたりもした。また、13世紀の文書が「天使の周歩廊」と呼ぶ、クリュニー第三の光に溢れた内陣の半円形周歩廊は、直径約45cmの円柱で高さ9mのアーケードを支えるという大胆な試みであった。この技術は、クリュニー第三の工事開始の約50年後に再建工事が始まる歴代フランス王の菩提寺サン＝ドニ修道院教会堂の修道院長シュジェールに影響を与えた筈である。この同じ「天使」の光への指向、そして非常に細い円柱の使用が、サン＝ドニでは、クリュニーより一層強調された形で再び姿を表すのである。

南ブルゴーニュ

　ロマネスク建築の大きな特質の一つ、それも11世紀末から12世紀前半にかけて、ロマネスク建築が実験を繰り返しながら巨大な建築を志向し、そうして培った技術を総合して作り上げた新しい教会堂建築のあり方、これをクリュニー修道院の総本山の建築が、クリュニー第三教会堂に見るような形で作り上げた。そしてこのロマネスクの建築成果総合の第一波は、今日の通常のロマネスク建築史では、オータンやパレ＝ル＝モニアル、シャリテ＝シュール＝ロワール、ヴェズレなど一級の大規模モニュメントを通じて説明がなされるものの、ロマネスクの当時、最も多く建設され、紀元千年の修道士ラウル・グラベールが、「世界は古い衣を脱ぎ捨てようとして身震いをし、そして教会という白い衣に着替えたかのようであった」と証言した時に彼が、あるいは当時の多くの普通の人々が実際に目にし、実感として「白い衣」と感じた筈の、教区教会堂をはじめとする身近な小規模教会堂が、以上のようなクリュニー修道院とどのような建築的な関係を持ったのかはほどんど語られることがない。

　ちなみに、本書でいう南ブルゴーニュ地方とは、概ね、シャロレ＝ブリオネ地方、クリュニーを中に含むマコネ地方を合わせた地域を漠然と南ブルゴーニュ地方と呼んでいるもので、厳密な行政上の地方名称ではない。

　ロマネスク時代を通じて優れた教会堂建築を多く建造した事で知られ、フランス・ロマネスクを代表するブルゴーニュ地方であるが、従来のこうした評価は、クリュニー、ヴェズレ、オータン、パレ＝ル＝モニアル、フォントネ、トゥールニュのサン

＝フィリベールなどの一級のモニュメントによって形作られたものである。こうした大規模教会堂建築以外の、例えば、単身廊の小規模教会堂のような建築については余り知られていない。しかしながら、近年のフランスの研究では、有名なモニュメントとともに無名の小規模教会堂建築を多く取り上げることで「ブルゴーニュ・ロマネスク」を新たに描きあげる事を目論む概説書なども既に著されてる。

　11世紀末には既に未曾有の規模の宗教ネットワークが形成され、政治的に群雄割拠であった当時のヨーロッパ社会をこの宗教ネットワークが繋ぎ止め、「クリュニー帝国」と言われるほどの影響範囲を誇った文化圏の中心地である大本山クリュニーの周りには、当然ながらクリュニー修道院と有形無形の多くの関係持った町や村、集落が形成され、多くの建築が建設され、また多くの建築が時とともに姿を変え、あるいは消えて行った。全てがクリュニー修道院の傘下の建築だったわけではもちろんないが、クリュニー修道院の存在が、フランス、ブルゴーニュ地方に多くのロマネスクの建築の建設を促し、今でも極めて多くのロマネスク建築が残る。マコネ、ブリオネ、シャロレといった南ブルゴーニュの各地方に遺るロマネスク教会建築の密度は極めて高く、もちろんクリュニーを中心とするクリュニー地方にも多くのロマネスク建築が残る。当然この地方には、クリュニーの大修道院長やクリュニー本山の修道士が直接関与して建設した中小規模の建築も少なくはない。大規模教会建築だけからは理解できないクリュニーの建築的影響を考えることができる地方である。また、クリュニー修道院の勢力拡大に抵抗する、この地の司教や大聖堂、参事会の教会や、クリュニーに属さない修道院系列の教会、あるいは、クリュニーがこの地に展開する以前から南ブルゴーニュに一大宗教拠点として君臨していたトゥールニュ修道院に連なる宗教施設もまた存在していた。

　クリュニー地方を中心とする南ブルゴーニュ一帯のロマネスク教会堂建築群には、一つにはもちろん、大規模モニュメントには検証しえない別の形のクリュニー建築の特質が現れていると期待できる。それと同時に、非クリュニー系の宗教建築の存在も含めたロマネスク教会堂建築の数の多さからは、11世紀から12世紀にかけての、当時のこの地方の一般的な教会堂建築の様子もそこに見られると期待されるのである。

南ブルゴーニュの小規模教会堂建築

上に述べたユーグ・ド・スミュールのクリュニー第三教会堂のような例外的な巨大建築は別として、南ブルゴーニュ地方のロマネスクの教会堂建築は、建築的な規模で見て、概ね三種類に分類できる。

第一に、アンズィ=ル=デュクやマルシニー、あるいはパレ=ル=モニアルのような少数の大規模教会堂である。身廊の長さでその規模を測るなら、アンズィ=ル=デュク教会堂では、身廊の全長が43mにも及び、長さ方向に五つのベイを持ち、マルシニー修道院のサント=トリニテ教会堂では、二ベイから成る前身廊を備えた、四ベイから成る身廊の全長は45mに達する。クリュニー第三教会堂の建築の影響を大きく受けた、やはりクリュニー修道院長ユーグ・ド・スミュールの建築であるパレ=ル=モニアルのパレ第三教会堂は、とりわけ細身の円柱と光に満ちた空間を実現した放射状祭室を伴う半円形周歩廊内陣と、大きく発達した交差廊の存在に大規模教会堂の特徴を見せる。身廊に関しては、おそらく四ないし五ベイを持つものが計画されていたと考えられるが、結局は三ベイしか持たない短い身廊だけが実現された。

全長が30m程度の中規模教会堂は、建築としては大規模教会堂ほどの壮大な計画ではないが、建築の各部の建築的要素が明解に分節された建築を見せる。側廊よりも突出した交差廊を備え、両袖廊の東側には祭室が開き、身廊東端のアプシスとともに、内陣部には三つの祭室が開く。交差部には鐘塔が乗り、その外部は飾りアーケードのついた開口などで装飾される。通常三ベイから成る身廊には側廊が付き、三廊式の身廊部を形成する。マレのノートル=ダム教会堂やイグェランド、ヴァレンヌ=ラルコンスの教会堂などが中規模教会堂の代表例として考えられる。

この地方の教会堂建築の独創性は小規模教会堂に見られる。施主の資金的な不自由さのために、建築形態が見かけ上の複雑さや豪華さから逃れ、極めてシンプルなものとなり、それでいて各教会堂にそれぞれの個性が見られる。この地方のこうした小規模教会堂は一般に、鐘塔を上に乗せた矩形のベイが内陣を形作り、これを挟んで、東側に半ドームの架かったアプシスがあり、西側に単身廊が付いただけの簡素な構成である。矩形の上に建つ鐘塔の立面には飾りアーケードを持つ開口などの建築的な装飾が施される。多くの場合、矩形の内陣に祭壇が置かれる。この矩形の部屋とその上の塔は、場所の神聖さを視覚化している。

13世紀のマンドの司教ギヨーム・デュランは、教会堂建築のシンボリズムを建築各部にわたって解いた『典礼の霊的意味』の中で、「教会堂の塔は、教団の守りを堅牢にして教会を防護する教団の説教師であり高位聖職者である」といい、「塔の尖頭や頂点は、高みを求める高位聖職者の生命、あるいはその精神を表す」（第1章21節）とする。田園風景の中に屹立する南ブルゴーニュの小規模教会堂の鐘塔に込められた意味として容易に納得できる。「ブルゴーニュはまた美しい鐘塔の地方なのである」（R・クロゼ）。

鐘塔が見せる矩形の上に乗る塔という構成は、そのまま「神殿」という建築に現れたキリスト教的世界観の図式である。円が象徴する天上世界と、正方形が象徴する、その地上における似姿としての地上世界の二つを結ぶ垂直の軸が鐘塔である。この軸は世界軸である。鐘塔の四角錐、八角錐の屋根は、四角から円と移り変わる経過的な図形なのである。11世紀の神学者、ベネディクト会修道士のペトルス・ダミアヌスは「教会堂は世界の姿である」という。そしてこの姿は、現実の世界の形象という意味を持つと同時にこの世界の成り立ちの姿でもある。矩形のベイの上に鐘塔が乗る小規模教会堂の構成は、世界の成り立ちを最も単純な形で示していると中世の人々は考えた。南ブルゴーニュの鐘塔は、このことを鮮明に物語るといえる。

こうした鐘塔の重要性に対して、単身廊の小規模教会堂の場合、教会堂の西部分を構成する身廊部分は、鐘塔を含んでアプシスと矩形内陣からなる教会堂の東部分とは著しい対照を見せることが多い。平面で見ると、身廊の歪みが非常に大きい場合が多く、また内陣部の軸に対して身廊部のそれが随分とずれる例も多い。対して、鐘塔の乗る矩形のベイは概ね常に正確な長方形であり、やはり比較的正確な半円形を見せることの多いアプシスとともに、入念に計画、施工された事が窺える。この時代、こうした単身廊の教会堂の場合、内陣部と身廊部の管理者が異なり、身廊は往々にして教区民に管理、運営が任されたために、建設資金等の問題もあり、しばしば内陣部と身廊部との間にこうした違いを見せることがあるという。内陣は十分の一税徴収人が管理し、身廊は一般信者が維持管理をするという公的取決めも初期中世の文書に見られるともいう。こうしたこともあってか、内陣部は比較的手付かずのままロマネスク当時の建物が、そのまま大事に今日まで伝わってきている場合でも、身廊部に関しては、後世の改変、改築、再建などが多く見られ、19世紀、あるいは20世紀初頭に、側廊のついたゴシック様式で再建されていたり、あるいは、木造小屋組に木造天井の簡素な単身廊の建物に置き換えられていたりする場合が多く見られる。しかしながらこ

序

うした場合にあっても、現存の身廊部は、かつての身廊の基礎を再利用して建てられたりすることもあり、現存建物は、当初建築の身廊の何がしかを反映していると目される。

鐘塔を乗せる矩形の内陣部にも後補の手が加わっている場合も多い。内陣の南側、あるいは北側に聖具室が設けられている場合が多々あるのである。また内陣を挟んで南北の両側に矩形の部屋を附設して、矩形内陣とともに交差廊の様相を呈するものもあるが、大抵の場合、内陣両側の部屋は後補である。

こうした小規模教会堂に見られる建築の有り様は、教会堂のプロポーションにも現れていると考えられそうである。建物の実測から分かる寸法計画にそのことが示唆される。この地方の教会堂の建設に用いられた物差しは、1尺が29.5cm程度の長さのローマ尺か、あるいは1尺が30〜35cm程度の長さの、数種類のこの地方の古慣用尺のどれかであると考えられる。小規模教会堂の場合、大体の標準的な大きさがあるので、実際には、ある特定部分の同一箇所の寸法を比べてみても、寸法にそれほど大きなヴァリエーションがあるわけではないのは当然であるが、それでも、ローマ尺、あるいは地方古慣用尺のもとで、この地方の小規模教会堂は、例えば鐘塔の平面の一辺の外法寸法には、13、15という尺数が与えられており、内法には10、13というような数が現れる。矩形内陣については、ベイの形が、正方形のものと幅広長方形とのものとがあり一律には比較できないが、それでも一辺の長さの尺数には、8、10、12、15、16、20などの数を好んで使っているように見える。いずれの数も12世紀に著された数象徴論、例えばラングルのチボーのそれなどには、聖なる象徴的意味を持つ霊的な数としてあげられる数である。

こうした建築のあり方を見せる小規模教会堂は、この地方の建築的独創であると同時に、この地方では数多く建設された普通の教会堂でもあり、建築の基本的なあり方がここに現れていると見なせる。その簡単な建築は、この時代の装飾のあり方や、モエロン積みをはじめとする組積の実際、建設技術の当時の常識的な水準を見せている。その簡単な平面構成の中には、ロマネスク建築の寸法構成やプロポーションにとっての本質的な部分が読み取れる。これらの建築が現在に至るまでに経てきた時間の中での様々な変容もまた、現在の状態から建設当初の状態、改変の履歴を読み取ろうとする考古学的考察を通して、教会堂建築やロマネスク建築の本質を考える上での重要な知見を与えてくれる筈である。

[西田雅嗣]

九つの教会堂：

ベルジュスラン、ベルゼ＝ラ＝ヴィル、ブラノ、ビュフィエール、
キュルティル＝ス＝ビュフィエール、ドンズィ＝ル＝ペルテュイ、
ラ・ヴィヌーズ、マズィユ、ウジ

これら九つの建築についてのアラン・ゲローの手になる本書所収の建築記述の主要な情報源は以下である。

―― 当該地方の特許台帳、および証書集成（マコン、クリュニー、トゥールニュ）（ウェブ情報）
―― オギュスト・ロンニョンが出版したリヨン地域の教会財産目録
―― 19世紀の土地台帳（デジタル・ウェブ情報）
―― ジャン・リゴーのソーネ＝ロワール県の地理事典（ウェブ情報）
―― アンヌ＝マリー・ウルセルとレイモン・ウルセルの手になる通称『目録予稿』の中の項目（ウェブ情報、部分的に出版）
―― ガリア考古学地図（アラン・ルブール）に含まれる情報

以上に加えて以下のような、一連の資料も後々参照することが必要になるであろう。

―― ブシューとフェランの調査でまとめられたクリュニーに関する比較的新しい史料（ブシューのものはウェブ公開）
―― 司教の信者訪問記録（ウェブ情報）
―― 国有財産売却契約（目録がウェブ公開）
―― 1905年の目録（ウェブ情報）
―― 地方選出議員と地方自治体の一連の古文書
―― 専門機関の資料（シャラントンの歴史的記念建造物局MH、ディジョンの地方文化局DRAC、マコンの地域建築・文化財局STAP）
―― 自治体の古文書館

少なくとも以上のような情報は必要となるであろう。

しかしながら最も重要な資料は、今回すでに参照し、検討した資料である。とりわけ、西田らの作成した見事な実測図面が利用できたことは大きい。これら九つの教会堂は、棟数は少ないが、明らかに極めて均質なまとまりを形作っており、たとえ部分的で予備的なものであるとはいえ、これらの教会堂に関する観察と考察を全体的に系統だてようとする最初の試みにとっては、これらの実測図は、ほとんど完璧と言って良い分析を可能にするもので、理想的な資料である。

これらの九つの教会堂のうち、ベルジュスラン、ベルゼ＝ラ＝ヴィル、ブラノ、ドンズィ＝ラ＝ペルテュイ、マズィユ、ウジの六つがクリュニーに属するもので、ビュフィエール、キュルテイル＝ス＝ビュフィエール、ラ・ヴィヌーズの三つはマコン司教、あるいは大聖堂参事会に所属する教会堂である。

マズィユ、ビュフィエール、ベルジェスラン、そしてラ・ヴィヌーズの四つの教会堂について、考古学的・建築的な分析からのみ引き出された基本的な確認事項としては、我々は、はっきりと、そして明白に区別される二段階の〈ロマネスク〉建築の存在を目の当たりにしたことである。このことは、いうまでもなく、記述をする際に、できる限り時間軸に沿って編年的に各要素を体系づける仕事にとっては決定的な事実であり、年代判定の考古学的基準をより信頼できるものにしていくための唯一の方法である。ビュフィエールの例が、おそらく最も明快にこのことを物語る。組積だけでなく形態においても、隣接する要素の間に大きな差異が認められた。おそらく年代的にかなりの断絶を間に挟む二つの離れた工程が必然的に想定されることになる。

二番目に、多くの場合、入手可能な文書史料は、建物そのものと同時代的な関係にあるものであり、建物の本当の意味での建設年代を特定するために決定的な要件をもたらすものであるとうことを強調すべきであろう。これは、とりわけブラノ、ベルジュスラン、ラ・ヴィヌーズ、そしてベルゼ＝ラ＝ヴィルについて言えたことである。また反対に、ドンズィ＝ラ＝ペルテュイ、ビュフィエール、キュルテイル＝ス＝ビュフィエールの三つの教会堂の場合は、いかなる文書史料も建設時期を明らかにはしなかった。マズィユの場合は、文書史料と現存建物の関係は複雑である。そして、残りのウジの教会堂の場合にのみ、文書史料初出の建物が、今日我々が目にしている建物よりも前の建物のことであることが合理的に言えた。九棟の内、唯一のケースである。結果、マコネ地方では、おそらく、古い時代の文書史料が例外的に多く残っているために、検討した九つの教会堂のおよそ半数で、〈ロマネスク〉教会堂の建設に比較的直接的に結びつく文書を我々は手にしていると言える。反対のケース、つまり既に姿を消した建物に関する資料は、数も少なく例外的なものである。

最後に、尺度・寸法分析の重要性にも言及する必要がある。尺度・寸法分析は、これら九つの教会堂全てで可能であった。そして建物の大きさについての極めて明快な分析的視点をもたらしてくれ、いくつかのケースでは、建物の理解に役立つ重要な要素をもたらしてくれた。ブラノでの31.2cmの尺度や、マズィユでの33.2cmの尺度、あるいはビュフィエールの身廊周長に見られた144尺といった予期しない結果や、ブラノ、ドンズィ＝ラ＝ペルテュイ、ラ・ヴィヌーズの身廊、ベルゼ＝ラ＝ヴィルの床レベルのように、後世に改変された部分や取り壊された部分をより確実な形で再現させてくれた場合もあった。

これら九つの教会堂の記述に含まれる知見は、今からすぐにでも、建築の形態のみならず、建設技術や装飾も含めて、その編年体系の確立に利用できる。しかしながら、今回検討がかなった事例はわずかな数に過ぎない。同一形式の何十という建物が存在する地域もある。今回の知見を一般化するに当たっては慎重でなくてはいけない。

［アラン・ゲロー（西田雅嗣 訳）］

Introduction

A l'occasion des relevés architecturaux effectués par le Professeur Masatsugu Nishida et ses étudiants, j'ai eu la possibilité de me livrer à des observations approfondies de neuf « petites églises romanes » du Mâconnais. J'ai tenté de mettre en relation ces notes avec les informations que l'on peut trouver dans la documentation écrite, très copieuse dans cette zone à haute époque. J'en ai tiré entre 2011 et 2016 neuf notices brèves que j'ai reprises et complétées à l'occasion de la publication.

Les renseignements sont tirés principalement des sources suivantes : les cartulaires et recueils de chartes de la région (Mâcon, Cluny, Tournus)(en ligne), les pouillés de la province de Lyon publiés par Auguste Longnon, les plans cadastraux du 19e siècle (numérisés et en ligne), le dictionnaire topographique de Saône-et-Loire de Jean Rigault (en ligne), les notices dites de « préinventaire » d'Anne-Marie et Raymond Oursel (en ligne, partiellement publiées), les informations contenues dans la Carte Archéologique de la Gaule (Alain Rebourg).

Il sera ultérieurement nécessaire de consulter d'autres séries : les documents clunisiens 'tardifs', les enquêtes de Bouchu (en ligne) et Ferrand, les visites pastorales (en ligne), les contrats de vente des Biens Nationaux (inventaire en ligne), les inventaires de 1905 (en ligne), les archives des séries C (subdélégués) et O (communes), tous les dossiers des services compétents (MH à Charenton, DRAC à Dijon, STAP à Mâcon), les archives communales. Pour le moins.

Mais les documents déjà examinés sont les plus importants ; surtout, la possibilité d'utiliser les relevés remarquables du Professeur Masatsugu Nishida, qui permettent une vue analytique quasi parfaite de ces édifices, offre une occasion presque idéale pour tenter une première mise en ordre, partielle et provisoire, de l'ensemble des observations et réflexions relatives à ces neuf bâtiments, qui forment un petit ensemble indiscutablement très homogène.

Parmi ces neuf églises, six dépendaient de l'abbé de Cluny (Bergesserin, doyenné de Berzé-la-Ville, Blanot, Donzy-le-Perthuis, Mazille, Ougy) et trois de l'évêque de Mâcon ou du chapitre cathédral (Buffières, Curtil-sous-Buffières, La Vineuse).

La constatation fondamentale, tirée uniquement de l'analyse archéologique et architecturale, est que, pour quatre de ces églises, on est en présence de deux phases de construction 'romanes' très nettement et fortement distinctes : Mazille, Buffières, Bergesserin et La Vineuse. Cette conclusion est bien entendu cruciale au moment de mettre en ordre, autant qu'on le peut, les éléments de description en fonction d'une chronologie, seule manière de parvenir à élaborer des critères archéologiques de datation. Le cas de Buffières est sans doute le plus éclairant : on y observe, contigus, des éléments, aussi bien d'appareillage que de forme, totalement différents, qui renvoient nécessairement à deux phases probablement séparées par un important hiatus chronologique.

En second lieu, il importe de souligner que, dans la majorité des cas, des documents écrits disponibles sont directement en rapport (contemporain) avec les édifices et peuvent donc apporter des éléments décisifs pour la construction de la datation proprement dite des édifices. C'est particulièrement le cas à Blanot, à Bergesserin, à La Vineuse et à Berzé-la-Ville. Dans trois cas au contraire, aucun document n'éclaire la période de construction (Donzy-le-Perthuis, Buffières, Curtil-sous-Buffières). A Mazille, la situation est relativement complexe ; reste seulement le cas d'Ougy, où l'on peut raisonnablement considérer que la mention la plus ancienne concernait un édifice antérieur à celui que l'on a sous les yeux : cela fait seulement un cas sur neuf. Ainsi, en Mâconnais, sans doute en raison de l'exceptionnelle densité documentaire pour les périodes hautes, on dispose de textes plus ou moins directement liés à la construction des églises 'romanes' dans environ la moitié des cas ; le cas inverse (documents relatifs à un bâtiment disparu) est très minoritaire sinon exceptionnel.

Enfin, il n'est pas indifférent de noter que les analyses métrologiques, toujours possibles, qui permettent toujours une vue analytique bien plus claire des dimensions des édifices,

apportent dans plusieurs cas des éléments substantiels à la compréhension des bâtiments. Soit en faisant apparaître des conclusions inattendues (pied de 31,2cm à Blanot, ou de 33,2cm à Mazille, périmètre de 144 pieds à Buffières), soit en permettant de reconstituer avec plus de sûreté des parties modifiées ou disparues (Blanot, Donzy-le-Perthuis, nef de La Vineuse, niveau du sol de Berzé-la-Ville).

L'ensemble des éléments contenus dans ces notices autorise d'ores et déjà des mises en ordre chronologiques s'agissant aussi bien des formes, des techniques de construction, que des décors. Mais l'échantillon est bien modeste, sans doute encore trop modeste. La zone considérée comporte plusieurs dizaines d'édifices du même type, il y a lieu de rester prudent avant de généraliser...

[Alain GUERREAU]

モノグラフィー―各教会堂の建築記述と図面

Monographies - Déscription et plan des églises

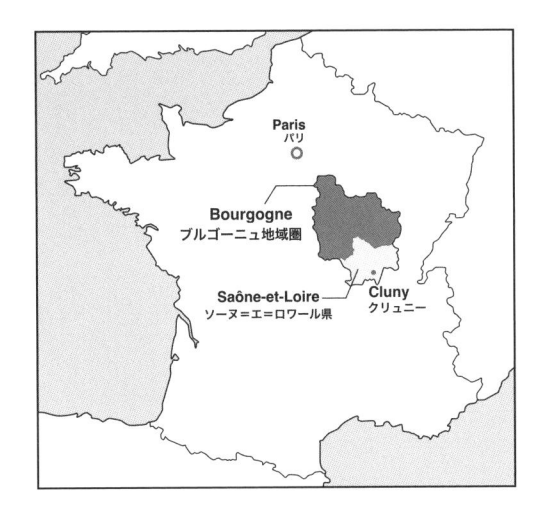

- 本書の題名にある「クリュニー地方（Clunisois）」という地域はフランスの伝統的な小地域名の一つで、マコネ地方の東南部にあたる。主要な町はクリュニーであり、現在の行政区分である「クリュニー小郡（canton de Cluny）」より若干広い。
- 現在「クリュニー小郡」は全部で二十四のコミューンから成るが、本書で取り上げる教会堂のうち、「クリュニー小郡」に含まれるコミューンに建つのは、
  2. ベルジュスラン、4. ブラノ、6. ビュフィエール、10. キュルティル＝ス＝ビュフィエール、12. ドンズィ＝ル＝ペルテュイ、13. ラ・ヴィヌーズ、17. マッシー、18. マズィユ、20. サン＝ヴァンサン＝デ＝プレ
  の九つの教会堂である。
- 「クリュニー地方」といった場合には、以上の九つに加えて、1. アムニ、3. ベルゼ＝ラ＝ヴィル、9. クレ、15. マレ、19. ウジ、21. テゼ
  の六つの教会堂を加えることができるであろう。
  以上の十五の教会堂は全て、地理的には旧マコン司教区内にある。
- 5. ブランシオンは、マコネ地方（Mâconnais）にあり、旧シャロン司教区内にある。14. ル・ピュレも旧シャロン司教区内であるが、こちらはシャロネ地方（Chalonnais）になる。
- 少し離れたところに位置する 7. シャルボナと 11. ドゥテは、オートゥノワ地方（Autunois）にあり、旧オータン司教区になる。16. マルシニーはブリオネ地方（Brionnais）にあり、ここも旧オータン司教区である。
  以上二十の教会堂は、全て南ブルゴーニュ地方のロマネスク教会堂であり、マコンを主要都市とするソーヌ＝エ＝ロワール県（Saône-et-Loire）にある。
- 8. シャルリューのみソーヌ＝エ＝ロワール県ではなく、ロワール県（Loire）の北端に位置するが、歴史的、文化的には南ブルゴーニュ地方に属する。

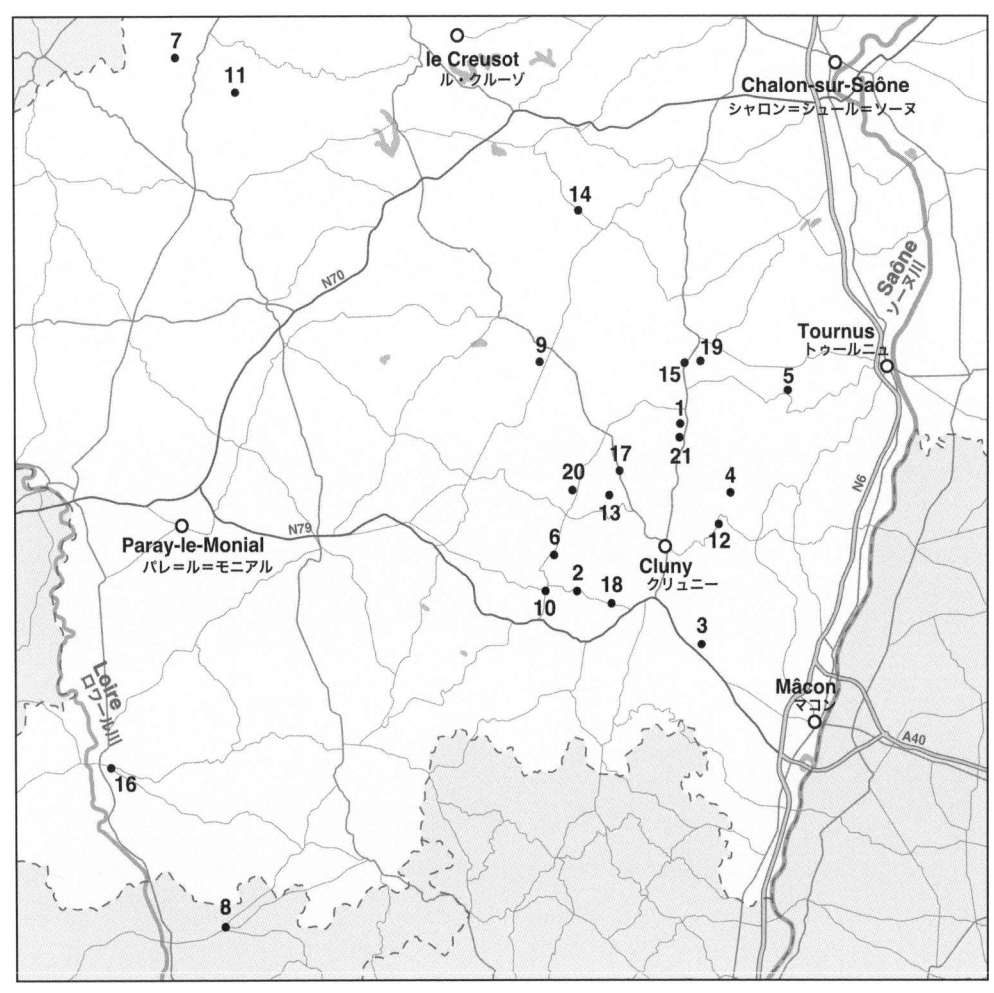

1. アムニ教会堂
   L'église d'Ameugny
2. ベルジュスラン教会堂
   L'église de Bergesserin
3. ベルゼ＝ラ＝ヴィル修道士礼拝堂
   La chapelle des moines de Berzé-la-Ville
4. ブラノ教会堂
   L'église de Blanot
5. ブランシオンのサン＝ピエール教会堂
   L'église Saint-Pierre de Brancion
6. ビュフィエール教会堂
   L'église de Buffières
7. シャルボナ教会堂
   L'église de Charbonnat
8. シャルリュー修道院
   L'abbaye de Charlieu
9. クレ教会堂
   L'église de Cray
10. キュルティル＝ス＝ビュフィエール教会堂
    L'église de Curtil-sous-Buffières
11. ドゥテ教会堂
    L'église de Dettey
12. ドンズィ＝ル＝ペルテュイ教会堂
    L'église de Donzy-le-Pertuis
13. ラ・ヴィヌーズ教会堂
    L'église de la Vineuse
14. ル・ピュレ教会堂
    L'église du Puley
15. マレのノートル＝ダム教会堂
    L'église Notre-Dame de Malay
16. マルシニ旧修道院
    L'ancien prieuré de Marcigny
17. マッシー教会堂
    L'église de Massy
18. マズィユ教会堂
    L'église de Mazille
19. ウジ教会堂
    L'église d'Ougy
20. サン＝ヴァンサン＝デ＝プレ教会堂
    L'église de Saint-Vincent-des-Prés
21. テゼ教会堂
    L'église de Taizé

1. アムニ教会堂
L'église d'Ameugny

実測調査

> 2006年9月26日
>
> ［調査メンバー］
>
> 西田雅嗣、岩崎洋、榎並悠介、大白紗愛、渡部恵理
>
> 2007年9月21日
>
> ［調査メンバー］
>
> 西田雅嗣、榎並悠介、岡北一孝、竹川展弘、竹村沙羅、平尾智、村岸真衣

実測図面

> 西田雅嗣、2008年

図面作成

> 榎並悠介

Relevé

> 26 / 09 / 2006.
>
> Masatsugu NISHIDA, Yusuke ENAMI, Hiroshi IWASAKI, Sae OSHIRO, Eri WATANABE.
>
> 21 / 09 / 2007.
>
> Masatsugu NISHIDA, Yusuke ENAMI, Tomo HIRAO, Mai MURAGISHI, Ikko OKAKITA, Norihiro TAKEKAWA, Sara TAKEMURA.

Auteur du plan

> Masatsugu NISHIDA, 2008.

Dessin

> Yusuke ENAMI.

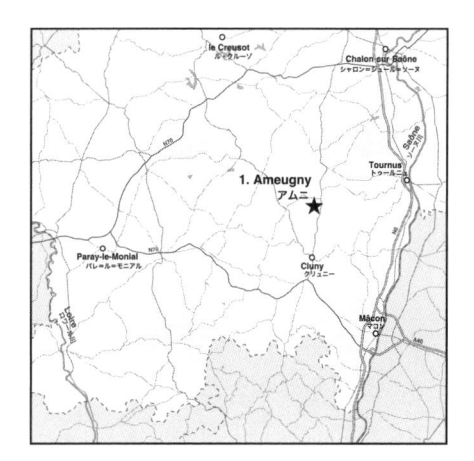

アムニの集落はグローヌ川の左岸を望む小高い丘の上にある。教会堂は、マコンのサン＝ヴァンサン参事会に属しており、11世紀末以来、サン＝ヴァンサンの参事会員が所有者となっている。

1050年の日付のある古文書には聖母マリアに捧げられた教会堂として言及があり、1055年のブランシオンの領主の証書には、アムニのノートル＝ダム教区教会堂として引かれている。

教会堂は単身廊で、そこには二本の横断アーチで補強された尖頭トンネル・ヴォールトが架かる。身廊の東には交差廊が付き、その境には半円アーチが開く。交差廊は、交差部と両袖廊から成り、袖廊を持つことで、交差廊を持つ単身廊の教会堂という珍しい形式となっている。交差部には、半ドームの形をしたトロンプの上に乗るドームが架かり、交差部とそれぞれの袖廊との間には尖頭アーチのアーケードが開く。このアーチ形状は、この部分が建設された時代が15、あるいは16世紀であることを示唆すると考えられる。両袖廊には交差リブ・ヴォールトが架かり、やはり恐らく15、あるいは16世紀の建設であると推察される。交差廊に面して直接半円形平面のアプシスが開く。交差部とアプシスの間には、矩形のベイは設けられていない。アプシスの天井は半ドームで、アプシス空間は半円アーチの二つの大きな窓から採光される。アプシスには控壁がつかない。

交差部の上部には鐘塔が立ち上がる。この鐘塔は、若干潰れた外観で丈が短く、非常に堅牢な印象を与える。鐘塔の外部の四面は三層からなり、同じ構成の装飾を見せている。最下層は四隅に施された垂直のピラスターで縁取られる。このピラスターはそのまま上層まで延長され、屋根の直下のコーニスに達する。最下層の上部には、水平に小アーケード装飾が施され、その上部は帯状の蛇腹装飾となって中間層との区画を形作る。中間層には全く装飾がなく、壁だけが垂直のドスレで縁取られるのみである。三層目には三連の半円アーチの窓が開き三つの窓の間は円柱になっていて、半円アーチを受けている。この三連窓の上、屋根の縁の直下にコーニスが走り、そこに持送り状の装飾がつく。

全体としてアムニ教会堂の建築は、異様にマッシヴで堅牢な印象を与えるもので、古風な感じがする。ジャン・ヴィレイは、1935年に出版した旧マコン司教区のロマネスク教会堂の概説書の中で、この建築の建設年代として、アプシス、交差部、そして鐘塔は11世紀の半ば、もしくは後半の建設で、身廊は12世紀であるとする。

この教会堂の図面に関しても、ヴィレイの本に示されるあまり正確ではない概略的なものが、これまでのほとんど唯一の図面であった。カロリング時代に遡る遺物の発見を契機として、数年前に交差廊部分的の限定的な発掘調査が行われたが、建築調査としての発掘ではなかったようである。

ヴィレイは、現在のアプシスと鐘塔下の矩形平面の内陣が第一期工事で11世紀中頃の建設、そして側廊を持たない身廊は12世紀の建設で、交差廊、つまり両袖廊は、15世紀か16世紀の建設になるもので、当初計画のものではないとする。単身廊の教会堂でありながら交差廊を持つ点がこの教会堂の特異な所とされ、この交差廊が後からの建設で、15世紀あるいは16世紀に付加されたものなのか、それとも当初の建設ではあるが、15世紀とか16世紀に現在見る様な後期ゴシック様式に改造されたものなのかが、現在でも議論されている。教会堂がある村の住民も、この問題には今でも大きな関心を抱いている。ヴィレイの概説書より前の1929年に出版された国立古文書学校教授ド・ラステイリが著した大部のロマネスク建築の概説書では、単身廊でありながら交差廊を備えたロマネスク教会堂という希少なタイプの証拠として取り上げられる。ド・ラステイリは、交差廊は現在の建物の建造の当初より存在していたと考えている。

我々の実測調査に基づいて作成した平面図に、建物の主要な部分の寸法を選んで記したのが図1-1である。当時の物差しを推定して、その物差しでの寸法、つまり尺数を記した平面図が図1-2である。1尺を31.5cmから32.8cmの幅を持たせて考えると、図に示した様な完数尺が得られる。この尺度は、1尺が31.5cm程度とされる所謂ディジョン尺か、あるいは1尺が33.1cm程度とされるブルゴーニュ地方の古慣用尺だと考えられる。

鐘塔下の矩形の内陣は当初計画による当初建築と考えられる。その両脇につく袖廊に関しては、交差部の北側の壁の交差部側の北側の二つのトロンプの下には壁付きの半円アーチがあるのに対して、南側にはこの壁付きの半円アーチが存在しないのが注目される。この北側の壁の上の方のアーチの、壁から交差部の方に突出した分の厚みを除いた交差部の矩形の幅は、東西二つの勝利門アーチの幅にほぼ一致し、10尺と測られる。交差部の長軸方向の長さの方は勝利門アーチの内法でやはり10尺ある。

従って、交差部は長さ10尺幅10尺の完全な正方形平面として構想されたと考えることも可能である。しかしながら、10尺という寸法は、この地方の同様な規模の、そして同様にアプシスと身廊の間に矩形の内陣ベイを持つ単身廊教会堂の場合と比べると、多少小さめの印象を与える寸法である。我々が今まで実測して来た例では、比較

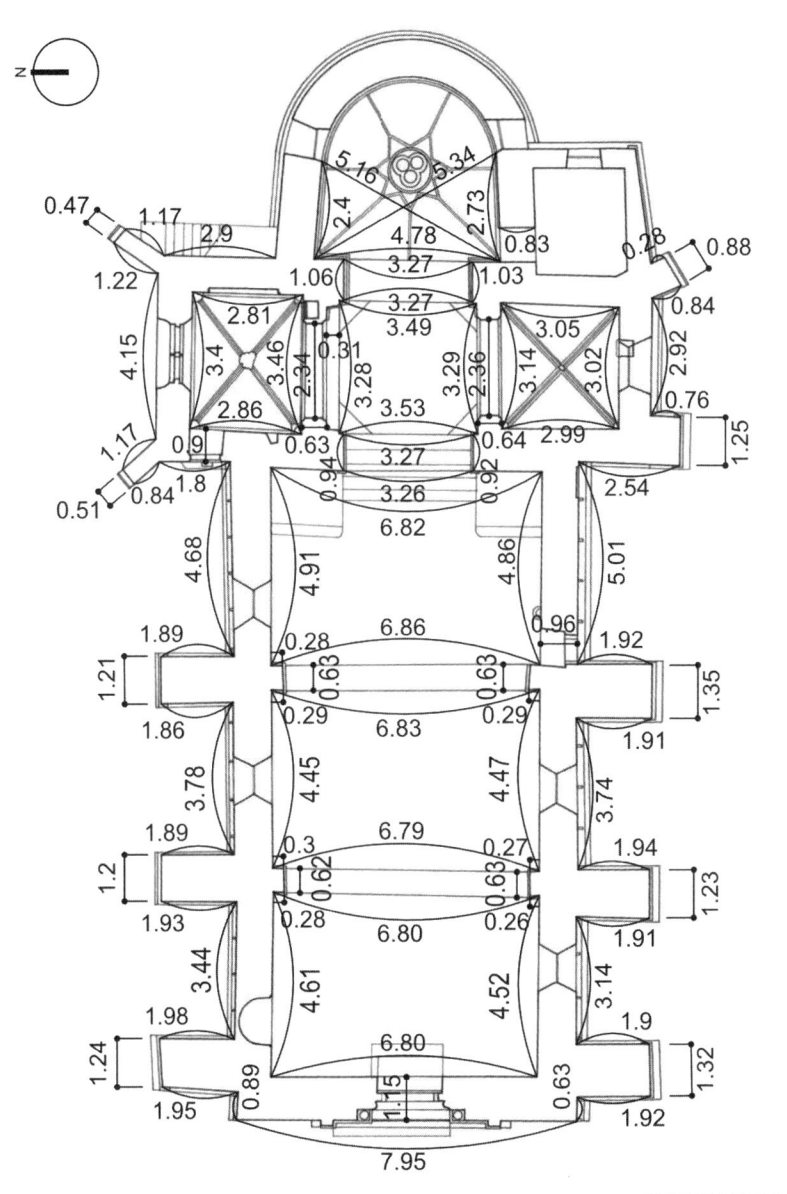

図中の実測寸法値の単位はm

図1-1　教会堂平面図・実測値　　　　（作成　西田研究室）

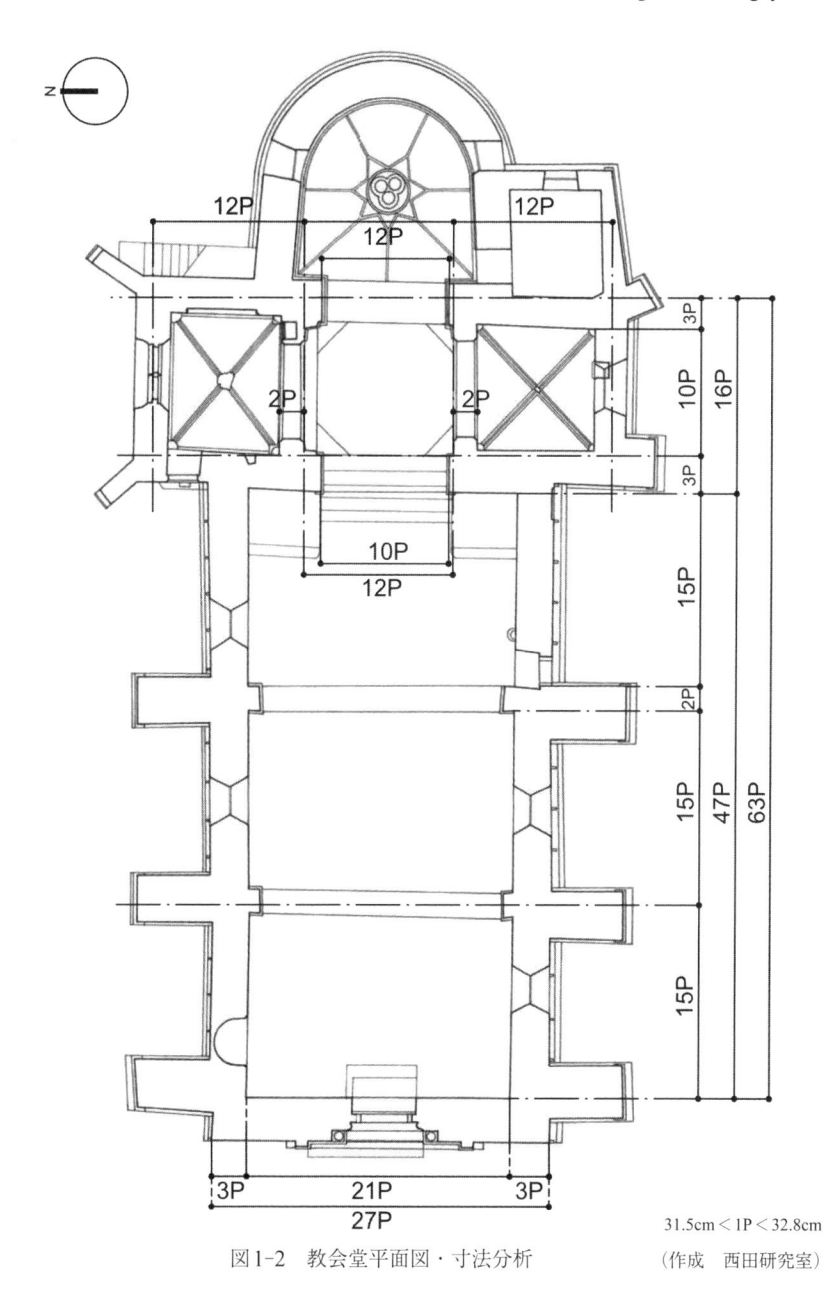

31.5cm＜1P＜32.8cm

図1-2　教会堂平面図・寸法分析　　　（作成　西田研究室）　15

的小さい尺数の場合でも、12尺、あるいは13尺といった尺数が小さい数としては多い。

　もしこの10尺×10尺の交差部が当初計画のままの交差部だとするなら、恐らく、南袖廊と交差部を分ける横断アーチの上には、交差部北側に見えていた上の方の壁付きの半円アーチに対応するアーチが隠れていると考えなくてはいけない。つまり当初計画の教会堂の長軸は、交差部の10尺×10尺の正方形の中心軸となる筈である。しかし現状はそうはなっておらず、10尺×10尺の交差部矩形の中心軸は、身廊幅の中心軸にも一致せず、交差廊の全長の中心軸にも一致しない。

　一方、この交差部正方形は、若干北の方に寄って位置している事が観察される。しかし、交差部の北側の壁の上の方に見える壁付きアーチの厚さも交差部の矩形の幅の一部として考えるなら、交差部矩形は、長さが10尺、幅が12尺の横に微妙に長い矩形になる。さらにこの12尺の中心軸は、今度は身廊の長手方向の東西の中心を通る軸に一致し、交差廊全長の中央に正しく一致することになる。

　両袖廊の長さに関しては、平面で見ると左右で違うプロポーションに見えるが、両袖廊とも平面の矩形は、図上で考えた理論値としては、南北方向の長さが12尺、東西方向の幅が10尺と想定できるので、交差廊の南北方向の長さに関しては、12尺が単純に三度反復されているだけという単純な寸法構成が想定できる。10尺×12尺の矩形の三連ということになる。当初想定できた10尺×10尺という交差部は、実際は、左側の壁付きの半円アーチと現況のトロンプ・ドームの乗った形態が、実は当初計画から見てイレギュラーなのではないかと考えられる。

　両袖廊の10尺×12尺の矩形が、袖廊の両端では壁芯で測られるのに対して交差部側では交差部の内法で測られて、10尺×12尺の矩形になる。芯々と内法の二種類の異なる寸法の測り方、設定の仕方が混在することは、建設時期の違いを物語っていると解釈できる。

　身廊に関しては、横断アーチを受けるドスレの幅は2尺と考えられる実測値を見せる。一番西側のベイ、つまり第一ベイの長さは、西側正面の壁の内側から横断アーチの芯までで15尺と測られる。ベイの長さが15尺だとすると、内陣のすぐ西側のベイである第三ベイとその西隣の第二ベイの場合は、この第三ベイと第二ベイの間の側に関しては内法で考えなければ、つまり間にドスレの幅である2尺を挟まないと実測結果と合致しない。ここでも芯々と内法が混在すると言う不規則な点が認められるが、それでも15尺と言うベイの長さ自体は単純に身廊の軸方向に三回反復されてい

る。内法、芯々の混在はここでも建設時期の相違、建設の中断を示唆すると考えられる。

　2、3、12、15、21というアムニ教会堂平面の骨格を決定する尺数は、いずれも当時盛んだった数象徴ではある種の宗教的な象徴性を持った数であると、当時の同時代文書資料が語る数である。

　　　　　　　　　　　　　　　　　　　　［西田雅嗣］

Ameugny est un village situé sur une colline qui domine la rive gauche de la Grosne. Son église fut intégrée au chapitre de Saint-Vincent de Mâcon. Dès la fin du XIe siècle, les chanoines de Saint-Vincent y avaient des propriétés. D'après une source historique, l'église est mentionnée vers 1050 sous le nom de « ecclesia sancte Marie de Ammoniaco ». Une charte concernant Bernard le Gros, seigneur de Brancion, et datée de 1055, cite la paroisse de Notre -Dame d'Ameugny.

L'église est constituée d'une seule nef voûtée en berceau brisé renforcée par deux doubleaux, précédée d'un transept avec lequel elle communique par une arcade en plein cintre. Le transept se compose d'une croisée et de deux croisillons, ces derniers étant une particularité de cette église à nef unique avec un transept. La croisée est voûtée par une coupole sur trompes en cul-de-four, et communique avec les croisillons par des arcades brisées dont la forme nous suggère le XVe ou le XVIe siècle comme date de construction de cette partie. Les croisillons couverts par la voûte de croisées d'ogives furent probablement construits à la même époque que les arcades de l'entrée des croisillons. Le transept donne sur l'abside en hémicycle qui ouvre directement sur la croisée de transept sans aucune travée droite intermédiaire. L'abside est voûtée en cul-de-four et éclairée par deux larges fenêtres en plein cintre. On notera également l'absence de contreforts au niveau de l'abside.

Sur la façade ouest s'ouvre une porte avec tympan, dont l'archivolte est accompagnée de plusieurs rangs de moulures. Cette porte paraît de construction récente. De très puissants contreforts scandent l'élévation latérale de la nef. La toiture est faite en laves et repose directement sur la voûte.

Au dessus de la croisée du transept s'élève le clocher, trapu et court qui donne une impression de robustesse. Ses quatre faces présentent la même organisation dans le décor qui se compose de trois niveaux. Le niveau inférieur est un soubassement encadré à droite et à gauche par deux bandes verticales qui se replient sur les faces adjacentes, et montant jusqu'à la corniche au-dessous du toit. Au-dessus de cette arcature se trouve un cordon saillant de pierres séparant le niveau inférieur du niveau intermédiaire. Ce second niveau présente un mur nu sans aucun décor particulier, et est encadré par les dosserets verticaux. Le troisième niveau est décoré par une baie trigéminée, ou triplet, dont les cintres ont leur deux retombées communes posées sur des colonnettes. Au-dessus de ces baies se trouvent des modillons simples dont le profil est composé d'un bandeau et d'un cavet supportant la corniche au dessous du bord du toit.

Grosso modo, la construction de l'église d'Ameugny nous donne une impression singulièrement massive et robuste, une esthétique d'ancienneté. Pour la datation de la construction de l'église, Jean Virey donne, dans son ouvrage célèbre intitulé *Les églises romanes de l'ancien diocèse de Mâcon, Cluny et sa région* paru en 1934, le milieu ou la seconde moitié du XIe siècle pour l'abside, la croisée et le clocher, et le XIIe siècle pour la nef.

[NISHIDA Masatsugu]

身廊南側面・南袖廊・鐘塔
L'élévation sud de la nef, croisillon sud et clocher.

1. アムニ教会堂 L'église d'Ameugny

平面（縮尺：1 / 150）

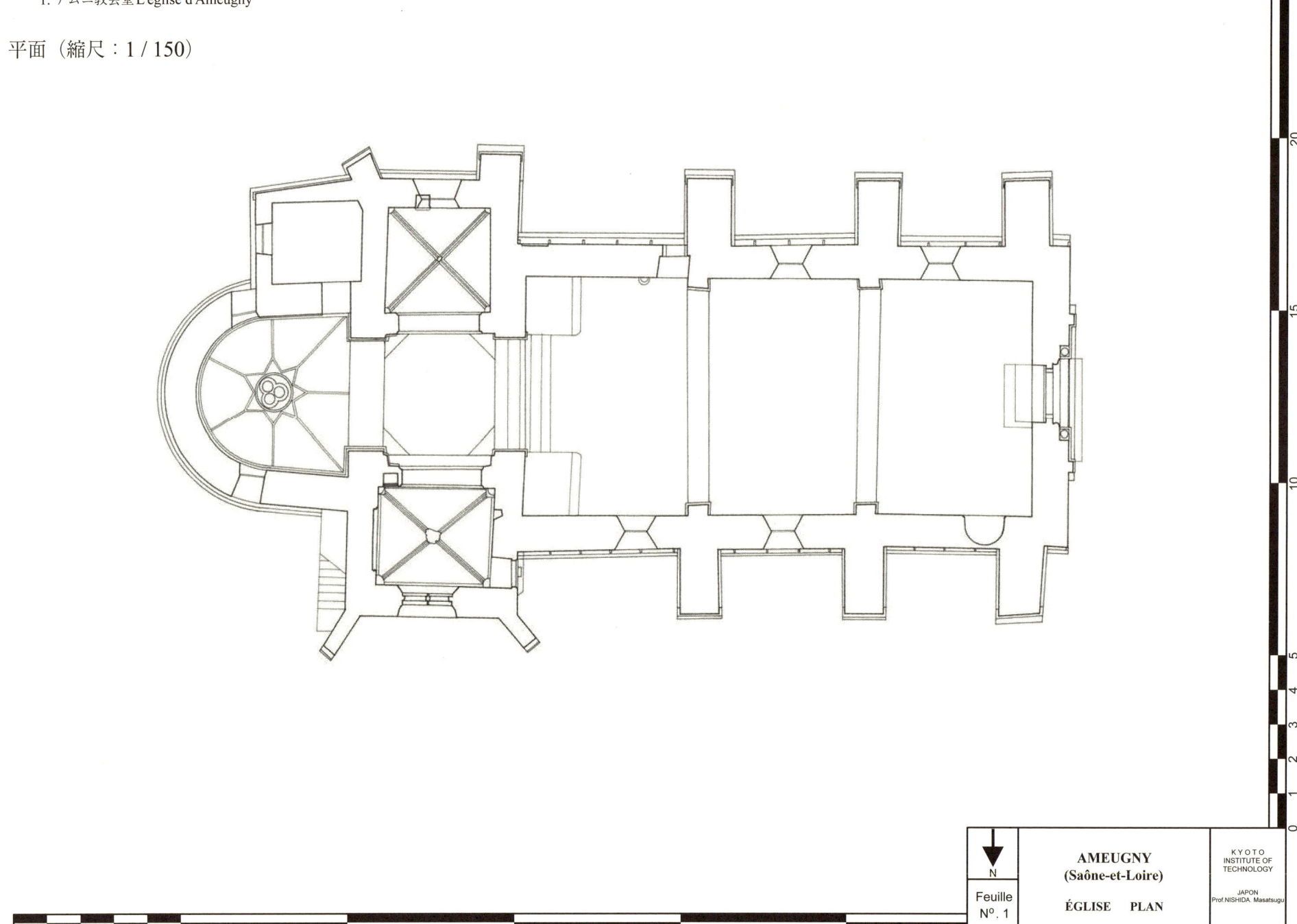

N

Feuille
Nº. 1

AMEUGNY
(Saône-et-Loire)

ÉGLISE   PLAN

KYOTO
INSTITUTE OF
TECHNOLOGY

JAPON
Prof.NISHIDA. Masatsugu

2. ベルジュスラン教会堂
L'église de Bergesserin

実測調査

2012年9月24〜27日

［調査メンバー］

西田雅嗣、岩田千穂、榎並悠介、太田圭紀、イラム・サーバン、高橋成美、
滝華清之、田邊高彬、中村裕子、原愛、増永恵、村岡陽葉、安井菜穂、
吉田佳世子

実測図面

西田雅嗣、2013年8月5日

図面作成

榎並悠介、原愛、安井菜穂

Relevé

24 – 27 / 09 / 2012.
Masatsugu NISHIDA, Yusuke ENAMI, Ai HARA, Chiho IWATA,
Megumi MASUNAGA, Haruyo MURAOKA, Yuko NAKAMURA, Yoshiki OHTA,
Ilham SAHBAN, Narumi TAKAHASHI, Kiyoshi TAKIHANA, Takaaki TANABE,
Nao YASUI, Kayoko YOSHIDA.

Auteur du plan

Masatsugu NISHIDA, 05 / 08 / 2013.

Dessin

Yusuke ENAMI, Ai HARA, Nao YASUI.

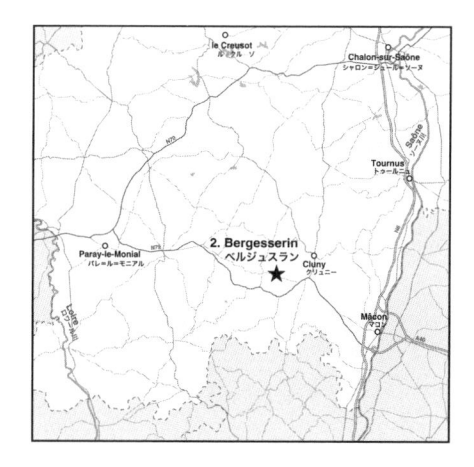

最初にベルジュスランの名が現れるのは998年のグレゴワール二世の勅書において
で、クリュニー修道院所領のリストの中ほどにBargeserenam villamとして記録され
ている。クリュニー大修道院長に従属するベルジュスランのサン＝ルー教区教会堂は、
この地方に昔からある小さな教区教会堂の典型である。長方形の身廊に、鐘塔がその
上に乗る、交差廊の形に似せて多少なりとも広げられたベイが続き、さらにそれに半
ドームの架かる半円形平面のアプシスが続く。間に挟まれたベイは非常に厚みのある
四つの尖頭アーチ（東側と西側の二つのアーチの厚さは90cm）で囲まれ、面取りされた
持送りの上にこれら四つのアーチは降りてくる。そしてその梁間には尖頭トンネル・
ヴォールトが架かる。教会堂の東部分は1945年に国の歴史的記念建造物として文化
財指定を受けている。

アプシスの壁は驚くほど厚く（1m以上ある）、両側に隅切りのある三つの窓がそこに
開く。鐘塔の古い部分は、はっきりと区分けされた三つの層から成る。第一層は、飾り
軒持送りの上に乗る簡単なコーニスで上の層と区画され、東面と南面は二本の半円柱
で、北面と西面は溝彫の施されたピラスターで飾られる。この層の西面は、新しく作
られた屋根で隠れて外からは見ることができない。溝彫のある見事な出来栄えのピラ
スターは、渦巻き上の彫刻モティーフで飾れた柱礎の上に乗る。東面では、北側の半
円柱の柱礎が同じく装飾されている。中間層は無窓階で、上部は美しく整えられた所
謂「ロンバルド帯」のアーケード装飾で終わる。北面では、このアーケード装飾のう
ちの一つのアーチが、人の頭の形をした軒持送りの上に降りてくる。上層は、四つの
二連半円アーチ開口からの光でたっぷりと照らされる。二連半円アーチ開口の中央に
は前後に対になった小円柱があり、アーチを受けている。これら小円柱の柱頭には彫
刻が施され、その装飾はまだロマネスクのものではあるが、しかしながらすでにはっ
きりと拳華柱頭のタイプを志向している。やはり「ロンバルド帯」のアーケード装飾
の花綱模様で装飾されたこの層の上には、当初の屋根の基部だったに違いない軒持送
りの付いたコーニスが乗っている。時期は判然としないが、後から付け加えられた最
上層に特筆すべき点はない。外部では、ほとんど空積みに見える砂岩のブロックによ
る隅石の完璧な組積は指摘すべきであろう。四隅では、上のコーニスの下のところに、
人面の彫刻（四つの風の寓意、あるいは四福音書記者？）がある。観察できる限りにおい
ては（古写真が有用である）、鐘塔のすべての切石は極めて規則的である。

身廊は19世紀末の劣悪な装飾で覆われている。加えて、おきまりの「聖シュルピ
ス」型の石膏像、聖ルーの生涯を描く一揃いの保存状態の良いステンドグラス、そし

て彩色された浅浮彫りのキリスト受難図などがある。これらの装飾のゆえに、そして
身廊部全体が内部と外部共に漆喰塗りが施され、全く石積みが見えないがために、こ
の身廊部分は無視されがちであるが、1980年にレイモン・ウルセルが撮った写真は、
上塗りのされていない北壁の外側の表面を見せている。そこにはごくありふれた不規
則な組積が写っている。また身廊の両壁は19世紀の建築の通常の壁の厚み（90cm）と
は比較にならない厚さである。しかもこの両壁は、外側に向かってはっきりと傾いて
おり、これもこの身廊部が19世紀の建築だとするならば異例のことである（身廊の壁
が通常より厚いことと傾きが大きいことは、石造のヴォールトが架かっていたことを推測させ
る）。さらに、身廊の平面は矩形ではなく、その長さの中ほどで膨らんでおり（592cm
の幅）、身廊の東と西の端ではそれよりも幅が狭い（574cm、578cm）。これらすべての
ことは、1885年の建築家シールが行なった工事は身廊の再建ではなく、身廊の壁の改
修でしかなかったとすれば辻褄が合う。最後に、1841年の土地台帳図にも言及してお
く。この図では、教会堂で唯一張り出して描かれている部分は、鐘塔南の小さな聖具
室だけであり（恐らく19世紀の前半の建設であろう）、控壁は全く存在していない。身廊
の東側の北と南に対称にあり、見かけ上の交差廊を構成している二つの祭室も、1880
年代の終わりの建設工事の際に建てられた。

寸法の検討はさほど難しくはない。全ての寸法は1尺が29.5cmのローマ尺で解釈
できる。身廊は20尺×48尺、鐘塔下の柱間は16尺×14尺、アプシスは12尺×8尺
で、教会堂全長は70尺となる。鐘塔はほぼ正方形の平面で、外法で14尺×14尺であ
る。

結局、詳細な検討は、非常に異なる要素からなる二つの部分が交錯していることを
知らせてくれる。

一方に、極めて荒っぽく石積みされた非常に厚い壁（90cm、あるいはそれ以上）が
ある。身廊の壁とおそらく西正面の壁、二つの大アーチの縦部分、アプシスの半円
（ヴォールトとの境目まで）がそうである。内外に隅切りを施し非常に小さなモエロン積
みの切石のアプシスの三つの窓もこの段階に属する部分であると考えられる。

これとは別に、非常に薄い壁（70cmから50cm）、整然とした組積、そしてどちらか
というと繊細な装飾、これはゴシックの形を志向している。鐘塔の下の南と北の二つ
の壁、アーチとヴォールト（厚さ50cm）、そして鐘塔の全体は、ゴシックを志向するこ
れらの部分に属する。

これ以上に推論を進めるのは簡単ではなく、最初の部分が10世紀後半、あるいは

11世紀初めで（998年の文書は、恐らく教会堂建設と同時代のものであろう）、二番目の部分が12世紀の最後の三分の一の時期、あるいは13世紀の始まりの時期であるという以上のことを言うのは難しいと考える。交差部に尖頭トンネル・ヴォールトを採用したために教会堂内部からの鐘塔へのアクセスが失われてしまった。

［アラン・ゲロー（西田雅嗣 訳）］

Bergesserin apparaît pour la première fois dans une bulle de Grégoire II de 998, *Bargeserenam villam*, au milieu d'une liste de domaines clunisiens. L'église paroissiale Saint-Loup de Bergesserin, dépendant de l'abbé de Cluny, est entièrement du type des petites églises paroissiales anciennes de la région. Une nef rectangulaire est suivie par une travée de clocher plus ou moins élargie en faux-transept, elle-même suivie d'une abside hémicirculaire en cul-de-four. La travée médiane est encadrée par quatre arcs brisés de forte épaisseur (90 cm pour les deux arcs est et ouest), reposant sur des consoles chanfreinées, et surmontée d'une voûte en berceau brisé. La partie orientale de l'église a été classée MH en 1945.

Le mur de l'abside est étonnamment épais (plus d'un mètre) et percé de trois fenêtres à double ébrasement. La partie ancienne du clocher se compose de trois étages nettement distincts. Le premier se termine par une simple corniche reposant sur des modillons, il est décoré, sur les faces est et sud, de deux demi-colonnes, et sur les faces nord et ouest de pilastres cannelés. Cet étage, à l'ouest, n'est pas visible de l'extérieur, car il est masqué par le toit moderne. Les pilastres cannelés, de belle facture, reposent sur des bases décorées de motifs sculptés. A la face est, la base de la demi-colonne septentrionale est également décorée. L'étage intermédiaire est aveugle, et se termine par une arcature « lombarde » de belle qualité ; tous les modillons sont en grès, parfaitement appareillés ; à la face nord, une des arcatures repose sur un modillon décoré d'une tête. L'étage supérieur est éclairé largement de quatre baies géminées en plein cintre reposant sur des paires de colonnettes. Les chapiteaux de ces colonnettes sont sculptés, le décor, encore roman, tend cependant déjà nettement vers le type du chapiteau à crochets. Cet étage, lui aussi décoré en festons par une arcature « lombarde », est surmonté d'une corniche à encorbellement, qui formait certainement la base du toit d'origine. L'étage qui a été ajouté à une époque indéterminée ne présente aucun intérêt. A l'extérieur, on note l'appareillage quasi parfait des chaînages d'angle, en blocs de grès presque jointifs. Aux quatre angles, sous la corniche du haut, des masques sculptés (les quatre vents ou les quatre évangélistes ?). Tout l'appareil du clocher, pour autant que l'on peut l'observer (des photos anciennes aident), est d'une très grande régularité.

La nef est couverte du décor de mauvais goût de la fin du 19e siècle ; outre les inévitables statues de plâtre de type 'Saint-Sulpice', un ensemble en bon état de vitraux illustrant la vie de saint Loup et un chemin de croix en relief et en couleur... Ce décor navrant de la nef tend à faire négliger cette partie de l'édifice, d'autant que les murs, bien enduits à l'intérieur et à l'extérieur, ne laissent pas voir l'appareil. Mais une photo de R. Oursel de 1980 montre le parement extérieur du mur nord non enduit, et l'on voit immédiatement qu'il s'agit d'un appareil irrégulier d'une extrême médiocrité. Or les murs de la nef sont d'une épaisseur incompatible avec une construction au XIXe (90 cm) et au surplus ils présentent un fruit extrêmement prononcé vers l'extérieur, ce qui est encore moins compatible avec le XIXe ; au surplus, ils ne sont pas rectilignes, la nef est renflée en son centre (592cm) et plus étroite aux deux extrémités (574 et 578cm). Ce qui est tout à fait cohérent avec le projet de travaux de l'architecte Sire en 1885, qui n'indiquait qu'une réfection des murs, mais pas de reconstruction. Enfin, le plan cadastral de 1841 montre parfaitement que la seule partie saillante de l'édifice était constituée par la petite sacristie au sud du clocher (probablement construite dans la première moitié du siècle) ; les contreforts n'existaient pas non plus. Les deux chapelles latérales symétriques, qui constituent une sorte de pseudo-transept, ont également été édifiées à l'occasion des travaux de la fin des années 1880.

L'analyse métrologique ne présente pas de grande difficulté, tout s'interprète en pieds romains de 29,5cm : nef 20 x 48, travée sous clocher 16 x 14, abside 12 x 8 ; ce qui donne une longueur totale de 70 pieds. Le clocher est approximativement sur plan carré, 14 x 14 (dimensions extérieures).

Au total, un examen détaillé permet s'apercevoir que deux ensembles d'éléments très différents s'entrecroisent dans cet édifice.

D'un côté, des murs extrêmement épais (90 cm ou plus), très grossièrement appareillés : les murs de la nef, les montants des deux grands arcs, le demi-cercle de l'abside (jusqu'à la limite de la voûte). A cette phase appartiennent aussi les trois fenêtres de l'abside, à double ébrasement et appareillées de tout petits moellons.

De l'autre, des murs bien plus minces (entre 70 et 50 cm), bien voire très bien appareillés, et ornés d'un décor plutôt fin, tendant vers des formes gothiques. A cet ensemble appartiennent les deux murs sud et nord sous le clocher, les arcs et la voûte (50 cm d'épaisseur) et tout le clocher.

On ne s'avancera guère en attribuant le premier ensemble à la fin du 10e siècle ou au début du 11e (le texte de 998 étant probablement contemporain de la construction), et le second au dernier tiers du 12e ou même aux premières années du 13e. Le choix pour la croisée d'une voûte en berceau brisé a fait disparaître tout accès direct par l'intérieur de l'église.

Le mobilier ancien ne comporte que l'autel, signalé déjà par R. Oursel. La pierre d'autel (144 cm de large sur 90 (?) de large) est nettement bretturée, donc gothique. Un examen assez précis laisse percevoir quelques traces de peinture ancienne. La petite fenêtre qui perce le soubassement du clocher juste au-dessus de la pointe du toit de l'abside (toit de lave en état de perdition...), qui était destinée à éclairer par l'est la travée sous le clocher, a été obturée à date indéterminée ; obturée mais pas réellement bouchée : du dehors, on peut voir l'ébrasement intérieur, et celui-ci porte nettement, de part et d'autre, un faux appareil à l'ocre rouge. A peu de distance de là, dans le haut du cul-de-four, le badigeon s'écaille (attention aux infiltrations !) et l'on aperçoit des taches colorées qui laissent supposer au moins des fragments de peinture médiévale (romane ?). Un diagnostic serait bienvenu, d'autant que les désordres de la toiture risquent d'endommager le support.

La chaire à prêcher est une très belle pièce de beau style Louis XV, qui étonne à cet endroit ; le donateur ne semble pas avoir laissé sa marque. Dans le clocher, une cloche portant le millésime 1722.

[Alain GUERREAU]

東から見た外観
L'extérieur vu depuis l'est.

北側外観
L'extérieur nord.

西から見た外観
L'extérieur vu depuis l'ouest.

南側外観
L'extérieur sud.

内陣
Chœur.

身廊（西正面入口方向を見る）
Nef vers l'entrée de la façade ouest.

アプシス
Abside.

内陣・アプシス
Chœur et abside.

身廊（西正面入口方向を見る）
Nef vers l'entrée de la façade ouest.

鐘塔の二連開口
Les deux baies jumelles du clocher.

2. ベルジュスラン教会堂 L'église de Bergesserin

平面（縮尺：1 / 200）

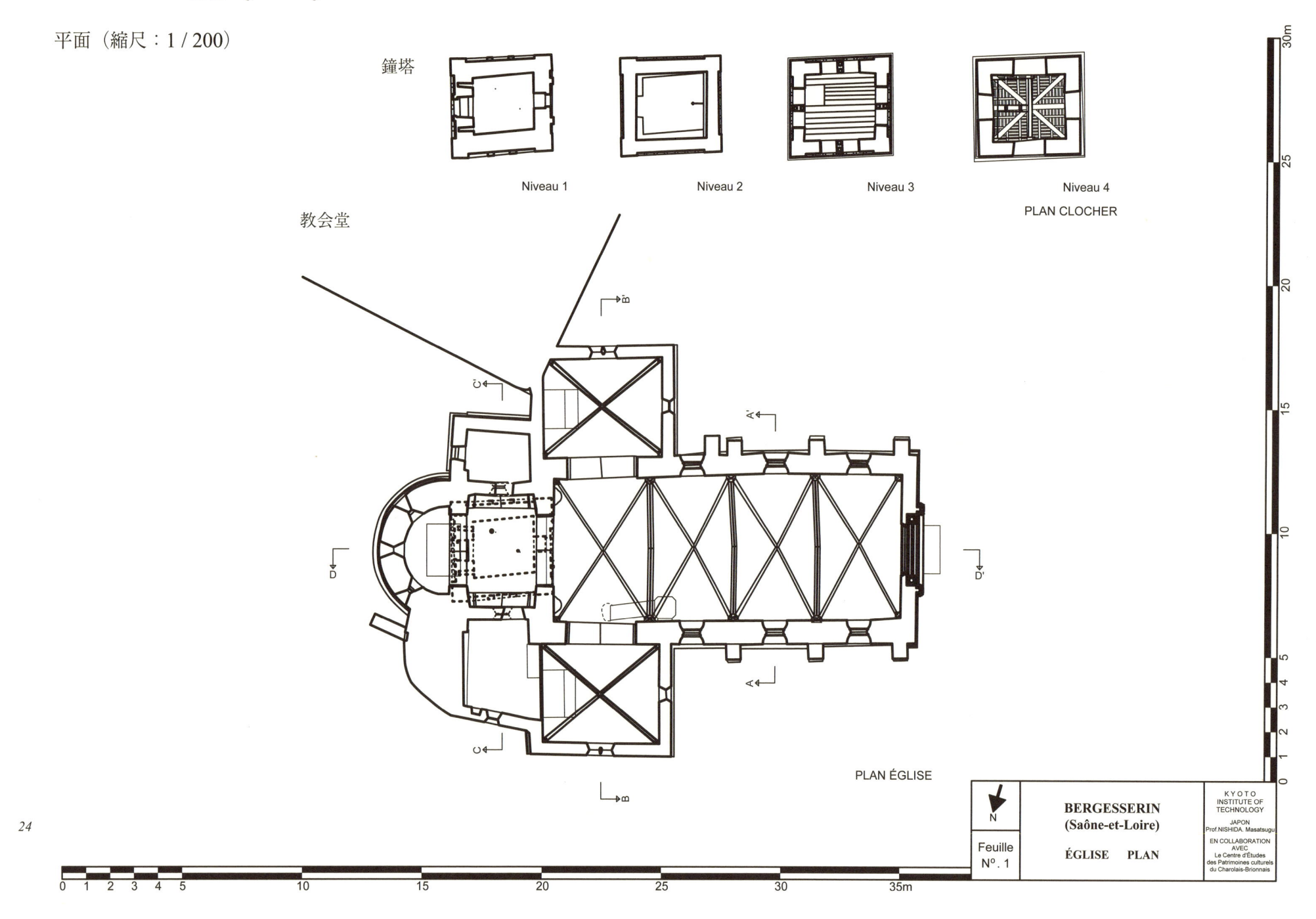

鐘塔

Niveau 1   Niveau 2   Niveau 3   Niveau 4

PLAN CLOCHER

教会堂

PLAN ÉGLISE

N

Feuille
N°. 1

BERGESSERIN
(Saône-et-Loire)

ÉGLISE   PLAN

KYOTO
INSTITUTE OF
TECHNOLOGY
JAPON
Prof.NISHIDA. Masatsugu

EN COLLABORATION
AVEC
Le Centre d'Études
des Patrimoines culturels
du Charolais-Brionnais

0 1 2 3 4 5   10   15   20   25   30   35m

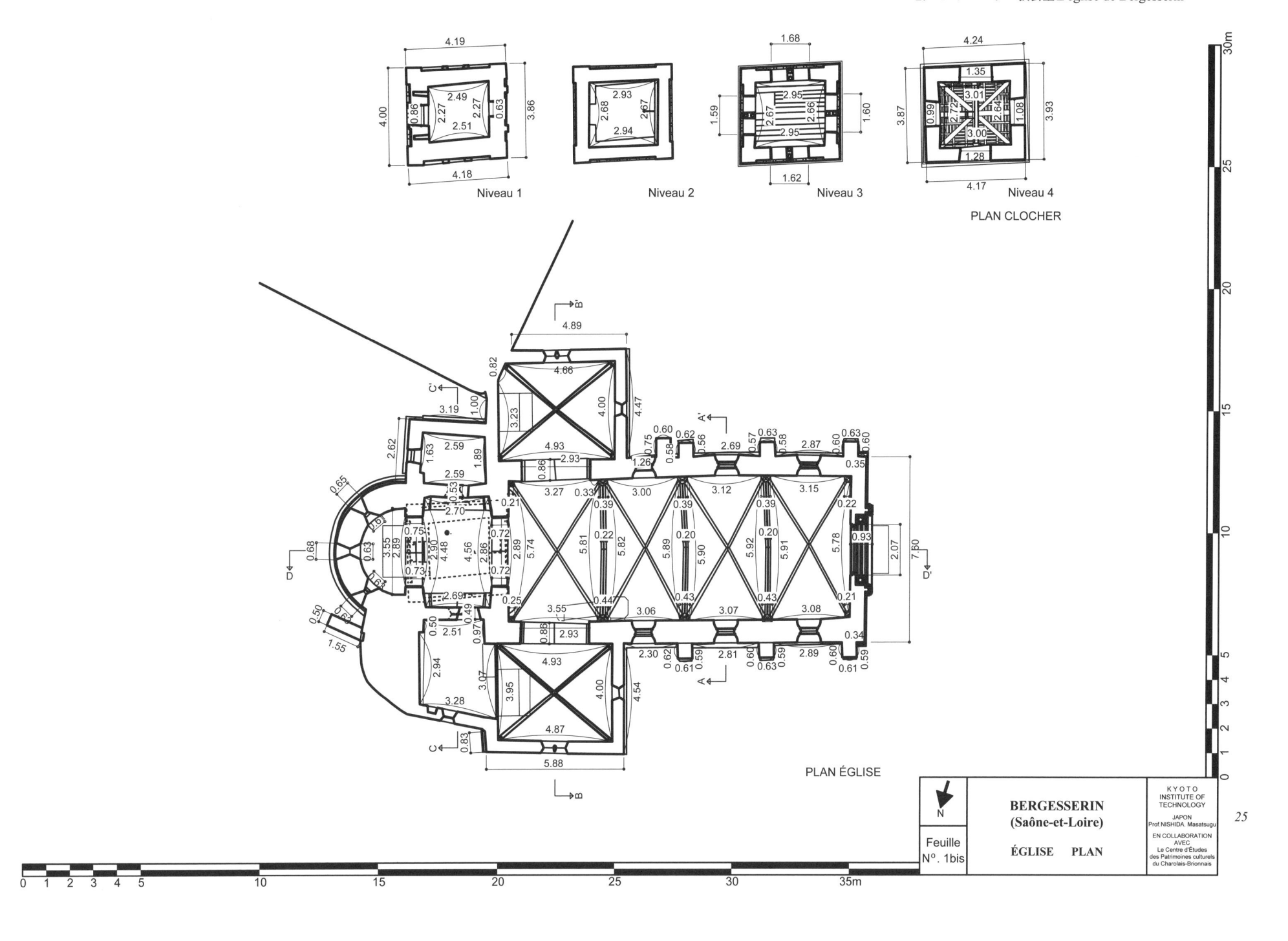

Niveau 1　　　　Niveau 2　　　　Niveau 3　　　　Niveau 4

PLAN CLOCHER

PLAN ÉGLISE

N

Feuille
Nº. 1bis

BERGESSERIN
(Saône-et-Loire)

ÉGLISE PLAN

KYOTO
INSTITUTE OF
TECHNOLOGY
JAPON
Prof.NISHIDA. Masatsugu

EN COLLABORATION
AVEC
Le Centre d'Études
des Patrimoines culturels
du Charolais-Brionnais

25

西正面（縮尺：1 / 200）

| Feuille
N°. 2 | **BERGESSERIN**
(Saône-et-Loire)

ÉGLISE FAÇADE OUEST | KYOTO
INSTITUTE OF
TECHNOLOGY
JAPON
Prof.NISHIDA. Masatsugu
EN COLLABORATION
AVEC
Le Centre d'Études
des Patrimoines culturels
du Charolais-Brionnais |

東立面（縮尺：1 / 200）

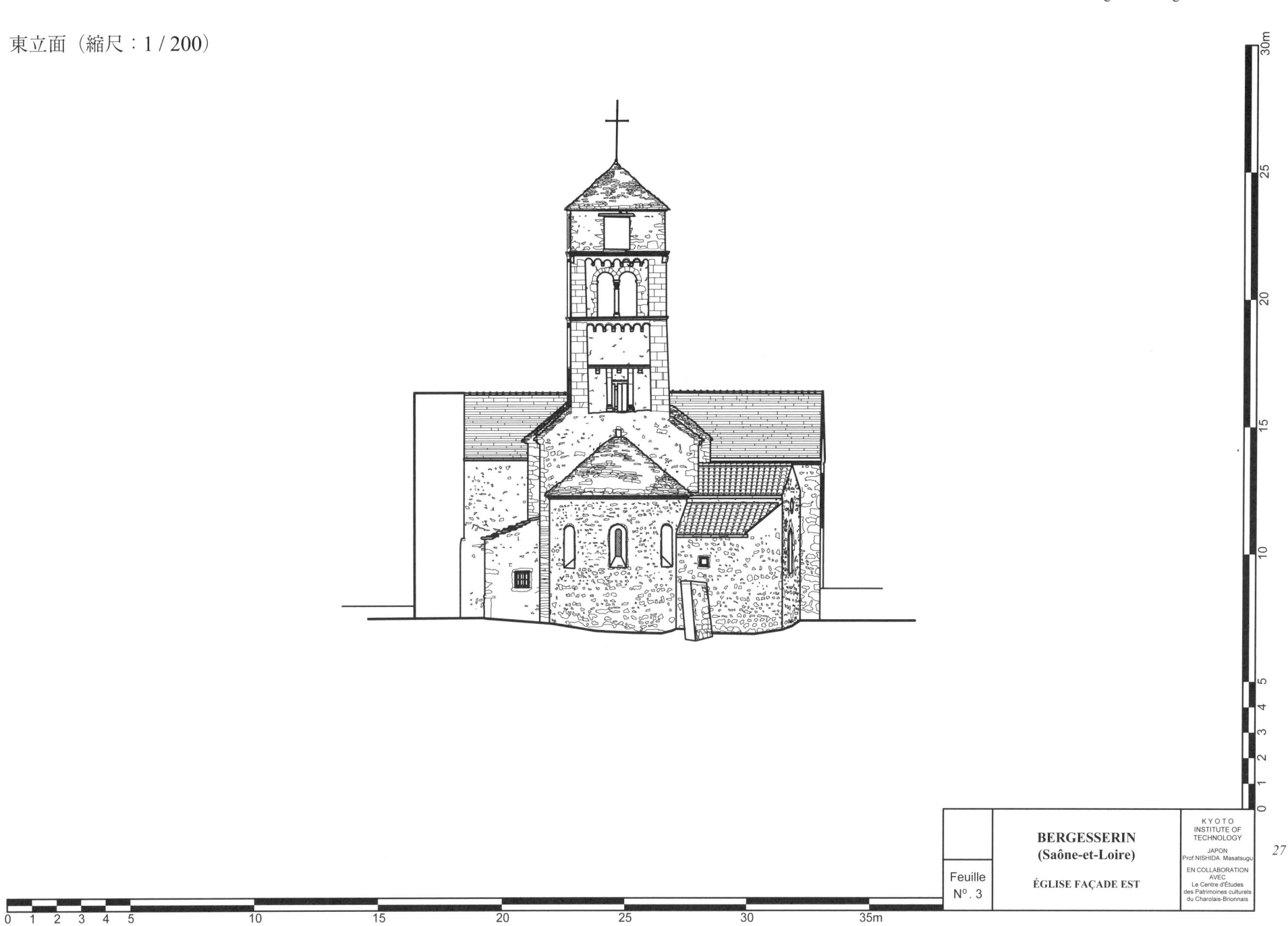

BERGESSERIN
(Saône-et-Loire)

ÉGLISE FAÇADE EST

Feuille
Nº. 3

KYOTO
INSTITUTE OF
TECHNOLOGY
JAPON
Prof.NISHIDA. Masatsugu
EN COLLABORATION
AVEC
Le Centre d'Études
des Patrimoines culturels
du Charolais-Brionnais

27

北立面（縮尺：1 / 200）

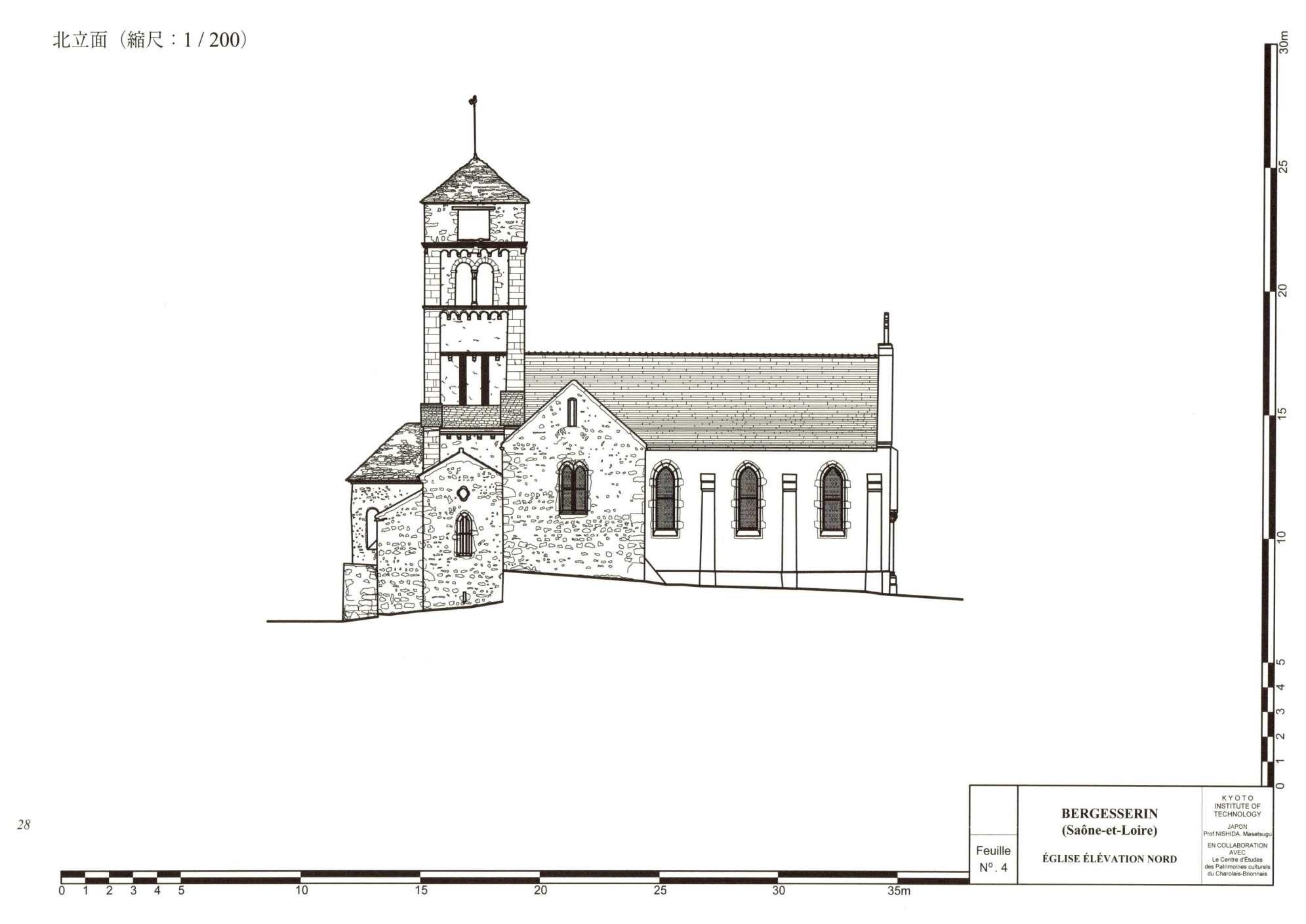

Feuille
N°. 4

BERGESSERIN
(Saône-et-Loire)

ÉGLISE ÉLÉVATION NORD

KYOTO
INSTITUTE OF
TECHNOLOGY

JAPON
Prof.NISHIDA: Masatsugu

EN COLLABORATION
AVEC
Le Centre d'Études
des Patrimoines culturels
du Charolais-Brionnais

0 1 2 3 4 5 10 15 20 25 30 35m

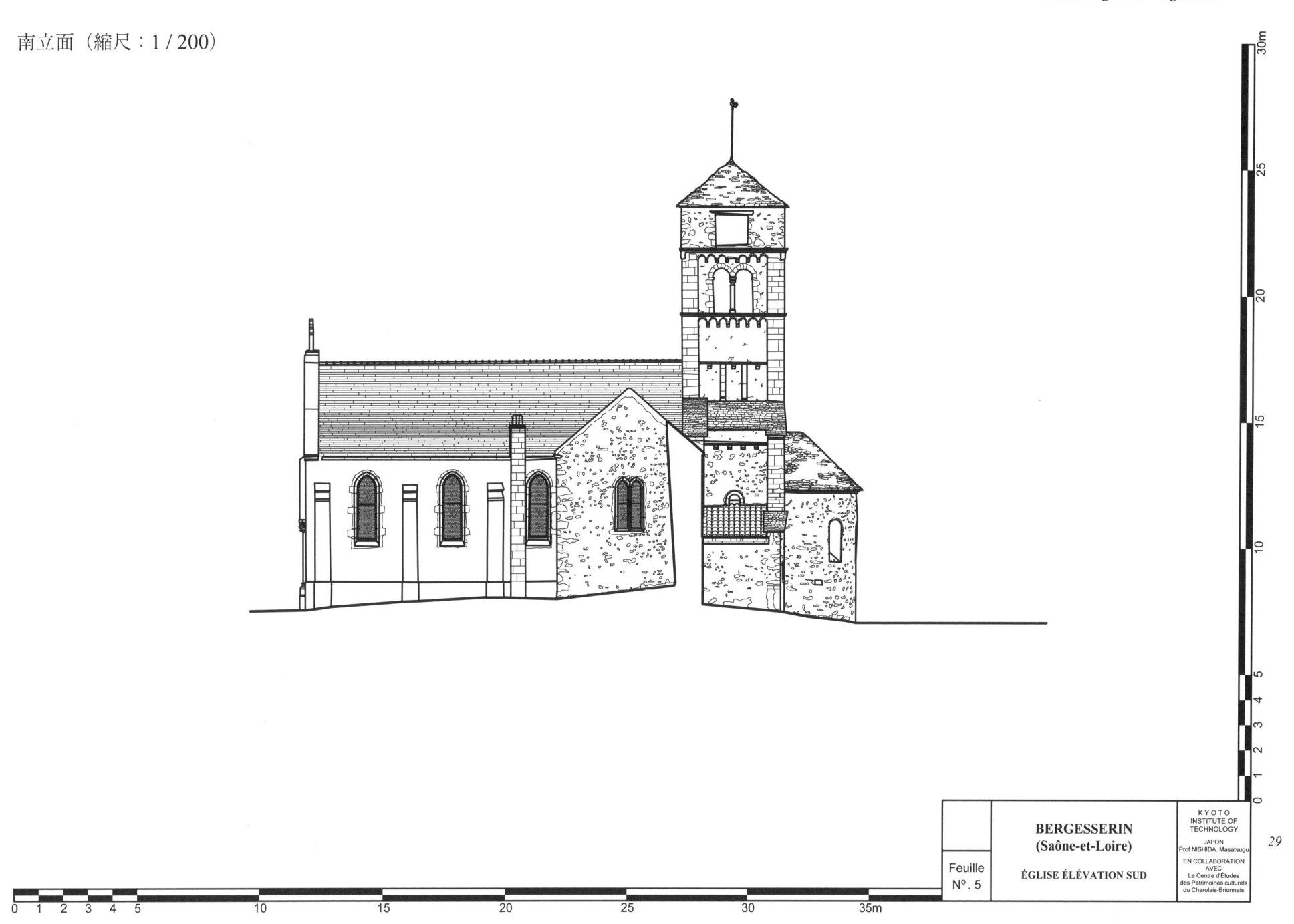

南立面（縮尺：1/200）

30m
25
20
15
10
5
4
3
2
1
0

	BERGESSERIN	KYOTO
	(Saône-et-Loire)	INSTITUTE OF TECHNOLOGY
		JAPON
		Prof.NISHIDA. Masatsugu
Feuille		EN COLLABORATION
N°. 5	ÉGLISE ÉLÉVATION SUD	AVEC
		Le Centre d'Études
		des Patrimoines culturels
		du Charolais-Brionnais

29

0 1 2 3 4 5   10   15   20   25   30   35m

横断面（縮尺：1 / 200）

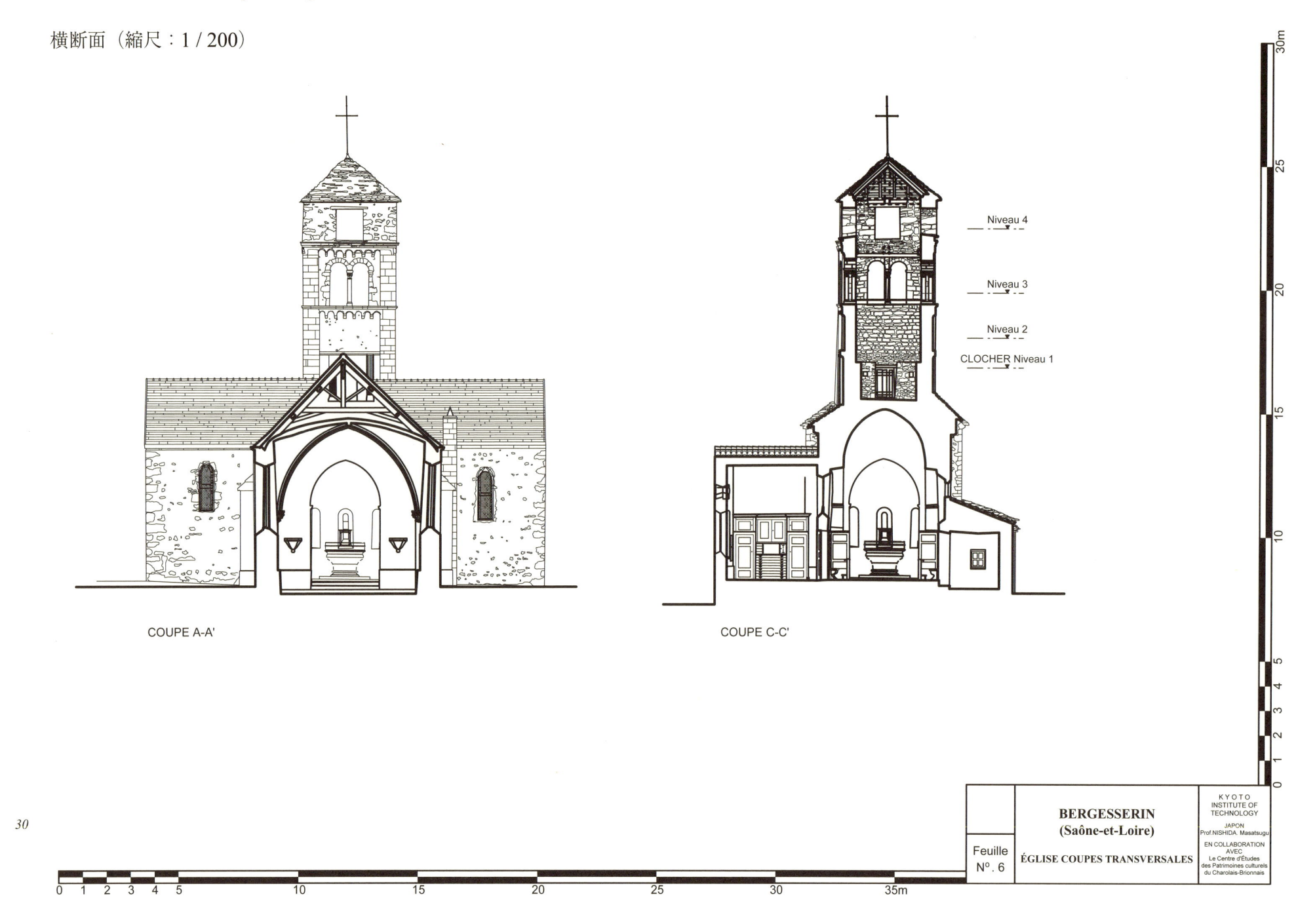

Niveau 4

Niveau 3

Niveau 2

CLOCHER Niveau 1

COUPE A-A'

COUPE C-C'

30m

25

20

15

10

5
4
3
2
1
0

0 1 2 3 4 5   10   15   20   25   30   35m

Feuille
N°. 6

BERGESSERIN
(Saône-et-Loire)

ÉGLISE COUPES TRANSVERSALES

KYOTO
INSTITUTE OF
TECHNOLOGY
JAPON
Prof.NISHIDA. Masatsugu

EN COLLABORATION
AVEC
Le Centre d'Études
des Patrimoines culturels
du Charolais-Brionnais

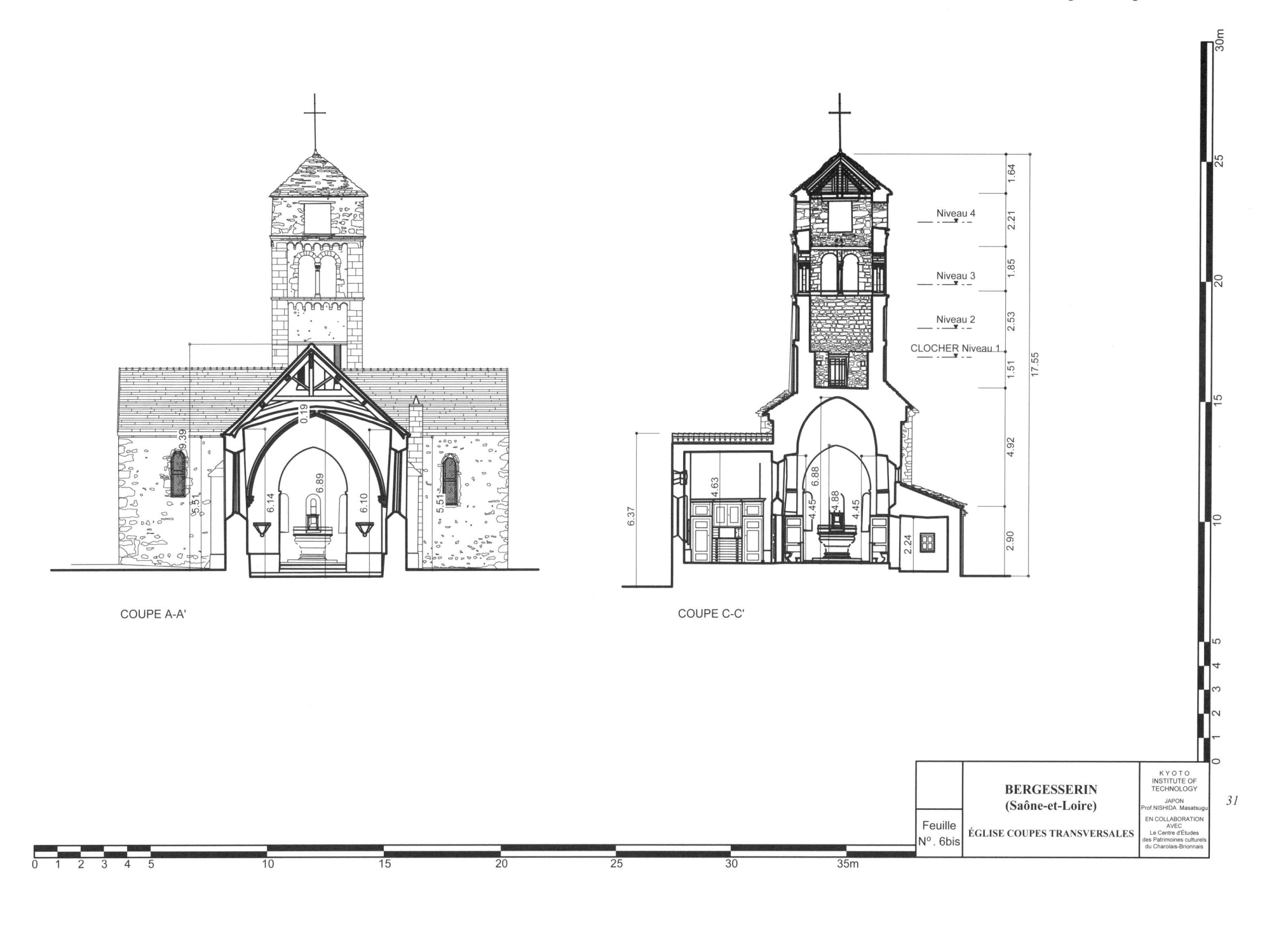

COUPE A-A'

COUPE C-C'

Niveau 4

Niveau 3

Niveau 2

CLOCHER Niveau 1

BERGESSERIN **(Saône-et-Loire)**	KYOTO INSTITUTE OF TECHNOLOGY JAPON Prof.NISHIDA. Masatsugu
Feuille N°. 6bis ÉGLISE COUPES TRANSVERSALES	EN COLLABORATION AVEC Le Centre d'Études des Patrimoines culturels du Charolais-Brionnais

31

30m
25
20
15
10
5
4
3
2
1
0

0 1 2 3 4 5   10   15   20   25   30   35m

横断面（縮尺：1 / 200）

COUPE B-B'

32

30m

25

20

15

10

5
4
3
2
1
0

	BERGESSERIN **(Saône-et-Loire)**	KYOTO INSTITUTE OF TECHNOLOGY JAPON Prof.NISHIDA. Masatsugu. EN COLLABORATION AVEC Le Centre d'Études des Patrimoines culturels du Charolais-Brionnais
Feuille N°. 7	**ÉGLISE COUPE TRANSVERSALE**	

0 1 2 3 4 5   10   15   20   25   30   35m

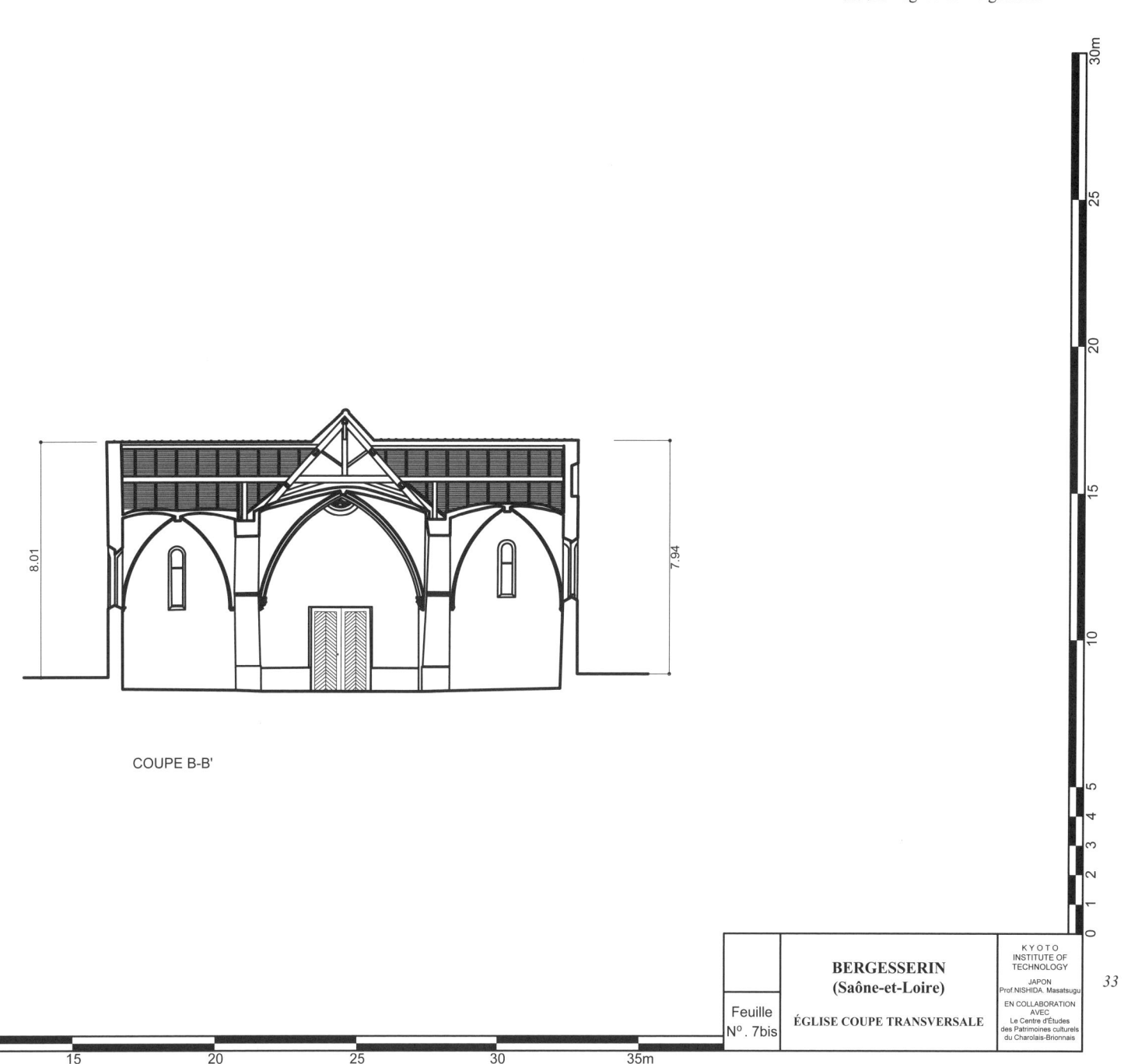

COUPE B-B'

8.01

7.94

| Feuille Nº. 7bis | BERGESSERIN (Saône-et-Loire) ÉGLISE COUPE TRANSVERSALE | KYOTO INSTITUTE OF TECHNOLOGY JAPON Prof.NISHIDA. Masatsugu EN COLLABORATION AVEC Le Centre d'Études des Patrimoines culturels du Charolais-Brionnais |

33

縦断面（縮尺：1 / 200）

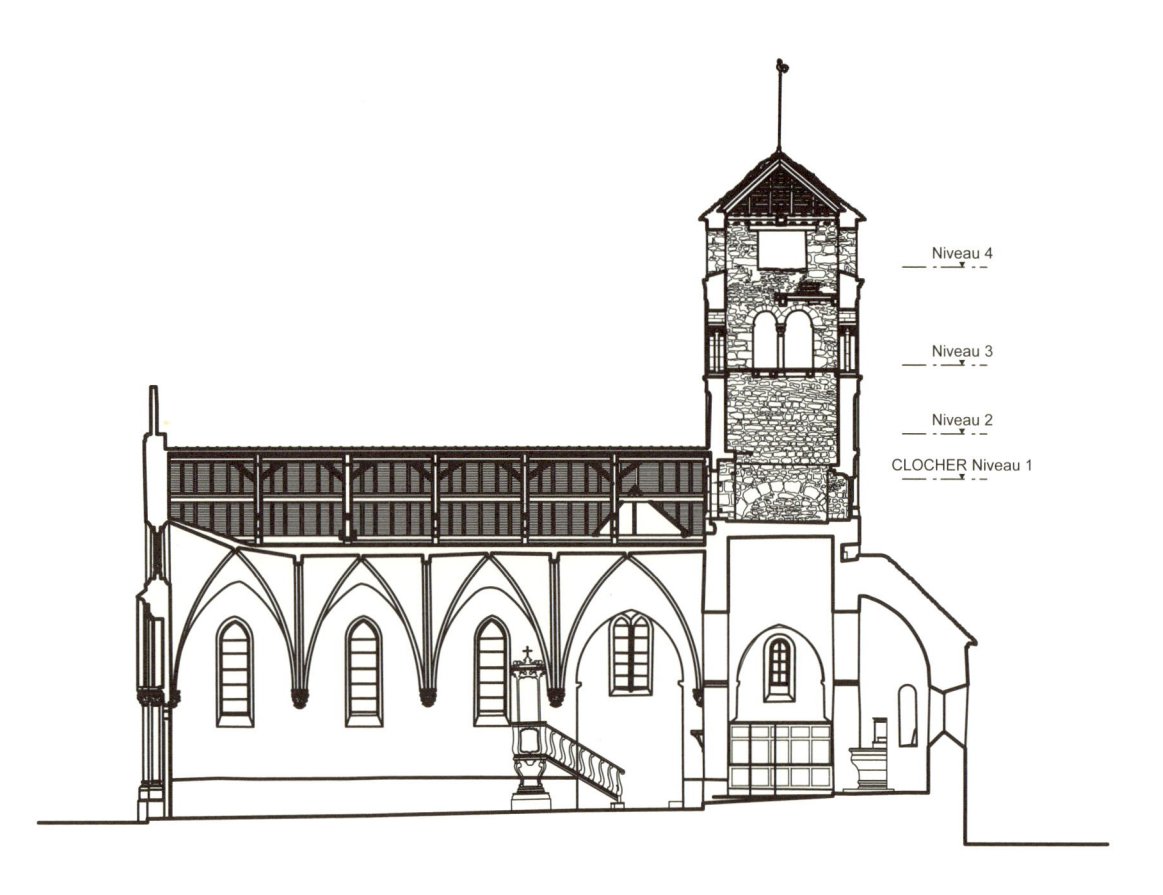

Niveau 4

Niveau 3

Niveau 2

CLOCHER Niveau 1

COUPE D-D'

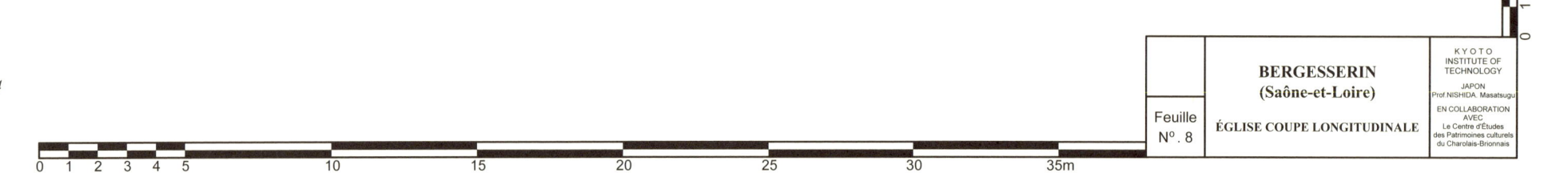

| Feuille N°. 8 | BERGESSERIN (Saône-et-Loire) ÉGLISE COUPE LONGITUDINALE | KYOTO INSTITUTE OF TECHNOLOGY JAPON Prof.NISHIDA. Masatsugu EN COLLABORATION AVEC Le Centre d'Etudes des Patrimoines culturels du Charolais-Brionnais |

0 1 2 3 4 5 10 15 20 25 30 35m

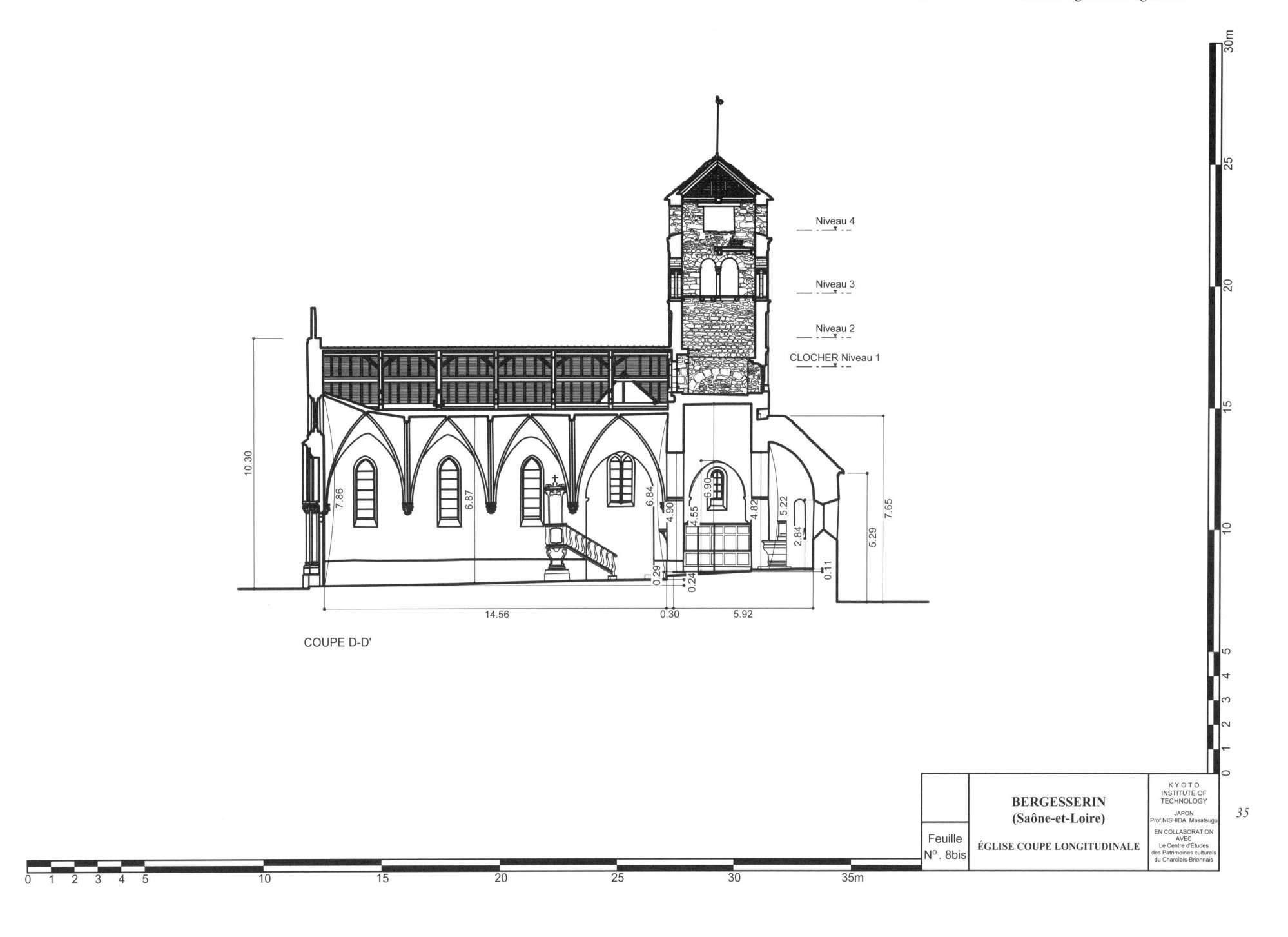

COUPE D-D'

Niveau 4

Niveau 3

Niveau 2

CLOCHER Niveau 1

	BERGESSERIN (Saône-et-Loire)	KYOTO INSTITUTE OF TECHNOLOGY
Feuille Nº. 8bis	ÉGLISE COUPE LONGITUDINALE	JAPON Prof.NISHIDA. Masatsugu EN COLLABORATION AVEC Le Centre d'Études des Patrimoines culturels du Charolais-Brionnais

35

0 1 2 3 4 5 10 15 20 25 30 35m

3. ベルゼ＝ラ＝ヴィル修道士礼拝堂
La chapelle des moines de Berzé-la-Ville

実測調査

2013年9月18〜25日

［調査メンバー］

西田雅嗣、太田圭紀、岡北一孝、加藤旭光、小岩穂菜美、古賀顕士、小嶋千賀子、
原愛、廣長晧介、森下瑶、安井菜穂

2014年9月29日

［調査メンバー］

西田雅嗣、岩田千穂、太田圭紀、原愛

実測図面

西田雅嗣、2014年12月24日

図面作成

原愛

Relevé

18–25 / 09 / 2013.
Masatsugu NISHIDA, Ai HARA, Kosuke HIRONAGA, Asahi KATO, Kenji KOGA,
Honami KOIWA, Chikako KOJIMA, Yoh MORISHITA, Yoshiki OHTA, Ikko OKAKITA,
Nao YASUI.

29 / 09 / 2014.
Masatsugu NISHIDA, Ai HARA, Chiho IWATA, Yoshiki OHTA.

Auteur du plan

Masatsugu NISHIDA, 24 / 12 / 2014.

Dessin

Ai HARA.

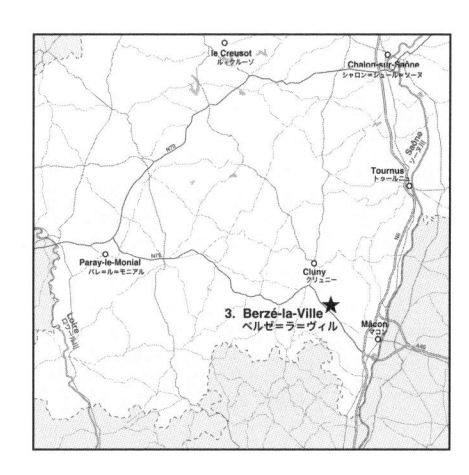

3. ベルゼ＝ラ＝ヴィル修道士礼拝堂 La chapelle des moines de Berzé-la-Ville

12世紀の建設とされるこのベルゼ＝ラ＝ヴィル修道士礼拝堂は、内陣に良好な保存状態で残るロマネスク壁画で夙に名高い。1887年にジョリヴェ司祭が、礼拝堂内部の壁面を覆っていた上塗りを撤去して、その下に隠されていた壁画の全貌を明らかにするまでは長く忘れられていた壁画だが、この発見以降、まとまった部分の全体像を示すロマネスク壁画の数少ない貴重なものとして手厚く保護され、研究も数多くなされている。サン＝サヴァン＝シュール＝ガルタンプ修道院教会堂の内部に残る12世紀の壁画とともに、フランスを代表するロマネスク絵画であり、とりわけベルゼ＝ラ＝ヴィルのそれは、すぐ近くのクリュニー修道院の第三教会堂との関係もあり、ロマネスク芸術の一つの頂点とも言える失われたクリュニー第三教会堂の理解には不可欠のものである。

壁画に関しては、その重要性に鑑みて多くの研究蓄積があり、未だ明確には判ってはいない制作年代の同定をはじめ、クリュニー芸術の特色としてのローマとの関係や、ビザンティン絵画の影響とロマネスク絵画におけるその重要性の指摘など、ベルゼ＝ラ＝ヴィルの壁画の評価や理解に留まらず、ロマネスクのフレスコ画の理解、あるいはロマネスクという芸術のありようの理解にまで関わる研究が多数なされてきた。こうした壁画研究に比して、建築の方の研究は極めて貧弱であると言わざるを得ない。

例えば、クリュニー修道院創設1100年に当たる2010年には数々のクリュニー関係のシンポジウム、国際会議、展覧会、研究成果の出版などがみられたが、その中の一つ、N・ストラットフォード監修の『クリュニー、その11世紀に渡る輝き』と題された大部の論集は、建築も含んでクリュニー芸術の総観とでも言えるもので、ベルゼ＝ラ＝ヴィルもモノグラフィックな論考の対象になり碩学Y・クリストが執筆するが、壁画についてのみの論考で、建築については記述がない。最近の他の多くの出版物でも同様で、例えばクリスチャン・サパンの『ブルゴーニュ・ロマネスク』（2006年）でも、ベルゼ＝ラ＝ヴィルは取り上げられるが、壁画についての記述だけである。遡って、例えば1929年にM・オーベールが、2011年にR・ド・ラステイリが出版したものを増補改訂した『ロマネスク期のフランス宗教建築』でもベルゼ＝ラ＝ヴィルは壁画についてのみの解説であり、その後のH・フォシヨンの『西欧の芸術』（1938年）以後、E・ヴェルニョールの『フランスのロマネスク芸術』（1994年）に至ってもその傾向は変わらない。ベルゼ＝ラ＝ヴィルの礼拝堂建築についての信頼に足る論述は、未だジャン・ヴィレイの『旧マコン司教区のロマネスク教会堂——クリュニーとその地方』（1935年）、とゾディアック叢書の『ブルゴーニュ・ロマネスク』（1968年改訂版）

中のR・ウルセルによる論考、そして後はわずかにF・メルシエによる1936年刊行の『フランス考古学会大会（Congrès archéologique de France）』所収のモノグラフィーがあるのみであると言った状態である。

従って、ベルゼ＝ラ＝ヴィルの礼拝堂の建築図面に関しても、近年に作成された正確な実測図は存在せず、クリスチャン・サパンの書にも図面は示されず、未だ上記ヴィレイの書中の図面が使い回されている状況であり、ゾディアック叢書でもヴィレイの図面が使われている。

クリュニーに残る証書によると、1062年、ベルゼ＝ラ＝ヴィルの土地の一部がクリュニー修道院に寄進され、その後もこの地のクリュニーへの寄進が続き、11世紀後半、クリュニー修道院はベルゼの丘の麓の土地を入手し、1080年にはそこに小さな分院を置き、完全にクリュニー修道院に組み込む。この地がことのほか気に入り、晩年にしばしばここを訪れていたクリュニー修道院長ユーグ・ド・スミュールは、クリュニー第三教会堂の建設工事が進んでいたまさにその時、1100年頃に、現在我々が目にする礼拝堂を建設したとされる。ユーグ・ド・スミュールは1109年に没するが、その数年前に火災でベルゼの小修道院が焼けたことが記録にあり、恐らく、この時点では、ユーグ・ド・ソミュールによる再建工事が進行中であったと考えられている。この12世紀初頭の建設時以降、基本的には大改造はないと考えられる。

つまりベルゼ＝ラ＝ヴィル修道士礼拝堂は、やはり1109年以前にユーグ・ド・スミュールの手によって再建工事が始まった、クリュニー第三教会堂を知る上での最も重要な建築であるパレ＝ル＝モニアル教会堂と同じく、クリュニー第三教会堂に代表されるクリュニー建築の到達点の理解に不可欠の建築なのである。

この礼拝堂は、トンネル・ヴォールトの架かる地下礼拝堂の上に建つ。この地下礼拝堂の内部にもやはり壁画の痕跡が見られるが、現存のものは14世紀初頭に行われた改修工事時のものであると目される。

単身廊で、内陣は半円形平面のアプスを東端とし、正確に東に向けて建つ。身廊には、ごくわずかに尖ったかすかな尖頭トンネル・ヴォールトが架かり、半円アーチの盲アーケードが壁面に張り付き、このアーケード装飾で身廊は三つの柱間に分割される。このアーケード装飾は、持送りの上に乗る。身廊の両側とも、このアーケード装飾の各柱間に一つずつ窓が配される。身廊にはこの他、西壁面中央ヴォールト直下に一つ窓があり、東側では、勝利門アーチ上部の小壁に明かり取りの窓が穿たれている。

奥行きの極めて浅い矩形の内陣は、東西両側に上下二段になった窓を持ち、勝利門

38

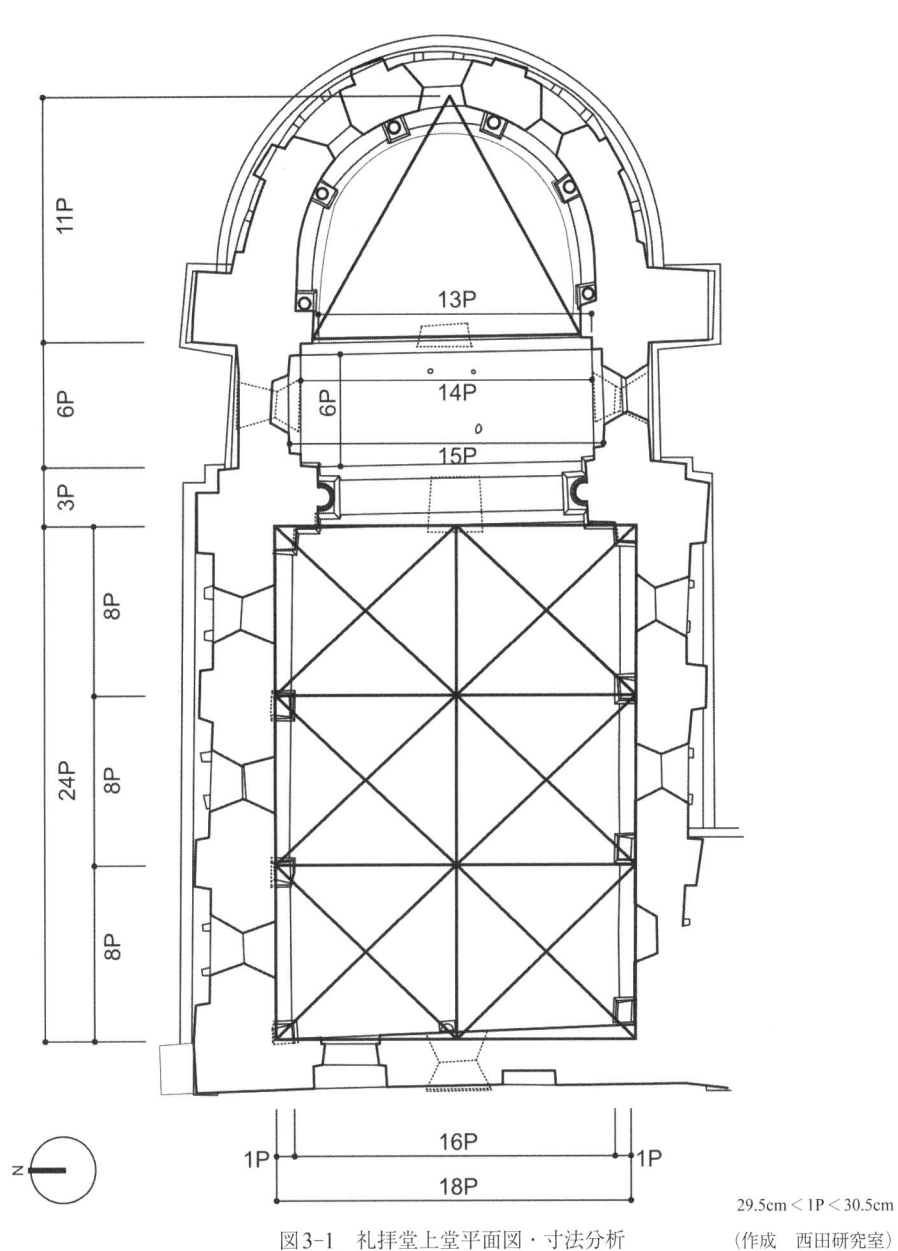

11P

13P

6P 14P

6P

3P 15P

8P

24P 8P

8P

8P

42P

12P

N

1P 16P 1P

18P

29.5cm < 1P < 30.5cm

29.5cm < 1P < 30.5cm

N

図3-1　礼拝堂上堂平面図・寸法分析　　　　（作成　西田研究室）

図3-2　地下礼拝堂平面図・寸法分析　　　　（作成　西田研究室）　*39*

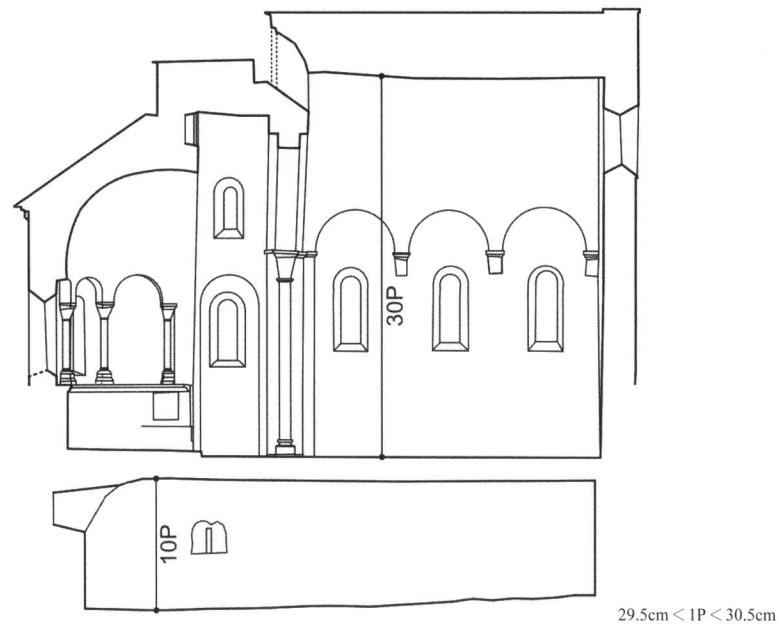

図3-3　礼拝堂断面図・寸法分析　　　　（作成　西田研究室）

29.5cm＜1P＜30.5cm

装飾される。各控壁間の中央に、隅切のある半円アーチの窓が開く。矩形内陣部の外部立面は、二本の控壁の間に挟まれた幅の狭い柱間に、二段の半円アーチの窓が開く。通常、この矩形内陣の上部に鐘塔が乗るが、この礼拝堂には鐘塔はなく、建設された痕跡もない。会堂頭部の外観では、地下礼拝堂に対応する層が、身廊側面の立面で軒下に見られたのと同様のロンバルド帯状のアーケード装飾で示され、三連小アーチの連続するこの意匠の上部に軒蛇腹が乗り、その上に礼拝堂に対応する層の立面が来る。中央とその両脇の三つの窓以外には装飾らしい装飾はなく、控壁は真っ直ぐ軒蛇腹下まで立ち上がり、小アーチによる軒下装飾もここにはなく、代わりに単純な持送りのモディヨンが、各柱間の軒蛇腹下に二つずつ配される。屋根は低い方から、アプシス、矩形内陣、身廊と三つあるが、現在はいずれもブルゴーニュ地方で「ラーヴ」と呼ばれるスレート状の粗い石葺きであり、アプシス、矩形内陣、身廊、何れの屋根も、木造の小屋組を介さずに直接ヴォールトの上に屋根を置く工法である。現在も比較的多く上塗りが残っており、組積が露出している状態ではないが、所々上塗りの下に確認できる組積は、比較的整った小振りのモエロン積みである。

　実測に基づいて作成された図面には、直交・直角からの多少のずれが表現されるが、我々の行って来たこれまでの事例に比べるなら、比較的整った、直交・直角が良く守られている姿だと考えられる。クリュニー修道院直属の、それもクリュニー第三教会堂の建設を主導したユーグ・ド・スミュールの関与を十分に思わせる施工精度と言えようか。

　1尺が29.5cmから30.5cmくらいの幅を持った物差し（ローマ尺だと考えられる物差し）を考えると、矩形平面の内陣部分、多くの場合そこに鐘塔が乗り、アラン・ゲローによるならば、建設計画の出発点であり、最も丁寧に縄張りや施工がなされた部分ということになるが、上方の内法で幅が14尺、奥行きが6尺という7：3という極めて奥行きの浅い矩形となる寸法が与えられていると推定できる。半円形アプシスの幅は内法で13尺、奥行きは、やはり内法で11尺と考えられ、正三角形が暗示される。身廊は、やはり上方内法で幅16尺×奥行24尺、つまり2：3の比の矩形であると目され、8尺正方形六つから構成される。

　このローマ尺と目されるこの尺度の下で、地下礼拝堂の平面の方は、幅が12尺で奥行が42尺、つまり、一辺が12尺の正方形3連に、直径を12尺とする半円を加えた構成が推定される。

　地下礼拝堂と、その上の礼拝堂に同じ尺度が想定できるということは、下堂と上堂

アーチの外輪までの高さがある、やはりわずかに尖ったトンネル・ヴォールトを架ける。アプシスの半ドームの高さは、矩形内陣のトンネル・ヴォールトよりも低く、アプシスの半ドームと矩形内陣のトンネル・ヴォールトの間にも勝利門アーチが形成され、その小壁には、中が塞がれた丸窓が穿たれる。半円形平面のアプシスの東端部曲面壁にも五連アーチのアーケード装飾が張り付き、下部には腰壁がまわり、腰壁と、その上部のアーケード装飾の間には、彫刻で装飾された柱頭と柱礎を持つ六本の小円柱が配され、ドゥテやシャルボナ、マズィユその他にあるように、この地方の同時代建築に見る比較的手の込んだアプシス内部の壁面構成を見せる。

　12世紀の最初の四半世紀には既にこの地方で主流となっていた尖りアーチや尖頭トンネル・ヴォールトは内部にしか見られず、それも極わずかな尖り具合のもので、基本的には半円アーチや半円トンネル・ヴォールトが意図されていたと考えられる。

　外部の側面では、装飾盲アーケードによる柱間構成が、控壁によって外部にも現れ、控壁間の上部軒下には各柱間に三つの小さなアーチがあり、ロンバルド帯の様な形で

の建設の間に、ある種の連続性が認められるということである。地下礼拝堂に当たる部分の建設が12世紀を遡るのならば、K・J・コナントが明らかにしたクリュニー第二教会堂で用いられた1尺が34cm前後のカロリング朝の王尺に由来する尺度と、その後のクリュニー第三教会堂で、ユーグ・ド・スミュールによって使用されたローマ尺を考えると、ベルゼ＝ラ＝ヴィルでのローマ尺の使用の先行性が考えられる。因にこれまでの我々の尺度分析でローマ尺が想定できた例は他には、ベルジュスラン、ブランシオン、ビュフィエール、シャルリュー、キュルティル＝ス＝ビュフィエール、ラ・ヴィヌーズ、マルシニ、マッシー、の八例であり、またウジの身廊部に、ローマ尺から派生されるマニュアリス尺を想定した事例もあるが、半数以上はブルゴーニュ地方の古慣用尺と考えられる、1尺が31.5cmから34cm程度までの尺度であった。クリュニー第三教会堂でのローマ尺の使用を考えると、ベルゼ＝ラ＝ヴィルでのローマ尺の使用には、クリュニーであることの、そしてそのことを確固たるものにするローマとの絆が尺度にも暗示されていると考えられ、興味深い。

　一方、この礼拝堂の建物は規模も小さく、クリュニー大修道院長に愛された片々たる小さな礼拝堂であるが、クリュニー修道院の威光を示す要素として、建物の高さが指摘できるであろう。地下礼拝堂の上に建ち、ユーグ・ド・スミュールが自分の出身であるブリオネ地方の自然景観を思い起こす風景として彼が愛でた自然と周囲の修道院諸施設を見下ろす高みに建てられた礼拝堂は、特に外から仰ぎ見る時、高層建築の如くの高さの建築として現れる。鐘塔はないが、礼拝堂全体が鐘塔のシンボリズムを具現する。規模に比して異様に高い身廊の高さもこう考えると理解できる。身廊の天井高はローマ尺でちょうど30尺になる。

［西田雅嗣］

　Le doyenné clunisien de Berzé-la-Ville est célèbre au moins à l'échelle européenne à cause des peintures murales qu'il renferme. Ces peintures, découvertes par l'abbé Jolivet en 1887, sont d'une qualité exceptionnelle, elles représentent la 'traditio legis' au cul-de-four, le martyr de saint Vincent de Saragosse au mur sud et l'histoire de saint Blaise sur le mur nord. La chapelle a été classée MH dès 1893, une copie en taille réelle de l'abside se trouve au Musée des Monuments Français. Ce décor a donné lieu à une littérature surabondante, qu'il ne saurait être question d'aborder ici. L'histoire même du doyenné a été parfaitement mise en lumière par Maria Hillebrandt. La présence des moines à Berzé fut la conséquence d'une donation de 1100 ;

immédiatement, le domaine fut désigné comme obedientia. On n'y reviendra pas davantage. Il n'est pas certain cependant que le bâtiment lui-même ait été observé avec toute la précision souhaitable.

　La partie inférieure est taillée dans le roc ; cette partie est plus large que haute, ce qui ne convient nullement à une église romane ; les peintures que l'on observe sont de type gothique : faux appareil complexe (doubles traits verticaux et fleurettes) ocre rouge sur fond blanc, avec des rehauts bleus et jaunes ; on croit discerner dans la nef la trace d'une croix de consécration, ce qui signifierait qu'un culte a pu avoir lieu, mais on ne dispose d'aucun document à ce sujet. La largeur est de douze pieds romains, il est plus difficile d'interpréter la longueur : à l'ouest, on se heurte au rocher brut. Il paraît au total très peu probable que cette partie ait été conçue à l'origine autrement que comme un simple soubassement. L'existence d'un soubassement est attestée dans plusieurs doyennés clunisiens (Mazille, Bézornay, Saint-Jean-du-Bois), elle permettait d'obtenir un édifice dominant nettement l'environnement, alors même qu'il était dépourvu de tout clocher. L'accès actuel par le nord n'est pas d'origine, il se faisait probablement par le sud, la trace d'une porte romane se lit très facilement à l'extérieur.

　La partie supérieure a très probablement été fastueusement décorée au moment de la construction (vers 1110-1130 ?) ; on note cependant une campagne de reprises, sans doute au XIIIᵉ. On observe de même des croix de consécration de deux types.

　La nef a 18 pieds en large et 28 pieds en long ; la travée médiane mesure 6 x 16 pieds, l'abside 12 sur 8 (longueur totale 48 pieds). Le sol n'ayant pas pu varier considérablement (les bases sont bien en place), on peut essayer d'interpréter les hauteurs ; on obtient : nef 911 cm, partie médiane 806 cm, cul-de-four 674 cm ; ces segments ne donnent aucune dimension acceptable en pieds romains, la seule solution est d'ajouter partout 33 cm ; ce qui donne 944, 839, 707, segments que l'on interprète comme 32, 28 et 24 pieds romains Ces nombres sont parfaitement congruents avec les dimensions horizontales ; on se heurte cependant à une difficulté : le sol de tomettes, installé au moment de la restauration, paraît tout à fait adapté au décor, comment interpréter ce probable rehaussement de 33 cm ? (modification du niveau du sol qui n'est toutefois pas entièrement inconcevable, la voûte entre les deux parties de l'édifice ayant 60cm dans son secteur le plus mince ; ou peut-être un repentir ?)

　A propos des techniques de construction, on notera juste le caractère encore relativement peu élaboré de l'appareillage ; tout est en petits moellons assez grossièrement équarris et lités, on ne remarque nulle part le moyen appareil ; les arcatures « lombardes » à la base de l'abside et en haut des murs gouttereaux sont d'une régularité moyenne, aucun chaînage aux angles. En revanche, les arcatures et les colonnettes de l'abside témoignent bien du savoir-faire des maçons de Cluny III. Une construction dans les toutes premières années du XIIe siècle est probable.

［Alain GUERREAU］ 41

3. ベルゼ＝ラ＝ヴィル修道士礼拝堂 La chapelle des moines de Berzé-la-Ville

北西からの外観
L'extérieur depuis le nord-ouest.

北立面
Élévation nord.

南東から見たアプシス外観
L'extérieur de l'abside depuis le sud-est.

北東からの外観
L'extérieur depuis le nord-est.

南立面
Élévation sud.

北側身廊軒壁外観
L'extérieur du mur gouttereau nord de la nef.

身廊・内陣・アプシス
Nef, chœur et abside.

身廊のトンネル・ヴォールト
Voûte en berceau de la nef.

下堂
Niveau inférieur voûté en berceau.

身廊から内陣を見る
Le chœur depuis la nef.

身廊
Nef.

下堂東端部
L'extrémité est du niveau inférieur voûté.

3. ベルゼ＝ラ＝ヴィル修道士礼拝堂 La chapelle des moines de Berzé-la-Ville

上堂　平面（縮尺：1 / 200）

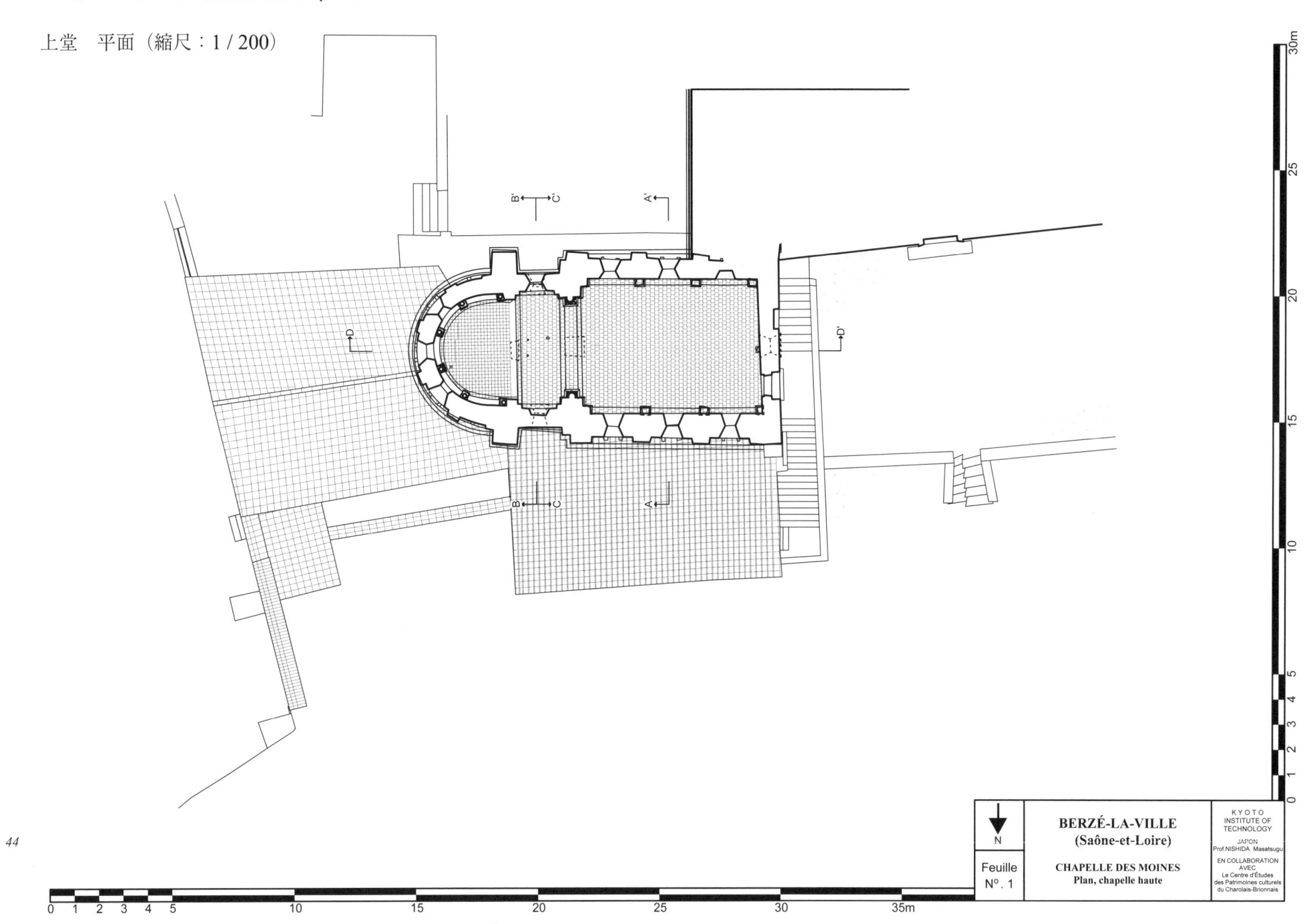

BERZÉ-LA-VILLE
(Saône-et-Loire)

Feuille
Nº. 1

CHAPELLE DES MOINES
Plan, chapelle haute

KYOTO
INSTITUTE OF
TECHNOLOGY
JAPON
Prof.NISHIDA. Masatsugu
EN COLLABORATION
AVEC
Le Centre d'Études
des Patrimoines culturels
du Charolais-Brionnais

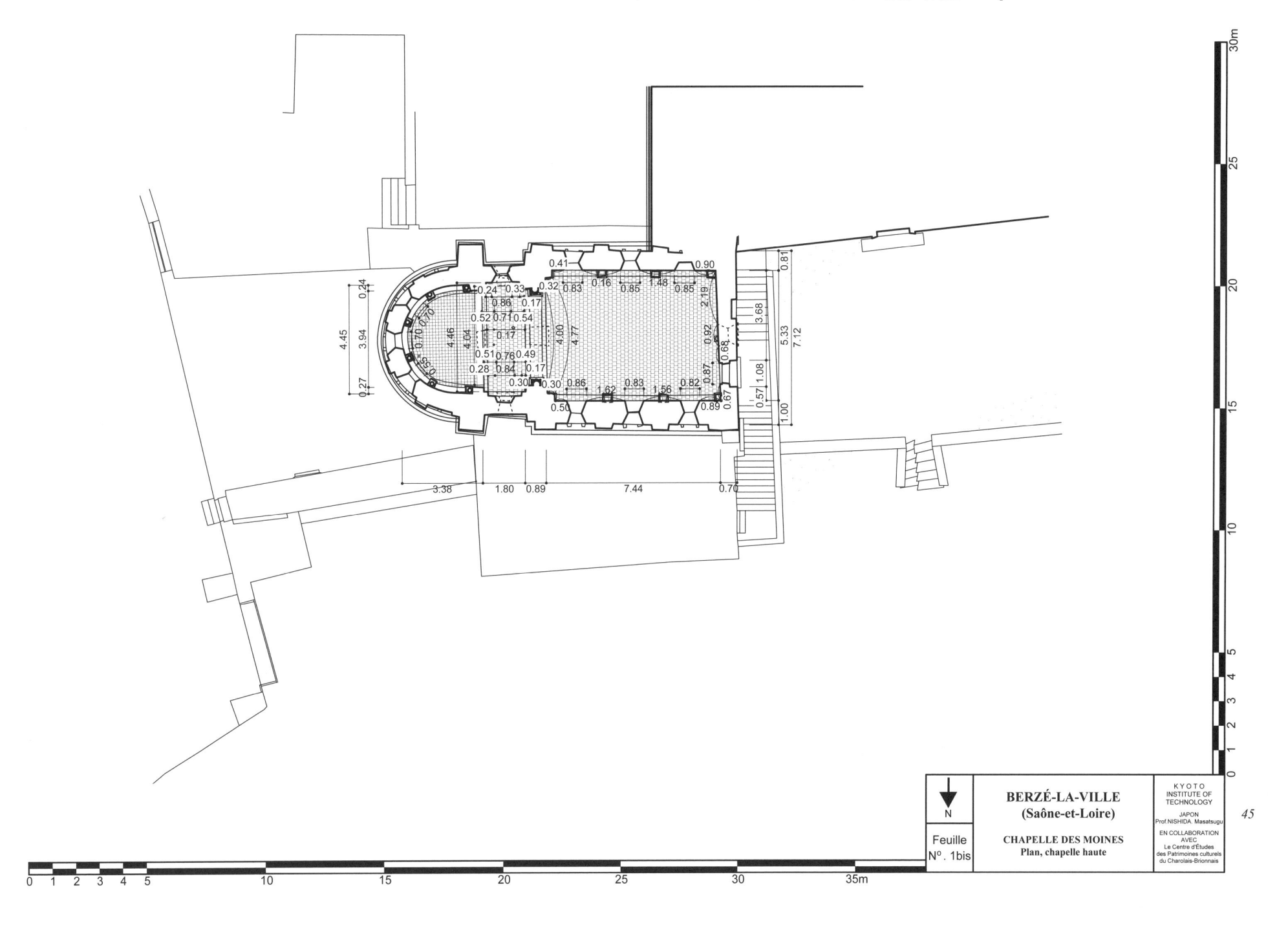

BERZÉ-LA-VILLE
(Saône-et-Loire)

CHAPELLE DES MOINES
Plan, chapelle haute

Feuille
Nº. 1bis

KYOTO
INSTITUTE OF
TECHNOLOGY
JAPON
Prof.NISHIDA. Masatsugu

EN COLLABORATION
AVEC
Le Centre d'Études
des Patrimoines culturels
du Charolais-Brionnais

45

3. ベルゼ＝ラ＝ヴィル修道士礼拝堂 La chapelle des moines de Berzé-la-Ville

下堂　平面（縮尺：1 / 200）

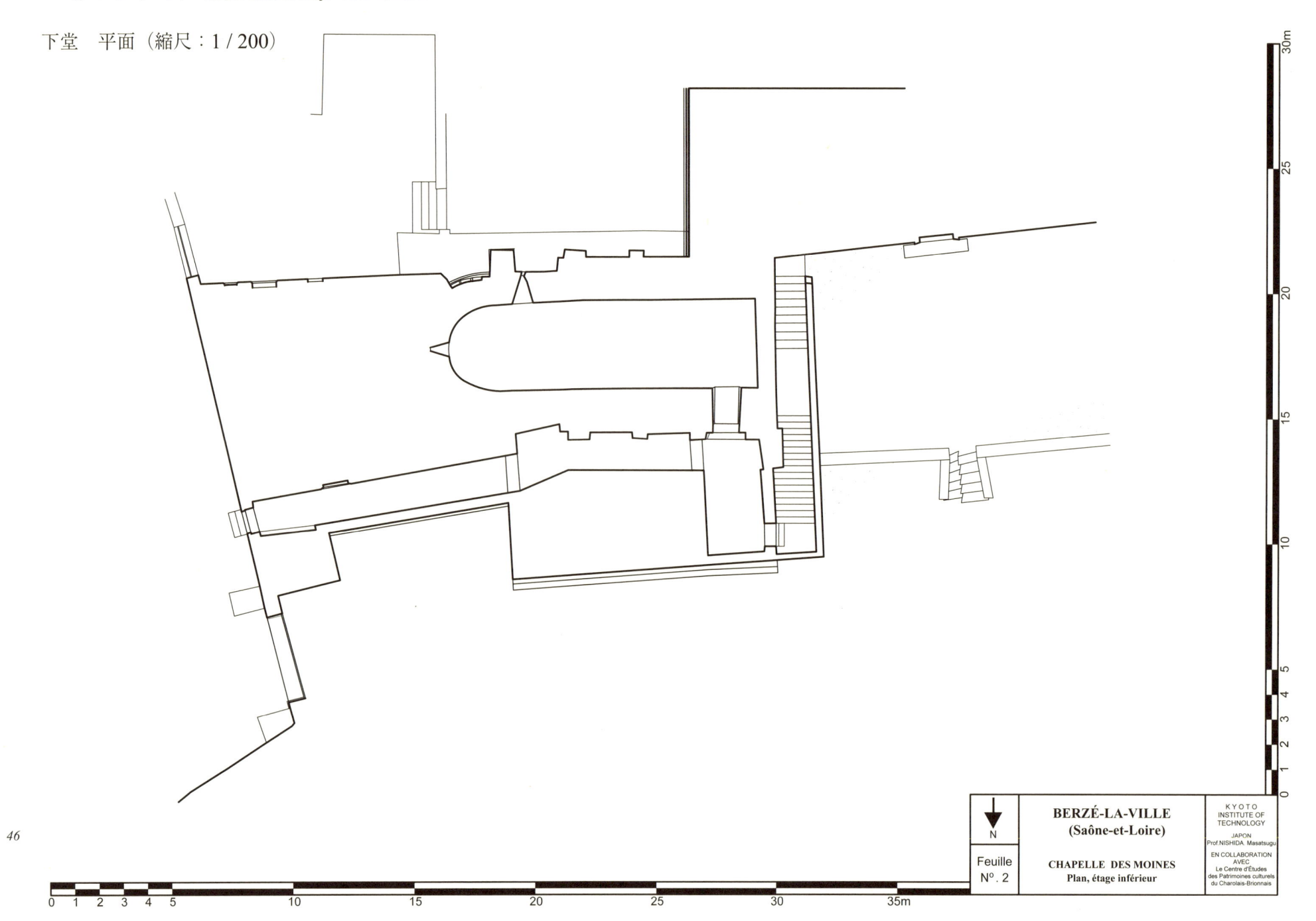

46

BERZÉ-LA-VILLE
(Saône-et-Loire)

Feuille
Nº. 2

CHAPELLE DES MOINES
Plan, étage inférieur

KYOTO
INSTITUTE OF
TECHNOLOGY

JAPON
Prof.NISHIDA Masatsugu

EN COLLABORATION
AVEC
Le Centre d'Études
des Patrimoines culturels
du Charolais-Brionnais

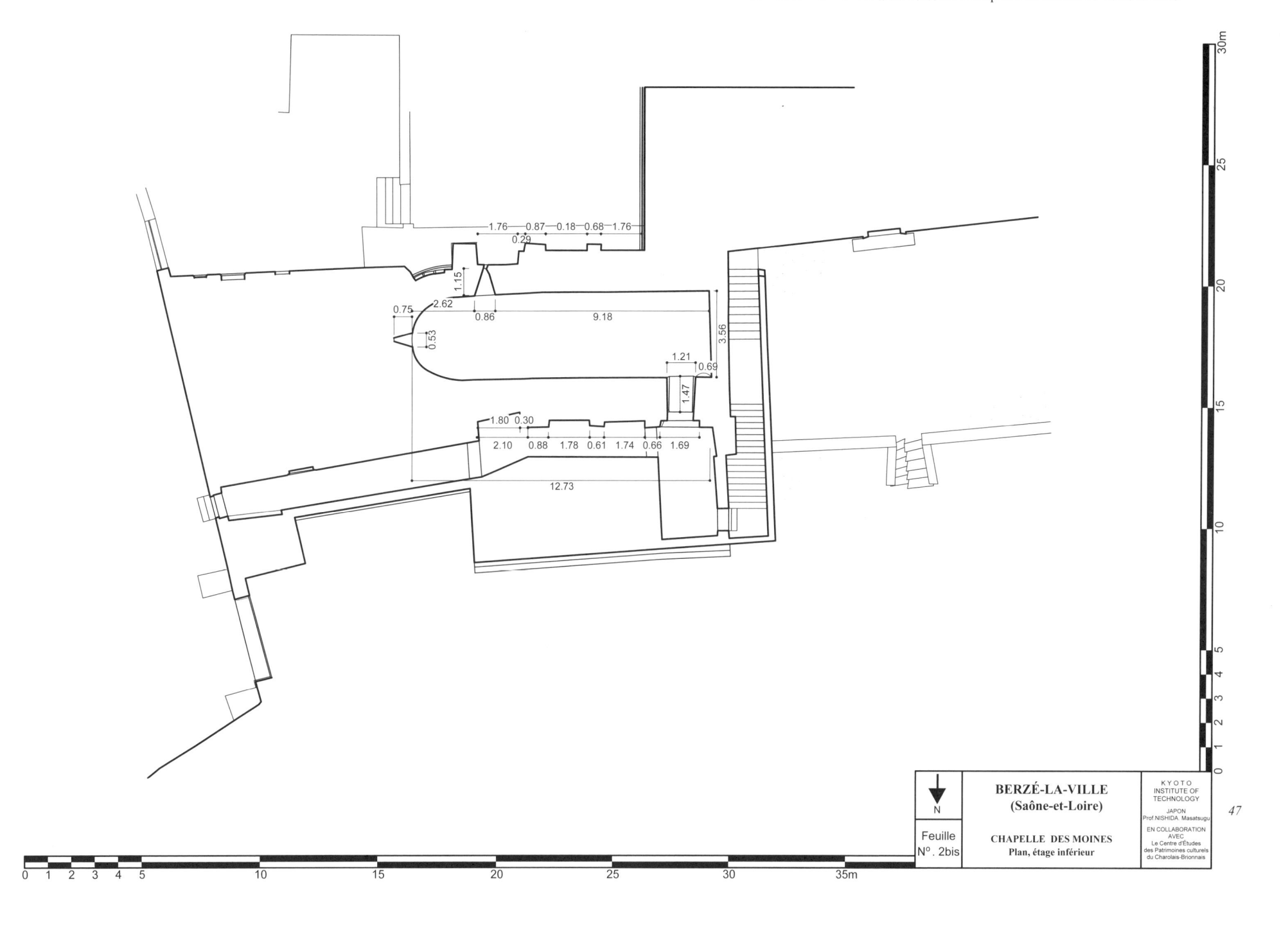

30m
25
20
15
10
5
4
3
2
1
0

1.76 — 0.87 — 0.18 — 0.68 — 1.76
0.29
1.15
2.62
0.75
0.86   9.18
0.53
3.56
1.21
0.69
1.47
1.80 0.30
2.10 0.88 1.78 0.61 1.74 0.66 1.69
12.73

N

BERZÉ-LA-VILLE
(Saône-et-Loire)

Feuille
N°. 2bis

CHAPELLE DES MOINES
Plan, étage inférieur

KYOTO
INSTITUTE OF
TECHNOLOGY
JAPON
Prof.NISHIDA. Masatsugu

EN COLLABORATION
AVEC
Le Centre d'Études
des Patrimoines culturels
du Charolais-Brionnais

47

0 1 2 3 4 5   10   15   20   25   30   35m

3. ベルゼ＝ラ＝ヴィル修道士礼拝堂 La chapelle des moines de Berzé-la-Ville

西正面（縮尺：1 / 200）

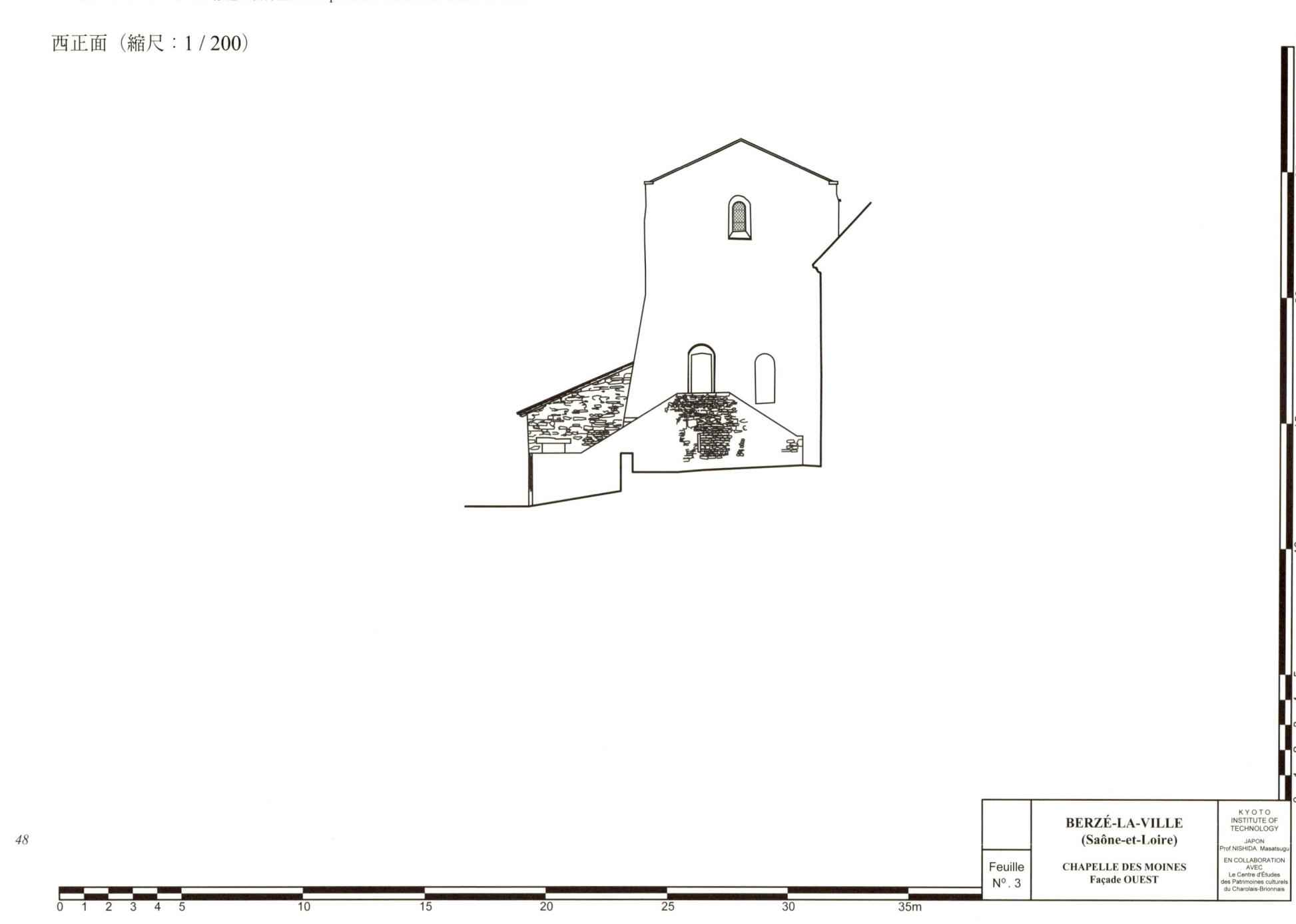

BERZÉ-LA-VILLE
(Saône-et-Loire)

CHAPELLE DES MOINES
Façade OUEST

Feuille
N°. 3

KYOTO
INSTITUTE OF
TECHNOLOGY

JAPON
Prof.NISHIDA. Masatsugu

EN COLLABORATION
AVEC
Le Centre d'Études
des Patrimoines culturels
du Charolais-Brionnais

0 1 2 3 4 5   10   15   20   25   30   35m

30m
25
20
15
10
5
4
3
2
1
0

東立面（縮尺：1 / 200）

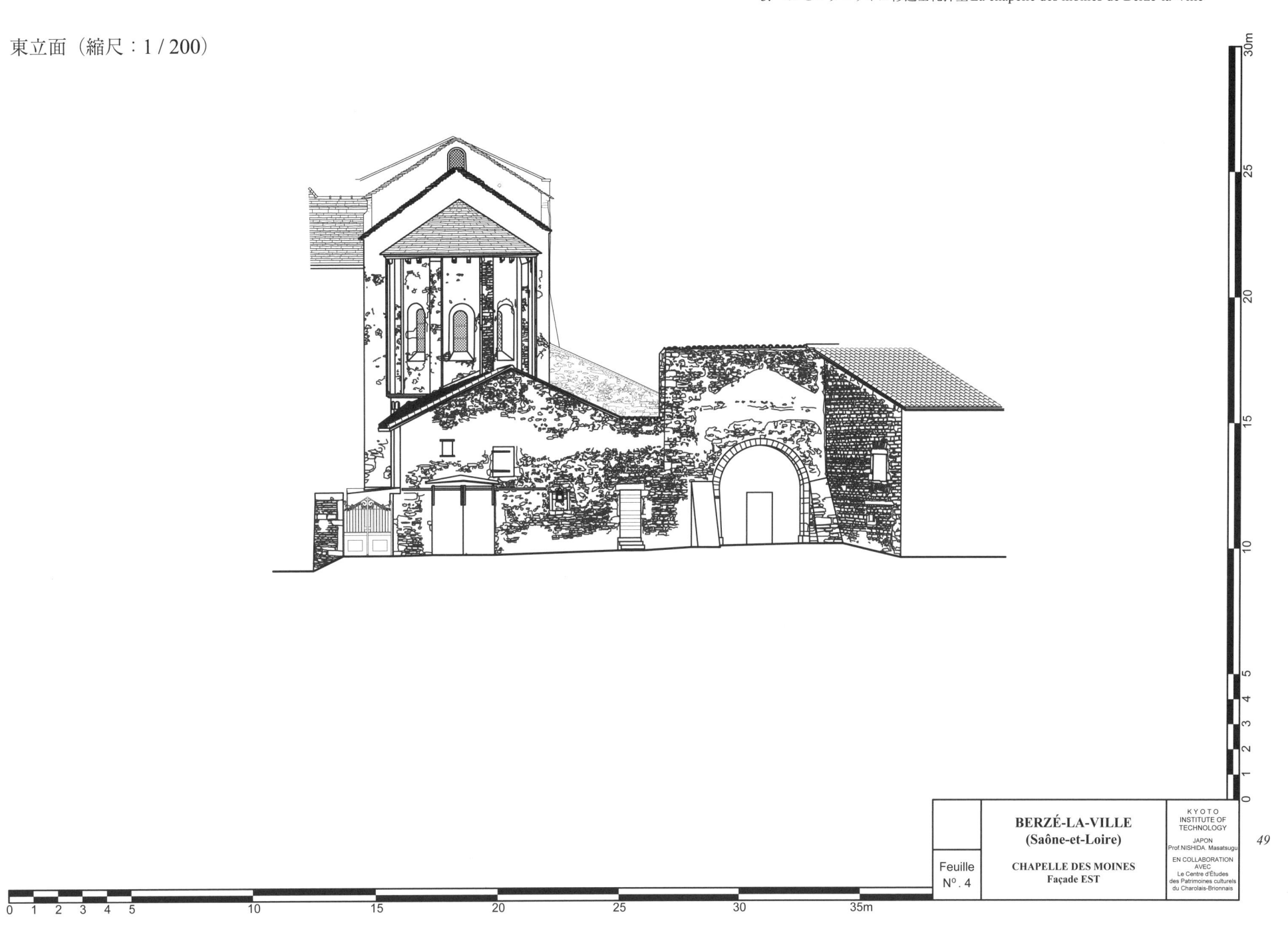

30m

25

20

15

10

5
4
3
2
1
0

Feuille N°. 4	**BERZÉ-LA-VILLE** **(Saône-et-Loire)** **CHAPELLE DES MOINES** **Façade EST**	K Y O T O INSTITUTE OF TECHNOLOGY JAPON Prof.NISHIDA. Masatsugu EN COLLABORATION AVEC Le Centre d'Études des Patrimoines culturels du Charolais-Brionnais

49

0 1 2 3 4 5   10   15   20   25   30   35m

3. ベルゼ＝ラ＝ヴィル修道士礼拝堂 La chapelle des moines de Berzé-la-Ville

北立面（縮尺：1 / 200）

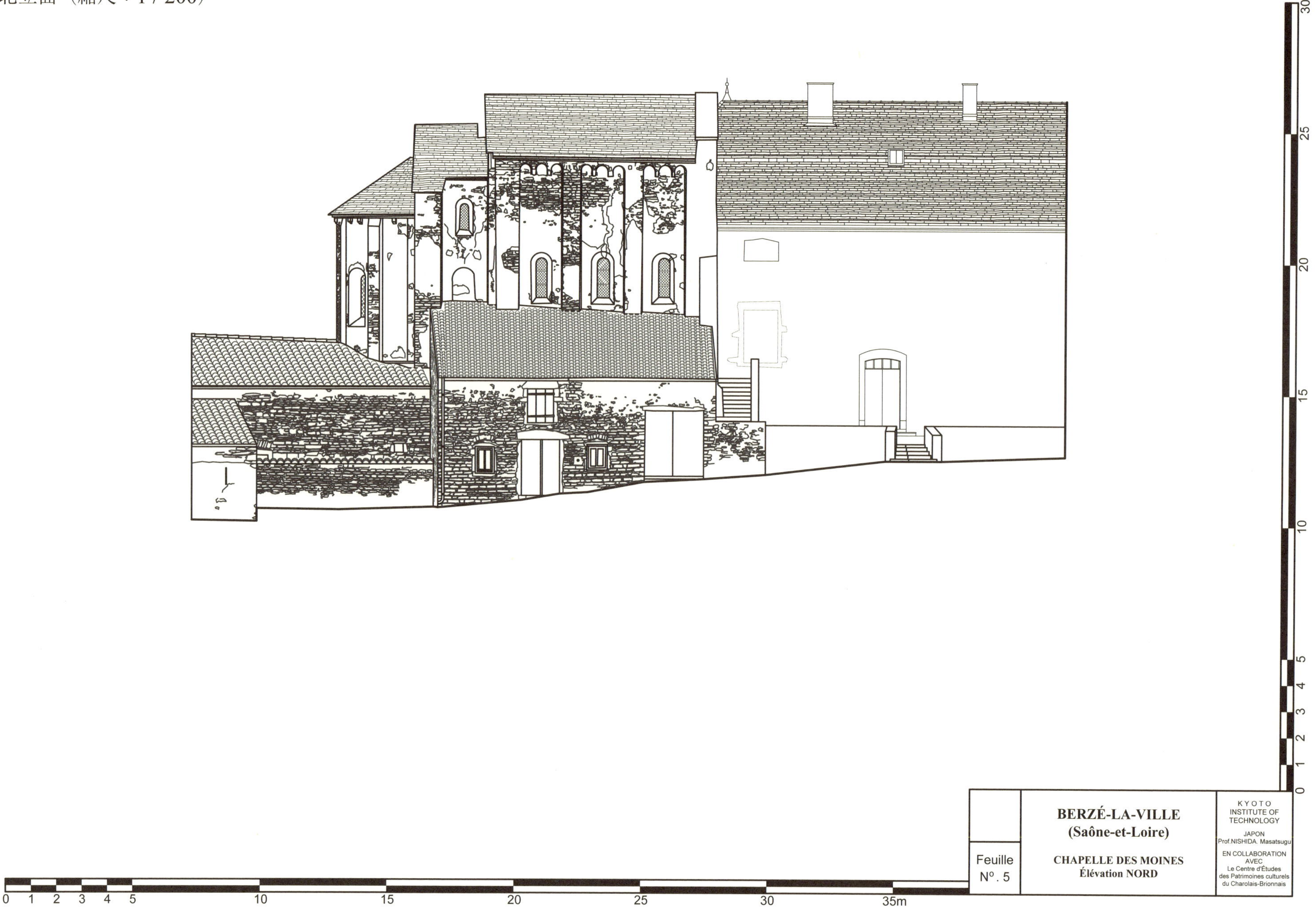

30m
25
20
15
10
5
4
3
2
1
0

BERZÉ-LA-VILLE
(Saône-et-Loire)

Feuille
Nº. 5

CHAPELLE DES MOINES
Élévation NORD

KYOTO
INSTITUTE OF
TECHNOLOGY

JAPON
Prof.NISHIDA. Masatsugu

EN COLLABORATION
AVEC
Le Centre d'Études
des Patrimoines culturels
du Charolais-Brionnais

0 1 2 3 4 5   10   15   20   25   30   35m

南立面（縮尺：1 / 200）

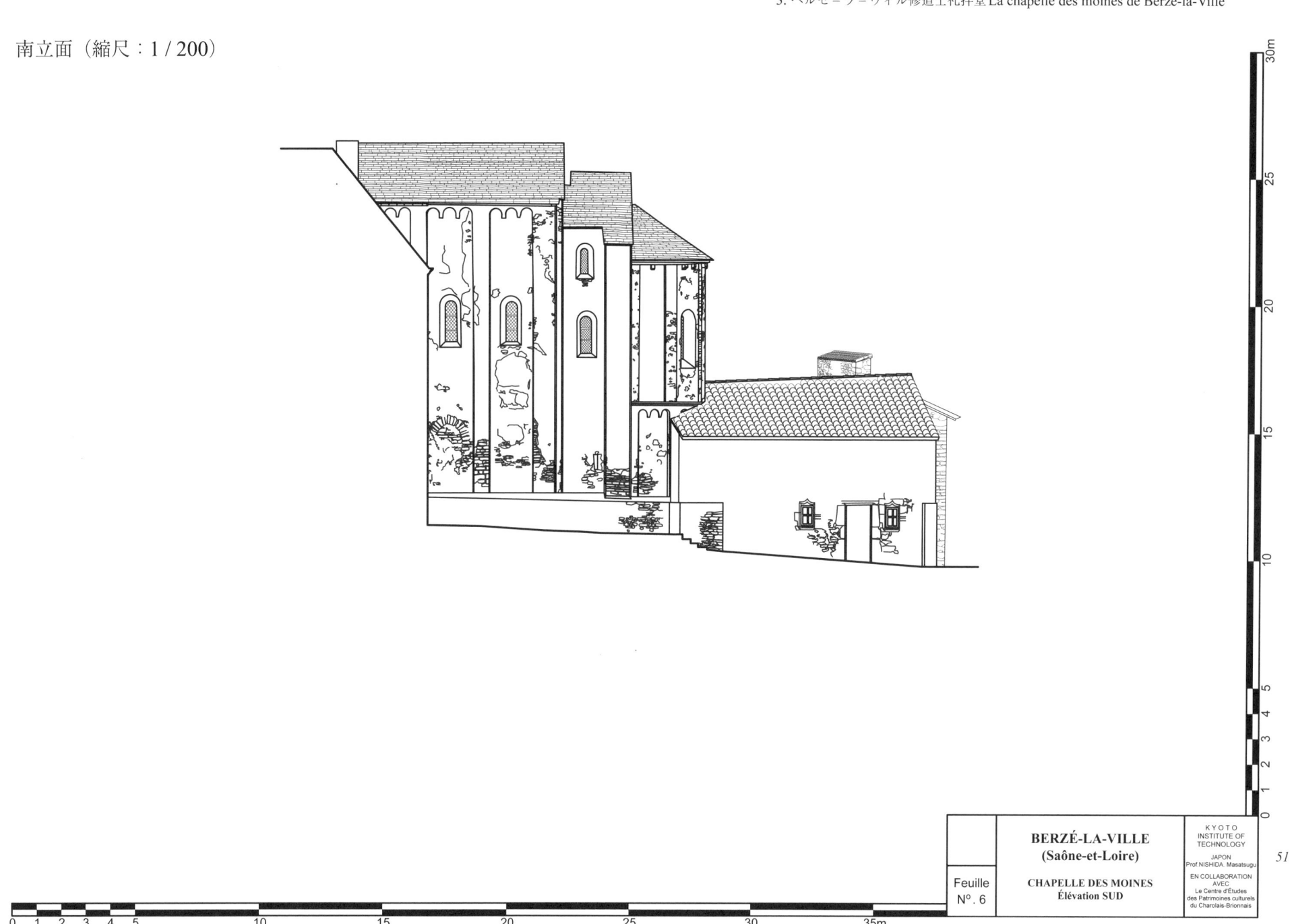

30m

25

20

15

10

5
4
3
2
1
0

0 1 2 3 4 5　　　10　　　15　　　20　　　25　　　30　　　35m

BERZÉ-LA-VILLE
(Saône-et-Loire)

Feuille
Nº. 6

CHAPELLE DES MOINES
Élévation SUD

KYOTO
INSTITUTE OF
TECHNOLOGY

JAPON
Prof. NISHIDA. Masatsugu

EN COLLABORATION
AVEC
Le Centre d'Études
des Patrimoines culturels
du Charolais-Brionnais

51

3. ベルゼ＝ラ＝ヴィル修道士礼拝堂 La chapelle des moines de Berzé-la-Ville

横断面（縮尺：1 / 200）

COUPE A-A'

COUPE B-B'

BERZÉ-LA-VILLE
(Saône-et-Loire)

Feuille
Nº. 7

CHAPELLE DES MOINES
COUPES TRANSVERSALES

KYOTO
INSTITUTE OF
TECHNOLOGY

JAPON
Prof.NISHIDA. Masatsugu

EN COLLABORATION
AVEC
Le Centre d'Études
des Patrimoines culturels
du Charolais-Brionnais

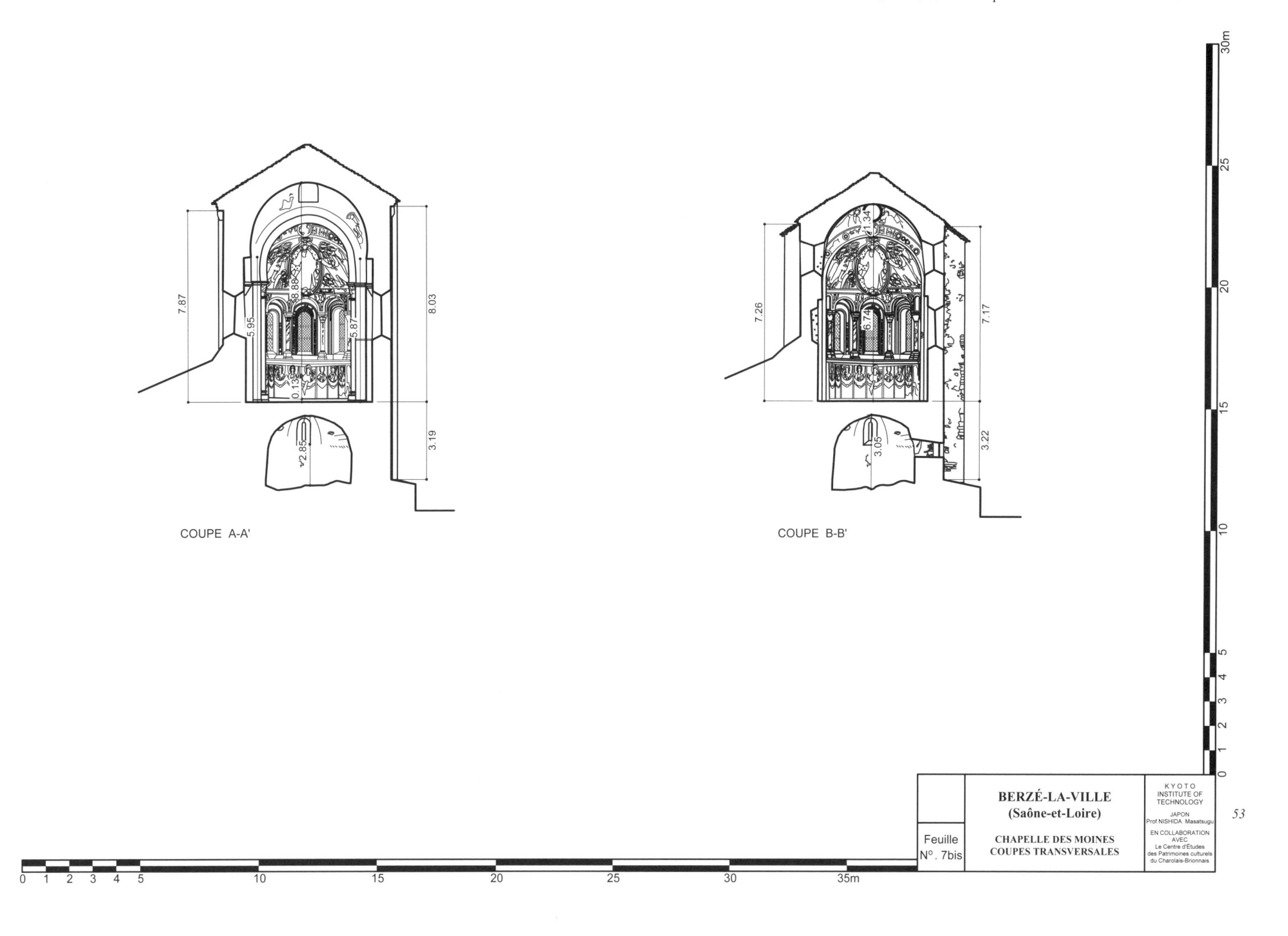

COUPE A-A'

COUPE B-B'

	BERZÉ-LA-VILLE (Saône-et-Loire)	KYOTO INSTITUTE OF TECHNOLOGY JAPON Prof.NISHIDA. Masatsugu
Feuille N°. 7bis	CHAPELLE DES MOINES COUPES TRANSVERSALES	EN COLLABORATION AVEC Le Centre d'Études des Patrimoines culturels du Charolais-Brionnais

3. ベルゼ＝ラ＝ヴィル修道士礼拝堂 La chapelle des moines de Berzé-la-Ville

横断面、縦断面（縮尺：1 / 200）

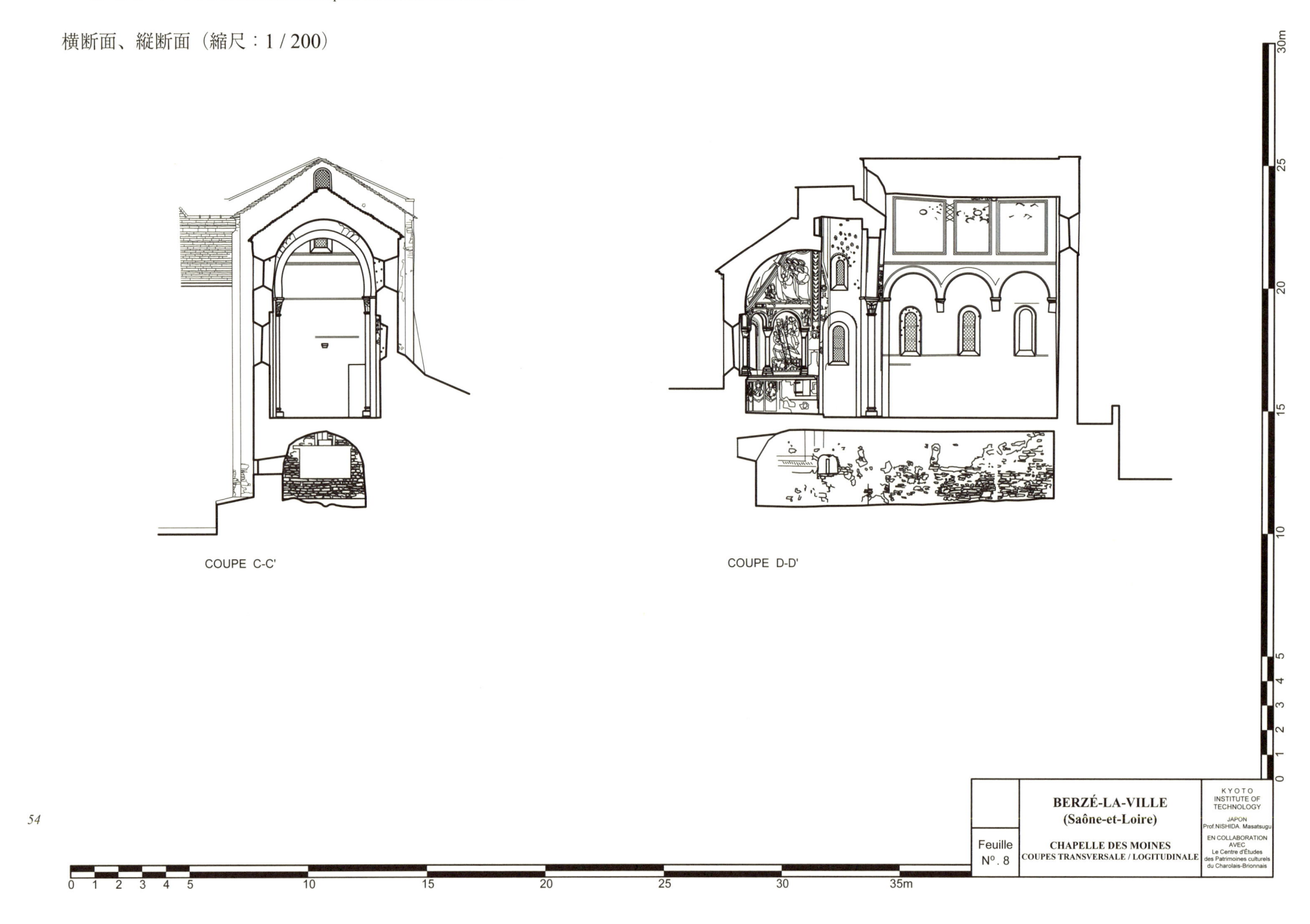

COUPE C-C'

COUPE D-D'

BERZÉ-LA-VILLE
(Saône-et-Loire)

Feuille
Nº. 8

CHAPELLE DES MOINES
COUPES TRANSVERSALE / LOGITUDINALE

KYOTO
INSTITUTE OF
TECHNOLOGY

JAPON
Prof.NISHIDA. Masatsugu

EN COLLABORATION
AVEC
Le Centre d'Études
des Patrimoines culturels
du Charolais-Brionnais

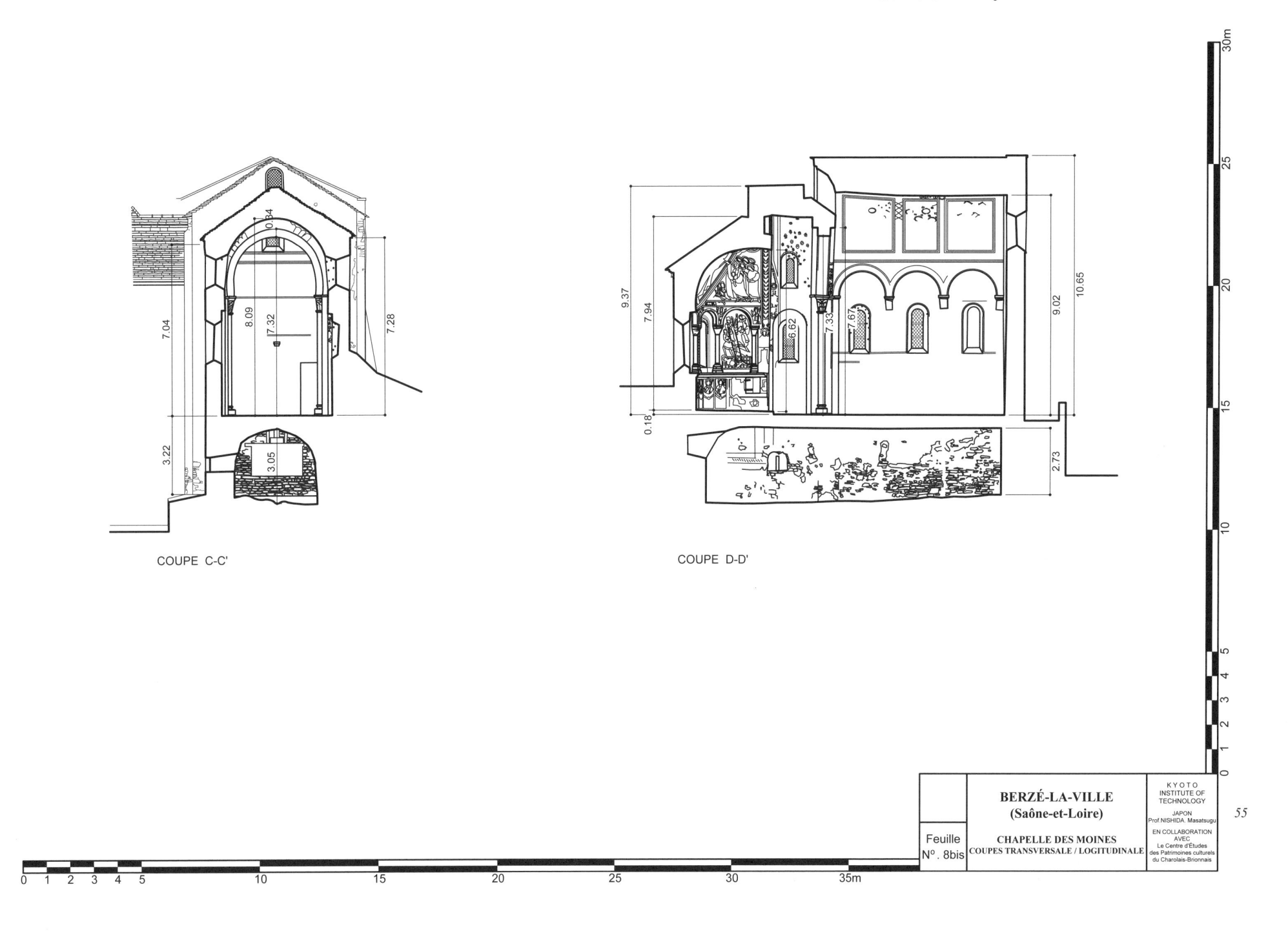

COUPE C-C'

COUPE D-D'

	BERZÉ-LA-VILLE	K Y O T O
	(Saône-et-Loire)	INSTITUTE OF TECHNOLOGY
		JAPON
		Prof.NISHIDA. Masatsugu
Feuille	**CHAPELLE DES MOINES**	EN COLLABORATION AVEC
N°. 8bis	**COUPES TRANSVERSALE / LOGITUDINALE**	Le Centre d'Études des Patrimoines culturels du Charolais-Brionnais

4. ブラノ教会堂
L'église de Blanot

実測調査

2012年9月17〜21日

［調査メンバー］

西田雅嗣、伊藤重剛、岩田千穂、榎並悠介、太田圭紀、加藤耕一、
イラム・サーバン、嶋﨑礼、高橋成美、滝華清之、田邊高彬、中村裕子、
原愛、増永恵、村岡陽葉、安井菜穂、吉田佳世子

実測図面

西田雅嗣、2013年8月5日

図面作成

榎並悠介、太田圭紀、原愛、増永恵

Relevé

17 – 21 / 09 / 2012.

Masatsugu NISHIDA, Yusuke ENAMI, Ai HARA, Juko ITO, Chiho IWATA,
Koichi KATO, Megumi MASUNAGA, Haruyo MURAOKA, Yuko NAKAMURA,
Yoshiki OHTA, Ilham SAHBAN, Aya SHIMAZAKI, Narumi TAKAHASHI,
Kiyoshi TAKIHANA, Takaaki TANABE, Nao YASUI, Kayoko YOSHIDA

Auteur du plan

Masatsugu NISHIDA, 05 / 08 / 2013

Dessin

Yusuke ENAMI, Ai HARA, Megumi MASUNAGA, Yoshiki OHTA

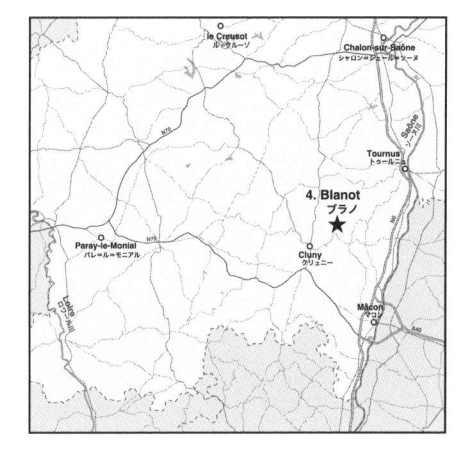

ブラノのコミューンはクリュニーの北東8kmに位置する。1887年に、この種の研究としてはその嚆矢となる国立古文書学校に提出された先駆的論文をもとに、その著者ジャン・ヴィレイが、1935年に出版した『旧マコン司教区のロマネスク教会堂——クリュニーとその地方』に詳述して以来、2006年のクリスチャン・サパンの『ブルゴーニュ・ロマネスク』でも記述対象となっているブラノ教会堂は、ロマネスクの傑作建築の名を独占するクリュニー本山の大建築の陰に隠れた、この地方の古くから続く農村風景の一添景とも言えるような簡素な教会堂である。創建当初以来多くの改造を被り、手厚くは扱われてこなかった粗末な単身廊部と、この粗末で慎ましい身廊にはそぐわない立派な鐘塔、そして、その鐘塔が乗る矩形の内陣部とアプシスという、教会堂建築に必要不可欠な基本要素だけから成る教会堂である。全体の簡素さ故に、ひときわ存在感を示す鐘塔が、ロマネスクの教会堂建築の本質的な意味を雄弁に語るかのような建築である。

教会堂は1913年に国の歴史的記念建造物に指定されている。古文書は、927年にブランシオンの領主からの寄進でサン＝マルタンの教会が建てられたことを言い、1156年の文章にはクリュニーに属する小修道院として現れる。1513年には、近くのドンズィ＝ル＝ペルテュイと教区が合併する。

装飾的な持送りで支えられた軒の出のある寄棟屋根が乗る鐘塔が、単身廊部を圧倒して外観の印象を独占する塔の建築である。鐘塔は近年の修復で全体に漆喰が塗られ、ロマネスクの外観を取り戻した。鐘塔の外観のみならず、建物全体の内部、外部にわたって漆喰塗りが施されている。したがって、鐘塔の内部を除いて、この教会堂の組積の状態の観察は現状では不可能である。

木造の化粧小屋組の身廊は、ジャン・ヴィレイの図や1809年と1841年の土地台帳が示すように、以前は現在よりも6mほど長く、西側の道路に到達しており、窓も南北両側にそれぞれ三つ開けられていた。身廊内部の昔の梁の痕跡から、身廊軒壁は一時、現在の壁の三分の二程度のかなり低いものであったことが示唆される。身廊の現在の西端部に一種の控壁のようなものが認められるが、何のために作られたのかは判然としない。鐘塔への入口が、ロマネスクの古式を再現し、身廊内部の東端部の上方、鐘塔基部に開き、はしごを用いて鐘塔内部に入るようになっている。現在の身廊の二つの窓と南の入口は恐らく19世紀以降に作られたものであろう。

矩形平面の内陣は異様である。四隅にトロンプを設けドームを乗せる正味の内陣スペースはほぼ正方形で、正方形内陣の半分の見込み厚を持つ半円形アーチが、両脇壁

の内陣側に付き、このアーチの上に鐘塔の南北の壁が乗るといった架構である。内陣の正方形の一辺は、トロンプ・ドームという手の込んだ建築にも関わらず2m50cmしかなく、アプシスへの開口も非常に狭く、狭隘な内陣空間である。

アプシスの外壁は厚く、外壁軒下に歯型状装飾を伴い、小割の不整形の石積みと相俟って古式を窺わせる。アプシスの平面は、随分と潰れた半円形ではあるが、興味深いことに過半円であり、珍しい例である。アプシスの北と南の窓、そして鐘塔下の窓は内部に向かってかなり大きな隅切りが施されており、組積も丁寧な石積みとなっている。鐘塔下の南の方の窓はゴシック様式の開口である。現在は塞がれているアプシスの軸線上の開口は、他の窓とは全く別の形式であり、恐らく二重の隅切りで、非常に小型の切石で積まれている。内陣南側の聖具室は、1809年の土地台帳には示されていないので、この年以降の建設である。

鐘塔への入口は、大アーチのすぐ下に復元されている。半円アーチを乗せた開口でかなり小型の切石による組積である。

鐘塔内部に見る組積は極めて一様で、小割の不整形のモエロンの乱積みで、整然とは積み重ねられてはおらず、非常に厚いモルタルに埋もれているような積み方になっている。興味深いことに、南壁の、交差部ドームの外輪の上およそ2mのところにopus spicatum（ジグザグ積）がはっきりと観察される。

開口で層を数えるならこの鐘塔は三層である。最下層は二段になった隅切りを持つ小型の石のモエロン積みでできた小さな開口で、マッシーなどに見られる簡素で古風な窓である。その上の第二層目の窓は現在完全に塞がれているが、二連の開口の間に小円柱が建ち、両脇にはやはり半円アーチの二連の盲アーケード装飾がつく様子は窺える。この小円柱の上には柱頭と思しき石材が乗っている。東側の開口のこの小円柱には、内部側に、ジグザグ模様の彫刻装飾が施されている。昔の梁穴が、少なくとも二層観察される。その上の水平繰型蛇腹より上の二連窓の最上層の意匠はゴシック様式である。鐘塔の壁厚は、基部で70cmほど、後補部分で60cmほどである。

10世紀初め以来現在に至るまでのこの建物には三回の小規模な改造が認められる。恐らく12世紀末か13世紀初めの、アプシスの二つの窓と鐘塔下の北壁の窓の改修（アプシス中央の窓を塞いだのは、祭壇上に大型の装飾を設置したためであろう）。13、14世紀の鐘塔下南壁のゴシックの窓。恐らく16世紀前半に行われた鐘塔の嵩上げ（全体としてゴシック風の作りではあるが、アーチの形状は16世紀以前には考えられないもの）。身廊に関しては、これに加えて現代の改造があり、1981年には身廊の天井が取り払われ、

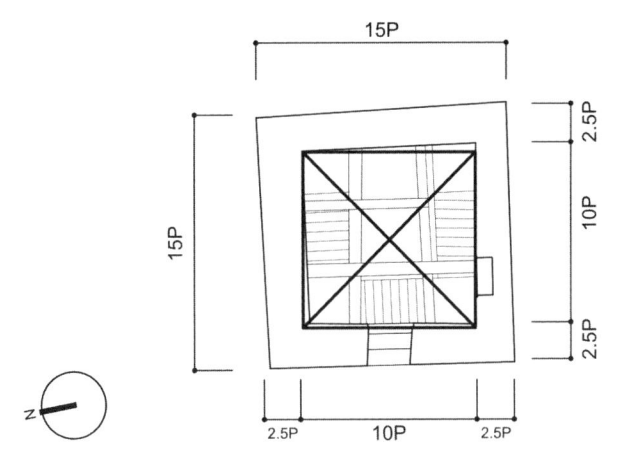

図4-1　鐘塔平面図・寸法分析　　　　（作成　西田研究室）

2000年代の初めには歴史的記念建造物修復建築家フレデリック・ディディエによって修復工事が実施されている。外部に関しては、古写真にもはっきりと見て取ることができるように、鐘塔はかなりの部分、非常に粗いモルタルで、その上にやはり荒っぽく仕上げられた描き目地のある古い漆喰塗りを保持している。この上塗りは17世紀から18世紀頃のものと考えられる。最近の修復では、この上塗りを鐘塔の外部全体に施し、我々が中世の建物に対して今尚持っている「露わになった石」という誤ったイメージを隠してくれた。

　鐘塔外観には、この地方では10世紀の後半になって初めて現れ一般化する所謂「ロンバルド帯」もなく、モエロン積みの組積や opus spicatum などの存在が、この建築の古さを伝える。トロンプ・ドームの乗る異様に小さい閉鎖的な正方形内陣、アプシスの古風な装飾等々、この建物がジャン・ヴィレイ以来信じられてきたような11世紀の建築ではなく、10世紀前半にまでさかのぼる可能性があることを窺わせる。10世紀以来、共同体のシンボルとしてこの鐘塔は手厚く守られてきたのであろう。

　寸法、プロポーション分析については図に示したとおりである。1尺が29.5cmのいわゆるローマ尺での解釈は難しそうである。1尺の長さが31cm程度の物差しを考えると、身廊が20×20尺の正方形二連、鐘塔下内陣部矩形が8×16尺、アプシスが14×10尺、鐘塔平面が、内法で10×10尺、外法で15×15尺の正方形と解釈できる。この物差しは、この地方の古慣用尺の物差しが使用されたと考えられる。交差部正方形

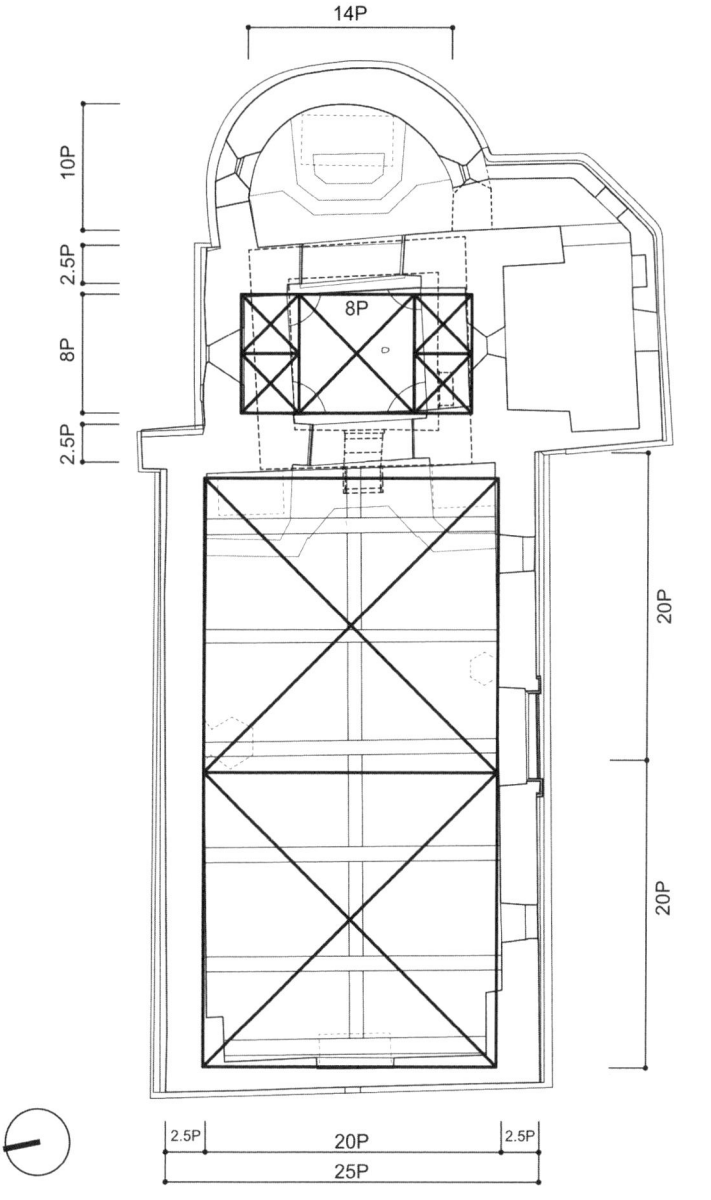

図4-2　教会堂平面図・寸法分析　　　（作成　西田研究室）　59

は8という数で、鐘塔の平面は、10、15という数でできているのが興味深い。いずれも当時の数象徴論では、聖書に関係する、ある種の霊的意味を有する数字である。

［西田雅嗣］

L'église Saint-Martin de Blanot est classée Monument Historique depuis 1913. L'édifice est entièrement enduit à l'intérieur, et presque entièrement à l'extérieur, ce qui laisse peu de moyen d'observer l'appareil. Reste seulement l'extérieur de l'abside et l'intérieur du clocher. La nef rectangulaire actuelle est nettement différente de ce qu'indiquent les plans cadastraux de 1809 et 1841 (ainsi que le « plan » fourni par Jean Virey). Ces plans montrent qu'alors le bâtiment était plus long d'environ 6 mètres et contigu à un grand édifice allongé qui s'étendait jusqu'au chemin situé plus à l'ouest. Il existait apparemment trois fenêtres au nord comme au sud, et une porte au nord. La nef actuelle est donc plus courte, toutes les ouvertures au nord ont été obturées. La façade actuelle laisse voir un portail en plein cintre d'appareil roman (encastré), qui résulte probablement d'un remontage (original au nord ?). Il apparaît qu'il existait aux 18e un porche en avant de la porte méridionale, il n'en reste aucune trace. Curieusement, à l'extrémité occidentale de la nef actuelle, à l'intérieur dans les angles, des sortes de très larges contreforts intérieurs ne laissent pas deviner leur raison d'être. Des traces d'anciennes poutraisons, de légères différences de surface, laissent penser qu'à une époque donnée les murs gouttereaux étaient beaucoup moins hauts, de peut-être un tiers. Les deux fenêtres et la porte au sud ne sont probablement pas antérieures au XIXᵉ siècle.

La croisée est presque carrée, supportée par quatre forts arcs en plein cintre, retombant sur des consoles simples aux deux arcs est et ouest. Elle est surmontée d'une coupole sur trompes sans corniche. Au nord et au sud, deux arcs moins hauts et profonds forment un embryon de transept. L'abside hémicirculaire à l'est est construite sur un plan très peu courant, elle est outrepassée (421cm à l'ouest, 438 dans la partie la plus large). Les deux fenêtres de l'abside (au nord et au sud) ainsi que la fenêtre nord sous le clocher sont du type à large ébrasement intérieur et appareil soigné ; le mur sud sous le clocher est ouvert par une baie gothique. L'examen extérieur montre que la baie axiale, bouchée, était d'un tout autre type, à tout petit appareil (et probablement à double ébrasement). La sacristie est postérieure à 1809, elle ne figure pas sur le plan cadastral de cette année.

La porte ancienne d'accès au clocher a été heureusement rétablie, très au-dessus du grand arc. Elle est en plein cintre, à tout petit appareil. Tout l'appareil visible à l'intérieur du clocher est homogène, constitué de tout petits moellons, non appareillés ni même régularisés, à peine lités, et noyés dans un épais mortier. Très intéressant : dans le mur sud, on observe, à environ deux mètres au-dessus du niveau de l'extrados de la coupole, un rang très net d'opus spicatum.

Le premier étage d'ouvertures est constitué de petites fenêtres à double ébrasement (du type des nefs de Massy ou de Burgy), appareillées de tout petits moellons. Le second étage est entièrement obturé. La baie géminée sud a été partiellement dégagée à l'extérieur, faisant heureusement apparaître la colonnette monolithe servant de support médian. Cette colonnette supporte une pierre vaguement façonnée servant de chapiteau. On observe non sans surprise que cet élément médian, dans la baie orientale, vu à l'intérieur, est décoré d'une sculpture en zig-zag. Des traces d'anciennes poutraisons s'observent à au moins deux niveaux.

La partie supérieure du clocher est largement ouverte de quatre baies géminées, de facture clairement gothique (les montants et les linteaux sont tous largement bretturés).

Les murs du clocher ont 70 cm d'épaisseur en partie basse, 60 dans le supplément.

Le seul élément ancien de mobilier est composé par une cuve (baptismale) situé à gauche de la porte, à l'extérieur. L'autel principal est de type Louis XV, les deux autels latéraux et la chaire sont plutôt néo-classiques, et datent des années 1840.

Un seul document ancien mentionne l'église de Blanot, la donation de 927-930. Le même acte a été transcrit deux fois dans l'édition des chartes de Cluny de Bruel, sous le numéro 283 (original) et sous le numéro 387 (cartulaire A). Il s'agit d'une très importante donation à Cluny du nommé Letbaldus (de Brancion). Ce personnage et son père étaient directement liés aux deux Guillaume successivement « ducs d'Aquitaine ». Cette donation consistait en quatre églises, Saint Martin de Blanot, Saint Pierre de Lanque, Saint Bénigne (de Bassy) et Saint Romain (du mont Saint-Romain), des *ville* de Blanot, Fougnières et Viviers. La donation était faite avec une clause de réserve d'usufruit viager, mais ce Letbaldus semble avoir disparu peu de temps après, et son seul (?) fils Letbaldus paraît être devenu moine à Cluny. Cette donation à l'abbé Odon s'inscrit donc dans la constitution des bases du domaine clunisien.

Toute la question est de savoir si l'on doit considérer que Letbaldus donnait une église dans un état quelconque, ou un édifice qu'il venait de restaurer/reconstruire. Je suis fort tenté de penser que la clause « pro remedio animarum » n'avait rien d'une clause de style ; ce personnage était sans doute alors âgé, l'idée de son salut ne lui était certainement pas indifférente ; je suis donc très porté à penser que l'église Saint Martin venait d'être reconstruite. On ne peut pas exclure une reconstruction postérieure à la donation.

Aussi bien le vocable (Martin) que la présence d'un lieu d'inhumation mérovingien contigu à l'église montrent que la présence d'un édifice cultuel à cet endroit remonte très probablement au VIᵉ ou VIIᵉ siècle. Une reconstruction tardo-carolingienne par un familier d'un des plus grands groupes aristocratiques carolingiens apparaît logique.

La présence d'opus spicatum à un endroit peu suspect de réfection de surface apporte un élément qui conforte solidement cette hypothèse (depuis que les fouilles à l'emplacement de

Cluny II ont montré l'antériorité de l'opus spicatum par rapport au bâtiment de Maieul). Au surplus, l'épaisseur homogène des murs (entre 82 et 86 cm à l'abside, sous le clocher et dans la nef) va tout à fait dans le même sens, de même que les petites fenêtres à double ébrasement au clocher. Il n'y a aucune trace de « bandes et arcatures lombardes », type de décor qui n'apparaît que dans la seconde moitié du Xe. On note cependant le décor en dents de scie tout autour de l'abside.

On doit donc conclure que l'on est en présence d'un édifice du début du Xe siècle.

Trois modifications mineures par la suite : une réfection de deux fenêtres dans l'abside et au mur nord sous le clocher, peut-être fin XIIe / début XIIIe (le fait que la fenêtre centrale fut alors obturée semble témoigner de l'installation d'un important décor sur l'autel), une fenêtre gothique (XIIIe-XIVe) dans le mur sud sous le clocher, le rehaussement du clocher probablement dans la première moitié du XVIe (la facture est « gothique » en général, mais la forme des arcs n'est guère envisageable avant le XVIe). Je ne reviens pas sur les modifications contemporaines de la nef (suppression du plafond de la nef en 1981, restauration générale sous la direction de Frédéric Didier au début des années 2000) . A l'extérieur, le clocher avait conservé une large partie de ses enduits « anciens », en mortier assez grossier, décoré d'un faux appareil assez grossièrement élaboré (bien visible sur d'anciennes photographies) ; cet enduit peut remonter aux XVIIe-XVIIIe siècle. La récente restauration les a généralisés au clocher, ce qui a eu l'heureuse conséquence d'avoir fait disparaître l'allure absurde et anachronique de « pierre nue » qui enlaidit encore tant d'édifices médiévaux.

L'analyse métrologique produit des résultats inattendus. Il paraît en effet difficile d'interpréter les dimensions en pieds de 29,5. Les résultats les plus cohérents sont obtenus avec un pied d'environ 31,2cm. Soit : nef 20 x 60 (en tenant compte d'un ajoût de 6m), travée sous clocher 16 x 15, abside 14 x 9 ; longueur totale 84 ; clocher 15 x 15 (extérieur). Ce pied ne correspond à rien de connu (un seul cas, l'église de Varennes-lès-Mâcon, où l'on avait trouvé 31,1cm). Cela signifie peut-être qu'il s'agit d'un pied antérieur à l'usage du pied romain, généralisé au début du IXe siècle.

Blanot occupe en Mâconnais une situation très particulière, à 350m d'altitude, tout au fond de la vallée du Grison, séparé de tous les villages environnants par des crêtes de 500m ou davantage. Cette situation a pu se traduire par des archaïsmes. L'édifice tel qu'on le voit ne remonte sans doute pas beaucoup au-delà des années 920 (décor en dents de scie), mais il est bien possible que le plan soit nettement plus ancien. Seules des observations archéologiques permettraient de clarifier cette question.

[Alain GUERREAU]

北西から見た外観
L'extérieur vu depuis le nord-ouest.

東から見た外観
L'extérieur vu depuis l'est.

南側外観
L'extérieur sud.

北側外観
L'extérieur nord.

北東から見た外観
L'extérieur vu depuis le nord-ouest.

南側外観
L'extérieur sud.

鐘塔下のトロンプ・ドームが架かる矩形の内陣
Travée barlongue sous clocher, voûtée par une coupole sur trompes.

身廊、内陣方向を見る
Nef vue vers le chœur.

身廊、西側入口方向を見る
Nef vue vers l'entrée ouest.

鐘塔内部
L'intérieur du clocher.

4. ブラノ教会堂 L'église de Blanot

平面（縮尺：1 / 150）

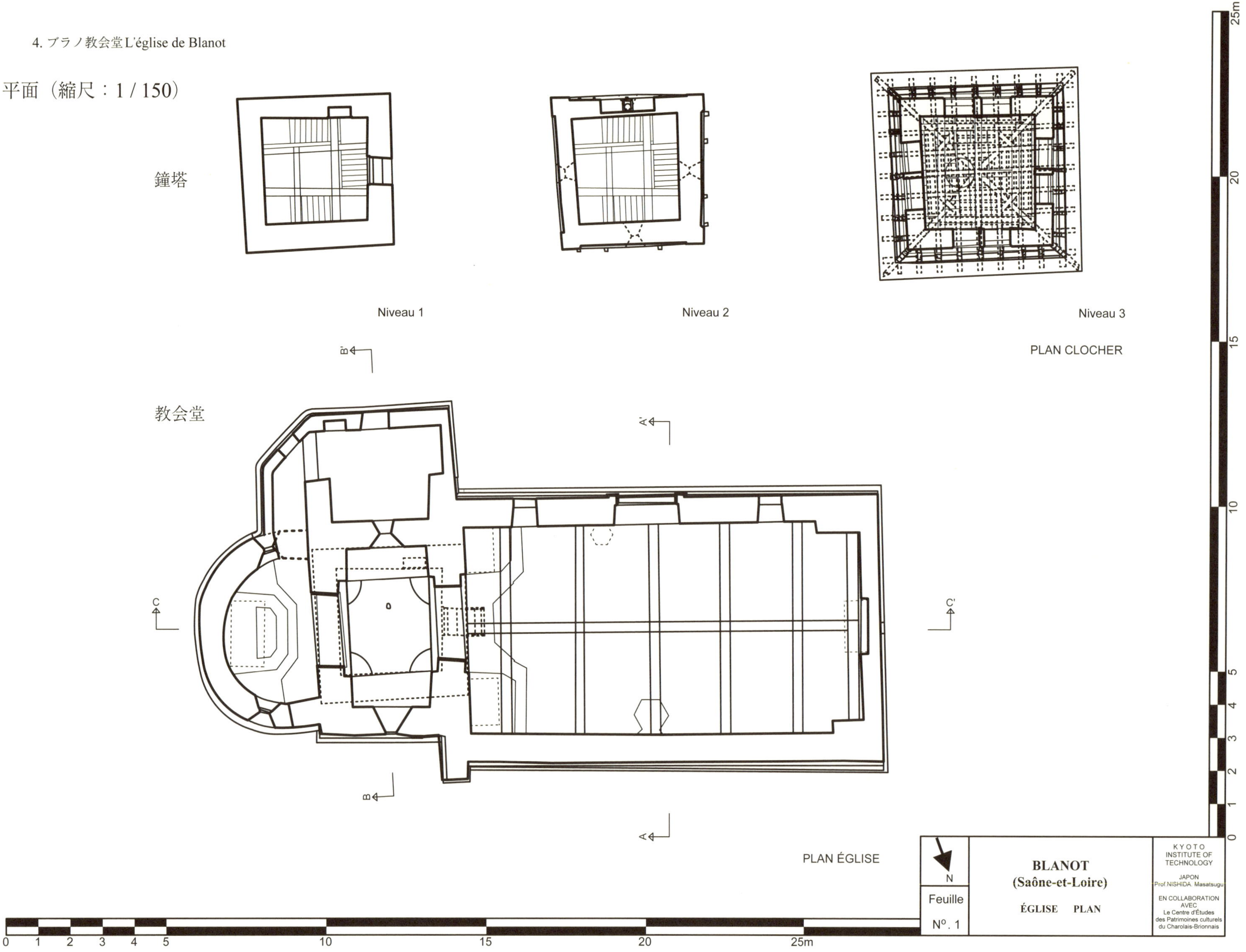

鐘塔

Niveau 1

Niveau 2

Niveau 3

PLAN CLOCHER

教会堂

B'

A'

C

C'

B

A

PLAN ÉGLISE

N

Feuille

Nº. 1

BLANOT
(Saône-et-Loire)

ÉGLISE   PLAN

KYOTO
INSTITUTE OF
TECHNOLOGY

JAPON
Prof.NISHIDA. Masatsugu

EN COLLABORATION
AVEC
Le Centre d'Études
des Patrimoines culturels
du Charolais-Brionnais

25m

20

15

10

5
4
3
2
1
0

0 1 2 3 4 5   10   15   20   25m

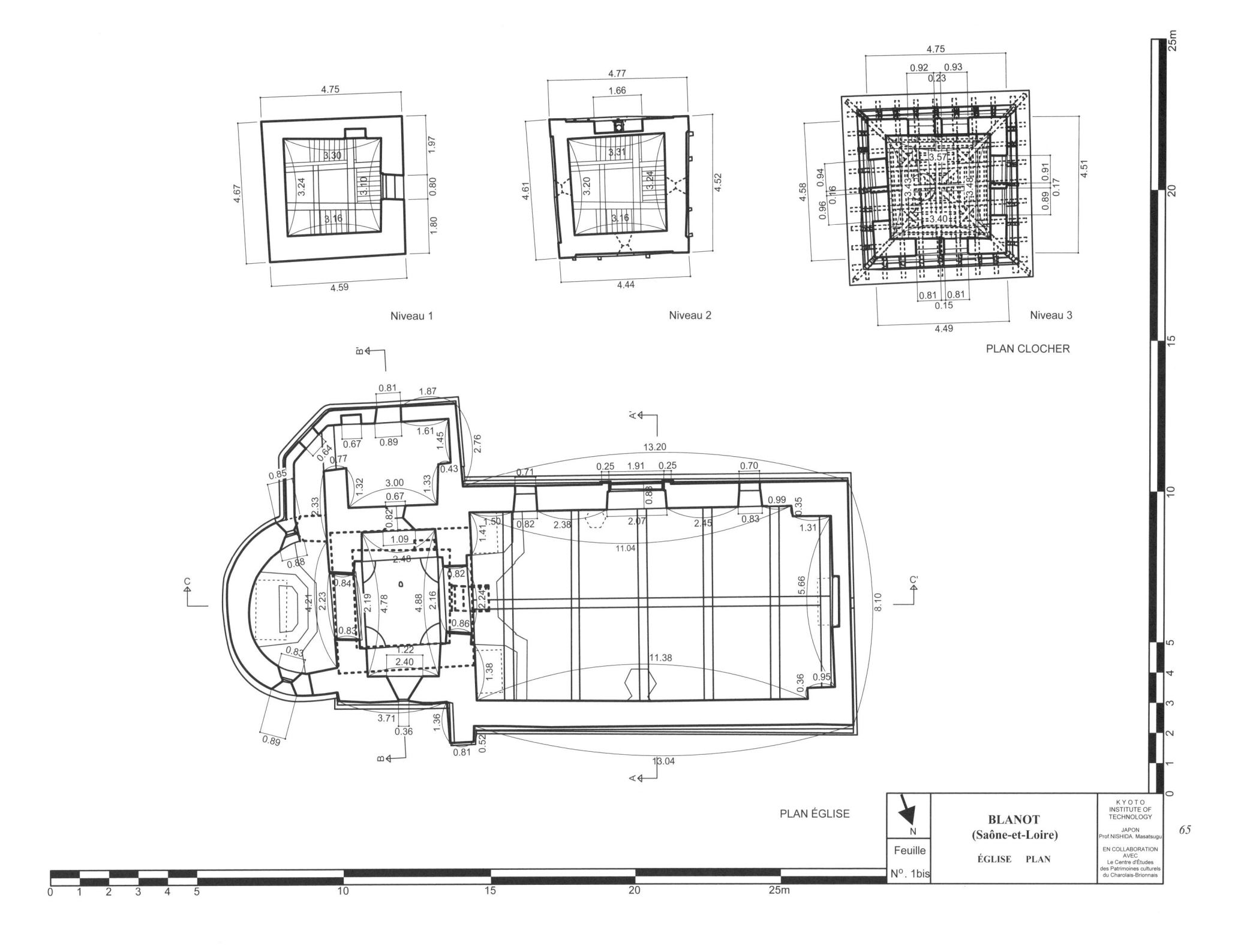

Niveau 1

Niveau 2

Niveau 3

PLAN CLOCHER

PLAN ÉGLISE

BLANOT
(Saône-et-Loire)

ÉGLISE PLAN

Feuille

Nº. 1bis

KYOTO
INSTITUTE OF
TECHNOLOGY

JAPON
Prof.NISHIDA Masatsugu

EN COLLABORATION
AVEC
Le Centre d'Études
des Patrimoines culturels
du Charolais-Brionnais

65

西正面（縮尺：1 / 150）

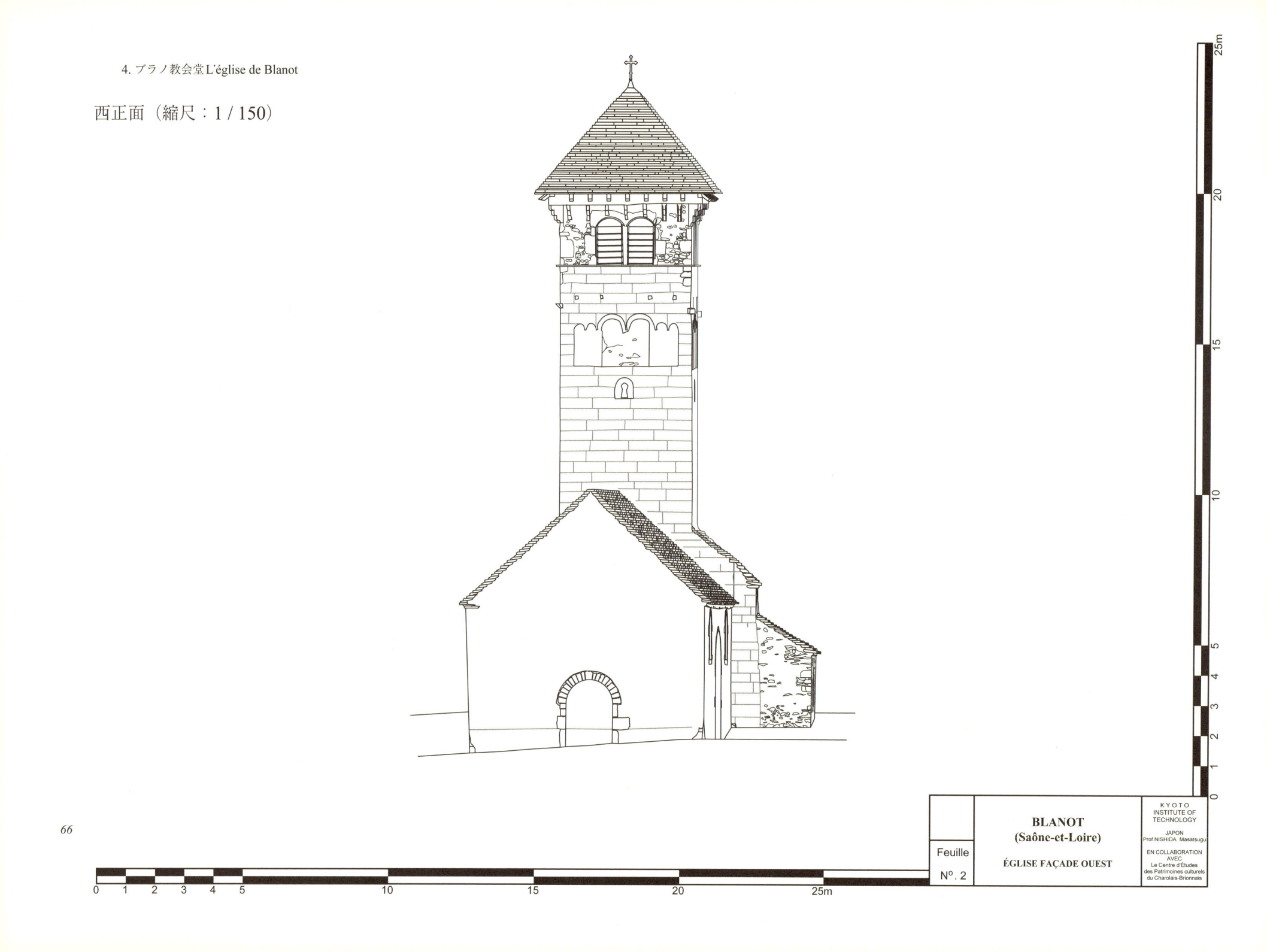

Feuille

Nº. 2

BLANOT
(Saône-et-Loire)

ÉGLISE FAÇADE OUEST

KYOTO
INSTITUTE OF
TECHNOLOGY
JAPON
Prof.NISHIDA. Masatsugu

EN COLLABORATION
AVEC
Le Centre d'Études
des Patrimoines culturels
du Charolais-Brionnais

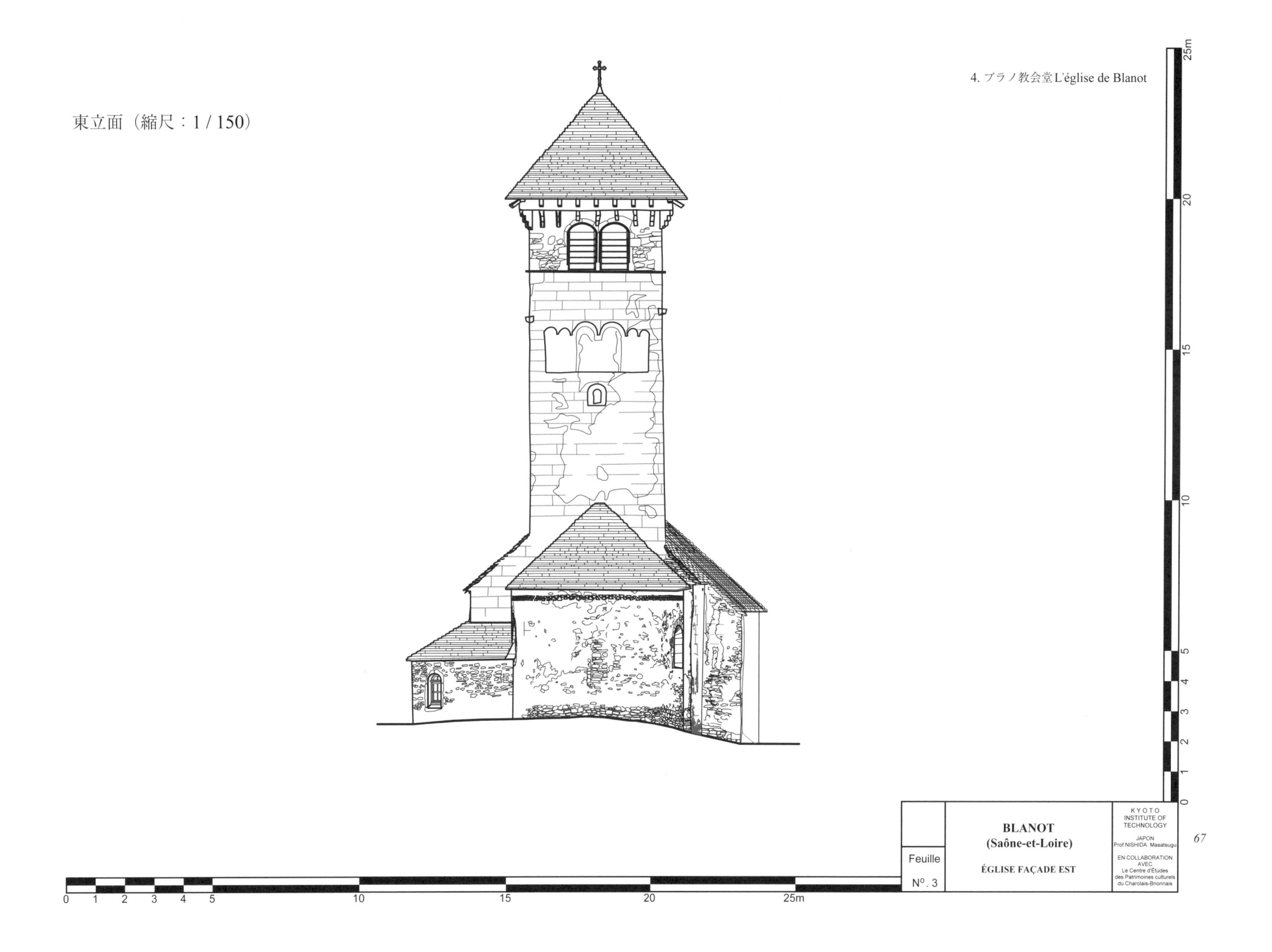

東立面（縮尺：1 / 150）

25m

20

15

10

5
4
3
2
1
0

KYOTO
INSTITUTE OF
TECHNOLOGY

JAPON
Prof.NISHIDA. Masatsugu

EN COLLABORATION
AVEC
Le Centre d'Études
des Patrimoines culturels
du Charolais-Brionnais

BLANOT
(Saône-et-Loire)

ÉGLISE FAÇADE EST

Feuille

N°. 3

67

0 1 2 3 4 5   10   15   20   25m

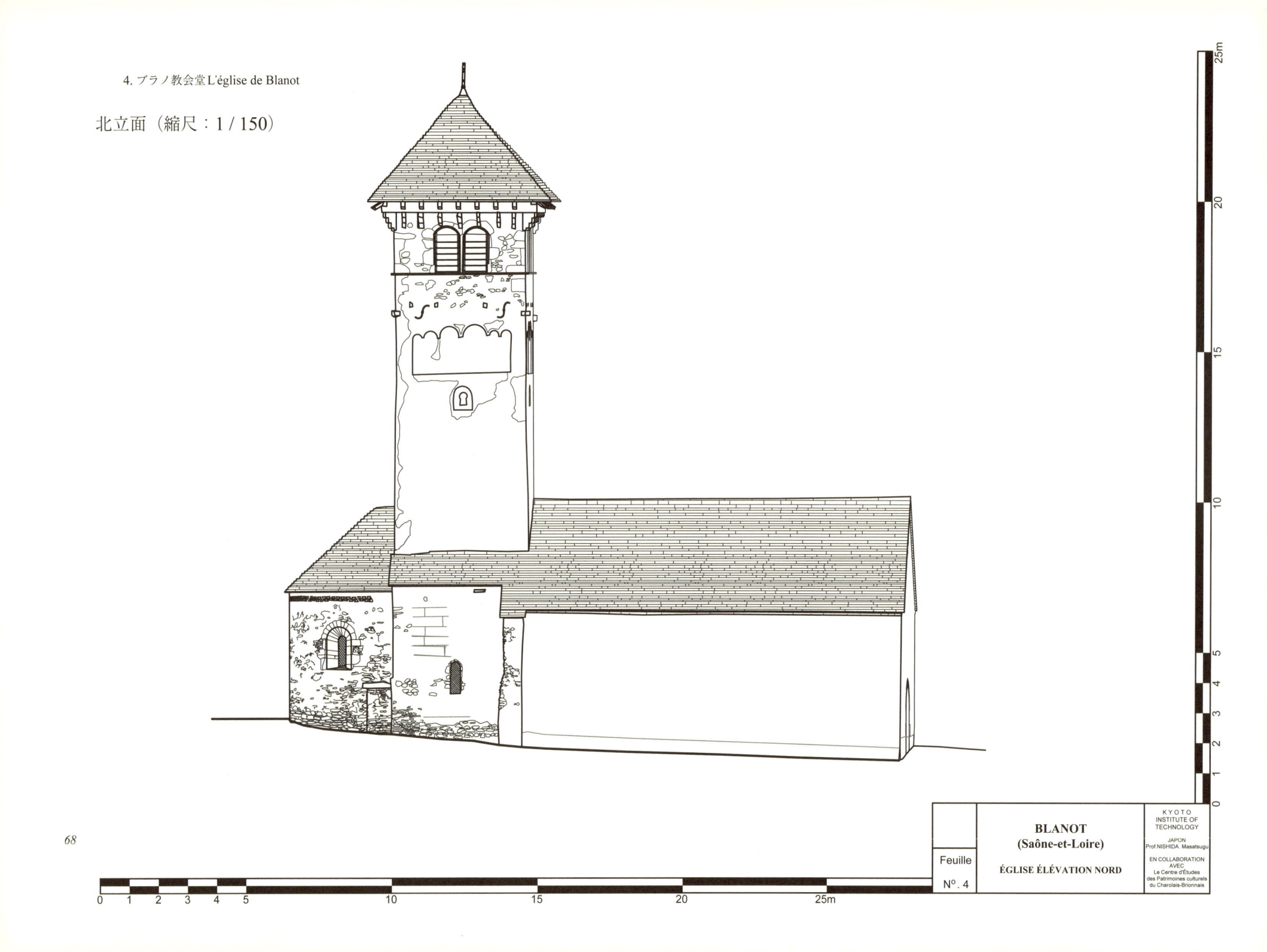

4. ブラノ教会堂 L'église de Blanot

北立面（縮尺：1 / 150）

68

BLANOT
(Saône-et-Loire)

ÉGLISE ÉLÉVATION NORD

Feuille
N°. 4

KYOTO
INSTITUTE OF
TECHNOLOGY

JAPON
Prof.NISHIDA. Masatsugu

EN COLLABORATION
AVEC
Le Centre d'Études
des Patrimoines culturels
du Charolais-Brionnais

0 1 2 3 4 5   10   15   20   25m

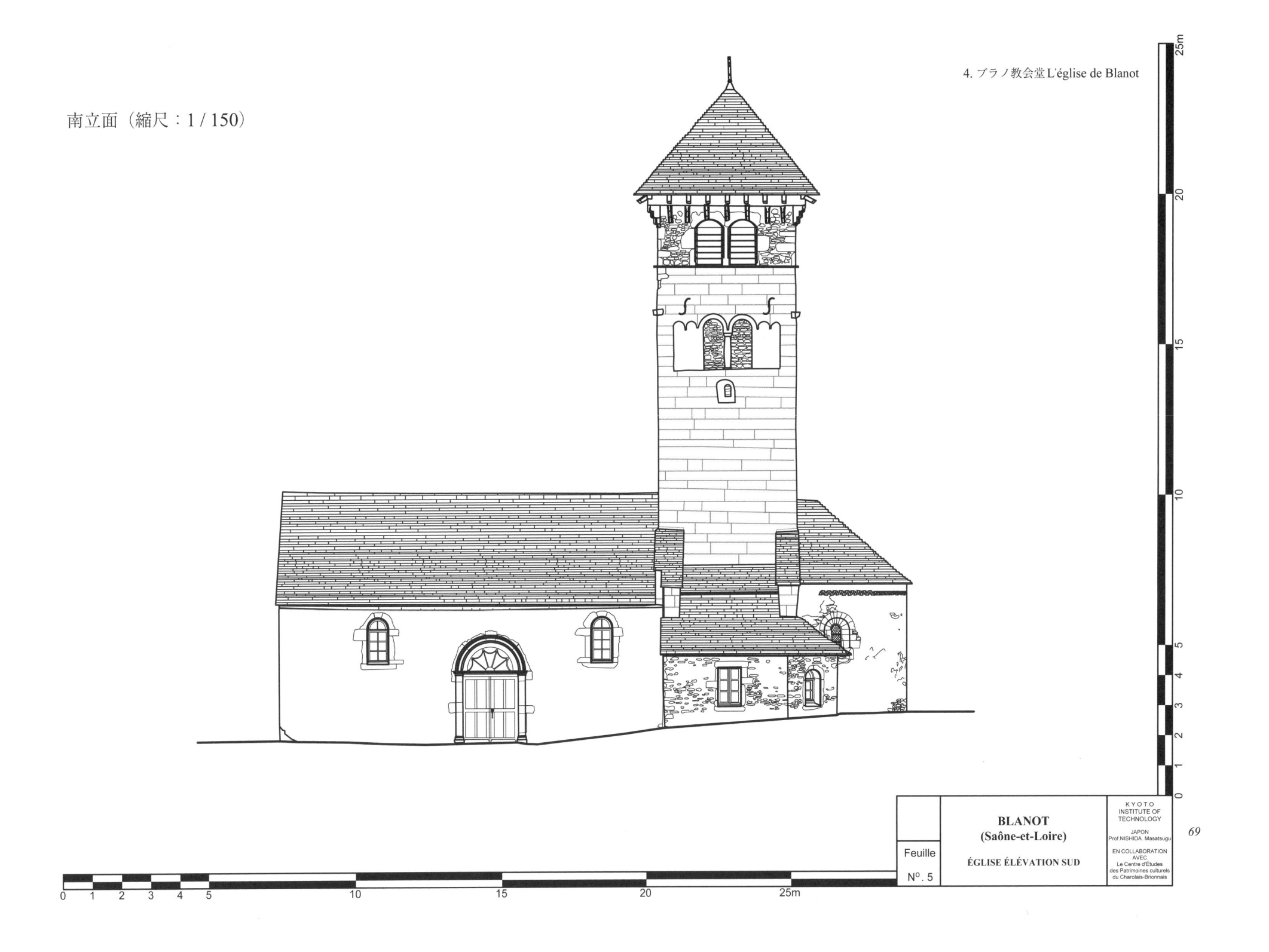

南立面（縮尺：1 / 150）

	BLANOT (Saône-et-Loire)	KYOTO INSTITUTE OF TECHNOLOGY JAPON Prof.NISHIDA. Masatsugu
Feuille		EN COLLABORATION AVEC
Nᵒ. 5	ÉGLISE ÉLÉVATION SUD	Le Centre d'Études des Patrimoines culturels du Charolais-Brionnais

69

0 1 2 3 4 5   10   15   20   25m

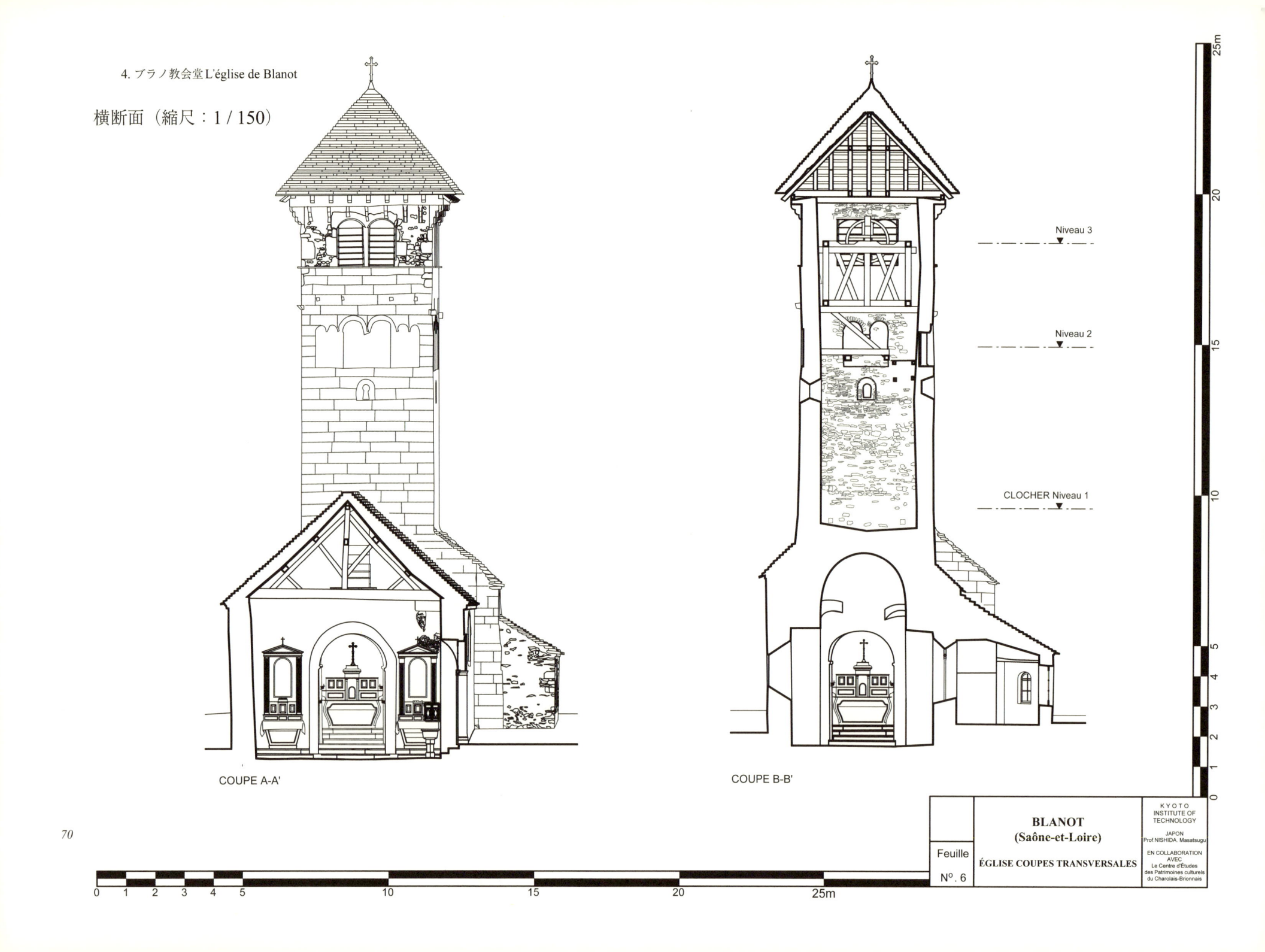

横断面（縮尺：1 / 150）

Niveau 3

Niveau 2

CLOCHER Niveau 1

COUPE A-A'

COUPE B-B'

25m

20

15

10

5

4

3

2

1

0

70

0 1 2 3 4 5   10   15   20   25m

BLANOT
(Saône-et-Loire)

ÉGLISE COUPES TRANSVERSALES

Feuille

N°. 6

KYOTO
INSTITUTE OF
TECHNOLOGY

JAPON
Prof.NISHIDA. Masatsugu

EN COLLABORATION
AVEC
Le Centre d'Études
des Patrimoines culturels
du Charolais-Brionnais

4. ブラノ教会堂 L'église de Blanot

COUPE A-A'

COUPE B-B'

Niveau 3

Niveau 2

CLOCHER Niveau 1

Feuille	BLANOT (Saône-et-Loire)	KYOTO INSTITUTE OF TECHNOLOGY
Nº. 6bis	ÉGLISE COUPES TRANSVERSALES	JAPON Prof.NISHIDA. Masatsugu

EN COLLABORATION AVEC
Le Centre d'Études
des Patrimoines culturels
du Charolais-Brionnais

71

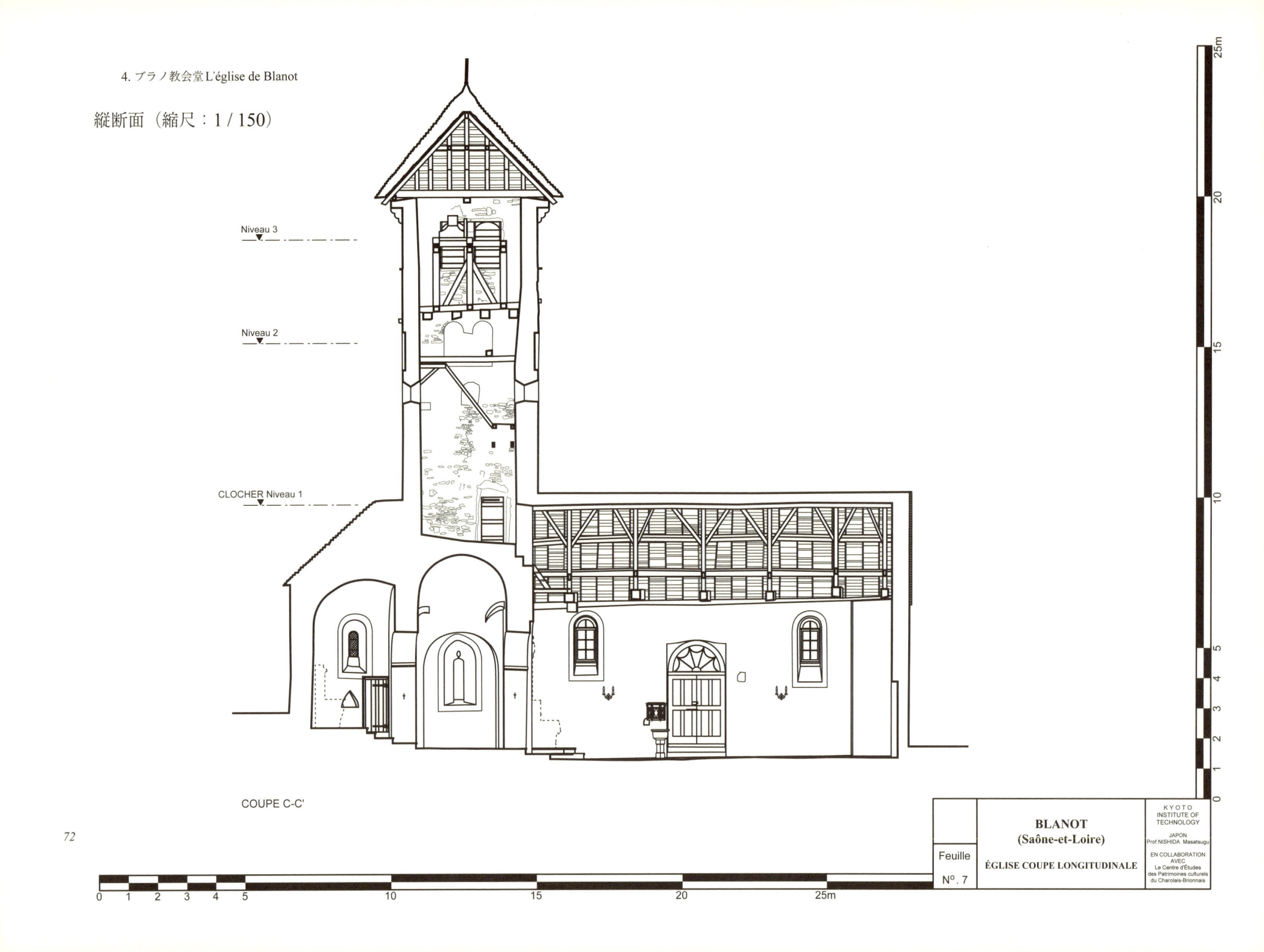

4. ブラノ教会堂 L'église de Blanot

縦断面（縮尺：1 / 150）

Niveau 3

Niveau 2

CLOCHER Niveau 1

COUPE C-C'

BLANOT
(Saône-et-Loire)

Feuille

N°. 7

ÉGLISE COUPE LONGITUDINALE

KYOTO
INSTITUTE OF
TECHNOLOGY

JAPON
Prof.NISHIDA Masatsugu

EN COLLABORATION
AVEC
Le Centre d'Études
des Patrimoines culturels
du Charolais-Brionnais

0 1 2 3 4 5   10   15   20   25m

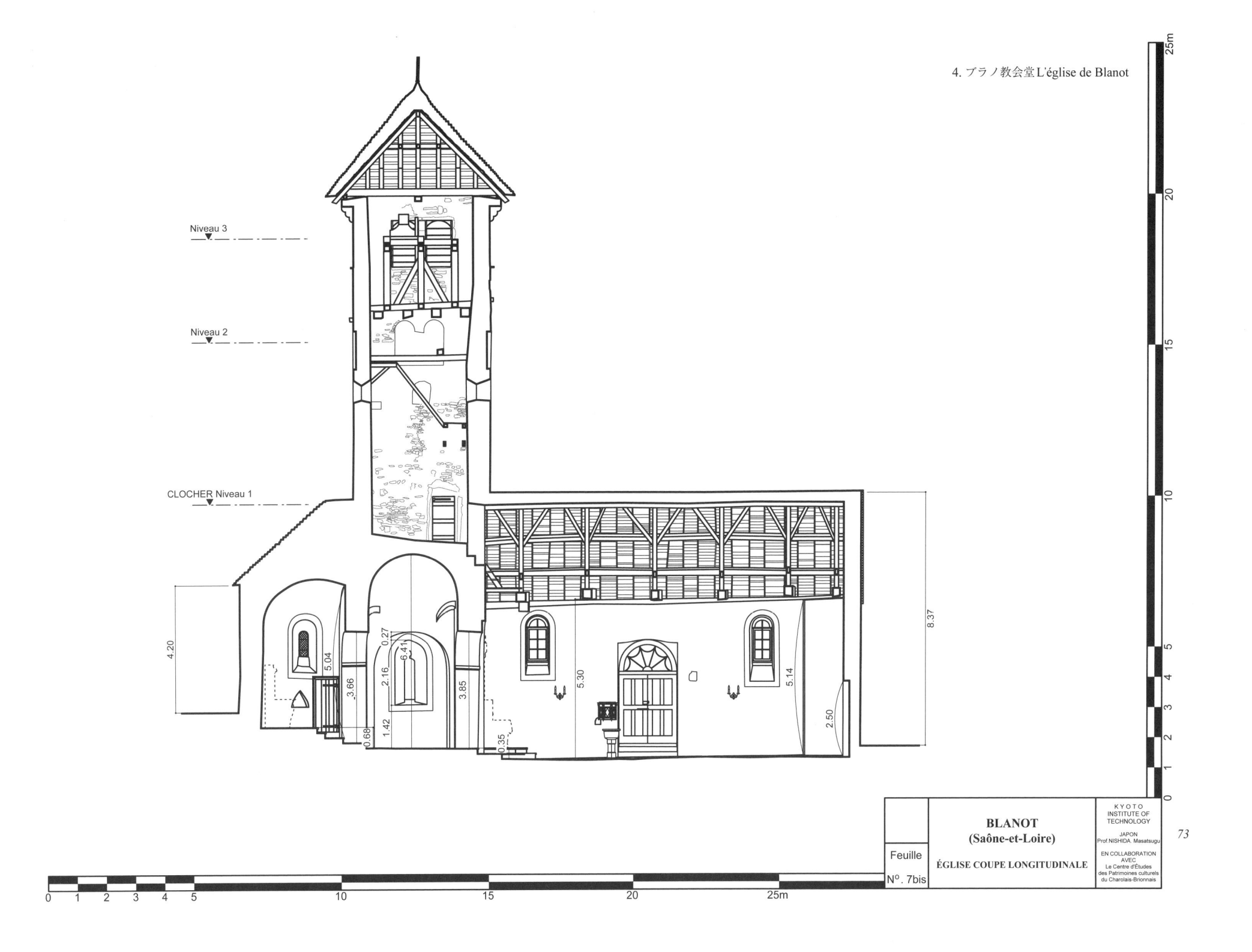

4. ブラノ教会堂 L'église de Blanot

Niveau 3

Niveau 2

CLOCHER Niveau 1

| Feuille | | BLANOT | KYOTO |
| N°. 7bis | | (Saône-et-Loire) | INSTITUTE OF TECHNOLOGY |

BLANOT
(Saône-et-Loire)

ÉGLISE COUPE LONGITUDINALE

KYOTO
INSTITUTE OF
TECHNOLOGY

JAPON
Prof.NISHIDA. Masatsugu

EN COLLABORATION
AVEC
Le Centre d'Études
des Patrimoines culturels
du Charolais-Brionnais

0 1 2 3 4 5   10   15   20   25m

5. ブランシオンのサン＝ピエール教会堂
L'église Saint-Pierre de Brancion

実測調査

2003年9月17日

［調査メンバー］

西田雅嗣、石山智則、榎並悠介、福岡亜希子、町野真由美、三木正貴

実測図面

西田雅嗣、2003年11月

図面作成

福岡亜希子

Relevé

17 / 09 / 2003

Masatsugu NISHIDA, Yusuke ENAMI, Akiko FUKUOKA, Tomonori ISHIYAMA, Mayumi MACHINO, Masataka MIKI.

Auteur du plan

Masatsugu NISHIDA, 11 / 2003.

Dessin

Akiko FUKUOKA

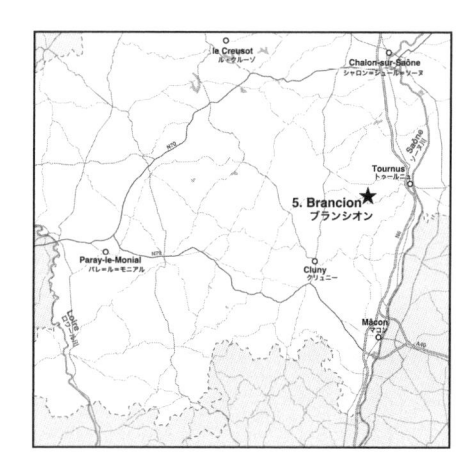

現在は廃墟であるが、9、11、14世紀の遺構からなる中世の城塞や、14、15世紀の住宅建築も残るブランシオンの集落がある丘の西の縁、グローヌ流域の広大な平野を一望するテラス状の平地にサン＝ピエール教会堂は建つ。もとは教区教会堂であり、サント＝カテリーヌ礼拝堂を持つ城とは別個の施設である。装飾は限られ、一見規則的なバランスの取れた一貫した全体の形により、この建物はしばしば「ブルゴーニュ・ロマネスクの一つのモデル」と呼ばれることもある。

964～965年のクリュニー修道院関係の文書の中にこの教会堂の名前は既に現れている。その後古文書にあらわれるのは1180年の教皇アレクサンドル三世の勅書で、シャロンのサン＝ヴァンサン参事会の所有の教会と記される。これらの年代から現存教会堂の建設は、12世紀の建設で、12世紀半ばには教会堂は完成していたとされる。

詳細なモノグラフィー研究は、管見の限りでは未だ存在せず、1935年の『フランス考古学会大会』所収のジャン・ヴィレイの論文と、マルセル・ディクソンが1935年に出版した概説書『旧シャロン司教区のロマネスク教会堂——クリュニーとその地方』の中の一章があるくらいである。2006年出版のクリスチャン・サパンが監修し他の著者等と共に執筆した概説書『ブルゴーニュ・ロマネスク』が一頁ほどの解説を載せている。図面に関しては、上記『フランス考古学会大会』に載せられたジャン・ヴィレイの平面図が有名で、クリスチャン・サパンの書もこのヴィレイの図面を修正したものを掲載している。しかしヴィレイの平面図は、目視でも十分観察できる軸線のずれ、実測で明らかな直交直角からの大きな歪みは正確には表現されていない。現在この建物を担当する歴史的記念建造物修復建築家フレデリック・ディディエが修復事業の一環として作成した平面図は、われわれの実測結果とも良く一致し、軸のずれ等も再現されていて、正確であると判断できる図面である。しかし、我々が実測に基づいて作成した平面図では、軸のずれや形のゆがみなど、ディディエの図面よりも若干大きくあらわれた。我々が目にしたディディエの平面図には寸法等の記入は全くない。

ブランシオンのサン＝ピエール教会堂は、三廊式のバシリカ式教会堂で、会堂頭部には身廊幅を直径とする半円平面のアプシスが付き、アプシスには半ドームが架かる。出のあまりない交差廊を持ち、その両袖にはそれぞれ一つずつ半円平面で半ドームの架かる袖廊祭室が開く。交差廊には、身廊の軸に直交する向きの尖頭トンネル・ヴォールトが架かるが、交差部はトロンプ・ドームを頂き、その上に鐘塔が建つ。身廊は五つのベイからなり、横断アーチの付いた尖頭トンネル・ヴォールトが架かる。側廊は東側の二つのベイのみ横断アーチ付きの尖頭トンネル・ヴォールトであるが、西

側の三つのベイには横断アーチはなく、天井も四分の一円筒ヴォールトになっている。ピアは側廊の横断アーチを受ける必要がなくなるので、側廊側の横断アーチを受けるためにつけられた突出部ドスレが西側の三つのベイではなくなっている。南側廊の外壁のこの部分は、しかし、横断アーチがないにも関わらず、これを受けるピラスターが付いている。交差部を挟む東西の二本のアーチを除いて、横断アーチも身廊大アーケードも全て一重の尖頭アーチである。交差部を挟む東西の二本のアーチは、尖頭アーチではあるが、その場所の重要度を反映して、二輪の二重アーチになっていて、装飾性が強まっている。

四角錐のピラミッド状の尖頭屋根を頂く交差部上の鐘塔は、単身廊の内陣の上に立ち上がり、アーケード装飾を伴う開口で比較的豊かに装飾されることの多い、この地方でよく見る鐘塔の意匠とは異なり、一層目だけにある出の浅い四隅の控壁と、非常に小さな窓以外に意匠的要素は全くなく、さほど屹立するようなプロポーションでもなく、簡素で穏健な表情の鐘塔である。鐘塔以外のその他の外観でも、ロンバルド帯もなく、出の浅いピラスター状の控壁が殆ど唯一の外観上の装飾的要素である。身廊部の外壁に付く控壁は、北側廊東側の二本を除いてすべて軒の少し下のところまでしか立ち上がっていない。外壁の控壁は、北側廊東側の二本のみ軒のところにまで到達している。

他のロマネスクの教会堂の例に漏れず、ブランシオンのこの教会堂も内外ともに壁の表面には上塗りが施されていたと考えられる。19世紀に意図的に剥がしたものと考えられるが、外壁の極めて微細な部分には時々、上塗りがあった事を示す痕跡が確認できる。西正面入口の中央扉の尖頭アーチのヴッシュールなどは、外壁に積まれている他の切石に比べて大型の切石であり、こうした部分に関しては装飾的な理由で上塗りがなされていなかったものと考えられる。

外観に認められる組積の切石のそれぞれは小型で精度良く整形されたモエロン積みである。クリスチャン・サパンは、こうした組積の技術は、クリュニー第三教会堂の第一段階の工事や、例えばマレなどのようなこの地方の11世紀末から12世紀のはじめにかけての多くの教会堂を想起させるものであるという。

西正面の切妻壁の頂点は、身廊の屋根の棟よりも若干高くなっており、西正面の壁は書き割りのような印象を与える。西正面は、中央扉口回りの壁が厚くされ、入口を囲んで四角く若干突出し、ファサードの扉口としての装飾的意図が見られる。両側廊に各一つずつ、中央扉口の上に一つ、計三つの半円アーチを頂く縦長窓が開く。上部

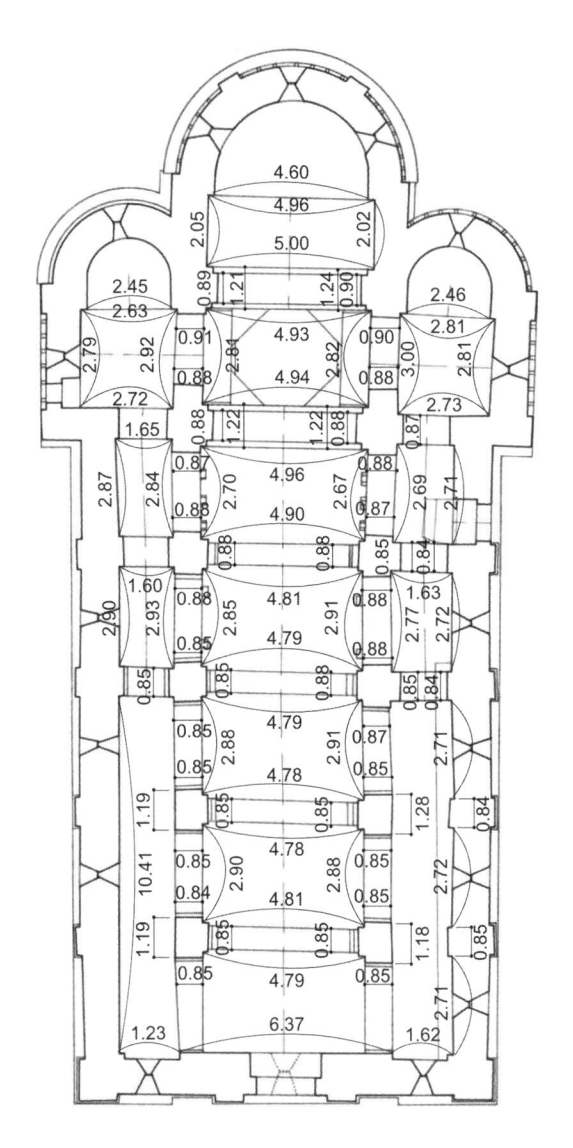

図中の実測寸法値の単位はm

図5-1　教会堂平面図・実測値　　　　（作成　西田研究室）

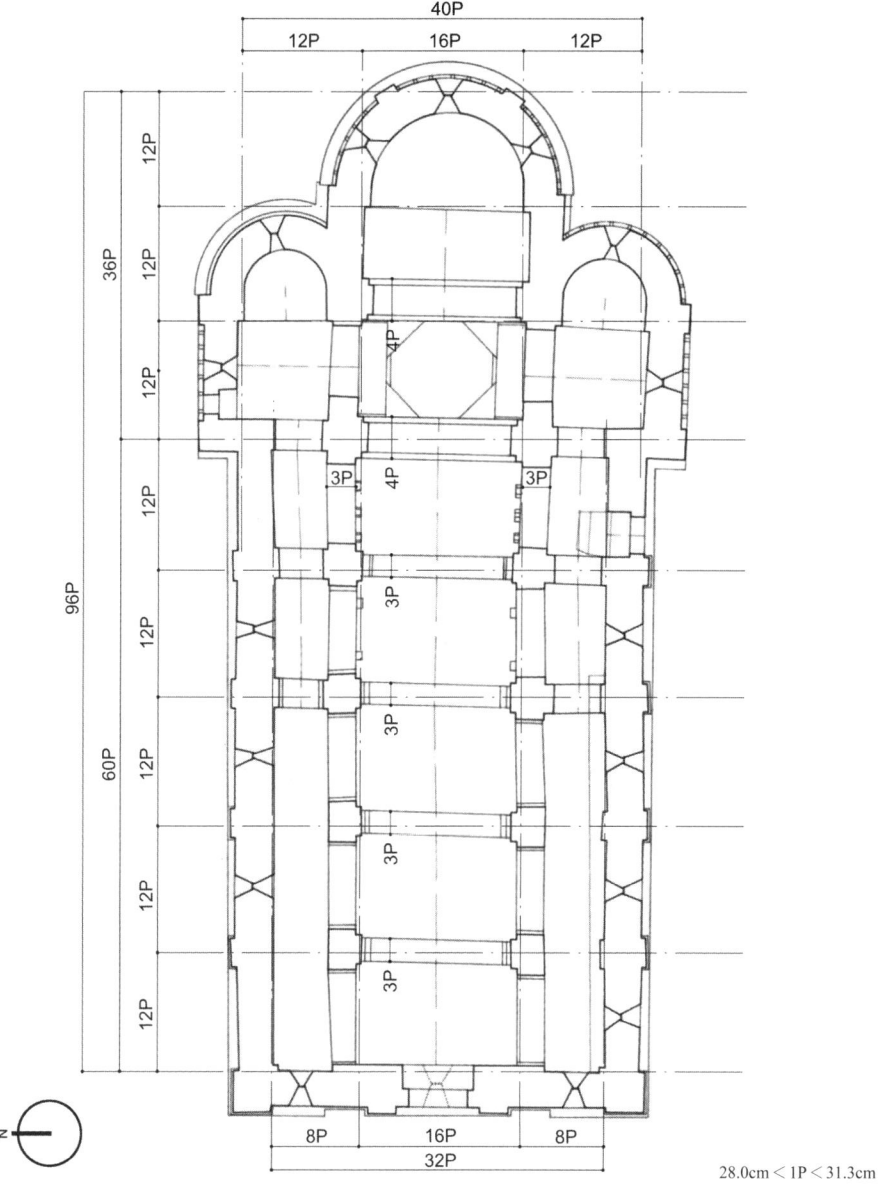

28.0cm＜1P＜31.3cm

図5-2　教会堂平面図・寸法分析　　　　（作成　西田研究室）　　77

がアーチになった縦長窓は、北側廊外壁に三か所、南側廊外壁に四か所、そしてアプシスに三か所、袖廊祭室にそれぞれ一つずつ、交差廊の両端に一か所ずつ、西正面に三つの、計十七か所あるが、横断アーチと大アーケードが全て尖頭アーチであったのに対して、窓のアーチは全て半円アーチである。

繰型蛇腹は、北側廊の東から二つ目のベイの西側の横断アーチに付いている例を除いて、ピア回りだけに付くが、蛇腹の付かないピアもあり、その扱いは一貫していない。

側廊における天井ヴォールト架構の変更は、通常であれば恐らく計画の変更、あるいは建設工事の中断によるものと考えるべきである。そして南側廊に、必要のない横断アーチ受けのピラスターがあるという事は、この南側廊の外壁を建設した後、この部分にヴォールトを架ける前の、壁だけが建っている状態のときに、計画の変更があったか、もしくは工事が中断したと考えられる。この点に付いて、ヴィレイは、工事は二期に分れるが、非常に近接した二期であったであろうとする。彼は、東より工事が始まり、北側廊の一番東のベイ、身廊と南側廊の東二つのベイができたところで一期工事が終了して、ほどなく二期が始まり、12世紀のなかばには完成したと考えている。これに対してクリスチャン・サパンは、工事の時期が中断を挟む二期に明確に分れると考えるよりも、むしろ連続した工事の展開の中で徐々に行われた変更であり、それ故、この建物の完成時期を、ヴィレイが提唱する年代よりも少し早めたいようである。実際、材料や細部の観察からは、工事の中断や断絶、一定期間の休止を明示的に示すものは見当たらない。

この教会堂の外観から受ける第一印象は、規則的で整然とした、極めて良くまとまった形の建物というものである。しかし、内部のヴォールト架構や繰型蛇腹に見られるように、実は不規則な点を非常に多く有する建物でもある。この事は、平面図にあらわれる軸のずれや、直交直角からの歪みについても言えることである。全体としてみた場合、平面図は良く整った形を見せているが、会堂頭部の軸の南側への微妙な傾き、交差廊の軸の身廊の軸に対する傾斜、身廊部西側の三ベイの軸が西に行くほど南に傾くずれは顕著なものである。また、同じ形状のピアでも、各部の大きさはかなりばらつく。

したがって、各ベイのスパン、あるいは身廊幅や側廊幅も、一見同じ大きさの反復のように見えるが、実際に実測をしてみるとその寸法のばらつきはかなり大きい。従って、建築の平面の基本骨格を構成する寸法を読み取るのは簡単ではない。また大

単位のような基準寸法の基準位置が、寸法のばらつきが大きいために決定し難い。見た目の端正さとは裏腹に、寸法のあばれが大きいのである。したがって尺度の導出・同定も簡単ではなく、1尺の長さとしてかなりの大きな幅を認めざるを得ないということになる。

図に、この教会堂の各部寸法の仮説を示した。寸法構成の基準となり軸は、図にあるように基本的に、身廊の長軸方向は内法（内陣料側壁内面、身廊軒壁内面、側廊外壁内面）、これと直交する方向は、身廊ではピア芯、しかし交差部を含む交差廊は、西側はピア芯、東側は内法面を基準位置としているように思える。こうした寸法の基準格子を考えたとき、尺度論の原則によって完数を適用するなら、1尺の長さに28.0cm～31.3cmの間という幅を持たせて考えると、図のような単純な寸法構成が想定できる。

ここに尺数としてあらわれた数、3、4、8、12、16、32、36、40、60、96は、例えば12世紀に書かれたラングルのチボーの『数象徴論』の記述などに照らして、何れもキリスト教的な霊的に良い象徴的意味を持つ数である。また興味深い事は、側廊一ベイの長方形の縦横比は、3：2、身廊一ベイのそれは、3：4となる事である。つまり、それぞれ完全協和音の5度と4度の比である。ボエティウス、アウグスティヌスを介して中世の美学が古代より受け取った数の科学は、神の理性が作った世界の構造を音楽の数論に結びつける。数は、中世にあっては、神に近づくための最も重要な学問の一つとされていた。

1尺の長さが28.0cm～31.3cmの尺度は、ローマ尺と考えたい。29.5cmというローマ尺の標準値からすると、およそ±5％の誤差があるものの、ローマ尺自体はこの時代のこの地方の建物に多くの研究者が想定している尺度の一つでもある。アラン・ゲローのマコネ地方の二十一のロマネスクの小教会堂の尺度研究は、マコネ地方のロマネスク教会堂の建設におけるローマ尺の使用の優位性を指摘している。

[西田雅嗣]

Le dépouillement architectural et l'homogénéité stylistique de l'église Saint-Pierre en font un modèle de l'art roman bourguignon. Aujourd'hui, outre ces clichés, on reconnaît dans cette église de Brancion l'aboutissement des techniques de mises en œuvre de la fin du XIe siècle.

Cette église paroissiale est placée à une petite distance du château situé à l'autre extrémité de la colline. L'église Saint-Pierre est mentionnée pour la première fois dès 964-65 dans la charte de Cluny. Dans une mention plus tardive, datant de 1180, elle apparaît comme possession du chapitre Saint-Vincent de Chalon.

La construction de 30 m de longueur en forme basilicale est bien orientée et disposée au sommet de la colline. Le plan à trois vaisseaux comporte un transept peu saillant ouvrant sur une abside et deux absidioles. La nef est constituée de cinq travées de plan rectangulaire voûtées en berceau brisé, articulées par des arcs doubleaux. Ces derniers doubleaux reposent sur les dosserets de piliers cruciformes. En revanche, les bas-côtés sont voûtés en berceaux avec arcs doubleaux dans les deux travées orientales, et de simples demi-berceaux sans doubleaux dans les travées occidentales. On remarque la présence de différences en plan, dans la combinaison des piliers, des doubleaux et des dosserets. Les piliers côté collatéral sont sans dosseret. La croisée du transept, de plan rectangulaire, est voûtée par une coupole sur trompes. De grandes arcades brisées ouvrent sur les croisillons de voûte en berceau transversal. L'abside comporte trois baies en plein cintre. Du fait de l'absence d'éclairage direct et de baies étroites, l'intérieur de l'église est fort sombre.

L'appareil présente des assises très régulières et aux moellons peu épais, mais parfaitement taillés. La façade occidentale ne possède que les deux ouvertures correspondant aux bas-côtés. Le portail est encadré par un massif de maçonnerie en saillie et ne comporte aucune sculpture. On n'y trouve ni décor d'arcature ni bande lombarde. L'épaisseur des contreforts est faible. Le clocher, au plan carré et surmonté d'un massif barlong, est d'une expression très simple et dépouillée.

Christian Sapin remarque dans *Bourgogne romane* : « Les différences observées dans les parties de construction montrent plus une évolution lente ou des changements en cours de mise en œuvre que de véritables périodes historiques distinctes ».

En ce qui concerne les peintures murales ornant l'intérieur de l'église, il remarque dans le même ouvrage : « On peut avoir une idée de son revêtement et de son décor tardif par les vestiges de peintures murales, malheureusement très endommagées par le temps. Datées depuis peu de la seconde moitié du XIIIe siècle, elles couvrent l'abside et les absidioles avec la représentation du Christ en majesté et des apôtres ; clans l'absidiole nord, on reconnaît la Vierge couronnée et le Christ entouré d'anges; au sud subsiste une scène de pèlerinage avec un pèlerin de Saint-Jacques. Dans le bas-côté nord, on remarque également des scènes funéraires, probablement en relation avec l'inhumation de seigneurs lornux, avec une représentation du Sein d'Abraham ».

[NISHIDA Masatsugu]

教会堂南側面
L'élévation sud de l'église.

5. ブランシオンのサン＝ピエール教会堂 L'église Saint-Pierre de Brancion

平面 （縮尺：1 / 150）

25m

20

15

10

5
4
3
2
1
0

N	**BRANCION** (Saône-et-Loire)
Feuille	
N°. 1	**ÉGLISE PLAN**

KYOTO
INSTITUTE OF
TECHNOLOGY

JAPON
Prof.NISHIDA. Masatsugu

0 1 2 3 4 5   10   15   20   25m

6. ビュフィエール教会堂
L'église de Buffières

実測調査

2014年9月23〜29日

［調査メンバー］

西田雅嗣、岩田千穂、太田圭紀、大野未華、加藤旭光、上村優、古賀顕士、

西田順風、原愛、廣長晧介、別所匠

実測図面

西田雅嗣、2015年9月8日

図面作成

古賀顕士

Relevé

23 – 29 / 09 / 2014

Masatsugu NISHIDA, Takumi BESSHO, Ai HARA, Kosuke HIRONAGA, Chiho IWATA, Yu KAMIMURA, Asahi KATO, Kenji KOGA, Masakaze NISHIDA, Yoshiki OHTA, Mika ONO.

Auteur du plan

Masatsugu NISHIDA, 08 / 09 / 2015.

Dessin

Kenji KOGA.

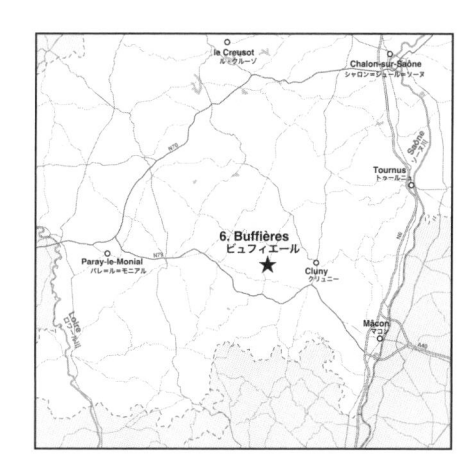

La villa de Buferia という語は10世紀の初めにすでに現れるが、教会についての言及は1106年を待たなくてはいけない。その時、この教会は聖マルタンを守護聖人としていたが、後に聖ドニの名で呼ばれる教会堂になる。この教区はマコンの大聖堂参事会の所轄であった。18世紀末の絵図に、この教会堂の観察で見て取れることを確認することができる。すなわち、1846年の工事以前には、矩形の単身廊、矩形内陣、そして半円形のアプシスからなるごく一般的な教会堂であったということである。南北の身廊軒壁にそれぞれ三つのアーケードを開けて新たに側廊を加えることで、この建物の規模拡張を決定したのは19世紀半ばになってからのことである。

身廊には非常に尖った尖頭トンネル・ヴォールトが架けられ、同じ形の尖頭形の横断アーチ三本がこれを支える。この三本の横断アーチにより身廊は、身廊軒壁の全長にわたって形作られる身廊大アーケードで強調された四つのベイを形成する。アーケード同様、横断アーチも単純な持送りの上に降りてくる。一方、内陣部の大アーチは反対に半円アーチであり、このアーチが内陣とアプシス、そして内陣部の軒壁に沿ってあるアーケードを結びつけている。矩形の内陣部はトロンプ・ドームで覆われ、軒蛇腹はない。アプシスには半球ドームが架かり、繰型のついた二本のピラスターと比較的簡単な装飾が彫刻された柱頭を持つ四本の小円柱で支えられる飾りアーケードで飾られている。内部は全体が上塗りされ色が塗られている。西側の正面の扉口の上には、上部に半円形の埋込アーチを乗せた大型のまっすぐな楣石がある。

内部とは反対に外部では、組積は全体として露わになっており、構造は全て砂岩のモエロン積みであることがわかる。この砂岩は、村の東のトロワ＝モンの森の頂上に、厚い石層の形で今でも見ることができる。18世紀の図面は、横断アーチが、西正面の外部に斜めに配された巨大な控壁によって支えられている様子を示している。アプシスは、勾配のついた台の上に乗る平滑な二本のピラスターがリズムを与え、外部に向かって大きく隅切りされた三つの窓を画す。軒蛇腹は、唯一の装飾である連続する持送りが支える。鐘塔の下の組積とアプシスの組積は非常に大きく異なるのが印象的である。鐘塔の下、そして鐘塔の基部は、荒っぽく切り出された小振りのモエロン積みであるのに対して、アプシスでは、西正面の控壁と同様、完璧に組み上げられた中程度の大きさの切石のブロックで出来ている。このタイプの組積は鐘塔の隅部の高いところにも見られる。

鐘塔内部は部分的に上塗りされている。おそらくかなり後のものと思われるが（17世紀か18世紀か）、鉄によるジョイントの痕跡が今でも認められる。第一層の四つの半円アーチ窓のうちの三つが塞がれている。北西の角に、見た所では螺旋階段と思われる下に降りる階段の起点があるのが注目される。しかしながら、矩形内陣のヴォールトも鐘塔下の北壁にも昔の階段の痕跡は見当たらない。18世紀の末か19世紀の初めに、身廊の北東角の、おそらく外部に建設されていた小塔を1846年の大規模な工事の際に壊したと推測することができる。鐘楼上部の二連の窓は、やはり双子になった小円柱を持つ。その基部には繰型が施され、柱頭は単純なロマネスク装飾で彫刻されている。鐘塔は均質ではないように見えるが、どういう段階に区分できるかはすぐには判断できない。それを決定する手掛かりは内部に見られる。10cmに満たない大きさの持送りが、第一層の窓の上40cmほどのところに認められる。この区切りの上の部分の組積はわずかながら異なり、足場用の木製の横木を差し込むための穴も非常に大きい。この持送りはほぼ確実に屋根の一層目に対応するものであると考えられる。一方、西面においては、まさにこの線上に二つの興味深いものが認められる。鐘塔の嵩上げの工事の際に残された古い飾り持送りとしか考えようのないものである。鐘塔外部の第二層の窓の基部のところに見られる壁面のわずかなセットバックは、新しく作る窓にちょうど良い見込みを与えるようにと判断して決められた第二層の壁の厚みとの差に対応する（第一層の壁厚が80cmで第二層は68cm）。残るは、第一層の簡素な窓を、どのようにしてその下の部分と同時代の建設であると決めることができるかであるが、説得力のある手掛かりは見つかってはいない。外部に見える組積の違いはあるが、同じ一連の工事で作られたとの仮説をいうことはできる。ただし、中間的な段階が存在した可能性は排除はできない。

全体として、この建物のそれぞれの部分は、全く異なる二つの建設工事のどちらかで作られたということになると思われる。矩形の内陣部とそのアーチ、ドームと鐘塔の基部は、10世紀末、あるいは11世紀の前半に行われた第一段階の工事に属する。身廊、アプシス、そして鐘塔の上部は、それよりも大分と後の建設、非常に尖った尖頭アーチ、斜めに取り付く控壁は12世紀の最後の三分の一の時代、あるいはむしろ13世紀のはじめの工事と考えた方が良いかもしれない。

寸法の分析はさほど困難ではない。身廊は、54×18ローマ尺の矩形、矩形内陣は14×20ローマ尺、アプシスは14×10ローマ尺。建造者は6尺をモジュールとして用いた。つまり、身廊は9モジュール×3モジュール、矩形内陣の長さにアプシスを加えた長さが5モジュールで、全長が14モジュール（これはまた7モジュール×12モジュールに区分できる）、鐘塔は外法で18×18ローマ尺。身廊の周長が、54＋18＋54＋18で

144尺、つまり天上のエルサレムの周長になることを指摘しておく。48＋24＋48＋24と、ビュフィエールとは異なる寸法構成ではあるが、同じ144尺という身廊の周長が、マッシーとサン＝ヴァンサン＝デ＝プレにも見られる。

　2000年を迎えた当初、内部の修理工事の際に、アプシスの半ドームの天井画の一部が発見された。その時以来、保護と修復の多くの活動が行われた。修復は2018年に終了し、四つの生き物に囲まれた光背の中の荘厳のキリストが顕わになった。天井画は、ロマネスクの層とゴシックの層との異なる二層が重なっている。ドームとの連絡をなすアーチの内輪の部分には、おそらく一体（あるいは二体）の大天使と思われる絵があり、紛れもなくロマネスクの壁画であると考えられる。

　教会堂の外の北、かつての墓地の中央に珍しい形の上に乗った石製の十字架がある。これは、古い八角形洗礼槽の下部を切断し、角の部分を八つの頭で装飾したものである。部分的に失われているが、これらの頭は、アプシスの南東角の飾り持送りにあるものに類似しており、従って鐘塔の西面にある持送りとも似るものである。この洗礼槽は当然のこととしてロマネスクのものであると考えられる。

　教会堂内部には、一体の聖ドニ像と金色の聖母子像があり18世紀のものである。最近修繕されたと思われる（18世紀あるいは19世紀前半）マグダラのマリアが描かれた布があり、また洗礼槽の台だったと思しき、はっきりとゴシックの（16世紀か）八角形柱がある。最近卓上に据えられた「ノートル＝ダム・ド・ビュフィエール」と書かれたオブジェは古代の小型石碑であると思われる。

[アラン・ゲロー（西田雅嗣 訳）]

La *villa de Buferia* apparaît dès le début du 10e siècle, mais il faut attendre 1106 pour voir mentionner l'ecclesia, qui était alors sous le patronage de saint Martin, avant de passer plus tard sous celui de saint Denis. La paroisse dépendait du chapitre cathédral de Mâcon. Un plan de la fin du XVIIIe siècle (AD71, C supplément) confirme ce qu'une observation simple permet de constater : avant les travaux de 1846, il s'agissait d'une église ordinaire, constituée d'une nef rectangulaire, d'une croisée et d'une abside hémicirculaire. Ce fut seulement au milieu du XIXe que l'on décida d'agrandir l'édifice en perçant dans les murs gouttereaux trois arcs au nord et au sud, permettant la jonction avec de nouveaux bas-côtés.

La nef est voûtée d'un berceau très brisé, soutenu par trois arcs doubleaux de même forme ; ces doubleaux forment ainsi quatre travées, soulignées de part et d'autre par de grandes arcades le long des murs gouttereaux. Les doubleaux comme les arcades reposent sur des consoles simples. Le grand arc au contraire est en berceau plein cintre, comme l'arc qui joint la croisée et l'abside, ainsi que les arcades le long des murs gouttereaux de la croisée. Celle-ci est couverte d'une coupole sur trompes, sans corniche. Le cul-de-four est hémisphérique. Il est orné d'une arcature soutenue par deux pilastres moulurés et quatre colonnettes terminées par des chapiteaux sculpté au décor relativement simple. L'intérieur est entièrement enduit et badigeonné. Sur la façade, le portail est surmonté d'un épais linteau droit surmonté d'un arc de décharge en plein cintre.

En revanche à l'extérieur, l'appareil est en général dénudé ; toute la construction est en moellons de grès, cette roche étant présente sous forme d'un épais banc sommital dans la forêt des Trois-Monts à l'est du bourg. Le plan du 18e montre que les arcs doubleaux étaient soutenus à l'extérieur par d'importants contreforts, ceux de part et d'autre de la façade étant obliques. L'abside est rythmée par deux pilastres plats terminés en glacis, séparant les trois fenêtres à ébrasement en partie extérieur. La corniche est soutenue par une série de modillons, un seul décoré. On est surtout frappé par la forte différence d'appareil entre le dessous du clocher et l'abside : le dessous du clocher et la base du clocher sont constitués de petits moellons mal équarris, tandis que l'abside, comme les contreforts de la façade, sont formés de blocs de moyen appareil parfaitement dressés. On retrouve ce type d'appareil aux angles du clocher et dans sa partie haute.

L'intérieur du clocher, partiellement enduit, laisse voir des traces de joint au fer, probablement très tardifs (XVIIe ou XVIIIe ?). Trois des quatre fenêtres en plein cintre du premier étage ont été obturées. On remarque dans l'angle nord-ouest un départ d'escalier descendant, apparemment hélicoïdal. Or ni la voûte de la croisée ni le mur nord sous le clocher ne laissent voir de trace d'un ancien escalier. On peut supposer qu'une tourelle avait été construite, à la fin du XVIIIe ou au début du XIXe, dans l'angle nord-est de la nef, peut-être à l'extérieur, puis détruite lors de la grande campagne de 1846. Les baies géminées à la partie supérieure du beffroi reposent sur des colonnettes elles-mêmes géminées, dont les bases sont moulurées et les chapiteaux sculptés de décors romans simples. Le clocher ne semble pas homogène, mais on ne voit pas immédiatement comment se répartissent les phases. L'indice déterminant s'observe à l'intérieur : un encorbellement d'un peu moins de 10cm, à 40cm environ au-dessus des fenêtres du premier niveau. L'appareil au-dessus de cette césure est légèrement différent, les trous de boulins bien plus gros. Cet encorbellement correspond très probablement à un premier niveau de toit. D'ailleurs, sur la face ouest, deux curieuses figures, situées précisément sur cette ligne, ne peuvent s'expliquer que comme d'anciens modillons, qu'on a laissés en place au moment de la surélévation. Le retrait situé à l'extérieur, à la base des fenêtres du second niveau, correspond simplement au gain en épaisseur jugé nécessaire pour obtenir une profondeur adéquate pour les nouvelles fenêtres (on passe de 80 à 68cm). Il resterait à déterminer dans quelle mesure les ouvertures simples du premier niveau sont contemporaines de la partie inférieure ; je n'ai trouvé aucun indice probant ; malgré des différences d'appareil visibles à l'extérieur, on peut faire l'hypothèse d'une phase unique, mais on ne peut pas exclure une phase intermédiaire.

Au total, il apparaît que les diverses parties du bâtiment appartiennent à deux campagnes de construction tout à fait distinctes. La croisée et ses arcs, la coupole et la base du clocher appartiennent à une première phase que l'on peut situer à la fin du 10e ou dans la première moitié du XIe. La nef, l'abside et la partie supérieure du clocher, elles, sont bien plus tardives ; la forte brisure des arcs, les contreforts en diagonale orientent vers le dernier tiers du XIIe voire plutôt le début du XIIIe.

L'analyse métrologique ne présente pas de grosses difficultés. La nef est constituée par un rectangle de 54 x 18 pieds romains ; la croisée 14 x 20, l'abside 14 x 10 ; les constructeurs ont pu utiliser un module de 6 pieds : 9 x 3 pour la nef, 5 pour la longueur croisée + abside, donc 14 pour la longueur totale (qui peut aussi se décomposer 7 x 12); clocher 18 x 18 (à l'extérieur). On note que le périmètre de la nef (54 + 18 + 54 + 18) vaut 144 pieds, c'est-à-dire le nombre de perches du périmètre de la Jérusalem céleste ; on trouve ce même périmètre à Massy et à Saint-Vincent-des-Prés, quoique sous une autre forme (48 + 24 + 48 + 24).

Au début des années 2000, au moment où furent entrepris les travaux de réfection intérieure, on découvrit in extremis des éléments de peinture murale au cul-de-four de l'abside. De nombreuses campagnes de consolidation et de restauration ont eu lieu depuis, la restauration s'est terminée en 2018 ; il apparaît nettement un christ en majesté dans une mandorle, entouré du tétramorphe. Deux couches superposées s'entremêlent, une couche romane et une couche gothique. Sur l'intrados de l'arc faisant la liaison avec la coupole, la peinture paraît nettement romane, peut-être un (ou deux) archanges.

A l'extérieur, au nord, au milieu de l'ancien cimetière se dresse une croix de pierre sur un curieux support ; celui-ci est en effet constitué par une ancienne cuve baptismale octogonale, amputée de sa partie inférieure, mais ornée aux angles de huit têtes. Têtes, en partie mutilées, qui ne sont pas sans ressemblance avec celles que l'on trouve sur le dernier modillon de l'abside, dans l'angle sud-est, ainsi qu'à la face ouest du clocher. On peut raisonnablement supposer qu'il s'agit d'une cuve baptismale romane.

A l'intérieur, l'église abrite un Saint-Denis et une vierge à l'enfant dorés du 18e ; une toile peinte de Marie-Madeleine, qui paraît avoir été restaurée récemment (XVIIIe ou première moitié XIXe), et une colonne-support octogonale, manifestement gothique (XVIe ?), qui peut avoir servi de base à une cuve baptismale. Installé récemment sur une console, un objet désigné « N.-D de Buffières » paraît plutôt une petite stèle antique.

[Alain GUERREAU]

西正面
Façade occidentale.

東から見た外観
L'extérieur vu depuis l'est.

北側外観
L'extérieur nord

南側外観
L'extérieur sud.

会堂頭部・鐘塔の北側外観
L'extérieur nord du clocher et le chevet.

身廊、内陣方向を見る
Nef vue vers le chœur.

身廊、西側入口方向を見る
Nef vue vers l'entrée ouest.

鐘塔内部
L'intérieur du clocher

内部から見た鐘塔の二連アーチ開口部
Les baies jumelles du clocher vues depuis l'intérieur.

6. ビュフィエール教会堂 L'église de Buffières

平面（縮尺：1 / 200）

鐘塔

Niveau 3

Niveau 2

Niveau 1

教会堂

C

C'

B

A'

B

A

PLAN CLOCHER

PLAN ÉGLISE

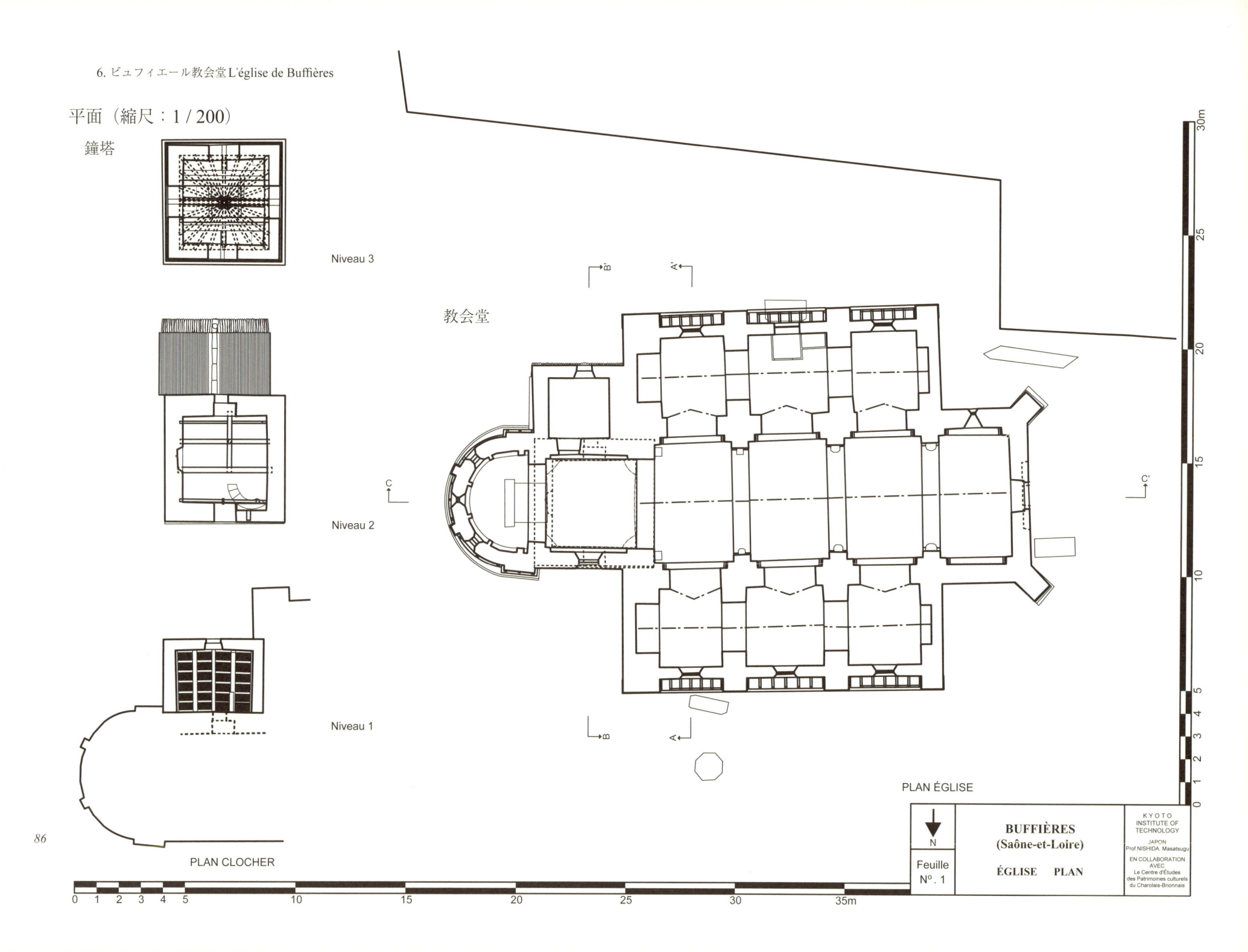

N

Feuille
Nº. 1

BUFFIÈRES
(Saône-et-Loire)

ÉGLISE PLAN

KYOTO
INSTITUTE OF
TECHNOLOGY
JAPON
Prof NISHIDA. Masatsugu
EN COLLABORATION
AVEC
Le Centre d'Études
des Patrimoines culturels
du Charolais-Brionnais

0 1 2 3 4 5   10   15   20   25   30   35m

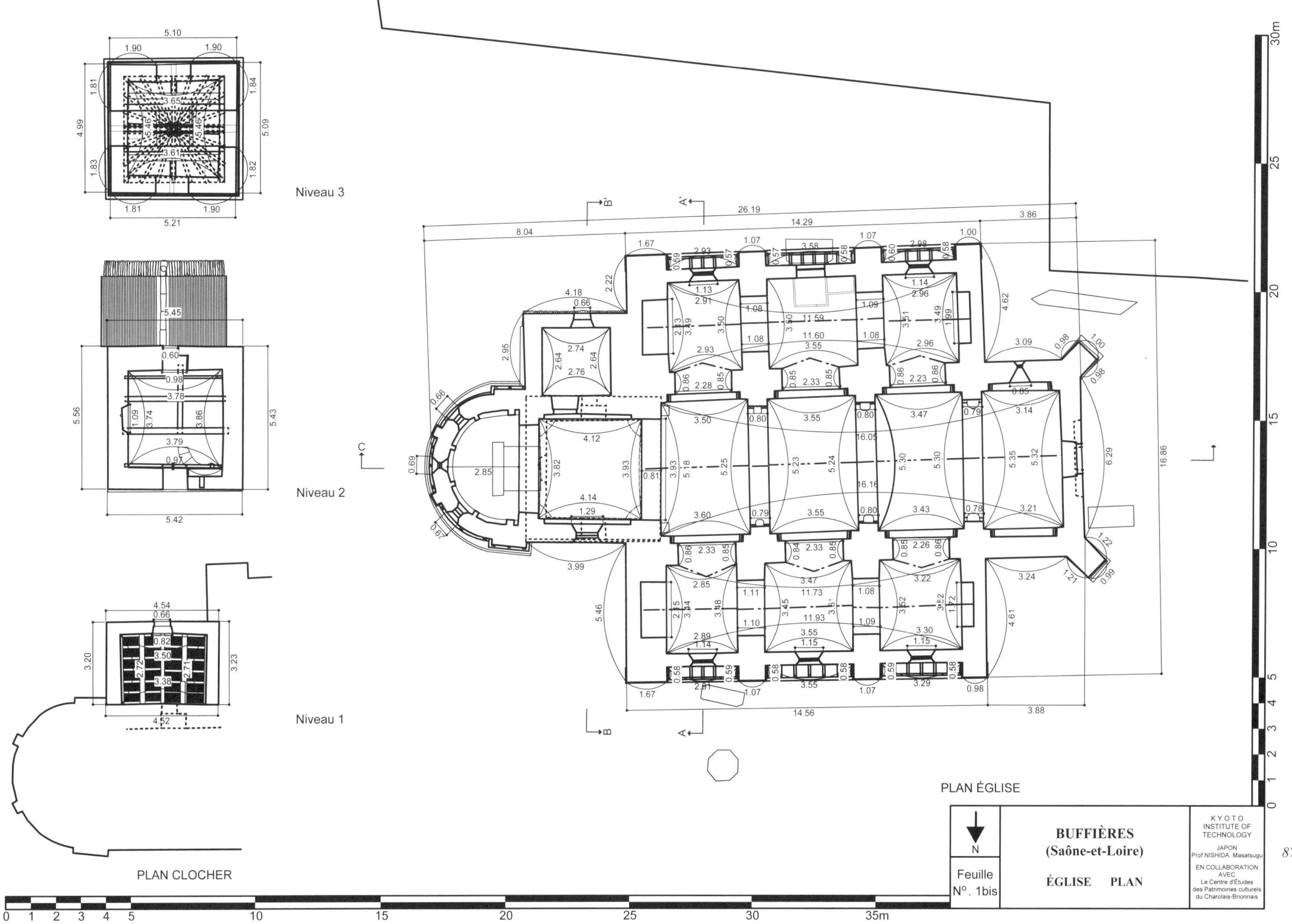

Niveau 3

Niveau 2

Niveau 1

PLAN CLOCHER

PLAN ÉGLISE

A A'
B B'
C

N

BUFFIÈRES
(Saône-et-Loire)

Feuille
N°. 1bis

ÉGLISE   PLAN

KYOTO
INSTITUTE OF
TECHNOLOGY
JAPON
Prof NISHIDA Masatsugu

EN COLLABORATION
AVEC
Le Centre d'Études
des Patrimoines culturels
du Charolais-Brionnais

87

西正面 （縮尺：1 / 200）

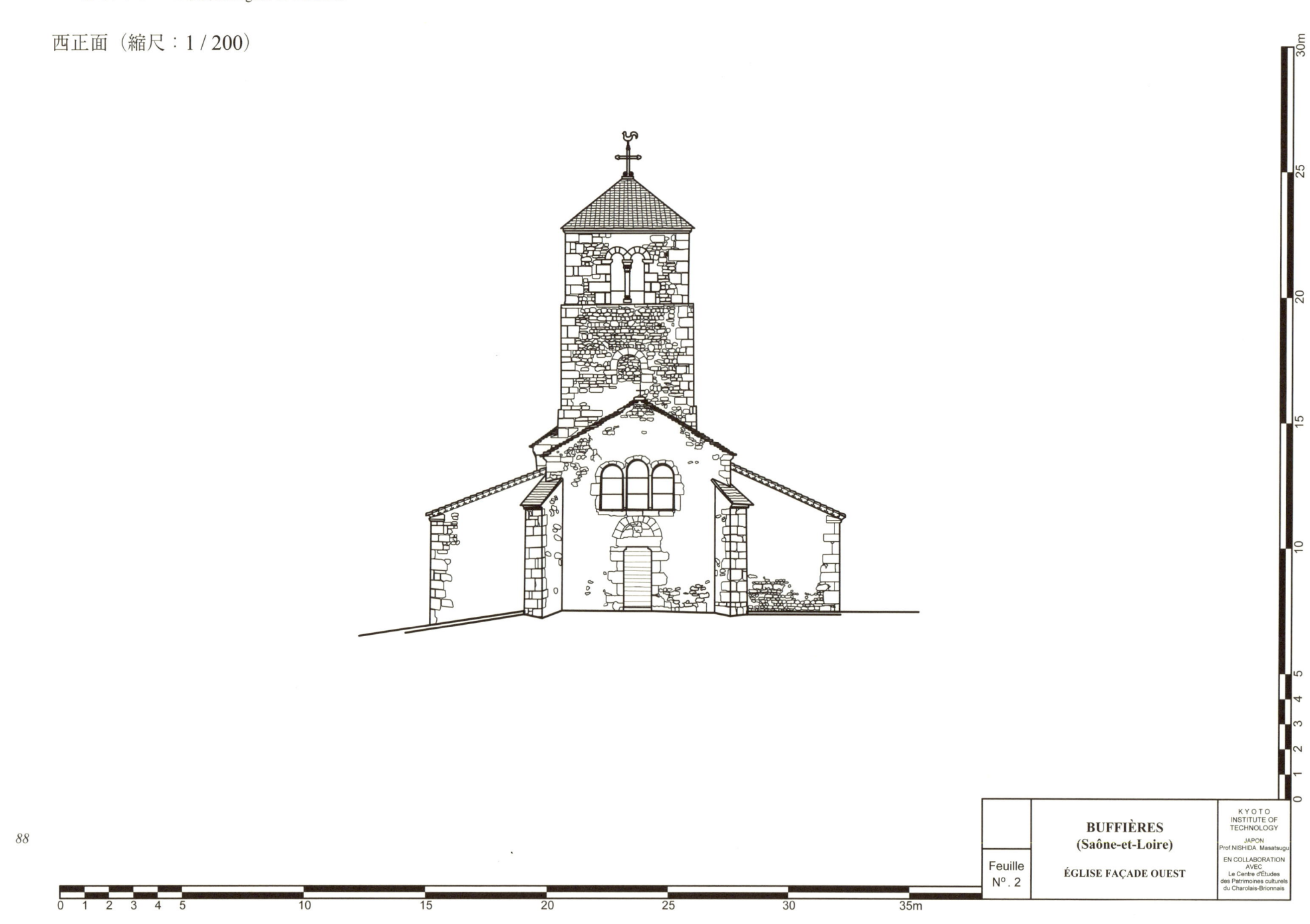

30m

25

20

15

10

5
4
3
2
1
0

| | | BUFFIÈRES (Saône-et-Loire) | KYOTO INSTITUTE OF TECHNOLOGY |
| Feuille Nº. 2 | | ÉGLISE FAÇADE OUEST | JAPON Prof.NISHIDA. Masatsugu EN COLLABORATION AVEC Le Centre d'Études des Patrimoines culturels du Charolais-Brionnais |

0 1 2 3 4 5   10   15   20   25   30   35m

東立面（縮尺：1 / 200）

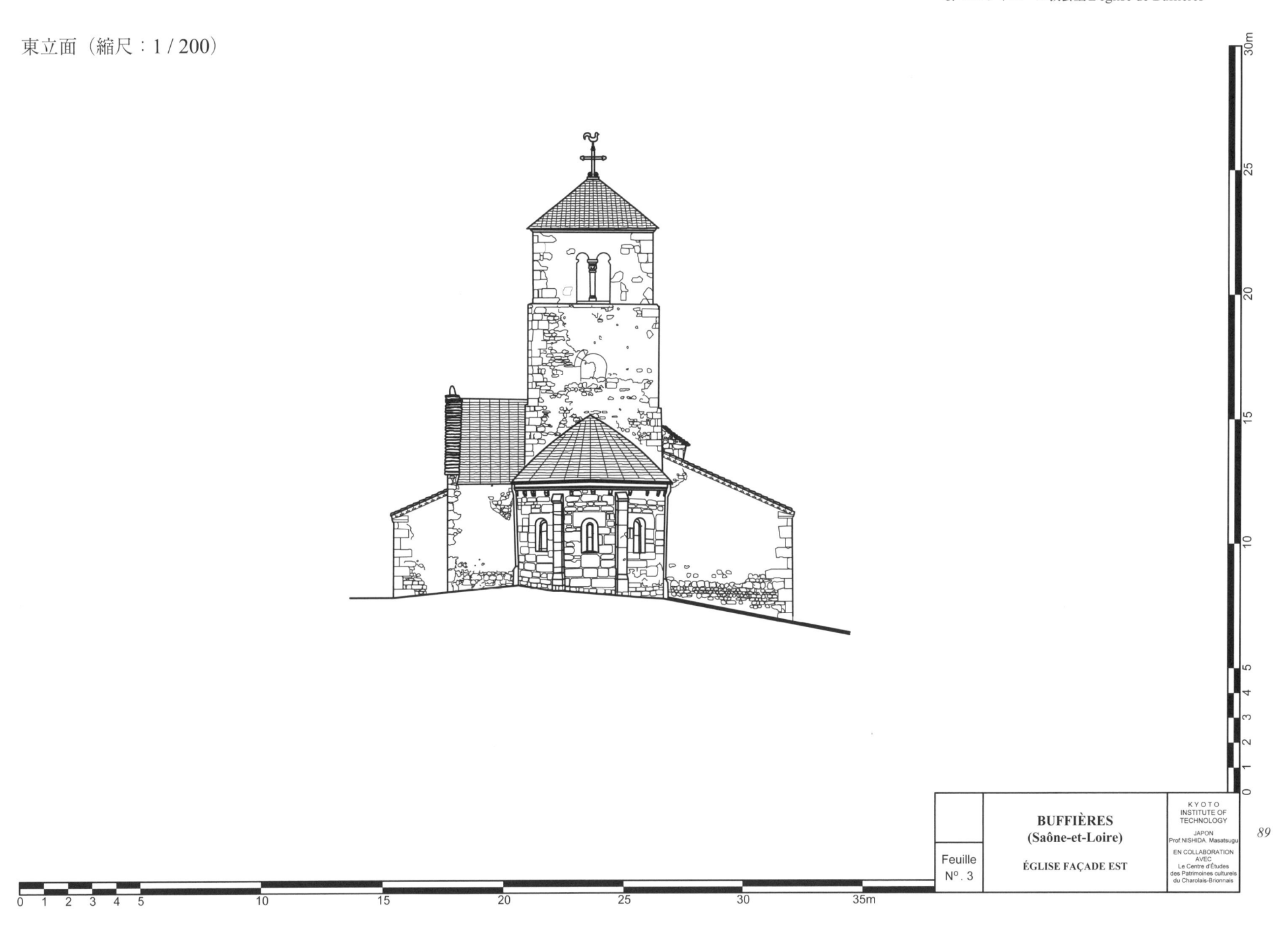

30m

25

20

15

10

5
4
3
2
1
0

| | BUFFIÈRES
(Saône-et-Loire) | KYOTO
INSTITUTE OF
TECHNOLOGY
JAPON
Prof.NISHIDA. Masatsugu
EN COLLABORATION
AVEC
Le Centre d'Études
des Patrimoines culturels
du Charolais-Brionnais |
| Feuille
N°. 3 | ÉGLISE FAÇADE EST | |

89

0 1 2 3 4 5　　　10　　　15　　　20　　　25　　　30　　　35m

北立面（縮尺：1 / 200）

30m

25

20

15

10

5
4
3
2
1
0

BUFFIÈRES
(Saône-et-Loire)

Feuille
Nº. 4

ÉGLISE ÉLÉVATION NORD

KYOTO
INSTITUTE OF
TECHNOLOGY
JAPON
Prof.NISHIDA. Masatsugu

EN COLLABORATION
AVEC
Le Centre d'Études
des Patrimoines culturels
du Charolais-Brionnais

0 1 2 3 4 5   10   15   20   25   30   35m

南立面（縮尺：1 / 200）

| | **BUFFIÈRES**
(Saône-et-Loire) | KYOTO
INSTITUTE OF
TECHNOLOGY
JAPON
Prof.NISHIDA Masatsugu
EN COLLABORATION
AVEC
Le Centre d'Études
des Patrimoines culturels
du Charolais-Brionnais |
| Feuille
N°. 5 | **ÉGLISE ÉLÉVATION SUD** | |

横断面（縮尺：1 / 200）

COUPE A-A'

COUPE B-B'

	BUFFIÈRES (Saône-et-Loire)	KYOTO INSTITUTE OF TECHNOLOGY JAPON Prof.NISHIDA. Masatsugu
Feuille N°. 6	ÉGLISE COUPES TRANSVERSALES	EN COLLABORATION AVEC Le Centre d'Études des Patrimoines culturels du Charolais-Brionnais

0 1 2 3 4 5 10 15 20 25 30 35m

30m 25 20 15 10 5 4 3 2 1 0

COUPE A-A'

COUPE B-B'

Niveau 3

Niveau 2

CLOCHER Niveau 1

| | BUFFIÈRES (Saône-et-Loire) | |
| Feuille N°. 6bis | ÉGLISE COUPES TRANSVERSALES | |

縦断面 （縮尺：1 / 200）

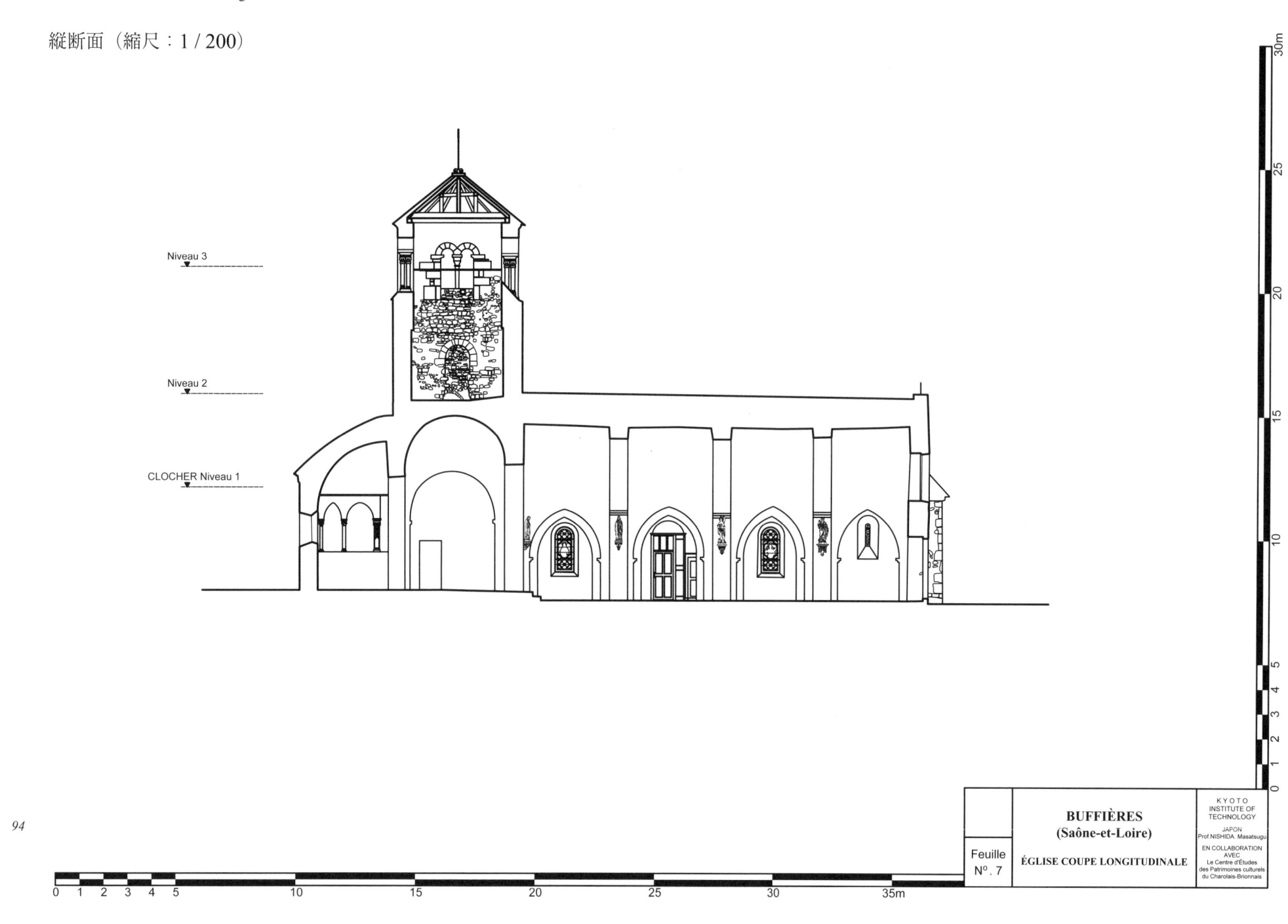

Niveau 3

Niveau 2

CLOCHER Niveau 1

	BUFFIÈRES (Saône-et-Loire)	KYOTO INSTITUTE OF TECHNOLOGY JAPON Prof.NISHIDA. Masatsugu
Feuille N°. 7	ÉGLISE COUPE LONGITUDINALE	EN COLLABORATION AVEC Le Centre d'Études des Patrimoines culturels du Charolais-Brionnais

0 1 2 3 4 5   10   15   20   25   30   35m

Niveau 3

Niveau 2

CLOCHER Niveau 1

7.04

4.70

5.99

4.59

7.05

4.79

5.14

3.38

3.70

7.00

6.52

6.54

7.00

6.97

6.49

6.50

6.97

6.98

6.59

3.41

3.80

6.62

6.97

3.70

7.04

2.61

8.45

30m

25

20

15

10

5

4

3

2

1

0

0 1 2 3 4 5 10 15 20 25 30 35m

BUFFIÈRES
(Saône-et-Loire)

Feuille
Nᵒ. 7bis

ÉGLISE COUPE LONGITUDINALE

KYOTO
INSTITUTE OF
TECHNOLOGY
JAPON
Prof.NISHIDA. Masatsugu

EN COLLABORATION
AVEC
Le Centre d'Études
des Patrimoines culturels
du Charolais-Brionnais

7. シャルボナ教会堂
L'église de Charbonnat

実測調査

2008年10月2日

［調査メンバー］

西田雅嗣、榎並悠介、岡北一孝、奥野有加、熊谷透、田村仁美、春成美奈子、福島匠

実測図面

西田雅嗣、2009年7月15日

図面作成

増永恵

Relevé

02 / 10 / 2008.

Masatsugu NISHIDA, Yusuke ENAMI, Takumi FUKUSHIMA, Minako HARUNARI, Toru KUMAGAI, Ikko OKAKITA, Yuka OKUNO, Hitomi TAMURA.

Auteur du plan

Masatsugu NISHIDA, 15 / 07 / 2009.

Dessin

Megumi MASUNAGA.

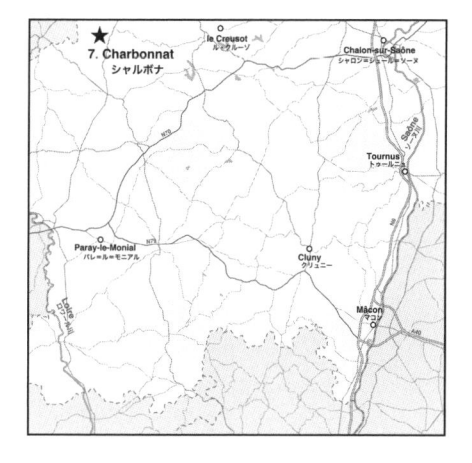

シャルボナの教会堂も、本書が取り上げる多くの教会堂と同様、鐘塔を乗せる矩形の内陣にアプシスが開き、側廊を持たない単身廊が付いただけの簡素な小規模教会堂である。鐘塔を持たずにアプシスと身廊だけからなる単身廊の形式とは異なり、鐘塔を乗せる矩形のベイがアプシスと単身廊の間に設けられ、内陣を形成するという特徴を持った形式である。ブルゴーニュ地方の単身廊教会堂では、この内陣の上に外観が印象的な鐘塔が乗り、特徴的な教会堂の外観を形づくる。ブルゴーニュ・ロマネスク建築の基本形の一つと言える。

オータンとパレ＝ル＝モニアルのほぼ中間にあり、お互いに10kmも離れていない二つの小村ドゥテとシャルボナに、よく似た教会堂が建っている。これら二つの教会堂は、外観の印象は若干異なるところのあるものの、四角錐の屋根が架かった鐘塔を乗せる正方形平面の内陣の東側に半円形平面のアプシスがつく単身廊の教会堂で、全く同一の形式の建物と言える程に良く似た建築で、両方ともに極めて簡素な建築である。シャルボナでは、鐘塔の二連アーチ開口の中柱の柱頭に控え目な彫刻がつくが、ドゥテでは幾何学的なブロック柱頭で、無装飾である。両方の教会堂とも鐘塔の乗る矩形内陣はほぼ正方形の平面で、交差ヴォールトが架かる。鐘塔の平面は、その下の矩形の内陣の平面に一致し、内陣の矩形がそのまま上に伸びて鐘塔を形作る。この点は、本書が取り上げる他の単身廊小規模教会堂と異なり、この両教会堂の特徴でもある。鐘塔をアプシスと身廊が挟み込んだ形態の建築である。アプシスには半ドームが架かる。単身廊部は、石造の壁の上に架けられた木造の小屋組で、現在は両教会堂とも羽目板張りの天井となっていて、最近のものである。出隅や控壁、アーチの迫石などに配された比較的大型の切石を除いては、当初のものではないが、全体に漆喰が塗られていて、ロマネスク当時の姿を彷彿とさせる。両教会堂ともアプシス内東端の曲面の内部壁面は半円アーケードで装飾され、身廊や外観の簡素さとの対照的な様子を見せる。シャルボナもドゥテも、11世紀にはオータン司教区に属する教区教会堂であったと考えられている。

シャルボナ教会堂の詳細なモノグラフィー研究は、ドゥテ教会堂についてと同様、管見の限りでは未だ見当たらず、クリスチャン・サパンの『ブルゴーニュ・ロマネスク』（2006年）の中のウォルター・ベリーの手になる記述がほとんど唯一の情報と言える。その他には、R・ウルセルの『オートゥノワ地方とブリオネ地方のロマネスク教会堂——クリュニーとその地方』（1956年）が、短いモノグラフィーを載せているのが目に付く位である。平面図についてもクリスチャン・サパンの書にあるものが確認で

きる唯一の平面図だが、歪みや軸のずれは無視され、控壁の有無や大きさ、窓の位置などに間違いが多い。

平面の実測値は全体にわたってばらつく。特に身廊の平面の歪みが大きく、身廊の矩形は、全体としてみれば長方形と言えるが、壁がまっすぐではなく、かなり歪んだ形になっている。対して、鐘塔の乗る矩形のベイは正確な長方形であり、やはり比較的正確な半円形であるアプシスとともに、入念に計画、施工された事が窺われる。中世の時代、ひとつの教会堂でありながら、しばしば内陣部と身廊部でその管理者が異なり、内陣部と身廊部との間に建築的な質の違いが認められることがある。こうした場合、身廊の方は住民に維持、管理が托されることが多く、建築的にしっかり建つ内陣や鐘塔に比べて、身廊部は粗末な建築となる事が多い。単身廊の教区教会堂のような場合、身廊のみ木造天井という例がきわめて多い。

寸法構成に関しては、1尺の長さに対して32.0cm～33.0cmの幅を考えれば、1尺33.1cmのブルゴーニュ地方の古慣用尺によって、10尺、11尺、12尺、13尺といった完数尺で寸法のプログラムでアプシスや内陣部周りが計画されたと解釈できる。身廊については、現在の身廊からは、ベイという空間単位を考えさせてくれる構成や寸法を考える事は難しい。最も慎重に施工され最も重要な部位であった鐘塔の乗る内陣は12×13尺の矩形である。尺数10、12、13、24は、12世紀に著された数象徴論では、聖なる象徴を持つ霊的な数として示される数に含まれる。

近接した村落に同時代に建てられた双子のように良く似たドゥテとシャルボナの二つの教会堂は、中世における建築の「コピー」、あるいは「モデル」の問題にも深く関係する。直径11尺、奥行10尺のアプシス平面、奥行き12尺、幅13尺の鐘塔下の矩形内陣の平面は、一種のモデルだったと考える事も出来る。興味深い事は、建造者たちは、教会堂の外観や形式を写しただけでなく、寸法に現れる数をも写している事である。

内陣部と身廊部との間には断絶が明瞭に存在し、まるで二つの異なる建築であるかのような内陣部と単身廊部の違いは、寸法構成にも見て取れた。一つの建物でありながら身廊と内陣が別々に維持管理され、一つの建築でありながら二つの建物のごとくに扱われたかもしれないというこうしたあり方は、一体の建築としての一貫した均質な全体像を持つ建築を優れた建築の条件と考えるという見かたが、少なくともロマネスクの建築には通用しないことを教えてくれる。

[西田雅嗣]

Dans la région de la Bourgogne du sud, Cluny n'était pas le seul pôle important de la culture religieuse et monumentale. Associé soit avec la cathédrale d'Autun, soit Notre-Dame de Beaune, les autres centres monumentaux de la Bourgogne du sud ont existé en déployant la diversité et la richesse de l'architecture romane de cette région.

À six kilomètres au nord-ouest de Dettey, se situe le village de Charbonnat. La paroisse est mentionnée pour la première fois dans un pouillé du XIe siècle et en 1164, où l'on apprend que ses revenus sont divisés entre l'abbé de Saint-Martin et l'évêque d'Autun. Elle est plus tard intégrée au petit prieuré de Chevannes.

La petite église, appelée Saint martyr Marcel, se dresse sur une petite colline au milieu du village. Walter Berry, dans *Bourgogne romane*, l'ouvrage dirigé par Christian Sapin, constate que : « Bien que la nef, mais aussi la façade occidentale et les parties supérieures des murs gouttereaux, furent modifiés dans les années 1860, tout comme l'intérieur qui a subi une rénovation drastique en 1982, la physionomie générale du bâtiment roman a été préservée ».

L'église est basilicale, et son plan consiste en une nef unique et rectangulaire, une travée carrée sous clocher et une abside en hémicycle. Ce parti architectural est quasiment identique à celui de l'église de Dettey. La sacristie du côté nord est de construction moderne. L'ensemble de l'édifice, aussi bien à l'intérieur qu'à l'extérieur, est totalement couvert d'enduits, et cet aspect nous suggère l'état original tel qu'il était à l'époque romane. Cependant les blocs de grand appareil en granit des contreforts du chœur, de l'abside, et du clocher ne sont pas couverts d'enduits.

Les fenêtres actuelles de la nef sont dues à une restauration du XIXe siècle. Cependant la porte méridionale date du XVe siècle. Néanmoins, les fenêtres très étroites ouvrantes dans les parties hautes de la travée de chœur sont originales. L'extérieur de la travée sous clocher s'appuie sur de puissants contreforts, qui marquent la jonction avec l'abside comme dans le cas de Dettey. L'abside, dotée de trois fenêtres à l'état d'origine, est contrebutée par deux contreforts plus petits posés sur de courts piédestaux. La corniche est simplement chanfreinée et dépourvue de corbeaux.

Le clocher dont le plan est carré possède quasiment les mêmes dimensions que la travée droite sous le clocher. Le clocher est constitué d'un niveau de soubassement massif avec, de chaque côté, deux fenêtres en plein cintre. Le niveau supérieur est décoré de paires de baies géminées en plein cintre séparées par des colonnettes. Au niveau de la toiture, des corbeaux de forme pentagonale supportent une simple corniche.

À l'intérieur de la nef, l'espace était éclairé par d'étroites fenêtres à amples ébrasements internes. Selon Walter Berry, à l'origine, la nef était probablement charpentée comme cela était généralement le cas dans les églises de campagne. Il cite un document de 1706 disant qu'elle n'était « *ny voûtée ny lambrissée* ». La nef de Charbonnat n'est pas aussi décalée par rapport à

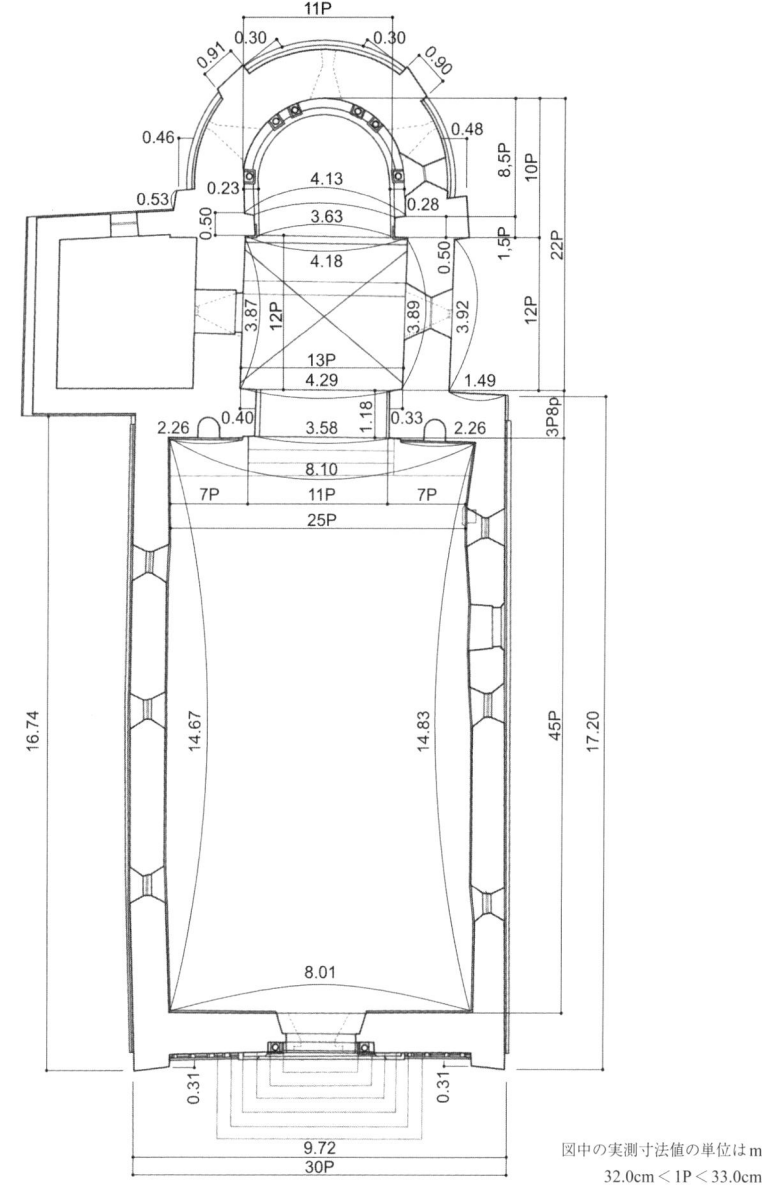

図中の実測寸法値の単位はm
32.0cm＜1P＜33.0cm

図7-1　教会堂平面図・実測値・寸法分析　　（作成　西田研究室）　99

l'axe du chœur que celle de Dettey.

La travée rectangulaire sous clocher est bien moins large que la nef. La voûte se présente comme une voûte d'arêtes, mais, selon Walter Berry, elle doit être considéré en réalité comme une voûte en berceau si pénétrée par les hautes fenêtres latérales qu'elle donne l'impression d'être en arêtes.

L'abside en hémicycle à cul-de-four comprend des arcatures aveugles disposées sur un mur bahut. Ce décor est comparable à celui de Dettey, mais avec ses colonnettes géminées l'abside de Charbonnat présente un décor intérieur plus élaboré.

Toujours selon Walter Berry, concernant la datation de la construction, le bâtiment jusqu'au niveau de la base du clocher peut dater de l'extrême fin du XIe siècle ou, plus probablement, des premières décennies du XIIe siècle.

[NISHIDA Masatsugu]

西南から見た教会堂外観
L'extérieur de l'église depuis le sud-ouest.

鐘塔下の交差ヴォールトが架かる矩形の内陣と奥のアプシス
Travée rectangulaire sous clocher et l'abside.

平面（縮尺：1 / 150）

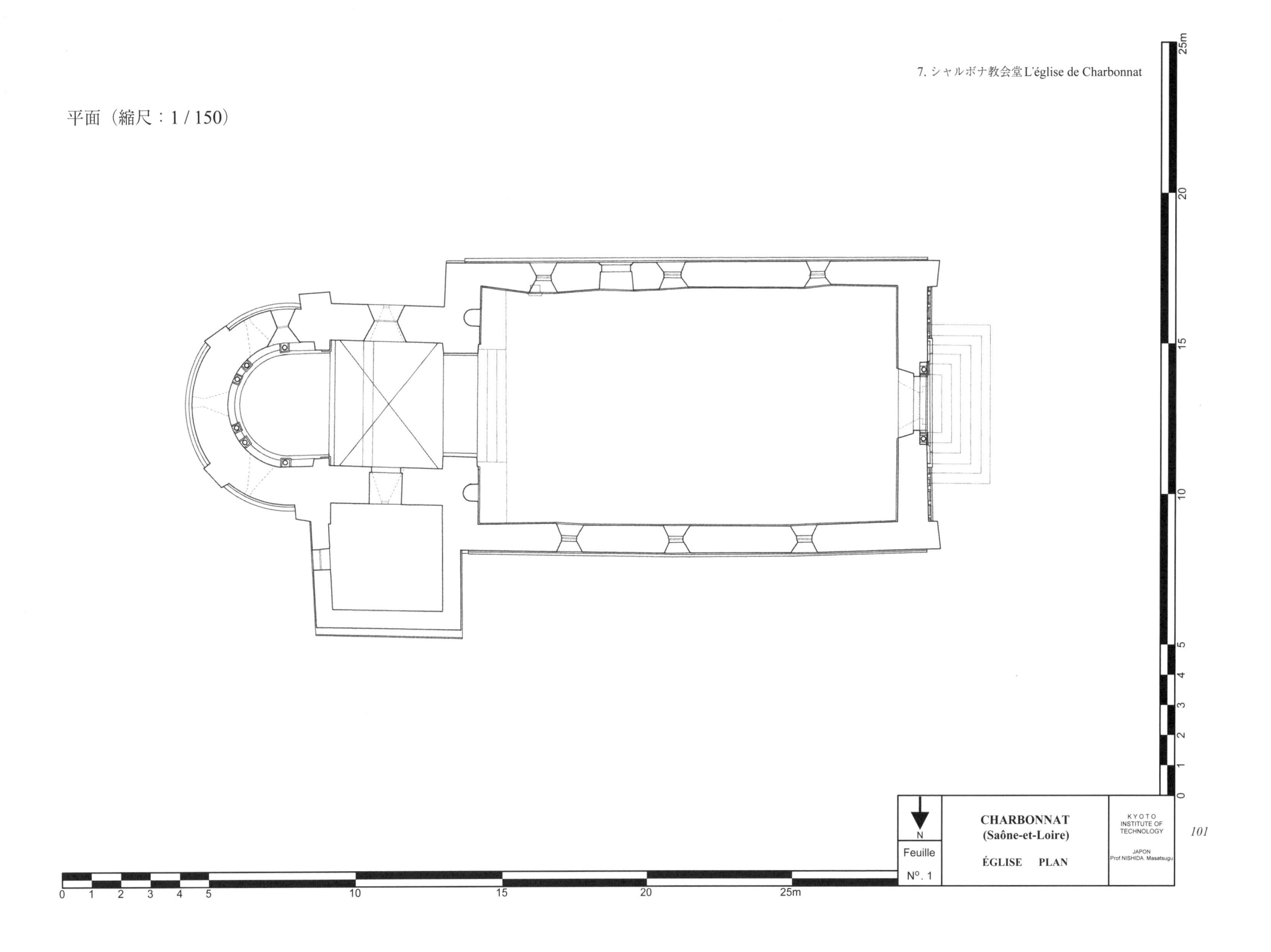

25m

20

15

10

5
4
3
2
1
0

N

Feuille

Nᵒ. 1

CHARBONNAT
(Saône-et-Loire)

ÉGLISE   PLAN

KYOTO
INSTITUTE OF
TECHNOLOGY

JAPON
Prof.NISHIDA. Masatsugu

0 1 2 3 4 5   10   15   20   25m

8. シャルリュー修道院教会堂前身廊
L'avant-nef de l'abbatiale de Charlieu

実測調査

2009年9月23〜24日

［調査メンバー］

西田雅嗣、榎並悠介、岡北一孝、蔵田優美、堀恵未香、増永恵、村岸真衣

実測図面

西田雅嗣、2011年1月31日

図面作成

原愛

Relevé

23-24 / 09 / 2009.

Masatsugu NISHIDA, Yusuke ENAMI, Megumi MASUNAGA, Ikko OKAKITA, Emika HORI, Yumi KURATA, Mai MURAGISHI.

Auteur du plan

Masatsugu NISHIDA, 31 / 01 / 2011.

Dessin

Ai HARA.

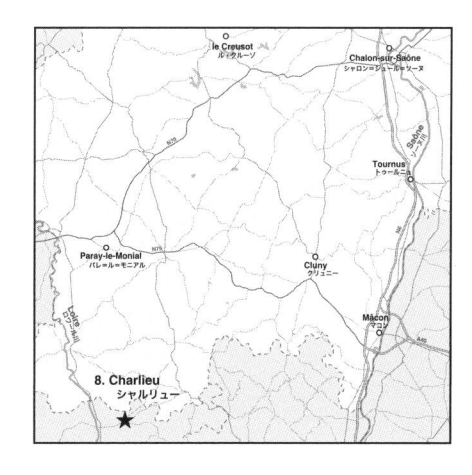

シャルリューのサン＝フォルトゥナ修道院は、ヴァランス司教ラトベールによって872年に創建された修道院である。932年にクリュニー修道院に帰属し、1040年には、クリュニー大修道院長オディロンの改革を受けてクリュニー修道院の支院となる。その後この修道院は1789年に廃絶され、1795年、フランス革命の最中には、修道院教会堂の大部分が破壊された。今日現存しているのは12世紀に建設された、教会堂の前身廊を形成するポーチと教会堂西側の第一ベイの部分だけである。このクリュニー修道院の威光を物語る地に遺された修道院の建物をヴィオレ＝ル＝デュクは12世紀のブルゴーニュ地方の建築の傑作と呼んだ。

1938年から1952年にかけて、クリュニー修道院本山の建築を発掘で明らかにしたケネス・ジョン・コナント門下のエリザベス・サンダーランドが実施した考古学調査が、クリュニーに直属する支院となって以降の教会堂に始まって、順次この同じ場所に再建されていったシャルリューの三つの異なる時期の教会堂の平面を明らかにした。9世紀のシャルリュー第一教会堂、10世紀のシャルリュー第二教会堂、11～12世紀に建設された建物でできたシャルリュー第三教会堂である。

シャルリュー第三教会堂は、近くの同じ南ブルゴーニュの地にあるアンズィ＝ル＝デュク修道院教会堂のそれによく似た平面を見せる。交差ヴォールトの架かる三廊式で四ベイからなる身廊部、両袖廊のそれぞれに、平面で見て階段状に配された二つの袖廊祭室を持ち、身廊部の幅よりも外に突出した交差廊、そして東西軸の東側の先端に祭室の付いた広いアプシス、その手前の矩形の内陣ベイ、といった平面である。このシャルリュー第三教会堂の教会堂本体で現存するのは、12世紀の初めに建設された西側の第一ベイだけである。この第一ベイ西側の入口の西面のタンパンには、二人の天使に囲まれた荘厳のキリストが彫刻されていて、楣石には使徒が彫られている。現存するタンパン彫刻の中でも古いものとして考えられている。この扉口もまたアンズィ＝ル＝デュク修道院教会堂のそれによく似た特徴を見せている。ウォルター・ベリーは、クリスチャン・サパンによる『ブルゴーニュ・ロマネスク』の中で、シャルリュー第三のタンパンと、やはり南ブルゴーニュにあるモン＝サン＝ヴァンサン教会堂のそれは同じ工房によるものであると、彫刻の様式的な類似から結論する。

シャルリューには、前身廊の建物が現在でも遺る。これは、教会堂の西正面を共有する半ば独立した長方形平面の四角い構造物で、教会堂の正面の幅幅一杯に建てられたポーチである。二階建てで、長さは一ベイ、幅方向に三つのベイが並び、全体に交差ヴォールトが架かる。外観も二層で、1150～75年頃建設の建築である。

このポーチの扉口は北側の面に設けられている。西側の隣に開く開口とともに非常に精緻で入念な彫刻装飾が施されている。タンパンには、二体の天使を伴った黙示録のキリストが現れる。この扉口の彫刻装飾は、12世紀後半のこの地方の芸術の特色をよく示すものとして常に取り上げられ、詳細な研究も多く行われてきた。この扉口の様式的な観察から、このタンパンを作った工房は、近くに建つサン＝ジュリアン＝ジョンズィー教区教会堂の有名なタンパンを製作した工房と同じであることが示唆されるという。そしてその同じ工房が、おそらくスミュール＝オン＝ブリオネのサン＝チレール教会堂で仕事をした工房に影響を与えたと言われる。

前身廊の建物に関しては、北面の扉口の装飾と異なり、詳細な研究がなされているとは言い難い状況であるが、ブルゴーニュ地方の12世紀の建築を考える上では重要な遺構であり、とりわけ、クリュニーの建築的風土のなかで、ブルゴーニュ地方において「ガリレ」と呼ばれる前身廊空間の役割を考える上では無視できない遺構である。クリスチャン・クルガーは「11世紀を通じて、「ガリレ」という名の意味を、復活したキリストとの出会いを祝福するために毎週日曜日に共同体の人々が集まるまさにその場所、つまり教会堂へと導かれる扉口の上に、荘厳の主の顕現を示す壁画やタンパン彫刻を設えることによって視覚化しようとし始める」といい、シャルリュー第三のポーチの中に見える教会堂の西扉口のタンパンの写真を例としてあげる。

前身廊の外観、北立面の東隅と西隅には上層までつながる控壁があり、北立面の左右が限界づけられる。西隅の控壁が切妻屋根の軒のところまで連続した一本の控壁として立ち上がるのに対して、東隅のそれは扉口の上のところに水平に走って北立面を上下の層に区分する小アーケード飾りのある蛇腹の少し上にまでしか登らず、その上は少しセットバックした、出の浅い控壁となる。そして、その出の浅い控壁の西横に接して、蛇腹の上のところに宙吊りになる形でもう一本、今度は先の控壁と同じ出のある控壁が付され切妻屋根の軒のところまで立ち上がる。北立面の上層中央には、内輪が格子状に彫刻された、両脇の小円柱の上に乗るアーキヴォルトで枠取られた半円アーチの窓が開く。ジャン・ヴィレイは、この全身廊北面の上部、控壁の上方と屋根は、1852～54年と1865年に新たに作り替えられたと指摘している。

前身廊の西側立面には、この建物の内部が南北に三つのベイに分割されている様子が現れている。地上階の中央部には半円アーチの乗った大型の二連開口が開く。上層では、短冊形の繰型で飾られた蛇腹装飾で上部を枠取られた半円アーチの比較的大型の窓が中央に開く。この中央部の左側には、軒のところまで一気に立ち上がる控壁が

つき、右側には内部に階段を収めた小塔が取り付く。前身廊の中央のベイの両側にある、建物の南北に位置する二つベイは、中央の身廊に対する側廊ともいうべきベイであるが、外部西立面ではやはり、両脇の二本の小円柱の上に乗る、短冊形の繰型装飾を持つアーキヴォルトで枠取られた半円アーチ窓で飾られている。この前身廊西立面の両脇部分の外壁面は、地上階と上層中央部の外壁面の位置よりも、上層と地上階を区分する蛇腹装飾の上のところで、幾分後退したところに位置している。

　前身廊上階内部の南北両側のベイには交差ヴォールトが架かるが、このヴォールトは厳密な意味で交差ヴォールトではない。迫高の異なる二本の尖頭トンネル・ヴォールトが貫通しあってできているヴォールトで、稜線が対角線にならず、対角線による四つの区画が天井面に形成されない。これに対して、上階の中央のベイと地上階の三つのベイに架かるヴォールトは、いずれも通常の交差ヴォールトである。上階の中央のベイのヴォールトの高さは、ジャン・ヴィレイによるなら、当初はおそらくもっと高かったとされる。四本のアーキヴォルトで縁取られた半円アーチの大きな開口が上階の中央のベイの東側に開く。この非常に豊かに装飾された窓は、柱頭彫刻のある小円柱の上に乗るアーケード飾りで両側を装飾される。エリザベス・サンダーランドは、この手の込んだこれらの装飾のゆえに、この上層中央の開口は、外から眺められることを意図して作られたものだとする。

　前身廊地上階の組積は、教会堂の西側第一ベイの現存部分のそれと一体のものとして出来ている。教会堂第一ベイの建設と同じ工事で前身廊が建設され、前身廊の建物は、シャルリュー第三教会堂の建設当初より計画されていたものと推察される。これに対して、この建物外観や内部に指摘した不規則性、さらには外観に見て取れる組積の違いを考えるとき、前身廊の上階に関しては、当初より計画されていたかどうかにはにわかには結論できない。

　寸法に関しては、1尺の長さが29.5cm程度を標準とするローマ尺が、現場で使われた基準尺度であると想定できそうである。このローマ尺のもとで、中央の身廊に相当するベイの芯々幅が27尺、側廊に相当する両側のベイの幅が14尺、内部空間の東西内法長さが25尺となる。中央のベイの矩形は従って27×25尺の長方形である。ケネス・ジョン・コナントが明らかにしたクリュニー第三教会堂の尺度がローマ尺であったことが想起される。

［西田雅嗣］

L'abbaye Saint-Fortunat de Charlieu fut fondée par l'évêque Ratbert de Valence en 872. Elle est rattachée à Cluny en 932 avant de devenir un prieuré en 1040, suite aux réformes de l'abbé Odilon. Le monastère est supprimé en 1789 et la plupart de l'église priorale fut détruite en 1795 pendant la Révolution. Il ne reste aujourd'hui que le porche formant l'avant-nef du XIIe siècle et les amorces de la première travée de la nef de l'église. Selon l'expression de Viollet-le-Duc, les bâtiments monastiques conservés dans ce prestigieux site clunisien sont les chefs-d'œuvre de l'architecture bourguignonne du XIIe siècle.

Les recherches archéologiques menées entre 1938 et 1952 par Elizabeth Sunderland, élève de Kenneth John Conant, ont révélé trois plans d'églises successifs sur le même site depuis la fondation de la première abbaye : Charlieu I pour l'église du IXe siècle, Charlieu II pour celle du Xe siècle et enfin Charlieu III constitué de bâtiments des XI-XIIe siècle. Ces constructions se sont suivies consécutivement, après que l'abbaye soit devenue un prieuré de Cluny.

L'église de Charlieu III présentait un plan très analogue à celui de la priorale d'Anzy-le-Duc dans la même région : une nef à quatre travées flanquée de bas-côtés couverte de voûte d'arêtes, un transept saillant doté à l'est de deux absidioles disposées en échelon, ainsi qu'une travée rectangulaire où le chœur est suivi d'une ample abside prolongée par une chapelle axiale. Ce qu'on conserve encore aujourd'hui de l'église de Charlieu III est la première travée de la nef construite au début du XIIe siècle. Le tympan du portail ouest de l'église, sculpté d'un Christ en majesté entouré de deux anges avec les apôtres représentés au linteau de cette porte, est considéré comme l'un des plus anciens tympan sculpté et conservé. Ce portail présente lui aussi des similitudes avec celui d'Anzy-le-Duc. Walter Berry affirme dans l'ouvrage dirigé par Christian Sapin *Bourgogne romane*, que le tympan de Charlieu III et celui de Mont-Saint-Vincent relèveraient d'une seule et même main, en raison des ressemblances de leur style.

L'avant-nef de Charlieu existe toujours à l'heure actuelle. Il s'agit d'un porche à la structure quasi indépendante et rectangulaire construite contre la façade occidentale de l'église, et occupant toute la largeur de la façade de celle-ci. Surmontée d'un étage, composée de trois nefs d'une travée chacune, avec deux niveaux d'élévation, et entièrement voûtée d'arêtes, elle fut construite lors du troisième quart du XIIe siècle.

Le portail de ce porche se trouve sur sa face nord. Avec une baie du côté ouest de la porte principale du portail, il est richement sculpté. Sur son tympan figure le Christ de l'Apocalypse accompagné de deux anges. C'est toujours ce décor sculpté du portail nord qui fait l'objet d'études sérieuses et détaillés et qui caractérise l'art du XIIe siècle de la région. Son observation stylistique nous amène à imaginer que l'atelier de Charlieu est celui qui a réalisé le tympan de l'église de Saint-Julien-de-Jonzy, et que c'est probablement ce même atelier qui aurait influencé les artistes travaillant à Saint-Hilaire de Semur-en-Brionnais.

Quant à la construction elle-même de cette avant-nef, moins étudiée que le décor du portail nord, elle offre pourtant un grand intérêt pour l'architecture du XIIᵉ siècle en Bourgogne, en particulier au regard de la formation de l'espace de l'avant-nef appelé la *Galilée* dans la région par rapport à la relation clunisienne. Kristian Krüger remarque que, « au cours du XIᵉ siècle, on eut l'idée de visualiser la signification du nom *galilée* par des peintures murales ou des tympans sculptés, montrant l'apparition du Seigneur en majesté au-dessus du portail menant à l'église, à l'endroit même où la communauté se rassemblait chaque dimanche pour célébrer la rencontre avec le Christ ressuscité »(Külger 2002). Il l'exemplifie par la photo du tympan du portail occidental de l'abbatiale du porche de Charlieu III.

À l'extérieur, le mur latéral nord est limité à droite et à gauche par deux contreforts montés. Tandis que celui délimitant le côté ouest de cette face monte d'un seul jet jusqu'à la naissance des rampants du pignon, celui de l'extrémité est n'atteint que le niveau légèrement plus haut que l'arcature et la corniche du dessus du portail, qui divise la façade en deux niveaux. L'angle nord-est de l'étage de l'avant-nef possède un autre contrefort suspendu, adjacent à celui du niveau inférieur. Au milieu de la façade nord perce une fenêtre en plein cintre encadrée par une archivolte dont l'intrados est sculpté en damier et repose sur deux colonnettes. Jean Virey remarque que la partie supérieure de ce mur nord de l'avant-nef, le haut des contreforts et la toiture ont été refaits à neuf en 1852-54 et 1865.

La face occidentale de l'avant-nef présente une division intérieure en trois nefs. Au rez-de-chaussée, la partie centrale se constitue de deux grandes baies en plein cintre géminées. Au niveau supérieur se trouve une grande baie en plein cintre encadrée en partie haute par un cordon de billette. Cette partie centrale est limitée latéralement, à gauche par un contrefort qui monte d'un seul jet jusqu'à la corniche située au-dessous de l'extrémité du toit de l'étage, et à droite par la tourelle contenant l'escalier. Les deux parties latérales de la façade occidentale qui correspondent aux bas-côtés sont chacune ornées à l'étage, par une fenêtre en plein cintre encadrée par une archivolte décorée de billettes reposant sur deux colonnettes. La surface extérieure du mur de ces deux parties latérales de l'étage est légèrement reculée sur la corniche qui délimite l'étage par rapport à niveau du rez-de-chaussée.

Les deux travées latérales à l'intérieur de l'étage de l'avant-nef sont couvertes d'une voûte d'arêtes, mais il s'agit plus précisément, de la croisée des voûtes en berceau brisé qui n'est que la rencontre de deux grandes voûtes et non une voûte particulière limitée aux quartiers, tandis que la voûte de la travée du milieu est couverte par une voûte d'arêtes au sens strict. Les trois travées du rez-de-chaussée sont toutes couvertes par une voûte d'arêtes normale. À l'étage, la voûte de la nef principale est aussi une voûte d'arêtes, et qui devait être, selon Jean Virey, sans doute plus élevée. Une grande fenêtre en plein cintre encadrée par quatre archivoltes s'ouvre dans le mur est de l'étage de l'avant nef. De chaque côté de cette grande baie richement décorée, une arcade en plein cintre repose sur des colonnettes. Elizabeth Sunderland, remarque que cette

grande fenêtre dotée de riche décoration était évidemment faite pour être vue depuis l'extérieur en raison de ses décors fort élaborés.

La maçonnerie du rez-de-chaussée de l'avant-nef est entremêlée avec celle de la partie basse existante de la première travée de la nef de l'église. Ce fait nous amène à penser que l'avant-nef était conçue dès l'origine et construite durant la même campagne que la première travée de l'église. En revanche, pour l'étage de l'avant-nef, il n'est pas certain que l'étage fût prévu au commencement de la construction de l'avant-nef, comme les quelques irrégularités que nous avons pu remarquer à l'extérieur et à l'intérieur de cette construction, ainsi que la maçonnerie différente de cette partie peuvent nous le suggérer.

L'analyse métrologique de l'avant-nef de l'abbaye de Charlieu nous présente l'utilisation du pied romain de 29,5cm environ, comme une possible unité de mesure de chantier. Avec ce pied romain : 27 pieds pour la largeur entre axes de la nef principale, 14 pieds pour la largeur de bas-côté, 25 pieds pour longueur est-ouest de l'intérieur de l'œuvre. Le rectangle de la travée principale est donc 27 x 25 pieds romain. Il faudrait également noter que le pied romain est l'unité de mesure utilisée pour la grande abbatiale de Cluny III, mesure attestée par Kenneth John Conant.

[NISHIDA Masatsugu]

北西から見た前身廊外観
L'ensemble de l'avant-nef depuis le nord-ouest.

前身廊二階、北東を見る
L'intérieur de l'étage de l'avant-nef, vu vers le nord-ouest.

前身廊東面
Le côté est de l'avant-nef.

修道院教会堂前身廊　平面（縮尺：1 / 200）

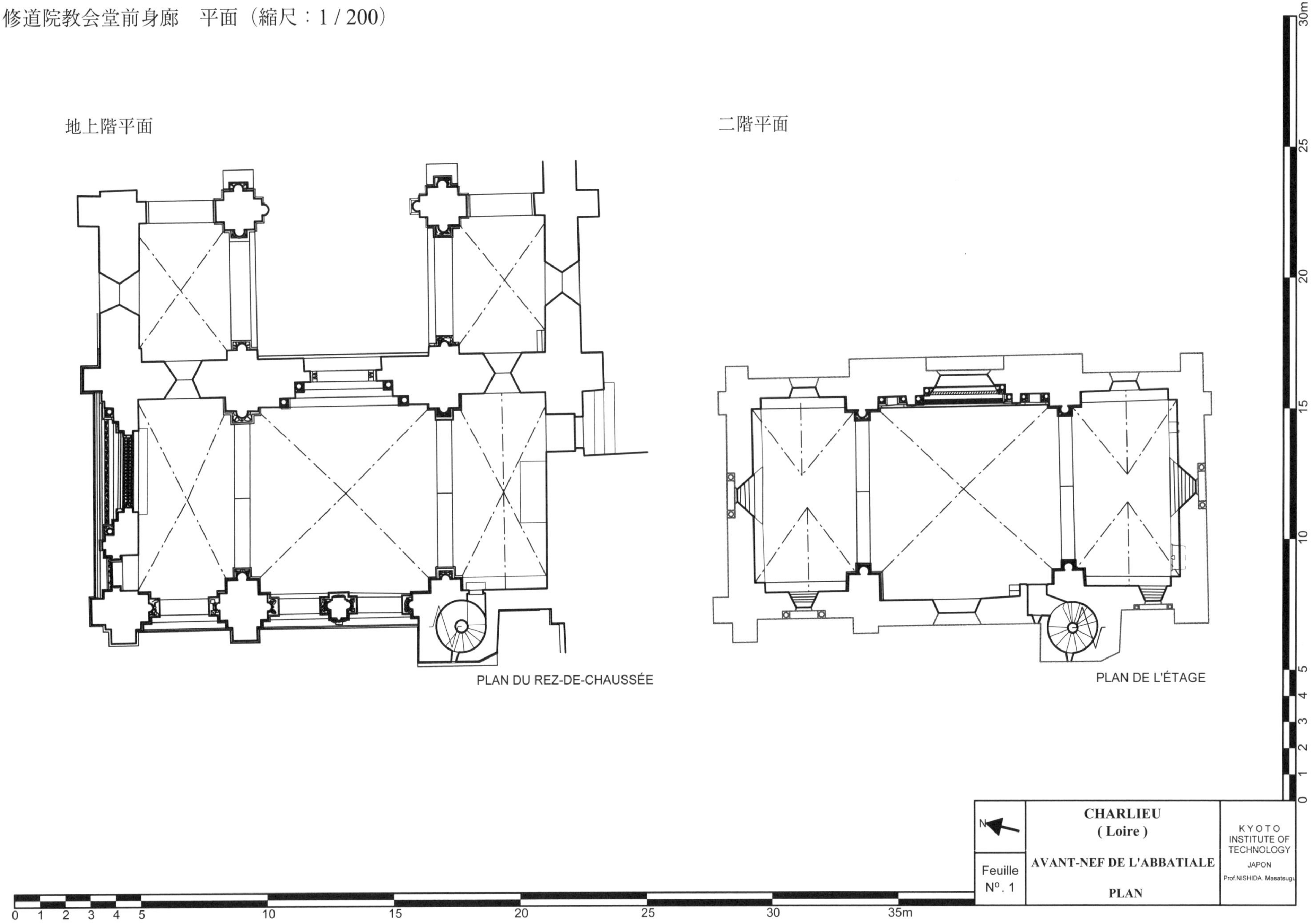

地上階平面

二階平面

PLAN DU REZ-DE-CHAUSSÉE

PLAN DE L'ÉTAGE

30m

25

20

15

10

5
4
3
2
1
0

N

CHARLIEU
(Loire)

Feuille
Nº. 1

AVANT-NEF DE L'ABBATIALE

PLAN

KYOTO
INSTITUTE OF
TECHNOLOGY
JAPON
Prof.NISHIDA. Masatsugu

0 1 2 3 4 5　　　10　　　15　　　20　　　25　　　30　　　35m

9. クレ教会堂
L'église de Cray

実測調査

2009年9月21日

［調査メンバー］

西田雅嗣、榎並悠介、岡北一孝、蔵田優美、堀恵未香、増永恵、村岸真衣

実測図面

西田雅嗣、2010年

図面作成

増永恵

Relevé

21 / 09 / 2009.

Masatsugu NISHIDA, Yusuke ENAMI, Megumi MASUNAGA, Ikko OKAKITA, Emika HORI, Yumi KURATA, Mai MURAGISHI.

Auteur du plan

Masatsugu NISHIDA, 2010.

Dessin

Megumi MASUNAGA.

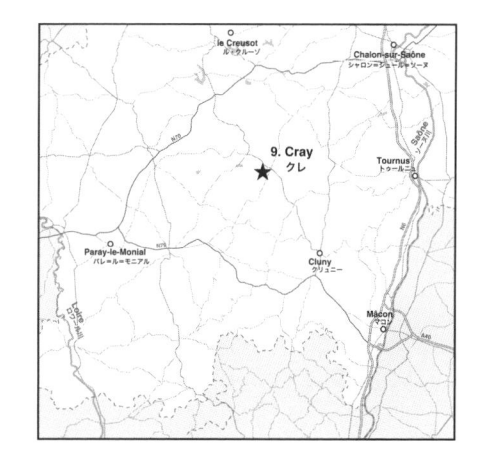

古文書は、10世紀末か11世紀初めにマコン司教区に所属することになったクレに教会堂が存在していたことを証言しているが、その建物が、今日我々が目にしているものであるかどうかは不明である。

教会堂は、尖頭トンネル・ヴォールトが架かり、二本の横断アーチで補強される単身廊から成り、鐘塔をその上に乗せる短い矩形の内陣が身廊に続き、東側は、半ドームの架かる半円形平面のアプシスで終わる。平面は、ウジの教会堂とほとんど同一であるが、特にそのプロポーションが全く異なる鐘塔のため、建物の全体的な印象はウジとは非常に異なる。ジャン・ヴィレイは、この非常に均質なクレの建物は、後世の改変を被ってはおらず、クリュニーの影響の痕跡も見せていないと言う。

身廊の内部は、角形の断面のドスレに支えられる尖頭になった二本の横断アーチで形成されるベイ二つから出来ている。内部の空間は西正面の大きな入口の上に開く窓一つと、身廊の南壁の各梁間の中央に開く三つの窓からの光で照らされる。身廊の北壁は無窓である。交差廊は持たない。上部に鐘塔を乗せる矩形の内陣と身廊との間には尖頭アーチになったアーケードが開く。この鐘塔下の矩形の内陣は、南側に一つしか窓を持たず、身廊ヴォールトよりも低い尖頭トンネル・ヴォールトを架け、南北の両脇の壁に半円アーチを設けて控壁の役割を負わせている。アプシスの内部は、非常に深い隅切りを持った三つの窓から採光している。

外部は、左右に控壁で縁取られた簡素な西正面が質素な装飾を見せている。高窓の下、入口扉の周りに、壁から突出する四角いパネルには、左右に垂直の帯状の部分があり、上部で、八つの小アーチを持つアーケード装飾に繋がっている。外側のアーキヴォルトは二本の小円柱の上に乗っている。

北側の外観には窓はなく、反対に、南側では、比較的出の浅い各控壁の間の中央に窓が一つずつ開く。南側の中央の柱間には、尖頭アーチになった開口の出入口がある。

どっしりとした鐘塔は、アプシスと身廊との間の矩形の梁間の上に立ち上がり、正方形平面のその塔の外観の装飾は三層になっている。下層は無窓の基部であり、第二層は各面の中央にロンバルド帯のアーケード装飾が施される。上層は半円アーチの二連の大きな開口部で飾られる。頂部は、背の低い四角錐で終わる。

非常にマッシヴな建物であり、身廊の側壁の厚みは1m30cmから1m50cmと、並外れて厚い。このことは身廊のヴォールト架構が、この部分の建設の開始時から想定されていたことを示している。

ジャン・ヴィレイのいうように、ここにクリュニーの影響がないとするなら、クレの教会堂は12世紀半ばの単身廊小規模教会堂の極めて興味深いモデルを見せている事になる。

［西田雅嗣］

Les documents anciens témoignent de l'existence d'une église à Cray, qui appartenait au diocèse de Mâcon dès la fin du Xe siècle ou le début du XIe siècle. Cependant rien ne nous permet d'affirmer qu'il s'agit de celle que nous voyons aujourd'hui.

L'église se compose d'une nef unique voûtée en berceau brisé et renforcée par deux doubleaux, précédée par une courte travée droite surmontée d'un clocher, et se termine à l'est par une abside en hémicycle voûtée en cul-de-four. Le plan horizontal est quasiment identique à celui d'Ougy, mais l'ensemble de l'édifice, avec son clocher dont les proportions sont très différentes, présente un caractère architectural très éloigné. Selon Jean Virey, ce bâtiment très homogène de Cray n'a pas subi de remaniements et ne porte pas la marque de l'influence clunisienne.

À l'intérieur, la nef est constituée de trois travées faites par deux doubleaux en cintre brisé, portés sur des dosserets rectangulaires. L'espace est éclairé par une fenêtre ouverte au-dessus de la grande porte de la façade ouest, ainsi que par les trois fenêtres percées dans le mur sud au milieu de chaque travée de la nef. Le mur nord ne comporte pas de fenêtre. La nef n'est pas suivie d'un transept. La travée droite sous le clocher ouvre sur la nef par une arcade en cintre brisé. La travée droite du chœur sur laquelle s'élève le clocher est éclairée par une seule fenêtre au milieu, et est voûtée par un berceau brisé plus bas que la voûte de la nef. Cette partie droite est, latéralement, épaulée par deux arcs en plein cintre qui le contrebutent. L'espace intérieur de l'abside est éclairé seulement par deux fenêtres anciennes profondément ébrasées.

À l'extérieur, une façade sobre encadrée à droite et à gauche par deux contreforts présente une décoration modeste : sous la fenêtre haute et autour de la porte un panneau rectangulaire en saillie sur le mur comporte à droite et à gauche deux bandes verticales reliées en haut par une arcature horizontale de huit petits arcs. L'archivolte extérieure est portée sur deux colonnettes.

La façade nord ne compte pas de fenêtre, tandis que le côté sud est muni d'une fenêtre au milieu de chaque intervalle entre contreforts de saillie faible. Dans la deuxième travée de cette façade s'ouvre une porte dont la baie est amortie par un cintre brisé.

Le clocher trapu qui s'élève sur une travée entre l'abside et la nef, et dont le plan est carré se compose à l'extérieur d'un décor à trois niveaux. Le niveau inférieur est un soubassement aveugle. Le second niveau comporte sur chaque face au milieu un décor de bandes et d'arcatures lombardes. Le niveau supérieur est décoré par une grande baie géminée en plein cintre. Le clocher se termine par une pyramide courte et trapue.

Il s'agit d'une construction assez massive, l'épaisseur extraordinaire des murs latéraux de la nef faisant 1m 30 - 1m 50 environ, ce qui signifie que le voûtement de la nef était prévu dès le début de la construction de cette partie.

Si l'on admet la remarque de l'absence de l'influence clunisienne de Jean Virey, l'église de Cray nous fournit un modèle intéressant de petite église à nef unique au milieu du XIIe siècle.

[NISHIDA Masatsugu]

身廊、アプシス方向を見る
Nef vue vers l'abside.

南西から見た教会堂
L'église vue depuis le sud-ouest.

教会堂南側面
L'élévation méridionale de l'église.

身廊内部
L'intérieur de la nef vu vers l'entrée occidentale

9. クレ教会堂 L'église de Cray

平面（縮尺：1 / 100）

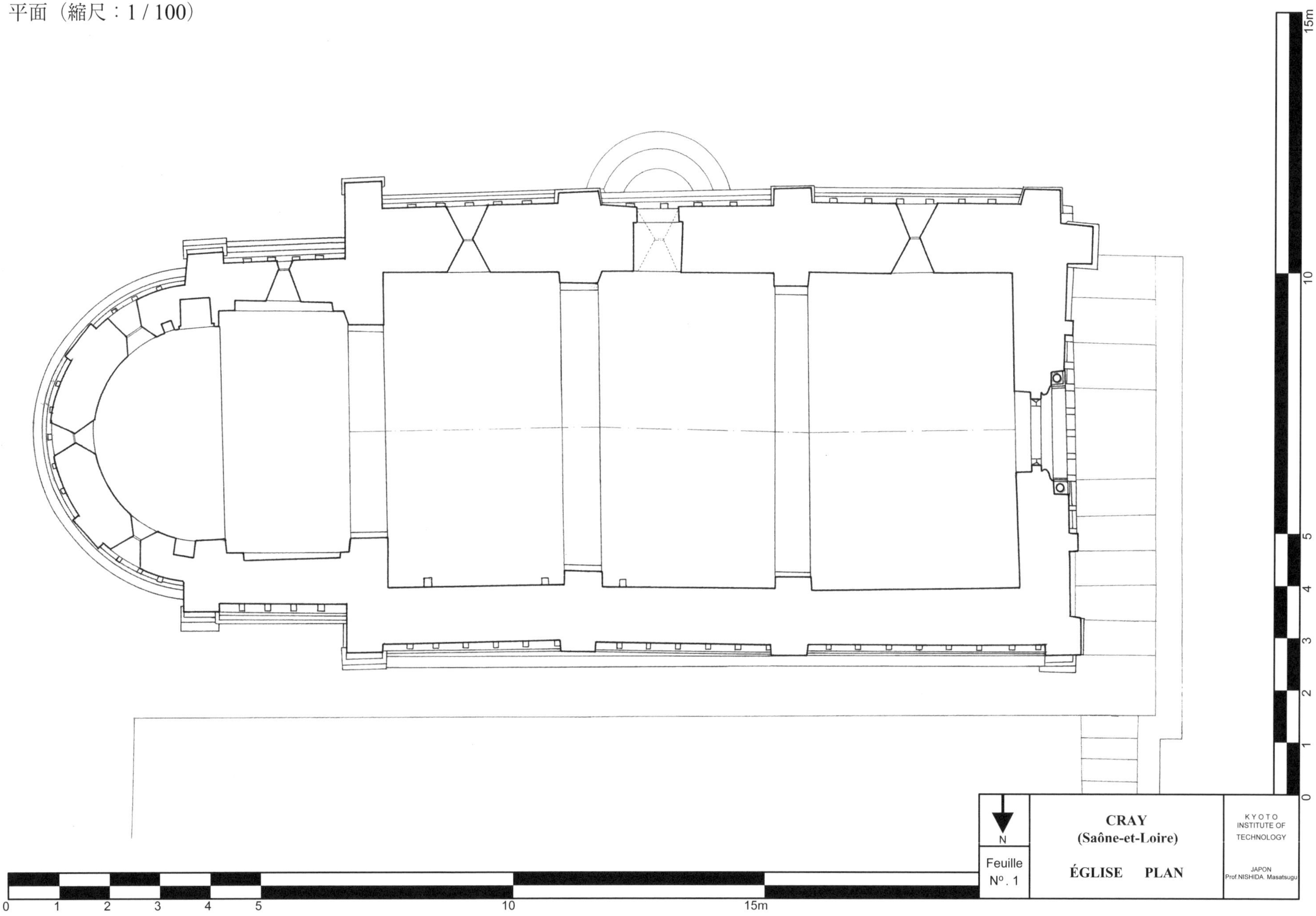

N

Feuille
N°. 1

CRAY
(Saône-et-Loire)

ÉGLISE   PLAN

KYOTO
INSTITUTE OF
TECHNOLOGY

JAPON
Prof.NISHIDA. Masatsugu

15m

10

5

4

3

2

1

0

0 1 2 3 4 5   10   15m

10. キュルティル＝ス＝ビュフィエール教会堂
L'église de Curtil-sous-Buffières

実測調査

2015年9月17〜23日

［調査メンバー］

西田雅嗣、岩田千穂、大來美咲、大野未華、加藤旭光、古賀顕士、硯稚芸、原愛、廣長晧介

実測図面

西田雅嗣、2016年8月29日

図面作成

古賀顕士

Relevé

17 – 23 / 09 / 2015

Masatsugu NISHIDA, Ai HARA, Kosuke HIRONAGA, Chiho IWATA, Asahi KATO, Kenji KOGA, Misaki OKI, Mika ONO, Chiki SUZURI.

Auteur du plan

Masatsugu NISHIDA, 29 / 08 / 2016.

Dessin

Kenji KOGA.

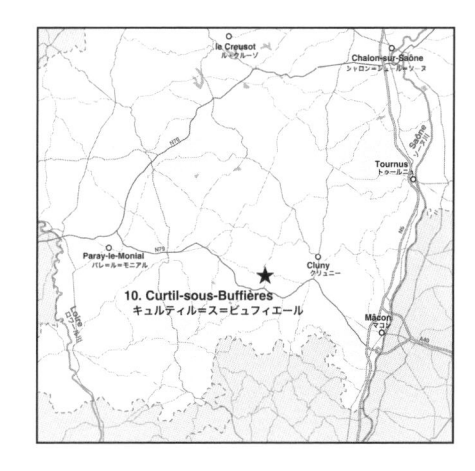

898年以来この地は古文書に確認される。教会堂はマコン司教の所管で、アルルの聖ジュネの庇護のもとに創建された。この聖人の祝日である8月25日には、20世紀の初めまで、病気に効くとされる、教会堂の北側にある泉のところに住民が大挙して押しかけていた。キリスト教の礼拝の場所を新たに設けることが、すでに存在していた土着の信仰に対していかなる形で対応したのか、興味深いことではあるが、考古学的遺物の証拠を欠くために結論を得ることはかなわない。

教会堂は簡素な建物であるが規則的な建築であり、全体がほぼ砂岩だけで建てられている（キュルティル＝ス＝ビュフィエールは村全体が概ね花崗岩地帯に位置しているが、砂岩の極めて厚い層が、教会堂のすぐ北側のローランドンの森の上方に認められる）。壁は、切り揃えられていない石のブロックをモルタルで積んだもので、構造的な部分（アーチ、控壁、隅石）は全て中程度の大きさの切石できちんと積まれて作られている。壁は非常に厚く、98cmから110cmの厚みがある。建物には、かなり大きな規模で損傷があったことを示す痕跡が残っている。身廊ヴォールトと南壁のかなりの部分の崩壊、アプシスの半ドームの崩落、そしておそらく鐘塔も崩落している。これら損傷の時期を正確にいうのは難しいが、おそらく最もあり得そうなのは宗教戦争の時のことであろう。再建、とりわけ南側のそれは17世紀のことと思われる。

入口の扉口の上には、二つの持送りで支えられた、隠しアーチで補強された水平の楣石が乗る。砂岩のブロックで出来た側柱には荒っぽく彫られた十字架がいくつか見られる。身廊には、もともと尖頭トンネル・ヴォールトが架かっていて、横断アーチで支えられていた。この横断アーチは身廊軒壁につく控壁で支持されていた。控壁は、北側の壁に一つだけ残存している。身廊軒壁の両側には、繰型の付いた持送りの上に降りてくる尖頭の大アーチを備える。北側の窓は、二段になった隅切りが施され、非常に丁寧に石積みがなされている。身廊の床レベルは、若干、おそらく60cm程度、当初より高くなっている。身廊とアプシスの間の矩形の内陣には尖頭トンネル・ヴォールトが架かる。そのアーチの外輪は鐘塔の中に見えている。このヴォールトは、小型の石灰岩のモエロン積みである。この矩形の内陣部分は四つの尖頭アーチに支えられるが、南と北の二つのアーチは、他の二つのアーチよりも低い。全てのアーチは、繰型のある持送りの上に乗っている。ヴォールトには、鐘塔に登るための小さな四角い穴が開けられている。半円形平面のアプシスは、内側に隅切りした三つの開口（南のそれは後世のもの）から採光される。アプシスは、矩形の内陣に隣接する控壁に支持されている。この控壁の始まるところは、アプシスの半円形壁面の軸上にある。

建物の大きさは、1尺が29.5cmのローマ尺で簡単に分析できる。すなわち、身廊は32尺×20尺、矩形内陣は18尺×16尺、アプシスは、奥行きが8尺で幅が14尺となる。

幅広の長方形平面の鐘塔の大部分は、切り揃えられていない砂岩のブロックでできている。鐘塔に開く窓の上層より上の部分には、反対に、石灰岩の小さなモエロンの層が認められる。そしてさらにその上には砂岩と石灰岩の混ざった部分が来る。この鐘塔ができてからどのくらい経っているかについては、手掛かりは全く見当たらない。しかしながら、窓の頂部のアーチの高さより下の部分の全てはロマネスクであると考えることができるであろう。何故ならば、この部分の組積は、身廊の北壁と非常によく似ていて、しかも鐘塔と身廊の間には全く切れ目を見出すことができないからである。

北側の身廊軒壁の外面は部分的に、何層かに重なった漆喰塗りで覆われている。非常に粗末な材料による漆喰塗りである。場所によっては、モエロンを繋ぎ止めているモルタルが直に見えている箇所がある。また、2cmほどの間隔で平行に引かれた二本の線で、何度か描かれた描き目地の痕跡を見て取ることもできる。そこに見られるのが当初のモルタルであると考えられる。

砂岩のモエロン積みの綺麗な組積と尖頭アーチから、比較的遅い時期の建設年代が想定される。概ね12世紀の前半の建築ではないかと思われる。

教会堂には、1980年に文化財登録された「民衆の」ピエタ像がある。

［アラン・ゲロー（西田雅嗣 訳）］

La localité est attestée depuis 898. L'église est placée sous le patronage de saint Genès d'Arles, et dépendait de l'évêque de Mâcon. Pour la fête du saint, le 25 aout, un grand concours de population se produisait (jusqu'au début du XXe siecle), lié à la source située au nord de l'église, dont l'eau passait pour avoir des propriétés curatives. On peut se demander dans quelle mesure l'implantation d'un lieu de culte chrétien ne répondait pas à la présence d'un culte antérieur. En l'absence de toute recherche archéologique, on ne peut pas conclure.

L'église est un bâtiment simple mais régulier, construit presque exclusivement en grès (Curtil-sous-Buffières est presque entièrement en zone granitique, mais une couche de grès assez épaisse se trouve à la partie supérieure du Laurendon, juste au nord de l'église). Les murs sont constitués de blocs non appareillés noyés dans le mortier, tous les éléments structuraux (arcs, contreforts, chaînages d'angle) sont faits de blocs de moyen appareil très bien dressés. Les murs sont très épais, entre 98 et 110 cm. Le bâtiment porte la trace d'une phase de ruine assez avancée : effondrement de la voûte de la nef et d'une grande partie du mur sud, effondrement du cul-de-four de l'abside, effondrement probable du haut du clocher. Il est difficile de préciser l'époque de cette ruine, la plus probable est celle des Guerres de Religion : la reconstruction, en particulier au sud, semble dater du XVIIᵉ siecle.

Le portail est surmonté d'un linteau droit, porté par deux consoles, et soulagé par un arc de décharge. Les piedroits en blocs de grès sont gravés de plusieurs croix rustiques. La nef était à l'origine voûtée en berceau brisé, celui-ci soutenu par un arc doubleau, lui-même étayé par des contreforts contre les murs gouttereaux ; seul subsiste celui du nord. De chaque côté, les murs sont munis de grandes arcades en cintre brisé reposant sur des consoles moulurées. Les fenêtres au nord sont à double ébrasement, très soigneusement appareillées. Le niveau de sol de la nef a été sensiblement remonté, peut-être de 60cm. La croisée est couverte d'une voûte en berceau brisé, dont on aperçoit l'extrados dans le clocher : cette voûte est faite de petits moellons calcaire. La croisée est portée par quatre arcs brisés, les deux arcs nord et sud moins hauts que les deux autres. Tous les arcs reposent sur des consoles moulurées. La voûte est percée d'un trou carré qui servait d'accès au clocher. L'abside hémicirculaire est eclairée par trois baies à ébrasement interieur (celle du sud reprise), elle est épaulée par deux contreforts contigus à la croisée, un début de contrefort se trouve dans l'axe.

Les dimensions s'interprêtent très aisément en pieds romains de 29,5 cm : nef de 20 sur 32 pieds, croisée de 16 sur 18, abside large de 14 et profonde de 8 ; clocher 14 x 18 (extérieur).

Le clocher barlong est pour l'essentiel constitué de blocs de grès non appareillés. Au-dessus du niveau du haut des fenêtres, on trouve au contraire des lits de petits moêllons calcaire, et ceux-ci sont surmontés d'une partie mixte, grès et calcaire. Il ne se voit aucun indice précis quant à l'âge de ce clocher. On peut cependant supposer que toute la partie inferieure, jusqu'à la hauteur des arcs qui terminent les fenêtres, est romane, car l'appareil est très semblable à celui du mur nord de la nef, et l'on ne décèle aucune cesure entre le clocher et la nef.

La face externe du gouttereau nord est partiellement recouverte de plusieurs couches d'enduits superposées, enduits faits de matériaux assez grossiers. A certains endroits, on voit directement le mortier qui lie les moellons, et l'on distingue bien à plusieurs reprises une trace de faux appareil constituée de deux traits incisés parallèles, distants d'environ deux centimètres. On peut supposer qu'il s'agit là du mortier d'origine.

Le bel appareil de moellons de grès et les arcs brisés incitent à considérer une date relativement tardive, en gros la seconde moitié du XIIᵉ siècle.

L'église est ornée d'une pietà 'populaire' du XVIᵉ siècle de belle qualité (IMH 1980).

[Alain GUERREAU]

教会堂外観、北西から見る
L'ensemble de l'église depuis le nord-ouest.

教会堂外観、南東から見る
L'ensemble de l'église depuis le sud-est.

教会堂外観、南西から見る
L'église depuis le sud-ouest.

教会堂外観、北東から見る
L'ensemble de l'église depuis le nord-est.

身廊、内陣方向を見る
Nef vue vers le chœur.

身廊、西側入口方向を見る
Nef vue vers l'entrée ouest.

身廊北立面
L'élévation septentrionale de la nef.

身廊南立面
L'élévation méridionale de la nef.

鐘塔内部
L'intérieur du clocher.

平面（縮尺：1 / 200）

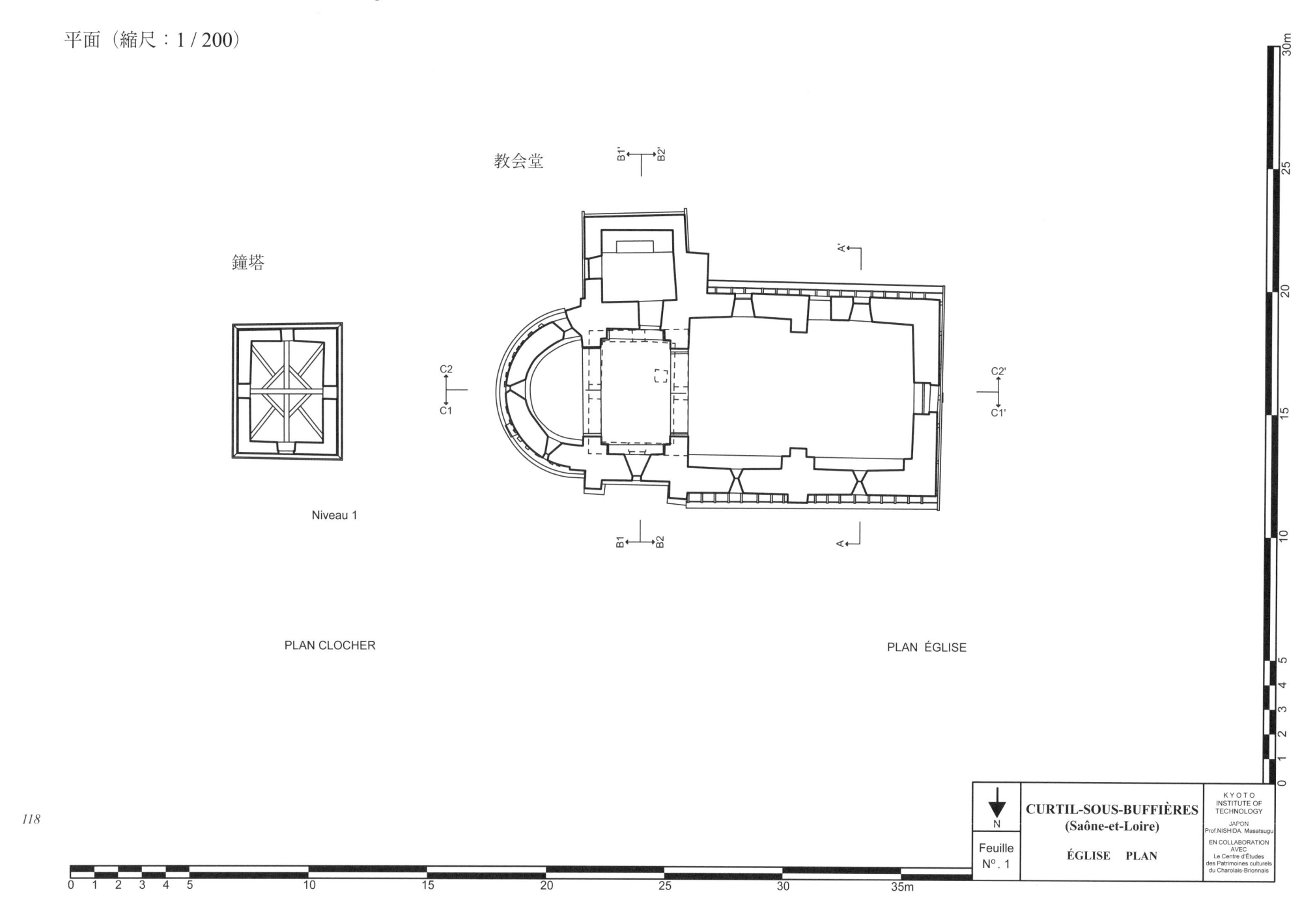

教会堂

鐘塔

Niveau 1

PLAN CLOCHER

PLAN ÉGLISE

N

Feuille
N°. 1

CURTIL-SOUS-BUFFIÈRES
(Saône-et-Loire)

ÉGLISE   PLAN

KYOTO
INSTITUTE OF
TECHNOLOGY
JAPON
Prof.NISHIDA. Masatsugu
EN COLLABORATION
AVEC
Le Centre d'Études
des Patrimoines culturels
du Charolais-Brionnais

0 1 2 3 4 5   10   15   20   25   30   35m

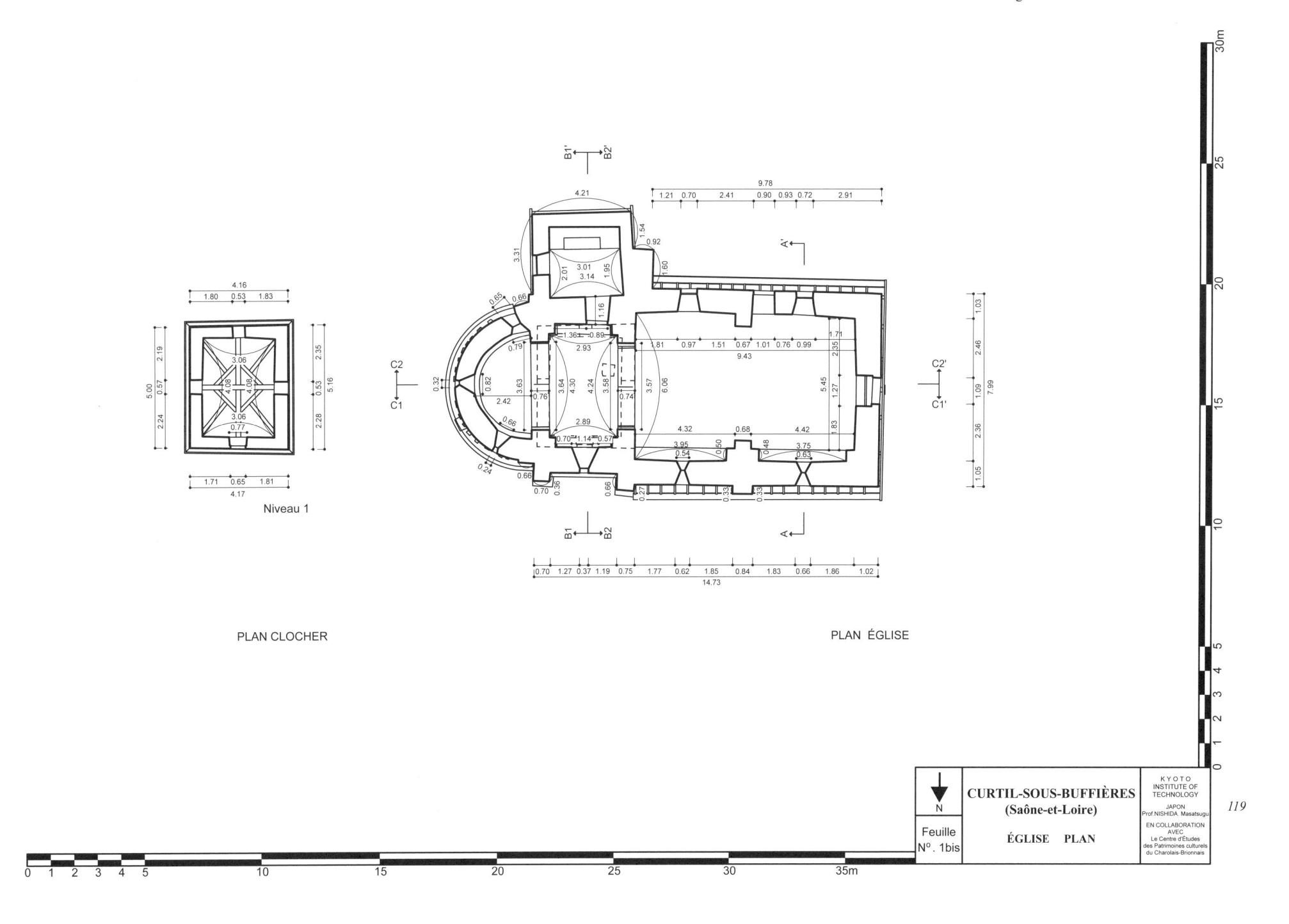

PLAN CLOCHER

Niveau 1

PLAN ÉGLISE

CURTIL-SOUS-BUFFIÈRES
(Saône-et-Loire)

Feuille
N°. 1bis

ÉGLISE   PLAN

KYOTO
INSTITUTE OF
TECHNOLOGY
JAPON
Prof.NISHIDA. Masatsugu

EN COLLABORATION
AVEC
Le Centre d'Études
des Patrimoines culturels
du Charolais-Brionnais

119

北立面／東立面（縮尺：1 / 200）

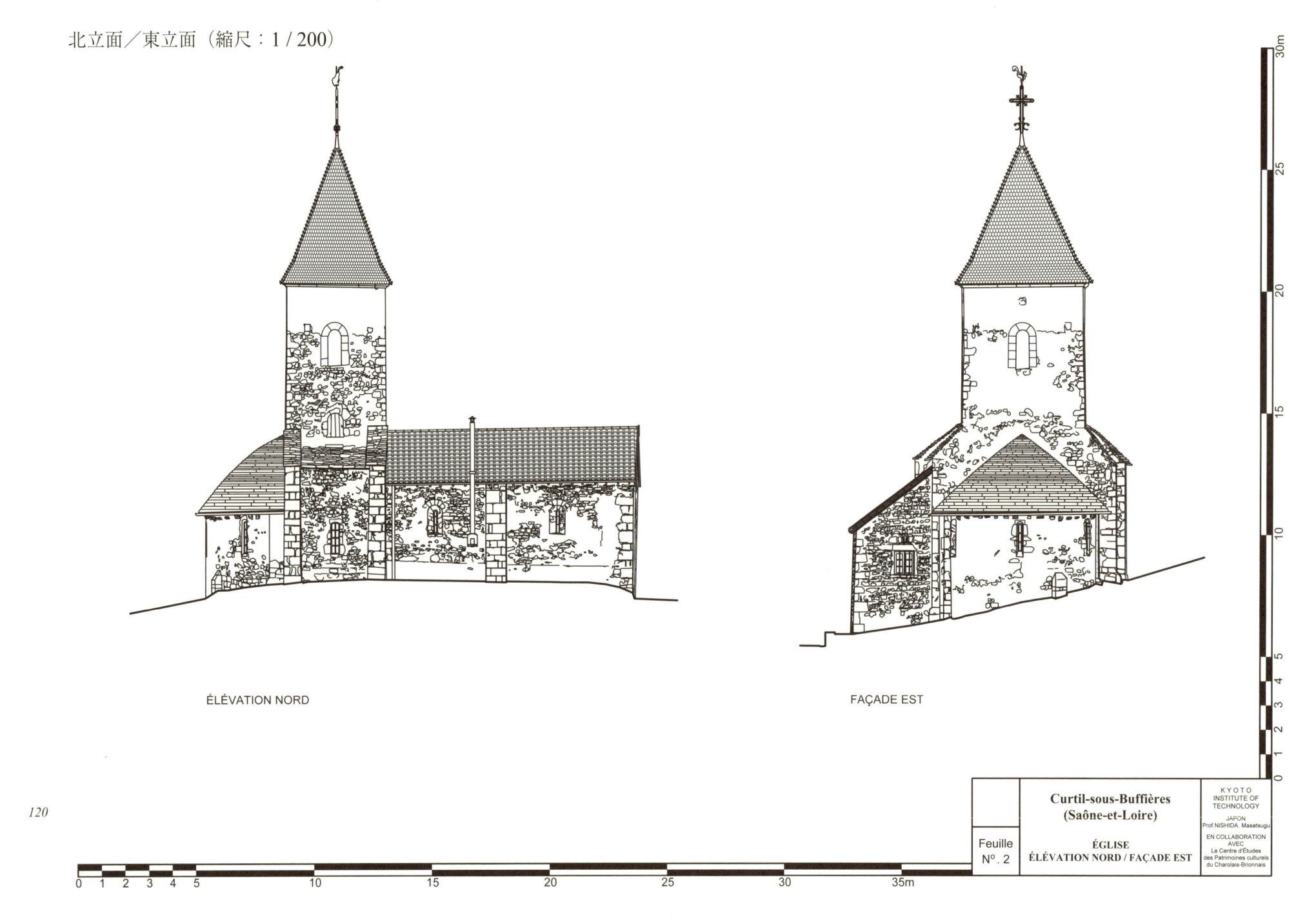

ÉLÉVATION NORD

FAÇADE EST

0 1 2 3 4 5 10 15 20 25 30 35m

	Curtil-sous-Buffières **(Saône-et-Loire)**	KYOTO INSTITUTE OF TECHNOLOGY JAPON Prof.NISHIDA. Masatsugu
Feuille Nᵒ. 2	ÉGLISE ÉLÉVATION NORD / FAÇADE EST	EN COLLABORATION AVEC Le Centre d'Études des Patrimoines culturels du Charolais-Brionnais

南立面／西正面（縮尺：1 / 200）

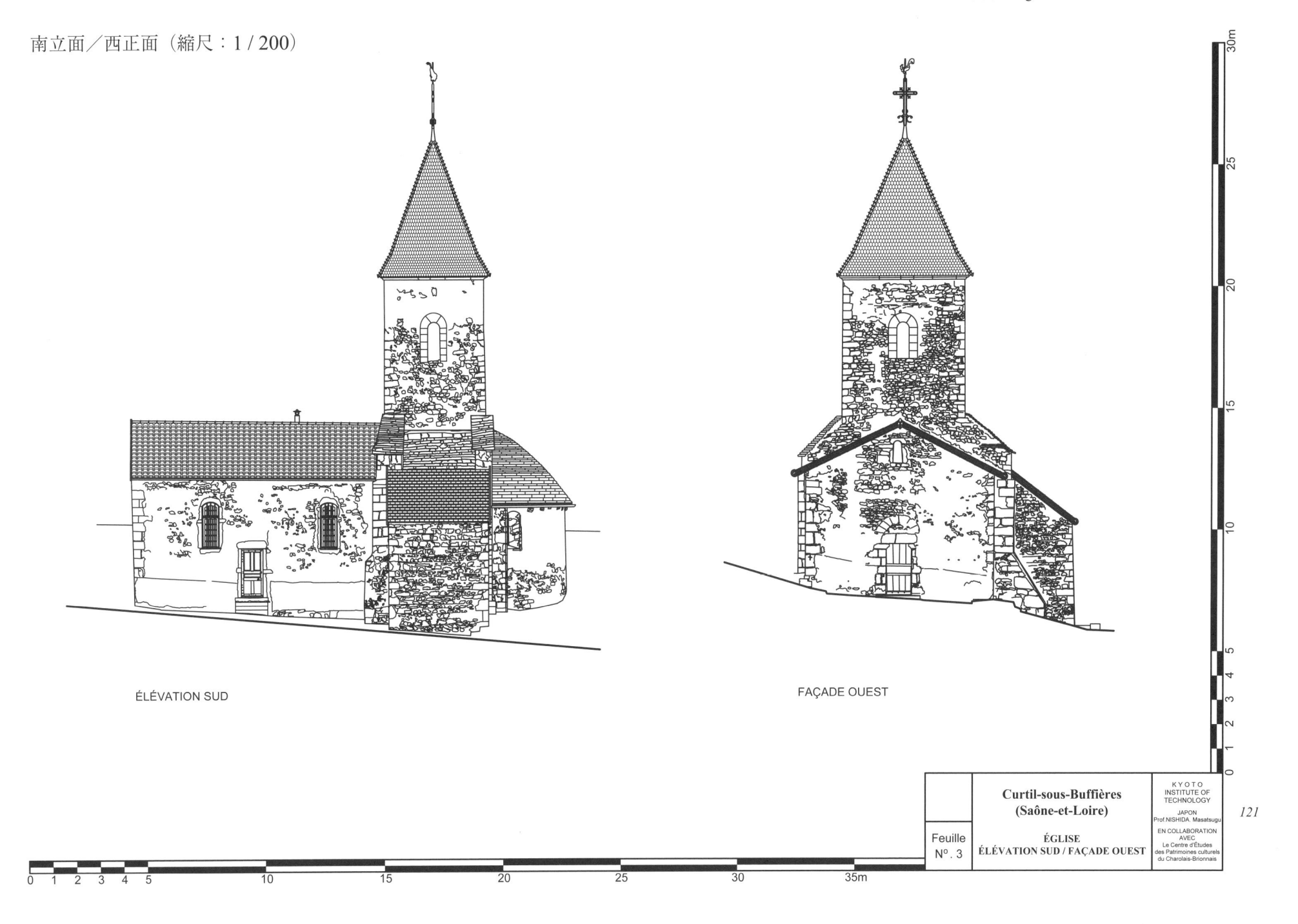

ÉLÉVATION SUD

FAÇADE OUEST

30m

25

20

15

10

5
4
3
2
1
0

121

	Curtil-sous-Buffières (Saône-et-Loire)	KYOTO INSTITUTE OF TECHNOLOGY JAPON Prof.NISHIDA. Masatsugu
Feuille N°. 3	ÉGLISE ÉLÉVATION SUD / FAÇADE OUEST	EN COLLABORATION AVEC Le Centre d'Études des Patrimoines culturels du Charolais-Brionnais

0 1 2 3 4 5   10   15   20   25   30   35m

横断面（縮尺：1 / 200）

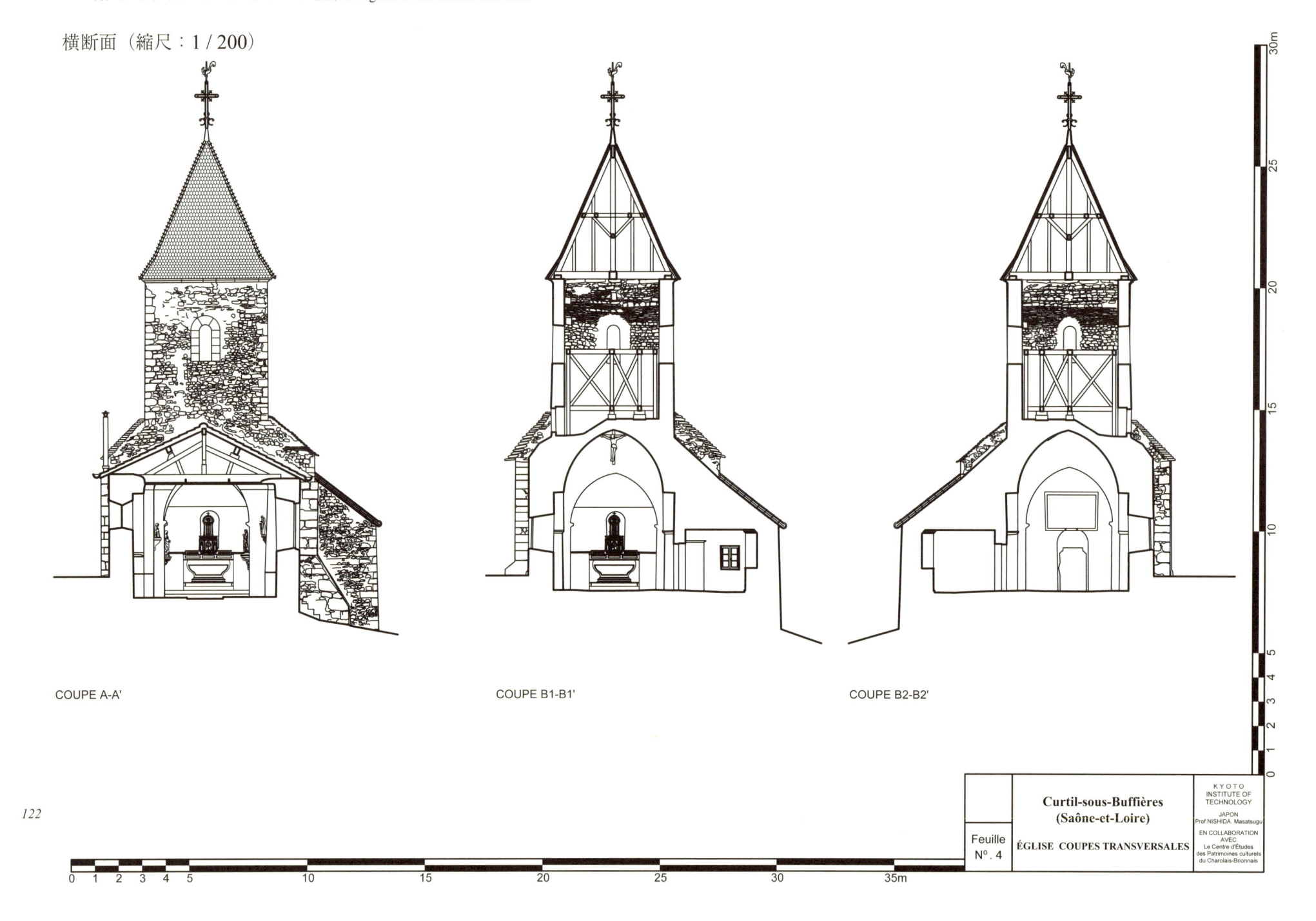

COUPE A-A'

COUPE B1-B1'

COUPE B2-B2'

Curtil-sous-Buffières
(Saône-et-Loire)

Feuille
N°. 4

ÉGLISE COUPES TRANSVERSALES

KYOTO
INSTITUTE OF
TECHNOLOGY

JAPON
Prof NISHIDA. Masatsugu

EN COLLABORATION
AVEC
Le Centre d'Études
des Patrimoines culturels
du Charolais-Brionnais

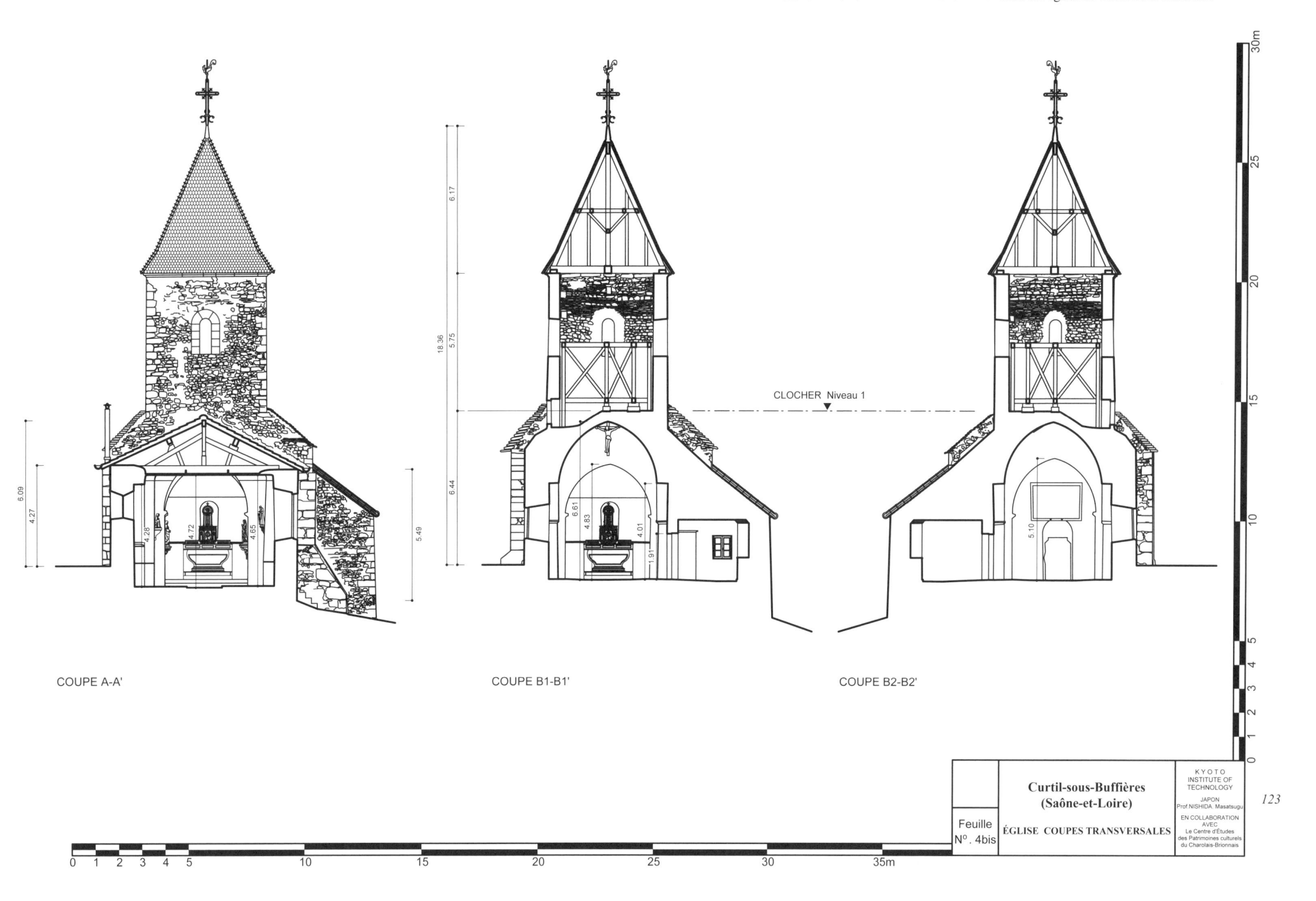

COUPE A-A'

COUPE B1-B1'

COUPE B2-B2'

CLOCHER Niveau 1

Curtil-sous-Buffières
(Saône-et-Loire)

ÉGLISE COUPES TRANSVERSALES

Feuille
N°. 4bis

KYOTO
INSTITUTE OF
TECHNOLOGY
JAPON
Prof.NISHIDA. Masatsugu
EN COLLABORATION
AVEC
Le Centre d'Études
des Patrimoines culturels
du Charolais-Brionnais

123

縦断面（縮尺：1 / 200）

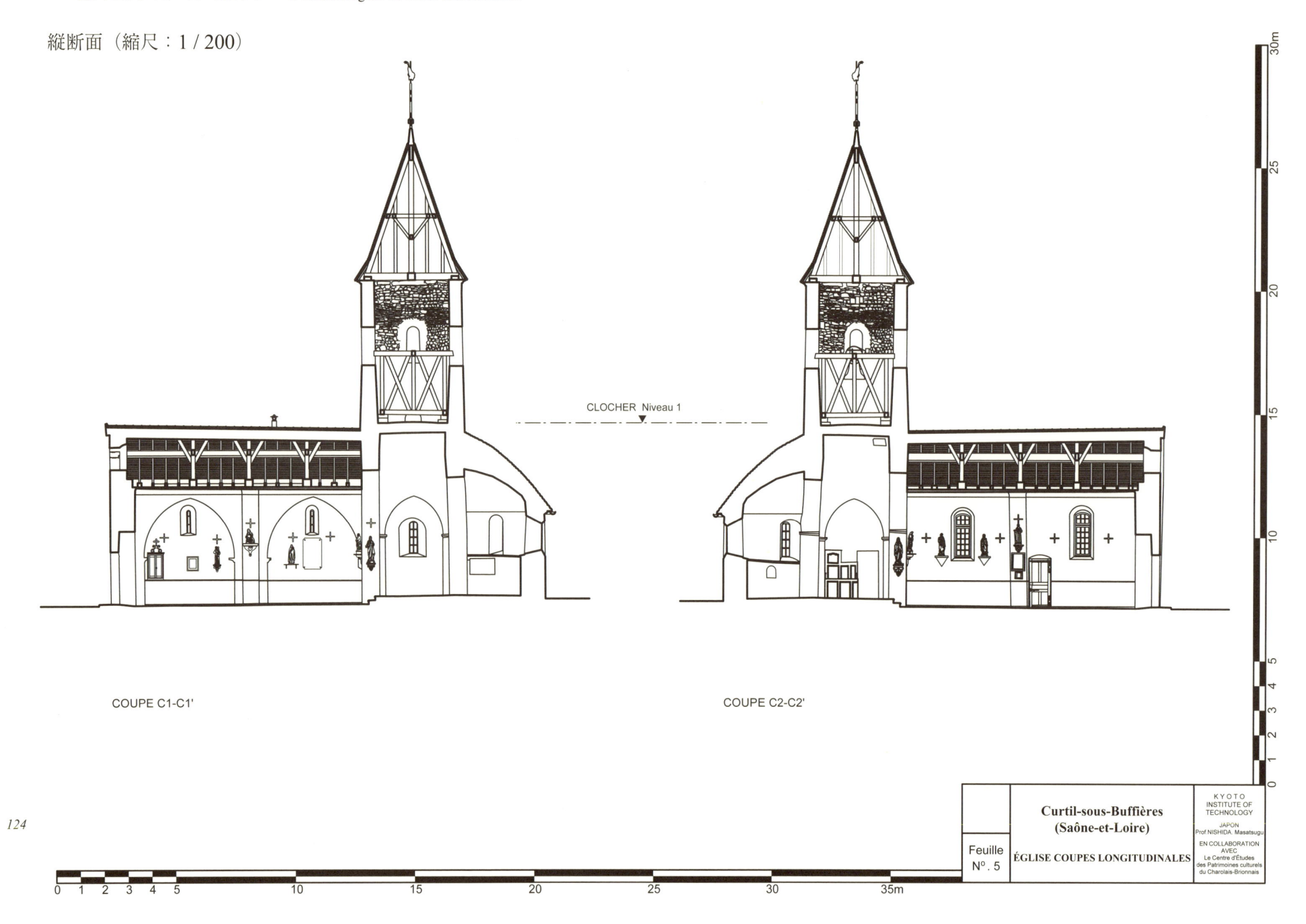

CLOCHER Niveau 1

COUPE C1-C1'

COUPE C2-C2'

	Curtil-sous-Buffières (Saône-et-Loire)	KYOTO INSTITUTE OF TECHNOLOGY
		JAPON Prof NISHIDA. Masatsugu
Feuille Nº. 5	ÉGLISE COUPES LONGITUDINALES	EN COLLABORATION AVEC Le Centre d'Études des Patrimoines culturels du Charolais-Brionnais

0 1 2 3 4 5   10   15   20   25   30   35m

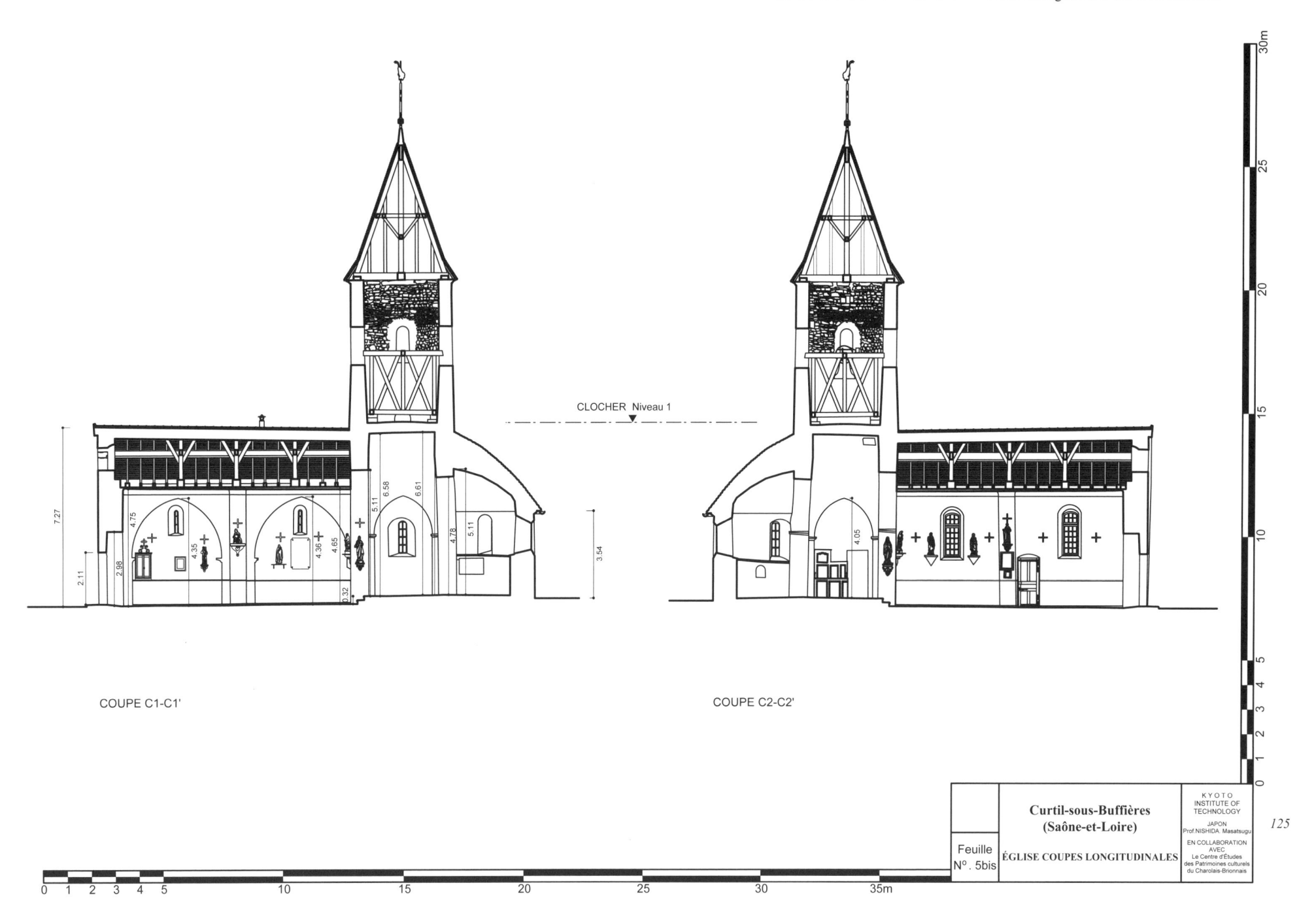

CLOCHER Niveau 1

COUPE C1-C1'

COUPE C2-C2'

	Curtil-sous-Buffières	K Y O T O
	(Saône-et-Loire)	INSTITUTE OF TECHNOLOGY
		JAPON
		Prof.NISHIDA. Masatsugu
		EN COLLABORATION
Feuille		AVEC
N°. 5bis	**ÉGLISE COUPES LONGITUDINALES**	Le Centre d'Études des Patrimoines culturels du Charolais-Brionnais

125

0 1 2 3 4 5   10   15   20   25   30   35m

11. ドゥテ教会堂
L'église de Dettey

実測調査

2008年10月1日

［調査メンバー］

西田雅嗣、榎並悠介、岡北一孝、奥野有加、熊谷透、田村仁美、春成美奈子、福島匠

実測図面

西田雅嗣、2009年7月13日

図面作成

増永恵

Relevé

01 / 10 / 2008.

Masatsugu NISHIDA, Yusuke ENAMI, Takumi FUKUSHIMA, Minako HARUNARI, Toru KUMAGAI, Ikko OKAKITA, Yuka OKUNO, Hitomi TAMURA.

Auteur du plan

Masatsugu NISHIDA, 13 / 07 / 2009.

Dessin

Megumi MASUNAGA.

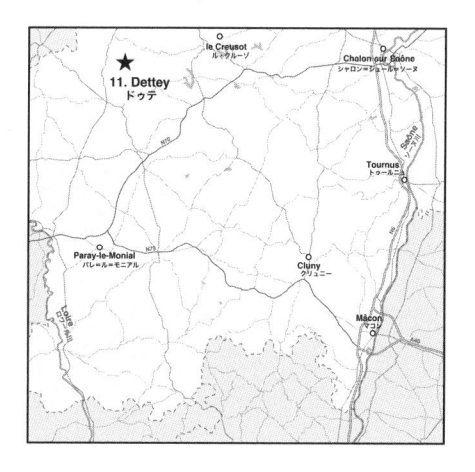

ドゥテの教会堂も、シャルボナやテゼなどの教会堂と同様、鐘塔を乗せる矩形の内陣にアプシスが付いた後陣部分に単身廊が続くだけの簡素な小規模教会堂である。南ブルゴーニュ地方ではロマネスクを通じて最も多く建設された最も普通の教会堂と言えるが、鐘塔も持たずアプシスと身廊だけからなる単身廊の形とは異なり、鐘塔を乗せる矩形のベイがアプシスと単身廊の間に入り、内陣を形成するところに特徴のある形式である。ブルゴーニュ地方のこうしたタイプの教会堂では、多くの場合のこの矩形内陣の上にはモニュメンタルな鐘塔が載り、特徴的な教会堂の外観を形づくる。この時代のブルゴーニュ・ロマネスクの基本的な建築のあり方であり、その簡単な平面構成は、ロマネスクの寸法構成やプロポーションの点から見ても、肝要な部分のみを見せながらロマネスクに通底する集合的心性や時代精神をそこに見せているものと考えられる。

オータンとパレ＝ル＝モニアルを結ぶほぼ中間の閑散とした小村に建つドゥテの教会堂は、11世紀にはオータン司教区に属する教区教会堂であったと考えられている。現在の建築は、やや扁平な四角錐屋根を持った鐘塔を乗せるほぼ正方形をした矩形の内陣と、その前の半円形平面のアプシス、そして後ろの単身廊という平面の上に建つ。アーケード装飾やロンバルド帯などの装飾が施されることの多い鐘塔にすらこれといった装飾を持たず、建物全体は無装飾で、極めて簡素な意匠を特徴とする建築である。鐘塔には二連アーチ開口が認められるが、中柱の柱頭には彫刻装飾もなく、幾何学的なブロック柱頭があるのみである。

鐘塔が乗る矩形の内陣は、一見正方形平面で、その上に交差ヴォールトが架かる。シャルボナと同様、鐘塔の平面は、その下の矩形の内陣の平面に一致し、内陣の矩形がそのまま上に伸びて鐘塔を形作る。本書が取り上げる他の単身廊小規模教会堂と異なる、シャルボナとこの教会堂の特徴で、鐘塔をアプシスと身廊が挟み込んだ形の建築である。アプシスには半ドームが架かる。アーチは、身廊に、15、16世紀に作られた大型の窓のアーチ上部が微妙に尖頭になっている他は、すべてが半円アーチである。身廊は単身廊で、石造の壁の上に木造の小屋組をかけ、羽目板張りの天井を持つ。もちろんこの天井は最近のものである。内外にわたって、出隅や控壁、アーチの迫石などの比較的大型の切石の箇所を除いては、全面に漆喰が塗られていて、当初のものではないが、ロマネスクの往時の姿を彷彿とさせてくれる外観となっている。アプシス内部は、半ドーム天井をのぞいて漆喰の上塗りはなく石肌が露出しているが、建造当初は上塗りが施されていたと考えられる。アプシス東端の曲面の内部の壁面は、半円アーケードで装飾され、開口部が設けられたアーケード幅は、無窓の箇所のものより大きくなっている。アプシス中央の窓は現在は埋まっているが、かつての痕跡が目視で判る。

管見の限りでは、詳細なモノグラフィー研究は未だなく、シャルボナと同様最近のものとしては、クリスチャン・サパンによる『ブルゴーニュ・ロマネスク』（2006年）の中のウォルター・ベリーの手になる記述がほとんど唯一の情報である。他には、R・ウルセルによる『オートゥノワ地方とブリオネ地方のロマネスク教会堂——クリュニーとその地方』（1956年）が短い建築記述を載せている。サパンの書にある平面図が確認できた唯一の平面図であるが、歪みや軸のずれは無視され、控壁の有無や大きさ、窓の位置などに現状との齟齬が多い。特に、単身廊部の軸は内陣部のそれからかなり大きくずれているが、サパンの書の図面に示されている軸のずれは、それほど大きくはなく、現状と著しく異なるものである。

平面の寸法値は、全体にばらつく。特に身廊の平面の歪みが大きく、身廊の矩形は、全体としてみれば長方形と言えるが、壁が平らではなく、かなり歪んだ形になっている。また、身廊の長軸が、内陣—アプシスの東西中心軸に対してかなり大きくずれるのが目につく。北側の身廊軒壁の長さが南側のそれよりも短い。一方、鐘塔の乗るベイの矩形は比較的正確な長方形である。シャルボナ教会堂のところでも述べたように、ドゥテ教会堂においてもまた、内陣と身廊の帰属や、その維持、管理の主体の違いが、施工の質の違いに現れていると考えられるかも知れない。

内陣周りの寸法構成について、1尺の長さに対して32.5cm 〜 33.3cmの幅を考えれば、1尺の長さが33.1cmのブルゴーニュ地方の古慣用尺の一つで、10尺、11尺、12尺、13尺という完数尺を用いて寸法のプログラムが計画されたと考えられる。身廊は、内法24×52尺あり、24尺＝12尺×2、52尺＝13尺×4で、12、13という数字に関係付けられる寸法が読み取れる。慎重に施工された重要な部位である鐘塔の乗る内陣の矩形のベイは12×13尺の矩形である。尺数10、12、13、24は、12世紀のラングルのチボーが著した『数象徴論』などでは、聖なる象徴的意味を持つ霊的な数としてあげられる数である。まるで二つの異なる建築であるかのような内陣部と身廊部のずれは寸法構成にも見て取れる。身廊と内陣の帰属が異なり、別々に管理されたかもしれない建築は、中世当時に人々にとっては、内陣・鐘塔という建築と、身廊という建築との二つの別の建築として理解されていたかも知れない。

［西田雅嗣］

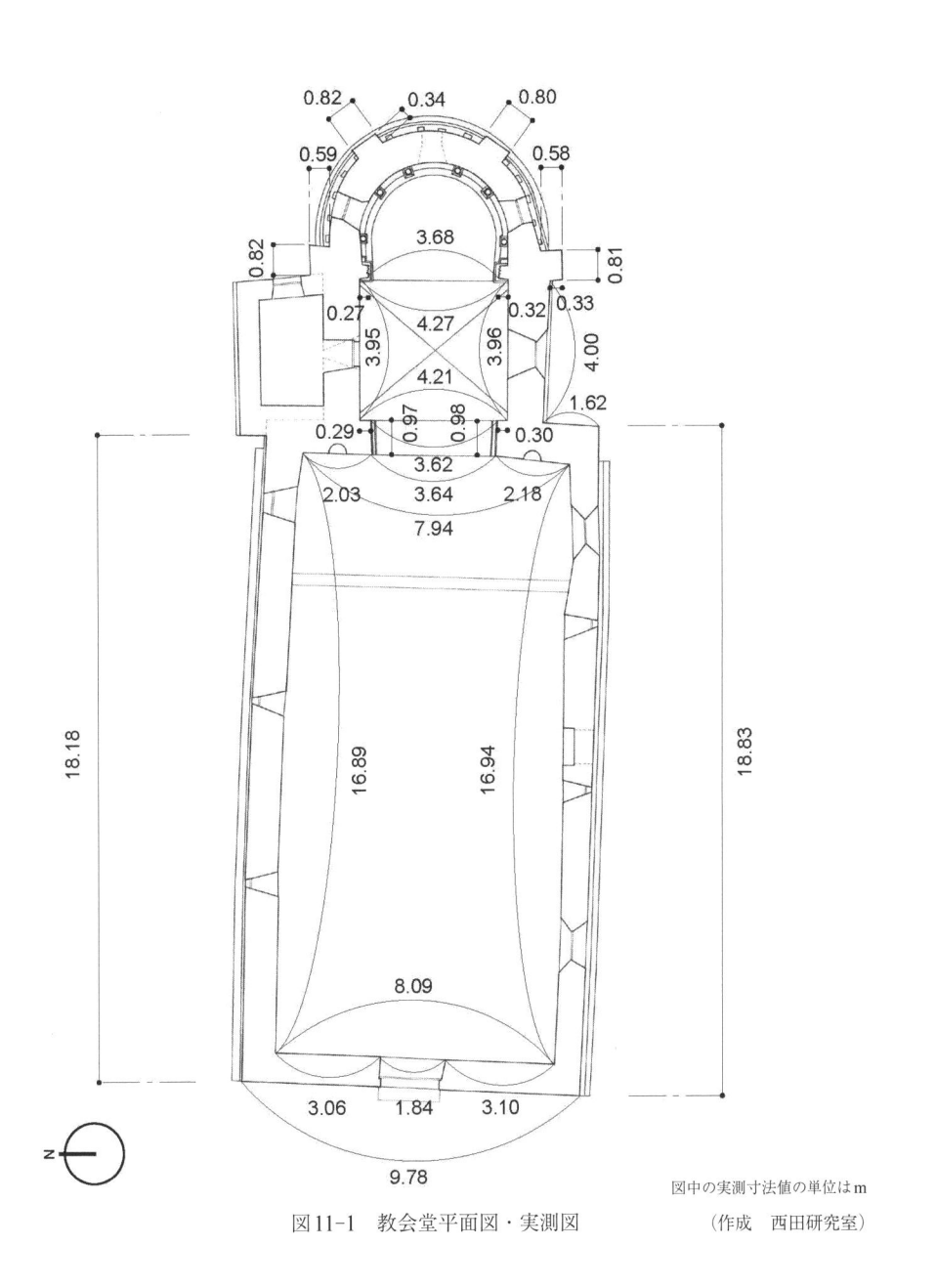

図11-1　教会堂平面図・実測図　　　　（作成　西田研究室）

図中の実測寸法値の単位はm

図11-2　教会堂平面図・寸法分析　　　　（作成　西田研究室）

32.5cm＜1P＜33.3cm

129

En dehors de Cluny, on peut constater qu'il existait plusieurs centres religieux et monumentaux à l'époque romane. Ils émergent en relation avec, par exemple, Autun, Beaune, Saulieu etc. et qui nous explique la création prolifique de la Bourgogne du Sud.

À vingt-cinq kilomètres au sud d'Autun, dans le hameau de Dettey, se trouve la petite église de Saint-Martin. Le nom de la paroisse de *Destayum* est déjà mentionnée dans un pouillé du XIe siècle du diocèse d'Autun. Donc l'église actuelle correspond probablement à la seconde église construite sur ce site.

La composition architecturale de l'église se borne aux éléments essentiels d'une église basilicale de l'époque romane. Elle consiste en une nef unique d'un rectangle allongé, une travée étroite sous clocher flanquée d'une petite sacristie au nord, et une abside en hémicycle. Elle a repris son statut d'église paroissiale en 1824. À l'état actuel, l'extérieur est presque entièrement enduit, mais il laisse partiellement apparaître l'appareil de grossiers moellons de granit local. Les contreforts de l'abside et du chœur, ainsi que les chaînes d'angle sont réalisé d'un grand appareil de granit jaune. Les corbeaux et la corniche à l'extérieur de l'abside, et l'arcature aveugle à l'intérieur forment les principaux éléments de décor de cette église extrêmement sobre.

L'extérieur de la nef est totalement dépouillé, et sa sobriété est extrêmement poussée dans la façade occidentale qui est extrêmement dépourvue de décor. Deux petites fenêtres originales subsistent sur les deux murs gouttereaux. Walter Berry remarque qu'elles comportent un linteau échancré monolithe et des montants en moyen et grand appareil, très courants dans les églises rurales de l'Autunois du XIe siècle, mais aussi du début du XIIe siècle.

L'extérieur de la travée rectangulaire sous clocher est également très dépouillé. Cette partie du chœur s'appuie sur de puissants contreforts à grand appareil, et qui marquent la jonction avec l'abside.

Le clocher dont le plan est rectangulaire, et qui possède quasiment la même dimension que de la travée droite qu'il surmonte, nous donne l'impression que, de l'extérieur, l'ensemble de l'édifice n'est constituée que de l'abside, du clocher et de la nef, qui sont les éléments fondamentaux pour la forme d'une église basilicale. Le clocher ne comporte qu'un seul étage. Il possède toutefois des ouvertures sur deux niveaux.

Quant à l'intérieur de la nef, dont le plafond plat actuel est de construction en bois, il est tout aussi dépouillé que l'extérieur. Au niveau du plan, on peut remarquer que la disposition de la nef est fortement désaxée par rapport à l'axe de l'alignement du chœur et de l'abside. À l'est de la nef, un arc en plein cintre porté par des pilastres à impostes marque l'entrée de la travée rectangulaire sous le clocher. Cette travée est couverte d'une voûte d'arêtes bombée.

Dans l'intérieur de l'abside, le mur courbe est munie d'une arcature aveugle décorée, constitué de cinq arcs en plein cintre, alternant en taille, portés par six colonnettes, et de deux demi-arcs s'appuyant contre les pilastres cannelés disposés à l'entrée de l'abside. Toutes ces colonnettes reposent sur un bahut mouluré. Les fenêtres d'origine devaient être placées au centre de chacun de ces trois arcs majeurs. L'abside est couverte d'un cul-de-four.

Au niveau du décor, le contraste entre la partie est (l'abside et la travée rectangulaire du chœur) et la partie ouest (la nef) du bâtiment est très frappant. Le décor très élaboré de l'intérieur de l'abside et le dépouillement de la nef modeste en sont le témoignage. En ce qui concerne la finesse d'exécution, elle aussi montre de grande différence entre les parties est et ouest ; la construction de la travée rectangulaire sous clocher est une partie exécutée avec la plus grande exactitude comme le résultat de l'enquête métrologique nous montre explicitement.

Selon Walter Berry, l'abside et la travée sous clocher peuvent dater probablement des deux premières décennies du XIIe siècle. Cependant, il est difficile de préciser la date de la nef au vu de son état actuel.

[NISHIDA Masatsugu]

東南から見た教会堂外観
L'ensemble de l'église depuis le sud-est.

西南から見た教会堂外観
L'extérieur de l'église depuis le sud-ouest.

鐘塔下の交差ヴォールトが架かる矩形の内陣と奥のアプシス
Travée rectangulaire sous clocher et l'abside.

平面（縮尺：1 / 150）

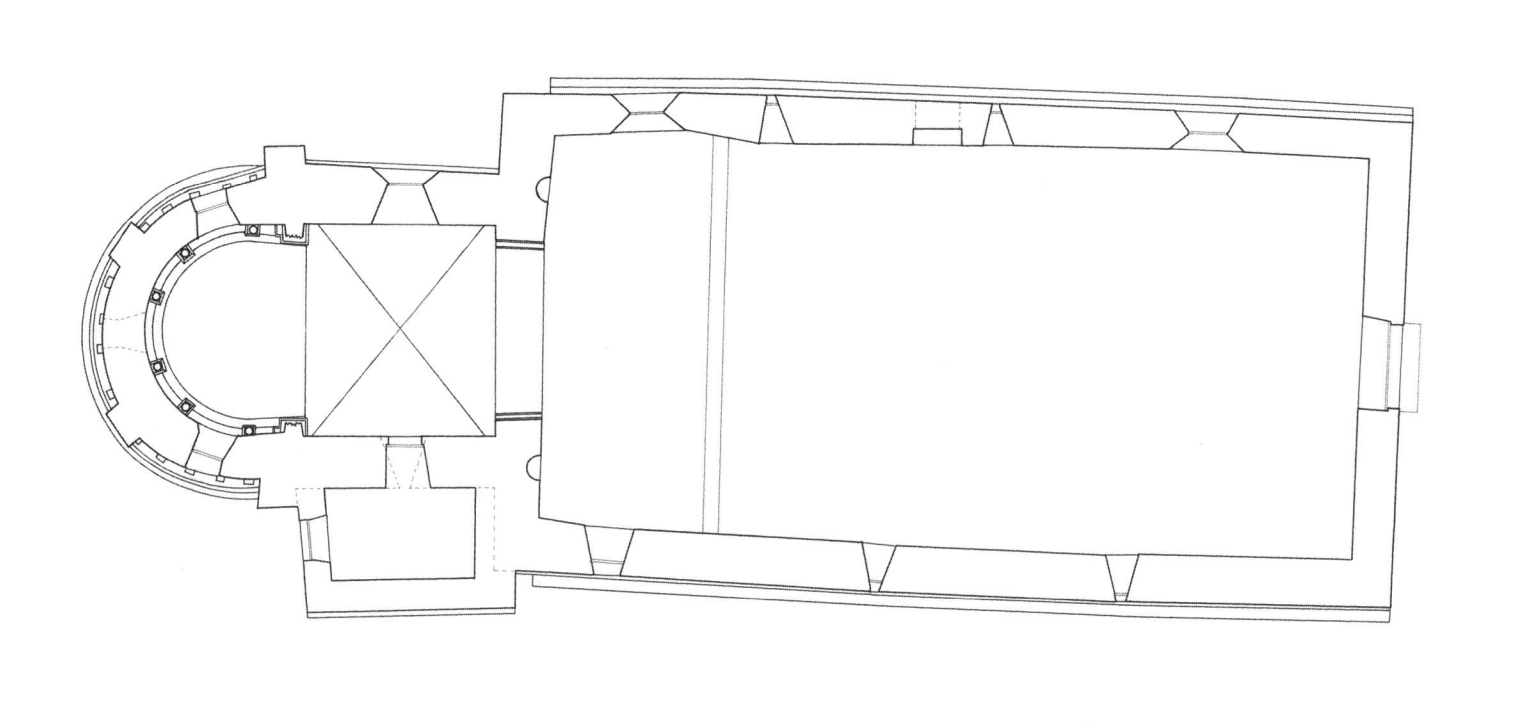

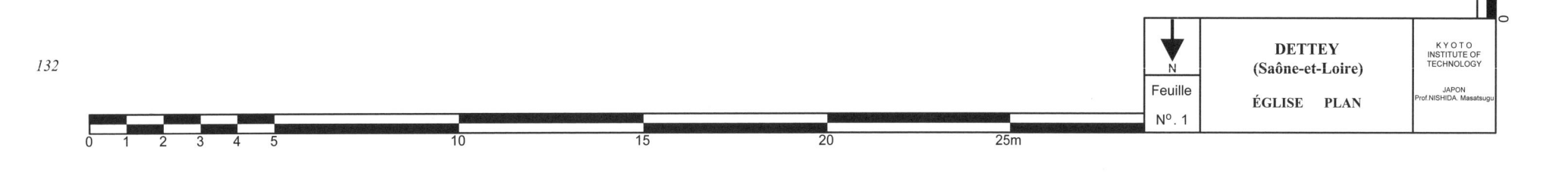

N

Feuille

Nº. 1

DETTEY
(Saône-et-Loire)

ÉGLISE   PLAN

KYOTO
INSTITUTE OF
TECHNOLOGY

JAPON
Prof.NISHIDA. Masatsugu

0 1 2 3 4 5   10   15   20   25m

12. ドンズィ＝ル＝ペルテュイ教会堂
L'église de Donzy-le-Pertuis

実測調査

　2014年9月15～19日

　［調査メンバー］

　　西田雅嗣、岩田千穂、太田圭紀、大野未華、加藤旭光、上村優、古賀顕士、

　　西田順風、原愛、廣長皓介、別所匠

実測図面

　　西田雅嗣、2015年9月8日

図面作成

　　原愛

Relevé

15 – 19 / 09 / 2014.
Masatsugu NISHIDA, Takumi BESSHO, Ai HARA, Kosuke HIRONAGA, Chiho IWATA,
Yu KAMIMURA, Asahi KATO, Kenji KOGA, Masakaze NISHIDA, Yoshiki OHTA,
Mika ONO.

Auteur du plan

Masatsugu NISHIDA, 08 / 09 / 2015

Dessin

Ai HARA

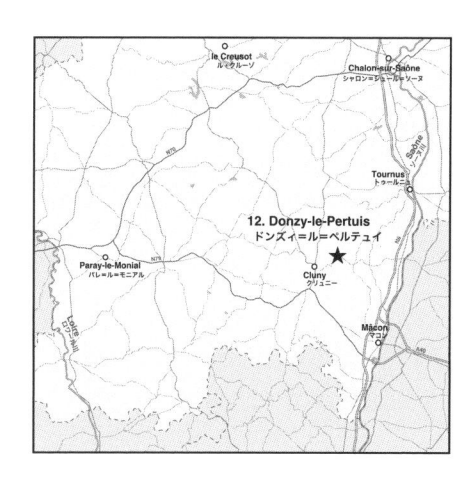

1887年に、この種の研究としてはその嚆矢となる国立古文書学校に提出された先駆的論文をもとに、その著者ジャン・ヴィレイが、1935年に出版した『旧マコン司教区のロマネスク教会堂——クリュニーとその地方』に詳述されて以来、2006年のクリスチャン・サパンの『ブルゴーニュ・ロマネスク』でも記述対象となっている教会堂である。ロマネスクの傑作建築の名を独占するクリュニー本山の大建築の陰に隠れた、この地方の古くから続く農村風景の一添景である簡素な教会堂で、ブラノ教会堂と同様、創建当初以来多くの改造を被る粗末な単身廊部と、慎ましい身廊にはそぐわない立派な鐘塔、そして、その鐘塔が乗る矩形の内陣とアプシス、という、教会堂建築に必要不可欠な基本要素だけから成る教会堂である。

ドンズィ＝ル＝ペルテュイの村落は、クリュニーの北東4kmの所にある。教会堂は1928年に文化財に登録され、1974年以来歴史的記念建造物である。1095年までこの村落の存在は文書に現れないが、教会堂が建つ土地は、910年に初代クリュニー大修道院長ベルノンに授与された広大な領地の一部であったと考えられる。10世紀以来、クリュニーとの強い関係が認められるのであり、クリュニー修道院に譲渡されることで、領主権の全てはクリュニー修道院が持っていたと考えられるのである。16世紀初めにはブラノの付属教区としての記録があるが、革命以後独立した教区であり、教会堂の鐘塔をお互いにシンボルとして、ブラノとはある種の競争関係にあった。18世紀の地図上にクリュニーの領主館として確認できる建物は、村落の北北東の角の位置に常に存在していた。19世紀に教会堂の改造があったことが知られている。

単身廊が半円形平面のアプシスに続く矩形内陣に付き、内陣上部に鐘塔が乗る教会堂である。現在は、内陣南北に矩形平面の部屋が取り付き、一見交差廊を形成しているように見えるが、これらは19世紀の後補である。一方、19世紀の二種類の地籍図（1809年と1840年）を見ると、この交差廊状の後補部分は1809年の地籍図には現れておらず、北側の袖廊状の後補についてのみ1840年以降に現れる。

身廊は全く非対称の矩形で、内陣の中心軸上には建っておらず、南に1mほどずれて建てられている。南壁は1828年の建設であり、創建時の基礎よりも南に建てられた。北壁は、ピラスター状の薄い控壁で分節され、東から一番目と二番目のベイには、古式の小さな開口を塞いだ痕跡が組積にはっきり見える。しかし一番西側のベイは、他の二ベイに比してより長く、古い造作の跡もなく、身廊が延長された可能性が示唆される。西ファサードにも古式を窺わせる要素は見られない。当初この教会堂は、異様に幅が狭く、極めて短い、鐘塔とは全く不釣り合いな身廊が取り付いていたことに

なる。身廊の延長工事はおそらく18世紀のことであろう。1809年の地籍図にはすでにこの長い身廊が示されている。

矩形の内陣である交差部は、ブラノと同じく、正方形平面の内陣スペースの上にトロンプ・ドームが乗る形式である。この交差部の西側と東側には半円形アーチが開き、北側と南側は、この19世紀に付加された両側の部屋との連絡のため半円形アーチの開口が設けられているが、この内陣両脇の二つの半円形アーチが交差部の南北の壁を補強していて、ブラノの様にトロンプの正方形部の両側に、鐘塔を受けるアーチがあったのではない。正方形の一片は3m50cmで、アプシスも内陣幅一杯に開くので、ブラノのような閉塞感はない。通常であれば念入りに正確な縄張りがなされ、建設される筈の内陣矩形部は大きく歪み、平面上では平行四辺形になっている。

アプシスは、その奥行きの浅さが、特に東側外観に顕著であるが、アプシス幅の半分の長さが奥行きとなっており、半円形の平面である。アプシス内部への採光は三つの窓から取られていたが、両脇の二つの窓は埋められている。中央の窓周りの石の表面はハンマーを当てた仕上げがなされており、これは後期ゴシックの意匠である。この窓の高さもまた変則的であり、床レベルがかなり高くなっていると推察できる。アプシス外部は、ロンバルド帯で装飾されているが、作りは辿々しい。北半分の軒下には鋸状の歯型飾りが認められる。

鐘塔第一層には、現在は埋められている中央の開口をもつ五連の粗野で不規則なアーケードからなるロンバルド帯のアーケード装飾があり、鐘塔最上層には無装飾の二連の開口が開く。第一層のロンバルド帯の薄いピラスターは上方に連続し、鐘塔の四隅を強調するが、最上端までは至らず、軒下の、比較的新しいと考えられる飾り軒持送りの下方で終わる。上層二連窓の上部は、このピラスターが途切れた高さよりもさらに上まで少し上部にはみ出す。これらの窓の上部形状は微妙に尖頭になっていて、組積も若干異なる。後補部分であり、鐘塔が後に1mほど嵩上げされた可能性も考えられる。内部には床が設けられた痕跡は一切なく、石積みは、外部同様上から下まで極めて均一である。足場用の横木を差し込む穴も非常に規則的に配置されている。

建物が、19世紀、あるいは20世紀の様々な時点で、目に見えるような形での手直しの手が入っているとしても、古い部分の建物は極めて均質である。石積みは、建物全体にわたって、形が非常に不揃いで石層があまりはっきりしない小振りのモエロン積みである。ドーム下の漆喰の剥落部分からはアーチとドームの礎石の状態が窺い知れるが、ここでもまた厚いモルタルに覆われた小振りのモエロン積みしか見られない。

中程度の切石の組積の痕跡はどこにも見ることができなかった。教会堂全体として、組積は非常に粗い仕上げのもので、慎ましい規模の計画の建物で、形は極めて単純、また歯型模様に見るように、装飾の作りも手馴れたものではない。鐘塔はサン＝ヴァンサン＝デ＝プレ教会堂のそれに酷似する。こうしたことすべてを考えると、960年から980年の間に創建された建物だと推察されるとアラン・ゲローは言う。

　寸法、プロポーション分析を図に示す。アラン・ゲローは別途、1尺が29.5cm程度のローマ尺による分析を試み、交差部が12尺の正方形、アプシスの半径が6尺、鐘塔平面の外法寸法が16尺×16尺、身廊矩形が42尺×14尺という寸法構成を示したが、平面の形状の大きな歪みのために実測寸法値を整数にする単一の尺度単位（物差し）を想定するのは困難である。しかし、鐘塔、内陣部分、身廊の各部に微妙に長さの異なる尺度を想定して、完数尺が得られるように考えることも可能である。鐘塔では1尺が31.5cmから33.6cm程度の物差し、内陣部では34.4cmから37.5cm程度の物差し、身廊では34.4cmから37.7cm程度の物差しを考えると、図に示したような整数での寸法が導き出される。これらの物差しのもとでは、交差部が10尺の正方形、アプシスの半径が5尺、鐘塔平面の内法寸法が10尺の正方形、外法寸法が15尺の正方形、身廊矩形が内法で36尺×14尺となる。尺度単位は、この地方の古慣用尺の物差しであると目される。交差部正方形は10という数で、鐘塔の平面も、10、15という数でできており、寸法のレパートリーとしてはブラノと同じであるのが興味を引く。因みに、この物差しの下で、現状の身廊の内法四辺の和は100尺になる。

［西田雅嗣］

L'église Saint-Julien de Donzy-le-Pertuis, inscrite en 1928, est classée MH depuis 1974. Curieusement, ce village n'apparaît pas dans les documents avant 1095 (alors que le hameau du Villard figure dès 1002). L'explication la plus probable est simple : la localité faisait partie de l'immense domaine concédé en 910 à l'abbé Bernon. Dès lors, l'église ne pouvait donner lieu à aucune transaction ; d'ailleurs elle était à la collation de l'abbaye de Cluny, qui disposait de tous les droits seigneuriaux. Le bâtiment identifié comme ferme seigneuriale de Cluny sur le plan du XVIIIe existe toujours à l'angle nord-nord-ouest du bourg.

Le bâtiment se présente comme une nef simple suivie d'une croisée et d'une abside hémicirculaire. Les deux pseudo-chapelles accolées de part et d'autre de la croisée résultent manifestement d'aménagements du XIXe siècle, elles sont dénuées de tout intérêt, comme d'ailleurs la sacristie. D'ailleurs l'examen des deux plans cadastraux du XIXe siècle (1809 et

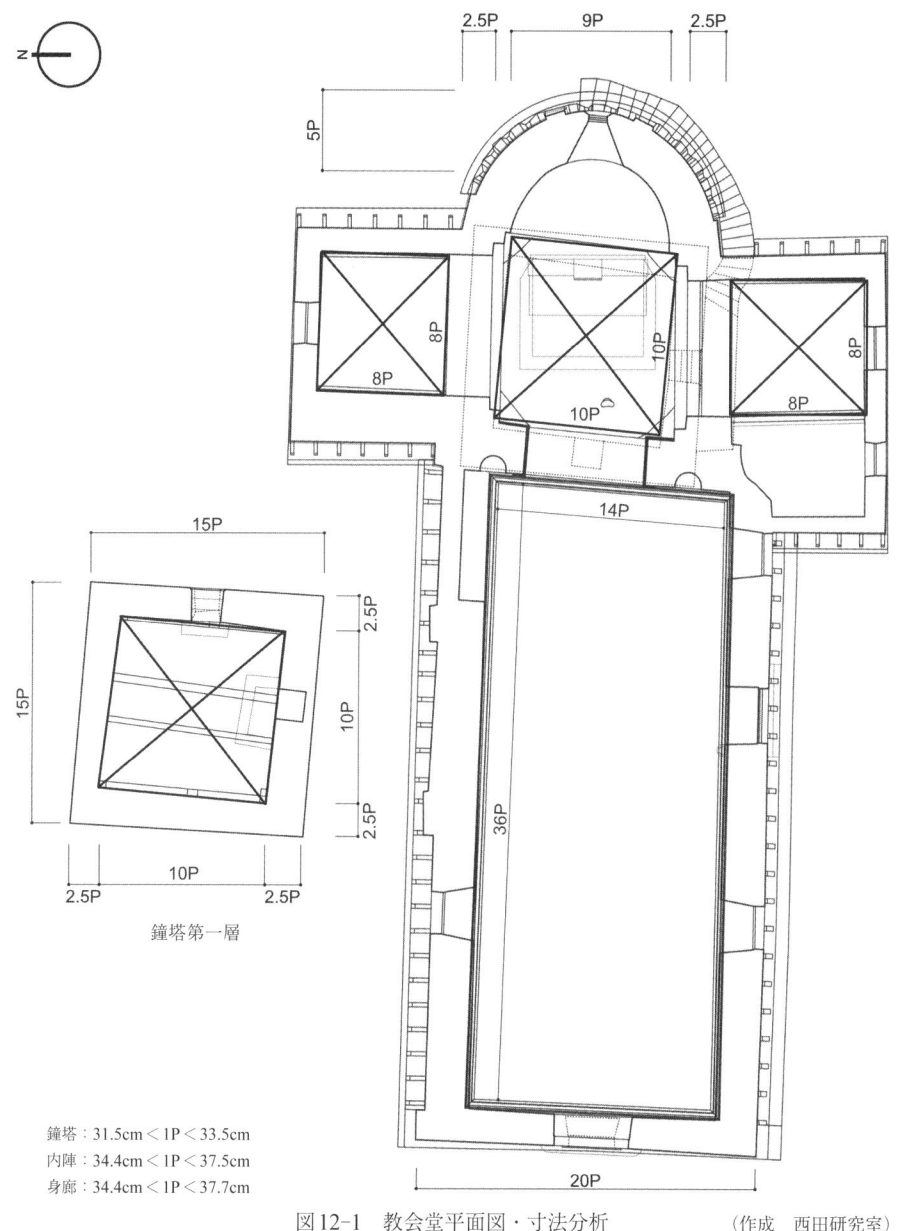

鐘塔第一層

鐘塔：31.5cm＜1P＜33.5cm
内陣：34.4cm＜1P＜37.5cm
身廊：34.4cm＜1P＜37.7cm

図12-1　教会堂平面図・寸法分析　　　（作成　西田研究室）　*135*

1840) montre qu'aucun de ces suppléments n'existait en 1809, celui du nord est postérieur à 1840.

La nef est complètement dissymétrique ; par rapport à l'axe central, le mur sud s'écarte de 297cm, celui du nord de 191cm : le mur sud a été reconstruit vers 1828, un mètre plus au sud que son emplacement d'origine. L'examen de l'appareil à l'extérieur montre de même qu'il s'agit d'une construction récente (jambages des fenêtres et des portes bouchardés, aucune trace d'ouverture ancienne). Le mur gouttereau nord, vu de l'extérieur, présente un tout autre aspect. Outre une porte probablement romane obturée, il est rythmé par trois bandes verticales (la dernière à l'angle de la façade) ; entre la croisée et la première bande, ainsi qu'entre celle-ci et la deuxième se voient les traces d'anciennes fenêtres à petite ouverture (sans doute à faible ébrasement ; de telles fenêtres se trouvent notamment à Massy et au mur nord de Burgy) ; mais rien de tel pour le dernier segment à l'ouest, qui d'ailleurs ne semble pas liaisonné avec la deuxième bande et qui comporte une fenêtre de facture tardive. On remarque au surplus que ce dernier segment est beaucoup plus long que les deux autres, il y a une anomalie. L'examen de la façade montre encore une fois une construction sans indice d'ancienneté. On est donc porté à supposer également un allongement tardif de cette nef (sans doute du XVIIIe siècle, il est déjà présent en 1809), mais il reste à préciser de combien.

La croisée repose à l'ouest et à l'est sur deux arcs en plein cintre, tandis que les murs de soutien au nord et au sud étaient renforcés de deux arcades également en plein cintre. La croisée est couverte d'une coupole sur trompe sans corniche. L'abside est surmontée d'un cul-de-four hémisphérique. L'éclairage de cette abside était assuré par trois fenêtres ; les deux fenêtres latérales sont obturées (après avoir sans doute été modifiées), l'ouverture centrale, bretturée, est de type gothique tardif. La hauteur de ces fenêtres au dessus du plancher, tout à fait anormale, laisse supposer un sol considérablement rehaussé (un mètre ?), le niveau actuel du sol de l'abside domine d'environ 2,20m le niveau de la rue à l'extérieur. Des mesures élémentaires permettent de constater que la croisée est constituée par un losange assez différent d'un carré : les angles s'écartent de 4 à 6 degrés de l'angle droit, ce qui est exceptionnel.

L'abside est décorée à l'extérieur d'un décor de bandes et arcatures lombardes de facture rudimentaire ; sur la moitié nord, on discerne également les traces d'un décor en dents de scie.

Le clocher débute par un premier étage éclairé par quatre baies simples (toutes obturées aujourd'hui), placées au centre d'un décor rustique d'arcatures lombardes irrégulières, sur trois faces ; sur la face est se trouvent trois arcades séparées. A l'intérieur du clocher, sur la face ouest, juste au-dessus de l'extrados de la coupole, une porte (aujourd'hui obturée) permettait d'accéder au clocher à partir de la nef. Au-dessus d'un long mur nu, un second étage éclairé, près du sommet, par deux baies sur chaque face. Les quatre angles du beffroi sont renforcées de saillies en forme de bandes ; celles-ci toutefois ne laissent apparaître aucun chaînage

d'angle. L'extrémité supérieure du clocher éveille quelque suspicion : tandis que, sur les angles, s'interrompent les renforts, les fenêtres sont couvertes d'arcs plus ou moins brisés, sans type définissable ; les modillons qui bordent le haut du mur soutiennent une corniche qui ne paraît pas ancienne. Tout se passe comme si l'extrémité supérieure de la tour, sur environ un mètre de hauteur, avait été l'objet d'une reprise complète, pas entièrement conforme à l'original. On ne peut cependant pas parler d'étage ajouté, car l'appareil est homogène du bas en haut, à l'intérieur comme à l'extérieur, et les trous de boulins parfaitement réguliers.

Seules des fouilles bien conduites permettraient de retrouver le plan exact de l'édifice roman ; en attendant, l'examen métrologique peut apporter quelque lumière. L'abside est constituée d'un demi-cercle de 6 pieds romains de rayon ; la croisée qui lui fait suite s'apparente à un carré de 12 pieds de côté (approximativement) ; la largeur primitive de la nef était d'environ 14 pieds romains ; la longueur actuelle grand arc + nef vaut environ 1342cm, soit plus de 45 pieds romains, donnant une longueur totale de 63 pieds, ce qui paraît étrange. Si l'on ramène cette longueur à 1240cm environ, on obtient un segment de 42 pieds et une longueur totale de 60 pieds romains, ce qui paraît cohérent. Ce qui signifierait que la nef a été allongée d'à peu près un mètre. C'est-à-dire de la même quantité que sa largeur. Il ne s'agit là que d'une hypothèse, même si la probabilité en semble forte. (Articulation en long : 42 + 12 + 6, soit en modules de 6 pieds, 7 + 2 + 1). Clocher 16 x 16 (à l'extérieur).

Si l'édifice a subi de sensibles remaniements à divers moments du XIXe (et peut-être du XXe), la partie ancienne paraît tout à fait homogène. L'appareil est entièrement constitué de petits moellons calcaires très grossièrement mis en forme, très approximativement lités. Des décrépissements sauvages pratiqués sous la coupole offrent l'occasion d'observer l'appareil des arcs et de la coupole : là encore, uniquement des petits moellons, enrobés dans un épais mortier. Nulle part trace de moyen appareil. L'ensemble des observations converge parfaitement : un appareil très rustique et peu évolué, des dimensions en plan modestes, des formes très simples, un décor de facture malhabile (dents de scie) ; le clocher manifeste une particulière ressemblance avec celui de Saint-Vincent-des-Prés. Tout cela donne une fourchette précise et peu discutable, entre 960 et 980. Il s'est certainement agi alors d'une reconstruction ; outre le vocable de saint Julien, qui renvoie aux VIe-VIIe siècles, la découverte (vers 1960-65) de tombes sous dalles le long du mur nord de l'église, qui attesterait plutôt d'une présence à l'époque carolingienne, tendent à montrer qu'un lieu de culte existait à cet emplacement depuis plusieurs siècles.

Les décrépissements sous la coupole ont fait apparaître quelques traces très éparses de peintures anciennes, peut-être gothiques. L'intérieur ne comporte que très peu de mobilier ancien. Les fonts et les trois autels en marbre, acquis en 1855, sont probablement du XIXe ou peut-être de la fin du XVIIIe. A l'extérieur, une niche a été creusée dans le mur de l'abside pour abriter un Saint-Jean-Baptiste en bois de facture tardo-gothique, assez endommagé (il est à l'abri du vol, mais pas des intempéries…). Dans la cour de la ferme contiguë à l'église, à l'ouest, un objet en calcaire en forme de cuve hémisphérique est orné de quatre têtes formant quatre angles. La taille relativement modeste de cet objet cause quelque doute : paraît un peu surdimensionné pour un bénitier, mais un peu limité pour une cuve baptismale ; le décor apparemment de type roman conduit cependant, tout compte fait, à préférer cette seconde hypothèse, car on connaît plusieurs exemples de cuves baptismales romanes ornées de semblables têtes en Bourgogne du sud.

[Alain GUERREAU]

北東から見た会堂頭部と鐘塔
Chevet et clocher vus depuis le nord-est.

南西から見た西正面
Façade ouest vue depuis le sud-ouest.

北側外観
L'extérieur nord.

北袖祭室と鐘塔の北立面
L'élévation septentrionale du bras nord et du clocher.

南袖祭室と鐘塔の南立面
L'élévation méridionale du bras sud et du clocher.

南東から見た教会堂外観
L'église vue depuis le sud-ouest.

身廊、西側入口方向を見る
Nef vue vers l'entrée ouest.

勝利門アーチとその奥の鐘塔下のトロンプ・ドームが架かる矩形の内陣
L'arc-triomphal et la travée barlongue sous clocher, voûtée par une coupole sur trompes.

鐘塔下のトロンプ・ドームが架かる矩形の内陣とアプシス
La travée barlongue sous clocher, voûtée par une coupole sur trompes, et l'abside.

鐘塔内部
L'intérieur du clocher.

平面（縮尺：1 / 200）

鐘塔

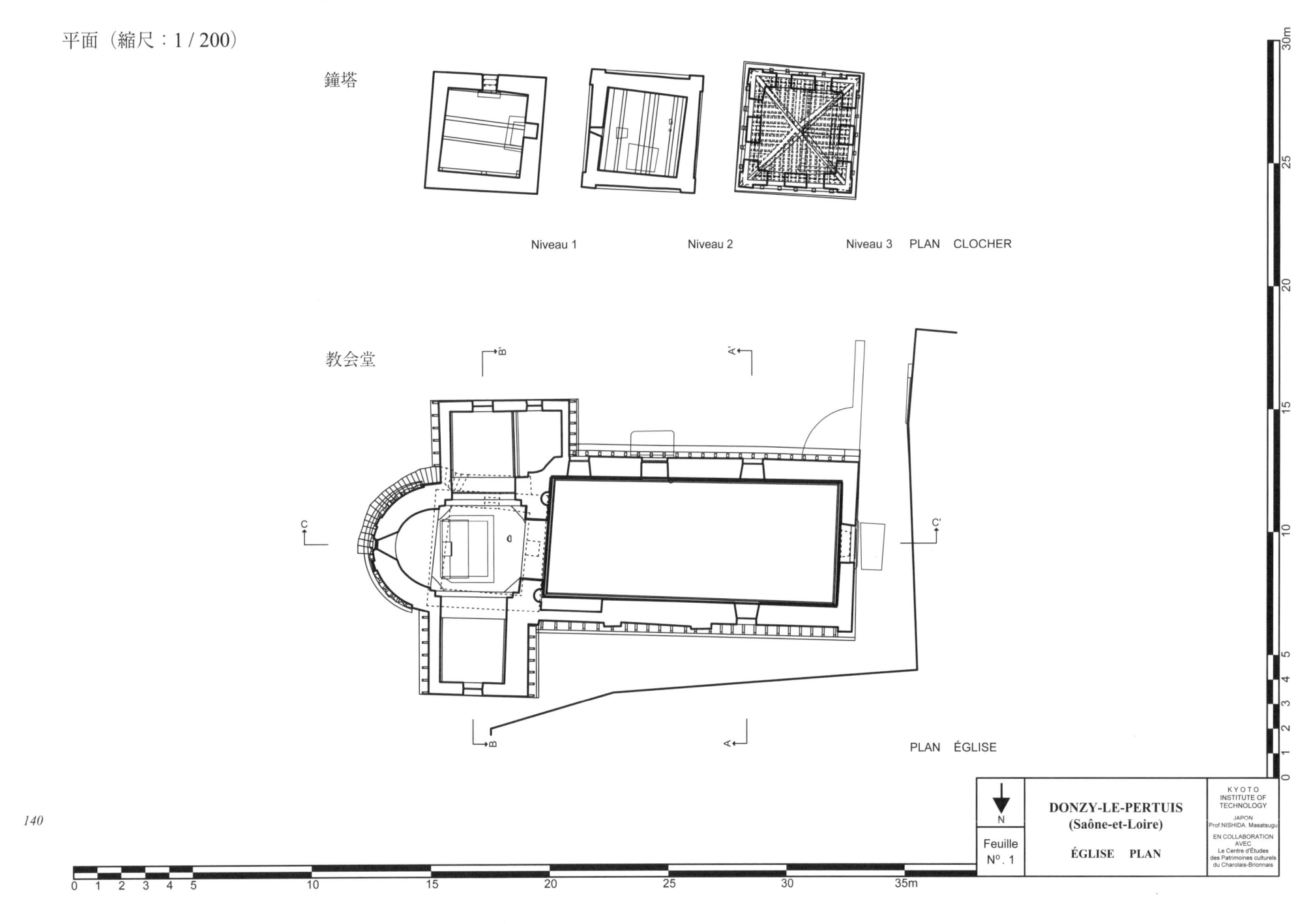

Niveau 1　　　　　　Niveau 2　　　　　　Niveau 3　　PLAN　CLOCHER

教会堂

PLAN　ÉGLISE

DONZY-LE-PERTUIS
(Saône-et-Loire)

ÉGLISE　PLAN

KYOTO
INSTITUTE OF
TECHNOLOGY
JAPON
Prof.NISHIDA. Masatsugu
EN COLLABORATION
AVEC
Le Centre d'Études
des Patrimoines culturels
du Charolais-Brionnais

Feuille
N°. 1

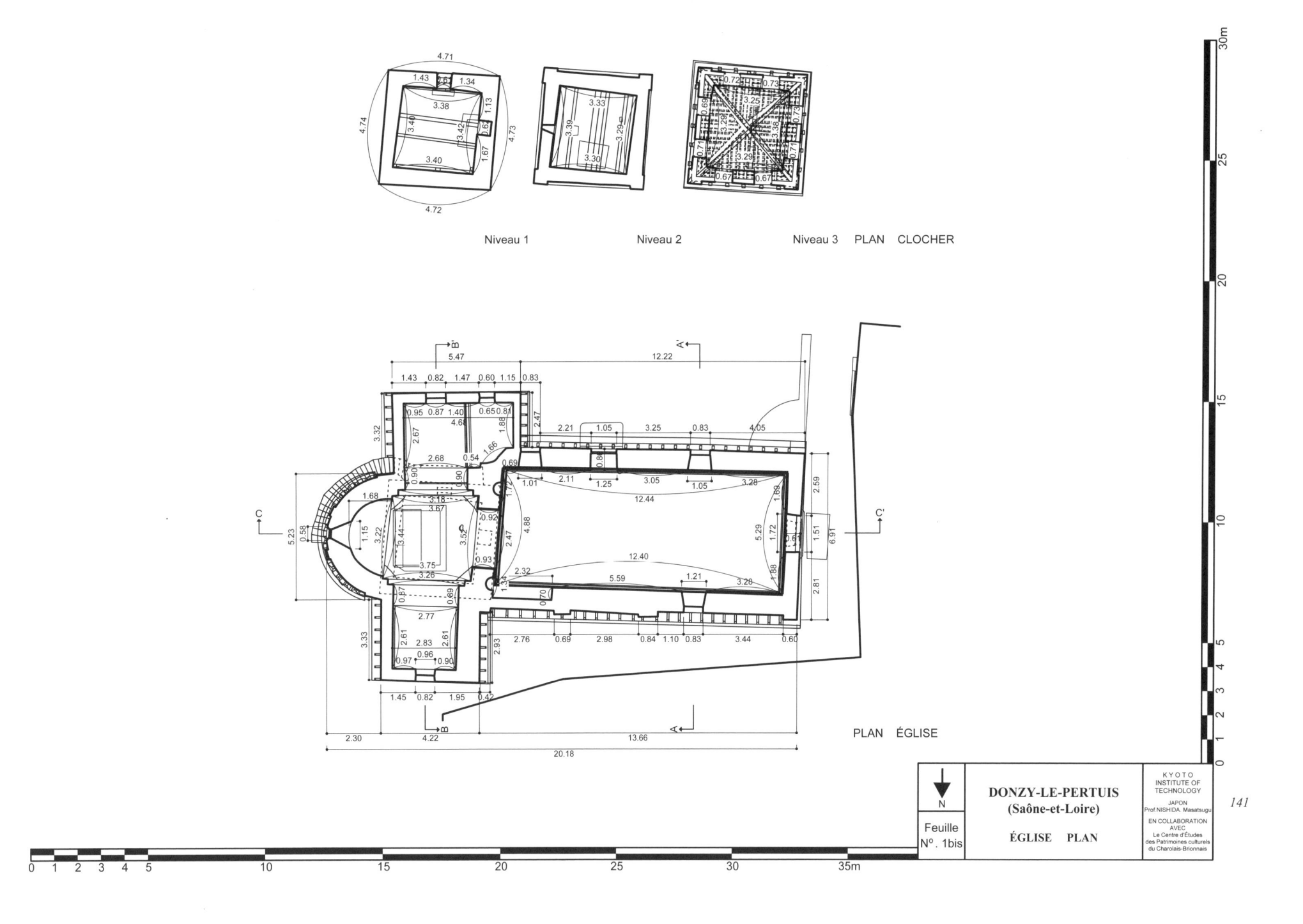

Niveau 1   Niveau 2   Niveau 3 PLAN CLOCHER

PLAN ÉGLISE

DONZY-LE-PERTUIS
(Saône-et-Loire)

Feuille
Nº. 1bis

ÉGLISE PLAN

KYOTO
INSTITUTE OF
TECHNOLOGY
JAPON
Prof.NISHIDA. Masatsugu

EN COLLABORATION
AVEC
Le Centre d'Études
des Patrimoines culturels
du Charolais-Brionnais

141

12. ドンズィ＝ル＝ペルテュイ教会堂 L'église de Donzy-le-Pertuis

西正面（縮尺：1 / 200）

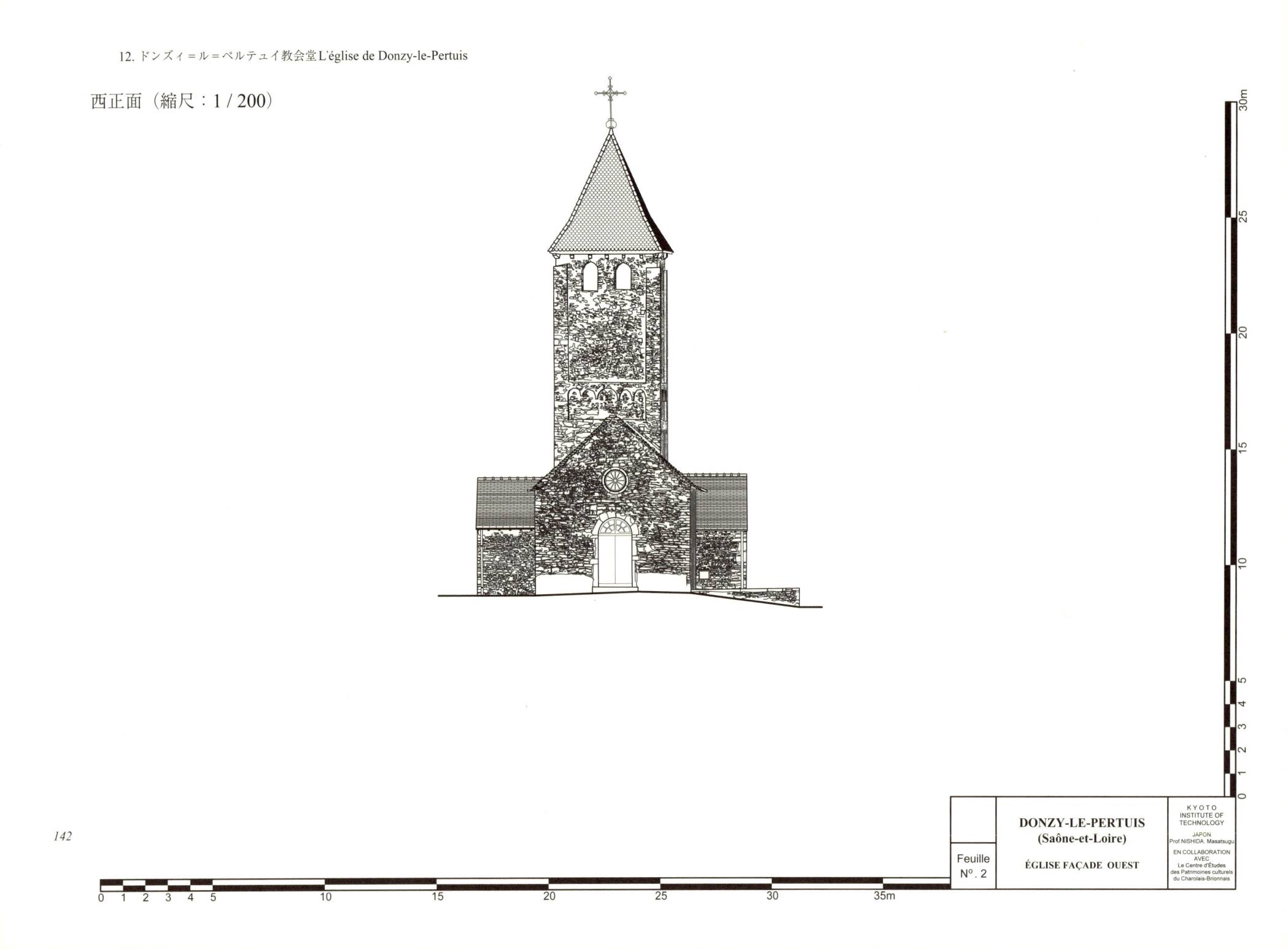

30m

25

20

15

10

5
4
3
2
1
0

142

	DONZY-LE-PERTUIS	KYOTO INSTITUTE OF TECHNOLOGY
	(Saône-et-Loire)	JAPON Prof.NISHIDA. Masatsugu
Feuille Nº. 2	**ÉGLISE FAÇADE OUEST**	EN COLLABORATION AVEC Le Centre d'Études des Patrimoines culturels du Charolais-Brionnais

0 1 2 3 4 5   10   15   20   25   30   35m

東立面（縮尺：1 / 200）

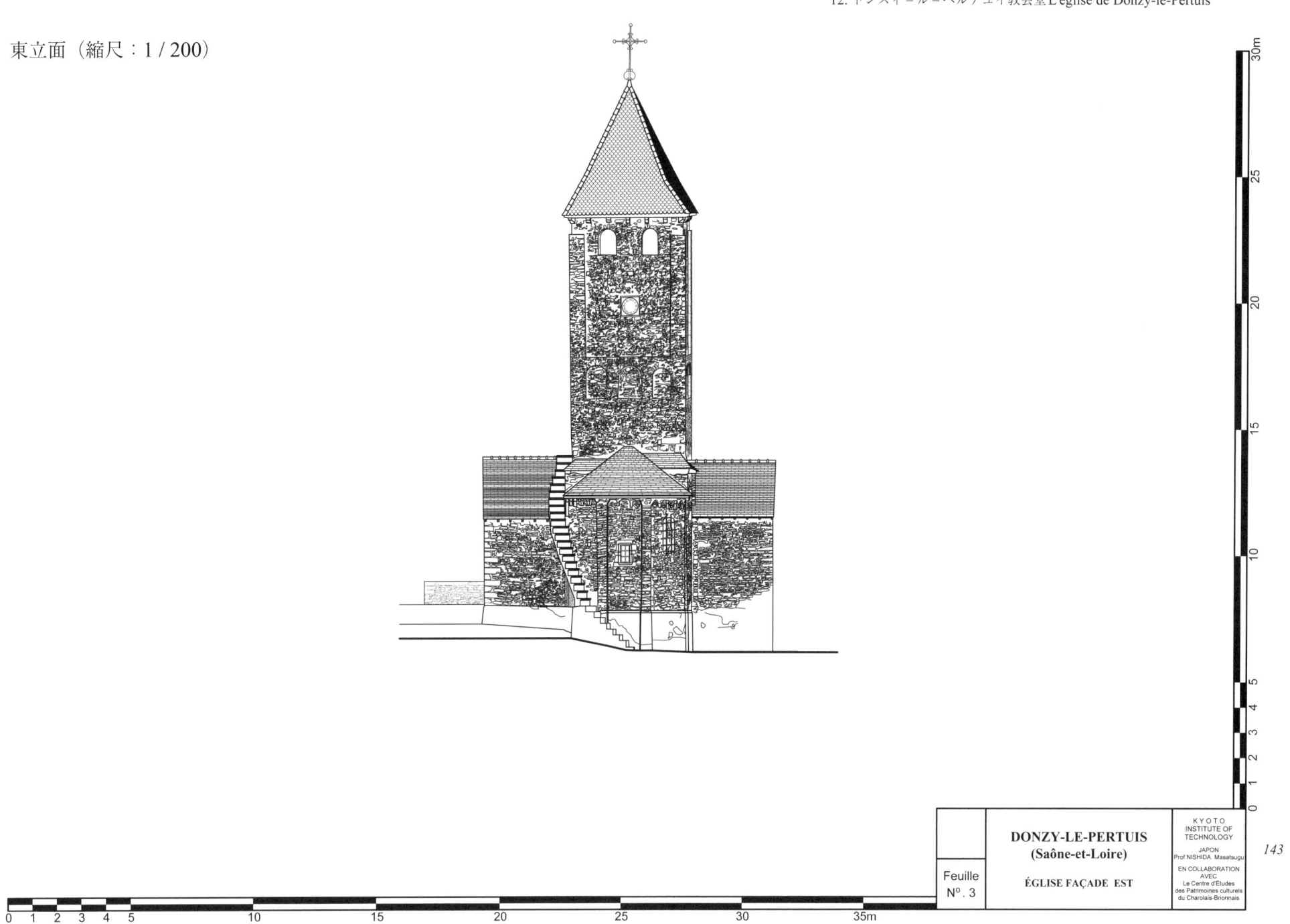

30m

25

20

15

10

5
4
3
2
1
0

143

DONZY-LE-PERTUIS
(Saône-et-Loire)

Feuille
N°. 3

ÉGLISE FAÇADE EST

KYOTO
INSTITUTE OF
TECHNOLOGY

JAPON
Prof.NISHIDA. Masatsugu

EN COLLABORATION
AVEC
Le Centre d'Études
des Patrimoines culturels
du Charolais-Brionnais

0 1 2 3 4 5   10   15   20   25   30   35m

北立面（縮尺：1 / 200）

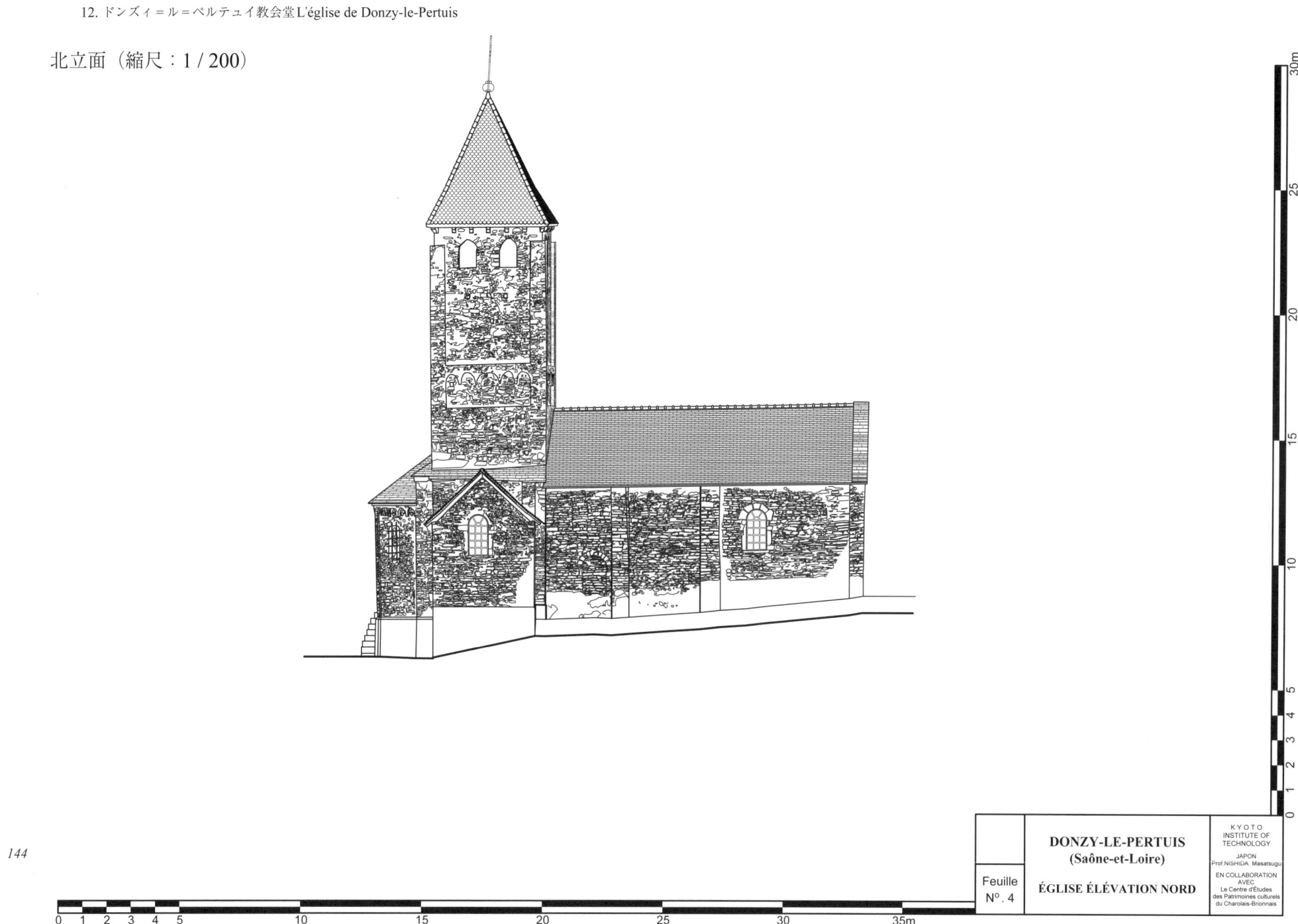

| | **DONZY-LE-PERTUIS** (Saône-et-Loire) | KYOTO INSTITUTE OF TECHNOLOGY JAPON Prof.NISHIDA. Masatsugu |
| Feuille N°. 4 | **ÉGLISE ÉLÉVATION NORD** | EN COLLABORATION AVEC Le Centre d'Études des Patrimoines culturels du Charolais-Brionnais |

0 1 2 3 4 5   10   15   20   25   30   35m

30m 25 20 15 10 5 4 3 2 1 0

南立面（縮尺：1 / 200）

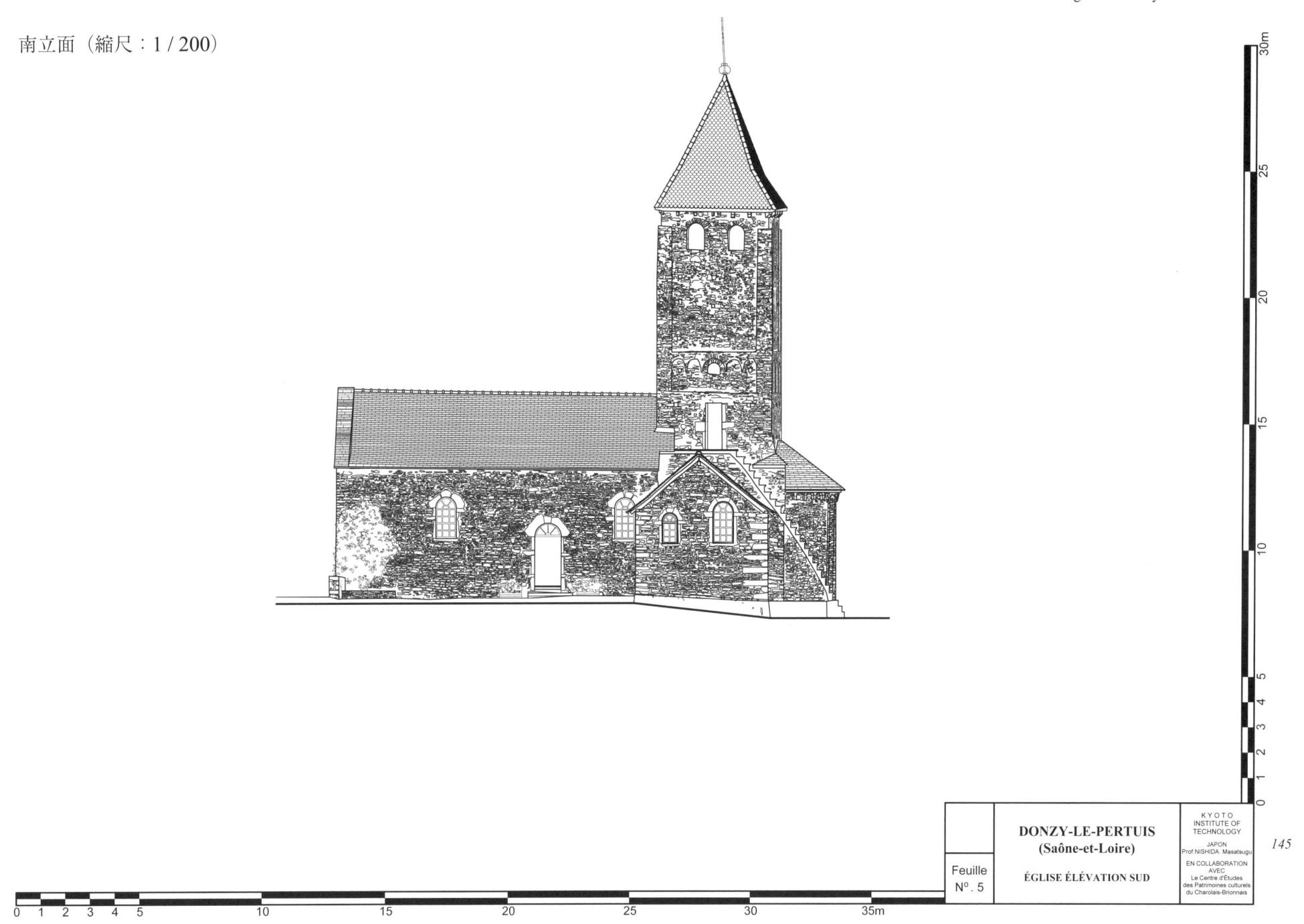

30m

25

20

15

10

5
4
3
2
1
0

0 1 2 3 4 5   10   15   20   25   30   35m

145

DONZY-LE-PERTUIS **(Saône-et-Loire)**	KYOTO INSTITUTE OF TECHNOLOGY JAPON Prof.NISHIDA. Masatsugu EN COLLABORATION AVEC Le Centre d'Études des Patrimoines culturels du Charolais-Brionnais
Feuille N°. 5	**ÉGLISE ÉLÉVATION SUD**

横断面（縮尺：1 / 200）

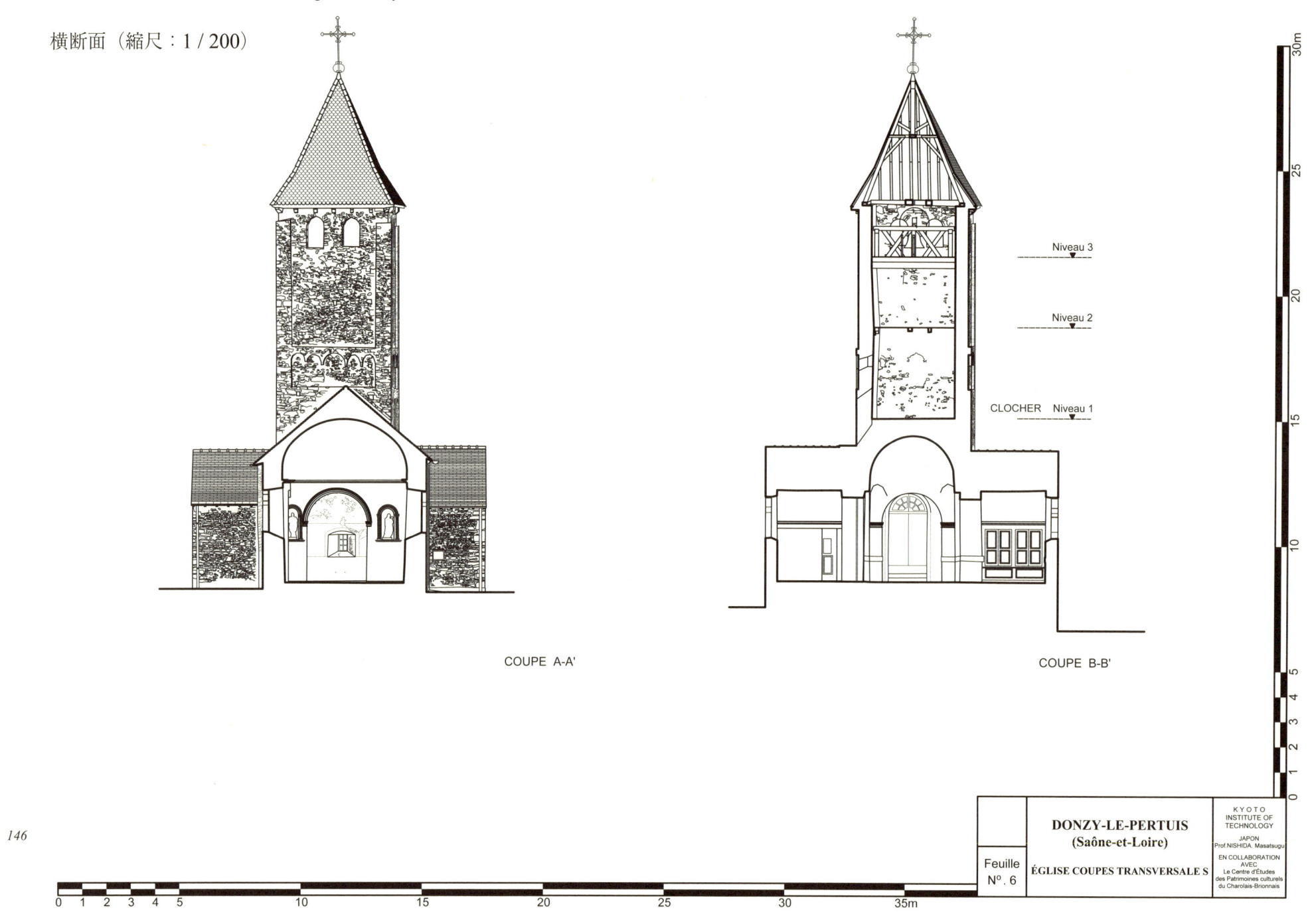

Niveau 3

Niveau 2

CLOCHER   Niveau 1

COUPE A-A'

COUPE B-B'

DONZY-LE-PERTUIS
(Saône-et-Loire)

Feuille
Nº. 6

ÉGLISE COUPES TRANSVERSALE S

KYOTO
INSTITUTE OF
TECHNOLOGY
JAPON
Prof.NISHIDA. Masatsugu
EN COLLABORATION
AVEC
Le Centre d'Études
des Patrimoines culturels
du Charolais-Brionnais

0 1 2 3 4 5   10   15   20   25   30   35m

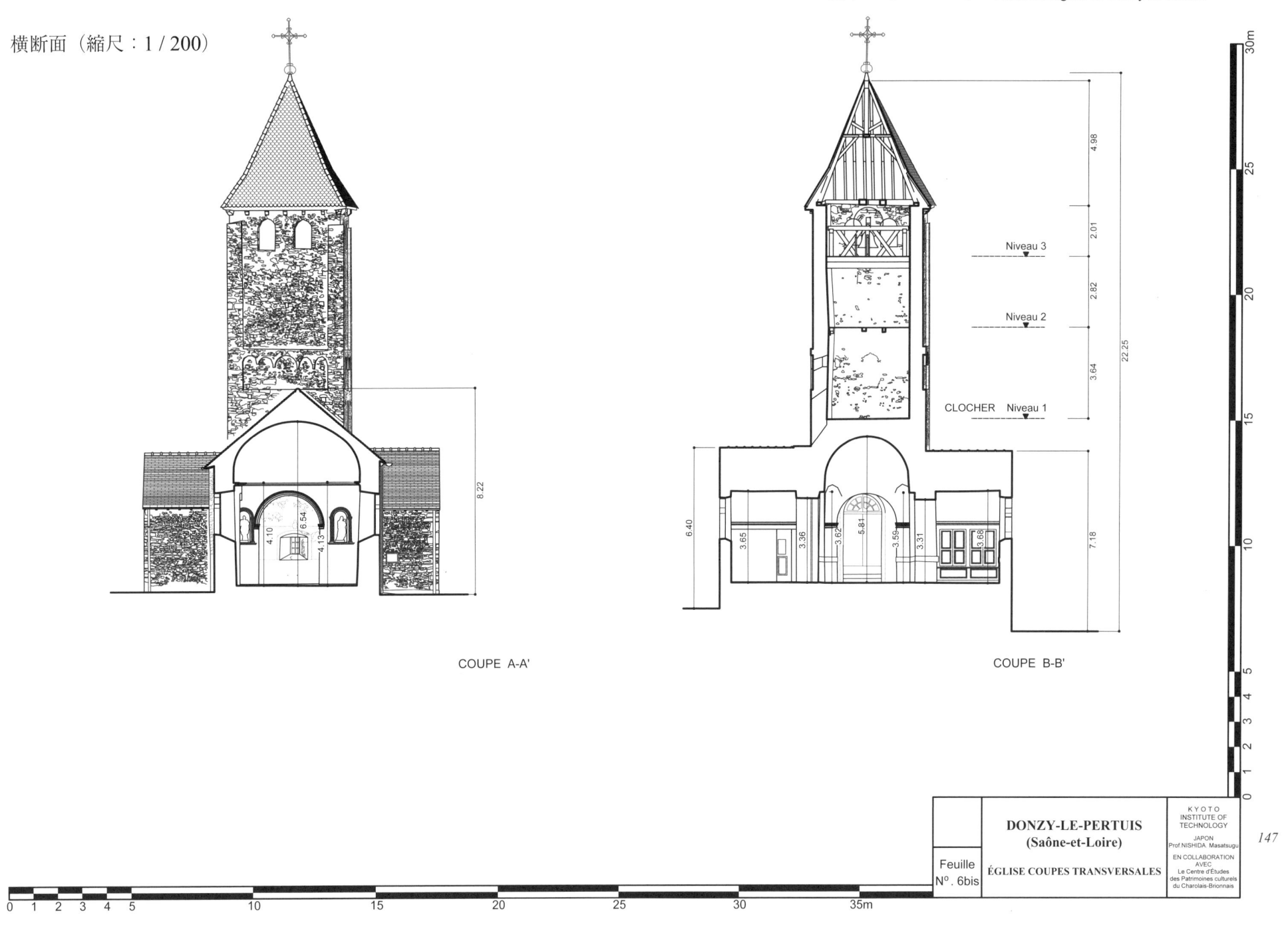

横断面（縮尺：1 / 200）

12. ドンズィ＝ル＝ペルテュイ教会堂 L'église de Donzy-le-Pertuis

8.22

COUPE A-A'

4.98
2.01
Niveau 3
2.82
Niveau 2
3.64
22.25
CLOCHER   Niveau 1

6.40
7.18
3.65
3.36
3.62
5.81
3.59
3.31
3.68

COUPE B-B'

30m
25
20
15
10
5
4
3
2
1
0

0 1 2 3 4 5   10   15   20   25   30   35m

	DONZY-LE-PERTUIS (Saône-et-Loire)	KYOTO INSTITUTE OF TECHNOLOGY JAPON Prof.NISHIDA Masatsugu EN COLLABORATION AVEC Le Centre d'Études des Patrimoines culturels du Charolais-Brionnais
Feuille N°. 6bis	ÉGLISE COUPES TRANSVERSALES	

147

12. ドンズィ＝ル＝ペルテュイ教会堂 L'église de Donzy-le-Pertuis

縦断面（縮尺：1 / 200）

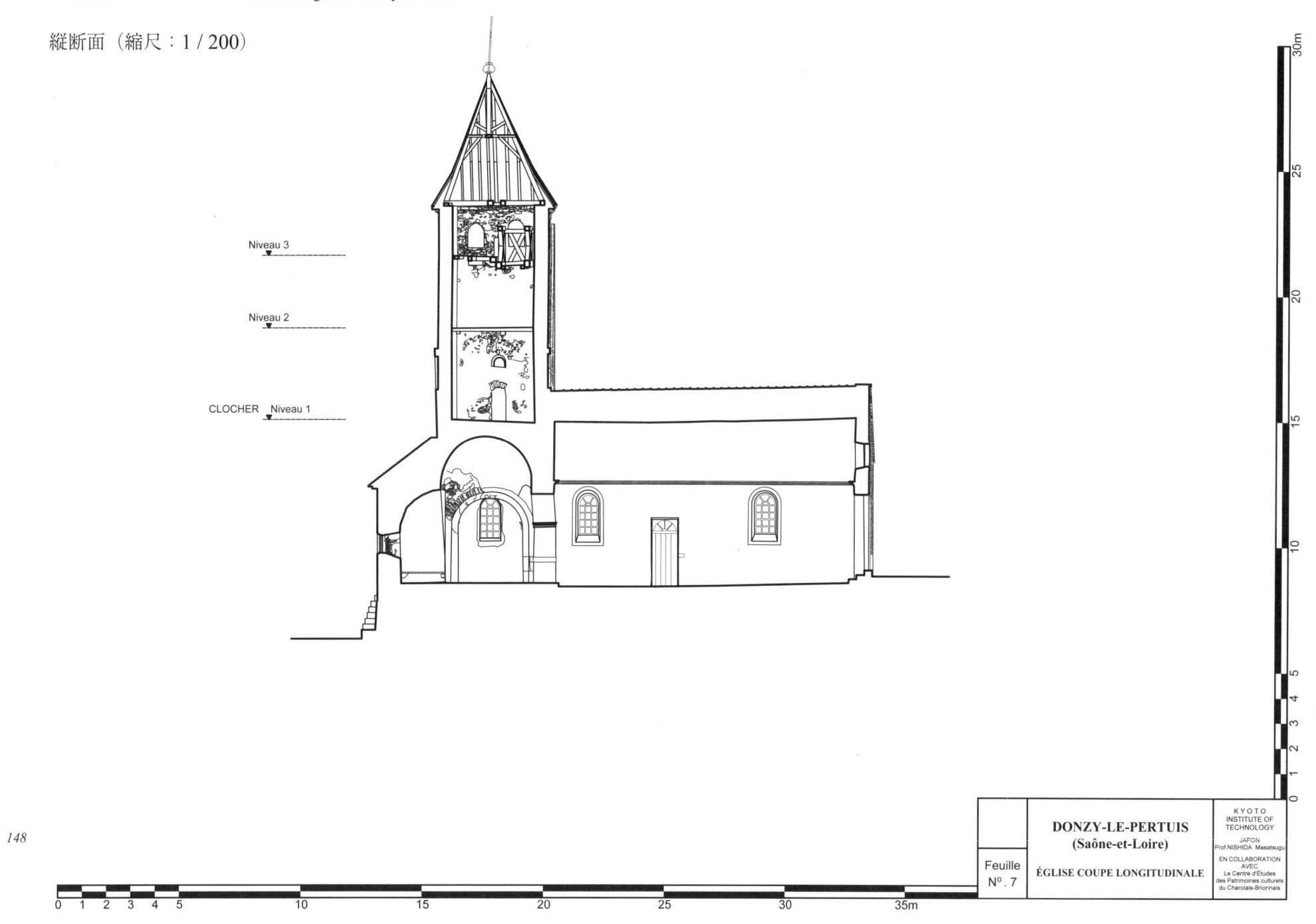

Niveau 3

Niveau 2

CLOCHER Niveau 1

30m

25

20

15

10

5
4
3
2
1
0

148

0 1 2 3 4 5　　　　10　　　　15　　　　20　　　　25　　　　30　　　　35m

Feuille
N°. 7

DONZY-LE-PERTUIS
(Saône-et-Loire)

ÉGLISE COUPE LONGITUDINALE

KYOTO
INSTITUTE OF
TECHNOLOGY

JAPON
Prof.NISHIDA. Masatsugu

EN COLLABORATION
AVEC
Le Centre d'Études
des Patrimoines culturels
du Charolais-Brionnais

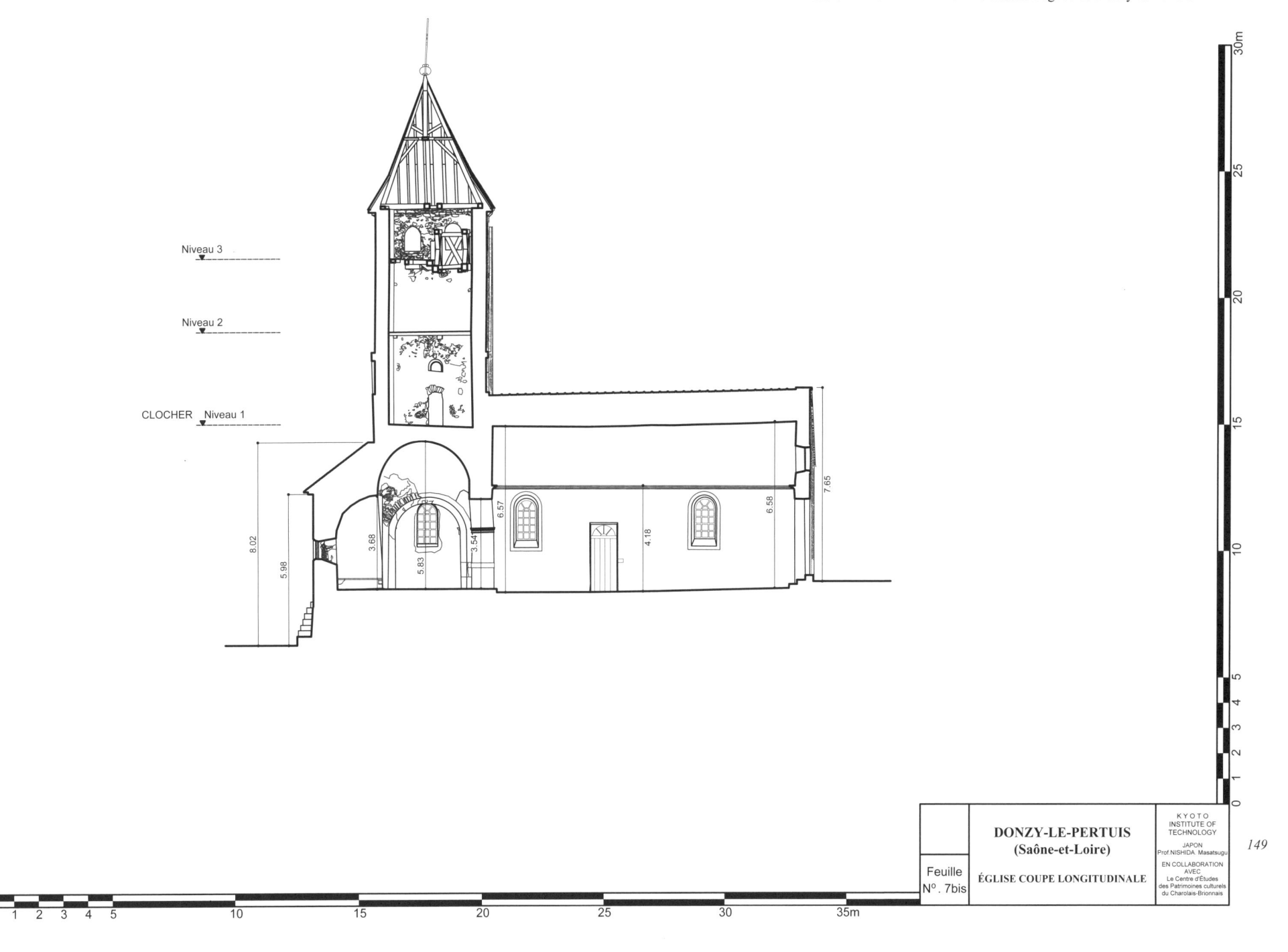

Niveau 3

Niveau 2

CLOCHER   Niveau 1

8.02

5.98

3.68

5.83

3.54

6.57

4.18

6.58

7.65

30m

25

20

15

10

5

4

3

2

1

0

DONZY-LE-PERTUIS
(Saône-et-Loire)

Feuille
Nᵒ. 7bis

ÉGLISE COUPE LONGITUDINALE

KYOTO
INSTITUTE OF
TECHNOLOGY
JAPON
Prof.NISHIDA. Masatsugu

EN COLLABORATION
AVEC
Le Centre d'Études
des Patrimoines culturels
du Charolais-Brionnais

149

0 1 2 3 4 5   10   15   20   25   30   35m

13. ラ・ヴィヌーズ教会堂

L'église de la Vineuse

実測調査

　2011年9月19〜21日

　［調査メンバー］

　西田雅嗣、赤木紗菜、岩田千穂、加藤旭光、小島浩輔、小嶋千賀子、
　イラム・サーバン、原愛、前田健太郎、増永恵、村上玲奈、安井菜穂

実測図面

　西田雅嗣、2012年2月14日

図面作成

　小嶋千賀子、増永恵

Relevé

　19 – 21 / 09 / 2011.

　Masatsugu NISHIDA, Sana AKAGI, Ai HARA, Chiho IWATA, Asahi KATO,
　Chikako KOJIMA, Kosuke KOJIMA, Kentaro MAEDA, Megumi MASUNAGA,
　Rena MURAKAMI, Ilham SAHBAN, Nao YASUI.

Auteur du plan

　Masatsugu NISHIDA, 14 / 02 / 2012.

Dessin

　Megumi MASUNAGA, Chikako KOJIMA.

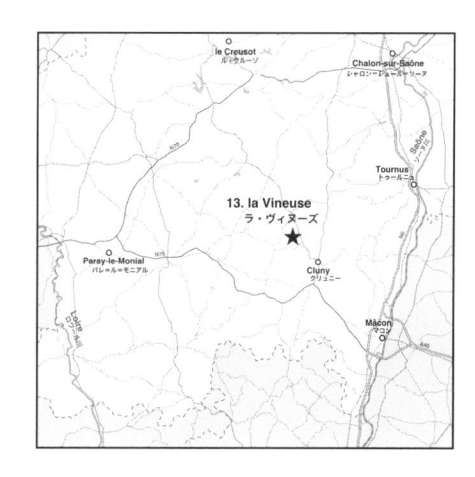

ラ・ヴィヌーズ教会堂が位置する所領は、10世紀の初め以来villa fenestiacensis あるいはvilla de fenestragoという名で文書に確認できる。Ecclesia sancte marie de Vinosaという名は、紀元1000年頃になって初めて現れる。この教会堂は、クリュニーの本山地域の真只中にある司教が所有する教会堂であり、当時はまだ空き地であった丘陵地のほぼ頂上に、司教の権威をはっきりと語るしるしとして建設されたと考えられる。それまでの伝統的な地名とは全く異なるこの新しい地名の出現を説明できる唯一の解釈でもある。

中世の時からの教会堂として現存するのは、鐘塔の下の矩形の内陣のベイと鐘塔、アプシス、そして鐘塔の南にある領主の礼拝室である。この南の領主の礼拝室と対称的に建っている北側の礼拝室は1844年のもので、身廊は1878〜79年に、建築家ジロー・ド・マコンの指揮で建てられた。教会堂の現在の平面を1810年と1840年の地籍図のものと比べてみるなら、昔の身廊の長さは現在の身廊の長さと同じであり、現在の身廊部の中央の身廊空間にほぼ対応していることが分かる。

ロマネスクの時に建てられた部分は全て半円形アーチになっていて、鐘塔の下の矩形の内陣にも半円のトンネル・ヴォールトが架けられている。組積はとりわけ厚く、鐘塔下内陣の南北の壁で104cm、アプシスの壁で105cmの壁厚がある。建物の外部から観察できるように、組積は概ね四角く整形された小振りのモエロン積みで、規則的にきちんと層を成して積まれている。アプシスの中心軸上にある中央の窓の周囲の石は取り外されており、同じ形の二つの窓がその両脇にかつて開いていた。この窓のアーチの組積と鐘塔第一層の窓の組積は同じ形状のモエロン積みである。鐘塔最上層は全く異なる作りである。モエロン積みの石は若干大きく、特に大きな違いは、整形された切石であることと、石材の表面をハンマーで打って仕上げがなされた切石になっていることである。また窓の上部のアーケードも、その下の層のものと比べてより丁寧な作りとなっている。この鐘塔最上層の四面には、三連の窓が開き、その上部が半円アーチのアーケードになっている。この三連アーケードは対になった小円柱が支えており、小円柱の上部には彫刻が施された柱頭が見られる。小円柱の礎盤も同様に細工が施されている。柱頭を持った一本だけの小円柱がところどころ配されている箇所もある。三連窓のこうした造作はラ・ヴィヌーズだけに見られるというわけではないが、それでも珍しいものではある。礎盤と柱頭はマコンのサン＝ヴァンサン旧大聖堂の玄関口に見られるものに類似している。いくつかの装飾については全く同じだと言えるものもある。サン＝ヴァンサンのこの玄関口は1110〜1120年の建設である

から、ラ・ヴィヌーズの鐘塔のこの最上層が作られ、鐘塔の嵩上げがなされたのはこれと同じ時期だと推測することができる。まさにこの時のクリュニー修道院とマコン司教の間の関係（司教の権力を排斥しようとするクリュニーの意図に起因する対立）の波乱に満ちた歴史が、この鐘塔の嵩上げの意図を説明する。

建物の寸法分析はそれほど難しくはない。1尺が29.5cmのローマ尺で、アプシスが16×12尺、鐘塔下の矩形内陣が18×10尺という具合に全てが解釈できる。現在の身廊が昔の身廊に対応するとするなら、身廊は20×48尺（ベルジュスランの身廊と全く同じ大きさ）となり、教会堂の全長は60尺となる。鐘塔は15×15尺（外法）である。

領主の礼拝室には簡単なリブ・ヴォールトが架かり、斜めに置かれた隅の二つの控壁で補強されている。装飾としては、唯一、紋章をあしらった要石と「グロテスク（怪物）」を表した四つのキュロ（リブ受け持送り）だけである。簡素なトレーサリー窓も、恐らく古いステンド・グラスの何がしかの断片を保持していると思われる。

［アラン・ゲロー（西田雅嗣 訳）］

La villa où se situe l'église de la Vineuse est attestée dès le début du Xe siècle, mais sous le nom de *villa fenestiacensis* ou *de fenestrago*. *L'ecclesia sancte marie de Vinosa* apparaît seulement aux alentours de l'an 1000. Cette église était possession épiscopale en pleine zone clunisienne, tout laisse supposer qu'elle a été construite en position quasi sommitale, à un emplacement alors vide, comme marque tangible de l'autorité épiscopale. C'est la seule manière d'expliquer l'apparition de ce toponyme nouveau dénué de toute tradition.

De l'église médiévale subsiste la travée sous le clocher et le clocher, l'abside, et une chapelle seigneuriale au sud du clocher. La chapelle nord, qui fait symétrie par rapport à la chapelle seigneuriale est de 1844, la nef fut reconstruite en 1878-79 sous la direction de l'architecte Giroud de Mâcon. Une comparaison du plan actuel avec les plans cadastraux de 1810 et 1840 permet de penser que la nef ancienne avait la même longueur que la nef actuelle, et qu'elle correspondait à peu près au vaisseau central de cette église actuelle.

Tous les éléments romans sont en plein cintre, le dessous du clocher est lui-même couvert d'une voûte en plein cintre. Les maçonneries sont particulièrement épaisses, 104 pour les murs sud et nord sous le clocher, 105 pour le mur de l'abside. Tel qu'on peut l'observer à l'extérieur, l'appareil est constitué de petits moellons à peu près équarris, réguliers et correctement lités. Le pourtour de la fenêtre axiale ancienne a été dégagé, il existait deux autre fenêtres identiques de chaque côté. Les mêmes moellons ont servi pour former les arcs de cette fenêtre et des fenêtres du premier étage du clocher. Le dernier étage du clocher est d'une facture nettement différente. Les moellons sont un peu plus gros et surtout appareillés à la laye, les arcades au dessus des fenêtres sont beaucoup plus soignées qu'à l'étage inférieur. Sur les quatre faces, la triple baie est soutenue par deux paires de colonnettes géminées ; au dessus de ces colonnettes se trouvent des paires de chapiteaux sculptés, les bases des colonnettes sont également travaillées, le dispositif est complété de part et d'autre par une colonnette simple avec un chapiteau. Ce système de triples baies n'est pas unique, mais rare tout de même ; les bases et les chapiteaux sont d'un type très analogue à celui que l'on voit au porche de l'ancienne cathédrale Saint-Vincent, certains décors sont à peu près identiques. Ce porche est daté des années 1110-1120, on peut supposer que le rehaussement du clocher de la Vineuse est contemporain. L'explication de cette initiative tient très probablement à l'histoire particulièrement mouvementée à ce moment précis des rapports entre l'abbaye de Cluny et l'évêque de Mâcon (affrontement lié à la volonté des clunisiens d'échapper à l'autorité de l'évêque).

L'examen métrologique n'offre pas de grosse difficulté. Tout est en pieds romains de 29,5cm, abside 16 x 12, travée sous clocher 18 x 10. Si l'on admet que la nef actuelle correspond à l'ancienne nef, on obtient aussi 20 x 48 (dimensions exactes de la nef de Bergesserin), longueur totale 60. Clocher 15 x 15 (extérieur).

La chapelle seigneuriale, voûtée d'une ogive simple et renforcée par des contreforts obliques, ne conserve qu'un décor modeste : une clé armoriée (à identifier !) et quatre culots représentant des « grotesques »; la fenêtre à remplage simple conserve peut-être quelques fragments de vitrage anciens.

[Alain GUERREAU]

西正面上部
Partie haute de la façade ouest.

東立面
Façade est.

北東から見た北側外観
L'extérieur nord depuis le nord-est.

北西から見た北側外観
L'extérieur nord depuis le nord-ouest.

南立面
L'élévation sud.

会堂頭部・鐘塔の南側面
Le côté sud du chevet et le clocher.

勝利門アーチ・内陣・アプシス
Arc-triomphal, chœur et abside.

身廊、西側入口方向を見る
Nef vue vers l'entrée occidentale.

勝利門アーチ・内陣・アプシス
Arc-triomphal, chœur et abside.

鐘塔内部
L'intérieur de clocher.

平面（縮尺：1 / 200）

鐘塔

教会堂

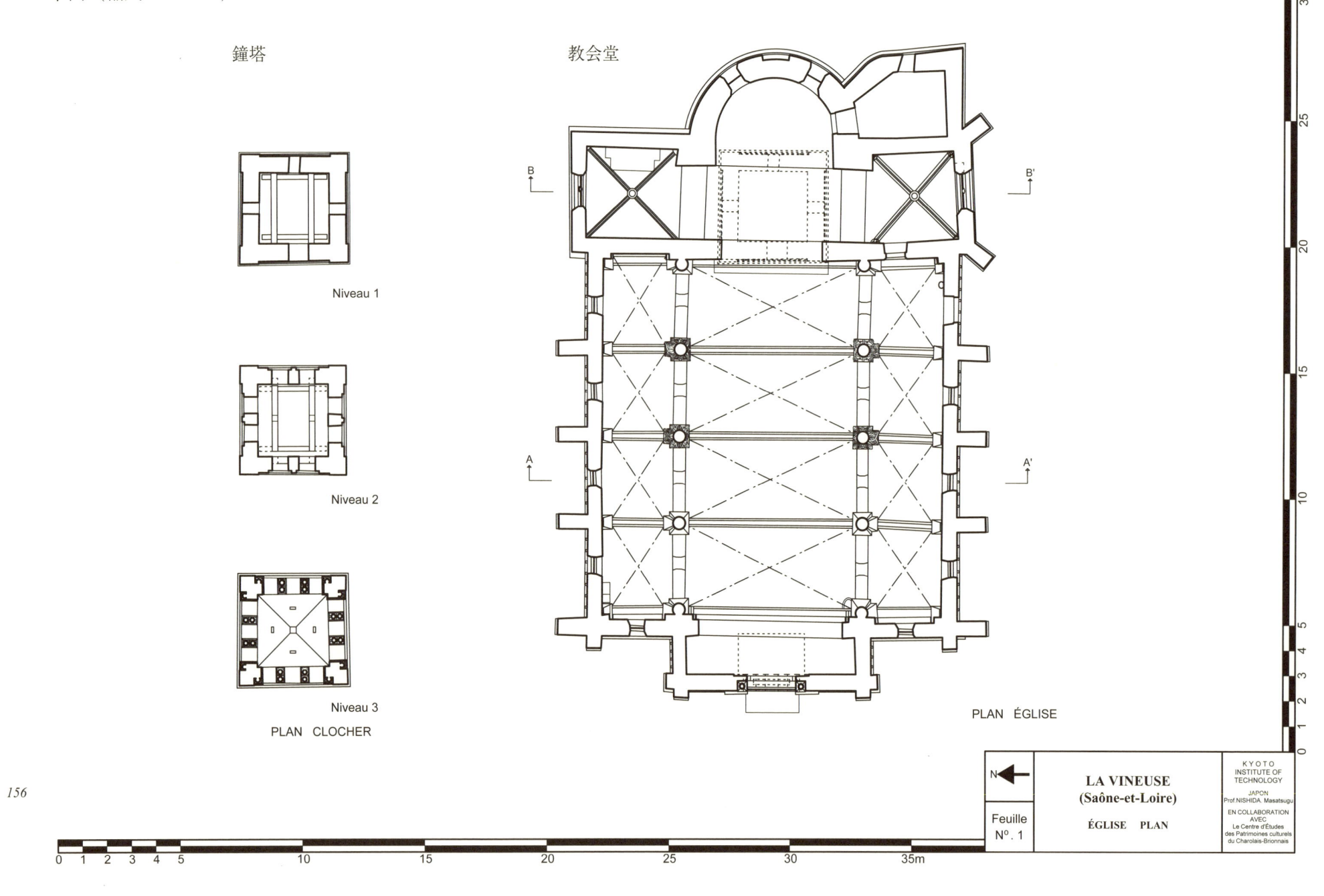

Niveau 1

Niveau 2

Niveau 3

PLAN CLOCHER

B

B'

A

A'

PLAN ÉGLISE

N

Feuille
N°. 1

LA VINEUSE
(Saône-et-Loire)

ÉGLISE PLAN

KYOTO
INSTITUTE OF
TECHNOLOGY
JAPON
Prof.NISHIDA, Masatsugu
EN COLLABORATION
AVEC
Le Centre d'Études
des Patrimoines culturels
du Charolais-Brionnais

0 1 2 3 4 5 10 15 20 25 30 35m

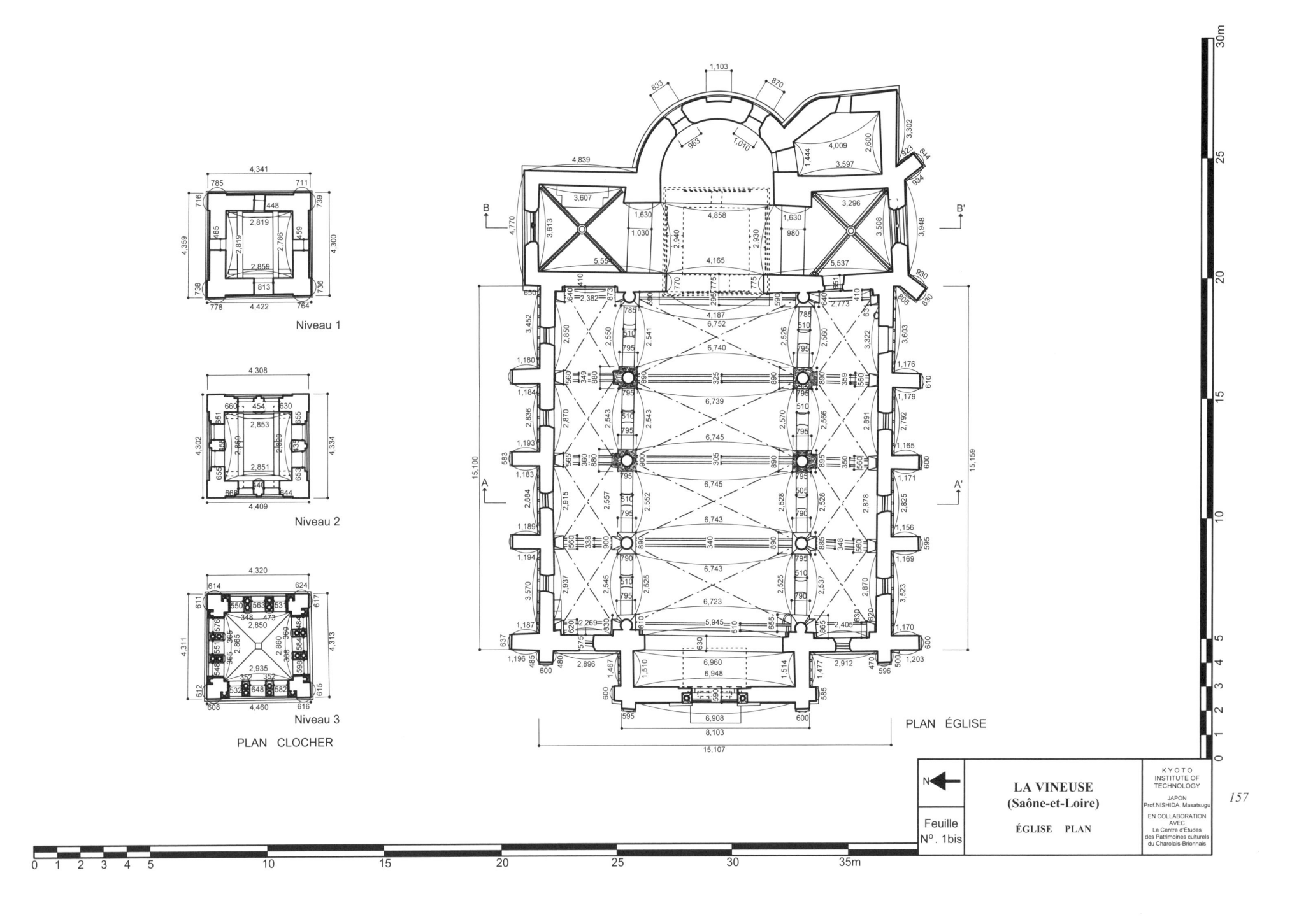

Niveau 1

Niveau 2

Niveau 3

PLAN CLOCHER

PLAN ÉGLISE

N ←	LA VINEUSE (Saône-et-Loire)	KYOTO INSTITUTE OF TECHNOLOGY JAPON Prof.NISHIDA. Masatsugu
Feuille Nº. 1bis	ÉGLISE PLAN	EN COLLABORATION AVEC Le Centre d'Études des Patrimoines culturels du Charolais-Brionnais

157

東立面（縮尺：1 / 200）

LA VINEUSE
(Saône-et-Loire)

Feuille
N°. 2

ÉGLISE FAÇADES EST

KYOTO
INSTITUTE OF
TECHNOLOGY

JAPON
Prof.NISHIDA. Masatsugu

EN COLLABORATION
AVEC
Le Centre d'Études
des Patrimoines culturels
du Charolais-Brionnais

西正面（縮尺：1 / 200）

30m

25

20

15

10

5
4
3
2
1
0

LA VINEUSE
(Saône-et-Loire)

Feuille
N°. 3

ÉGLISE FAÇADES OUEST

KYOTO
INSTITUTE OF
TECHNOLOGY

JAPON
Prof.NISHIDA. Masatsugu

EN COLLABORATION
AVEC
Le Centre d'Études
des Patrimoines culturels
du Charolais-Brionnais

159

0 1 2 3 4 5   10   15   20   25   30   35m

北立面（縮尺：1 / 200）

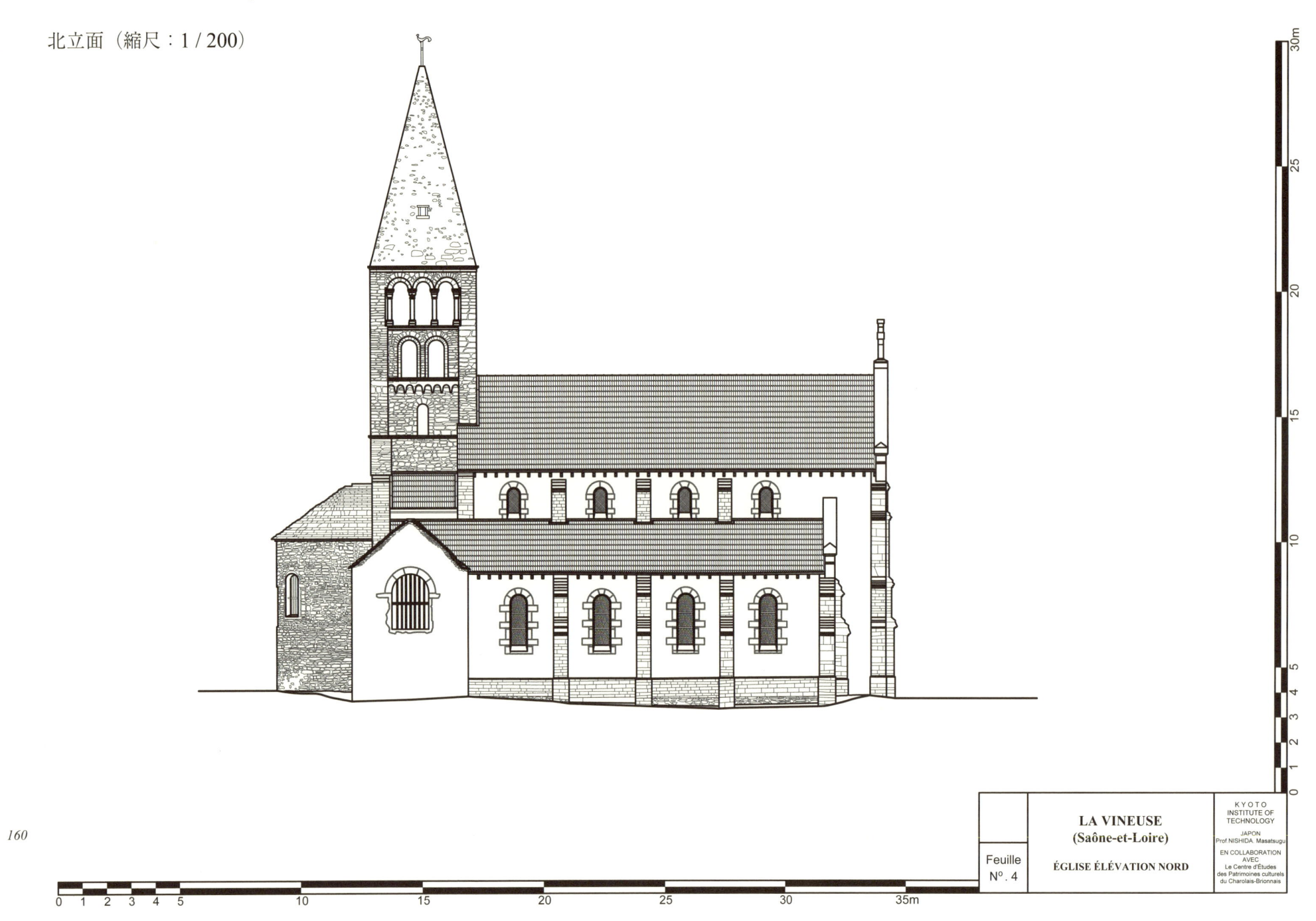

LA VINEUSE
(Saône-et-Loire)

Feuille
Nº. 4

ÉGLISE ÉLÉVATION NORD

KYOTO
INSTITUTE OF
TECHNOLOGY
JAPON
Prof.NISHIDA Masatsugu

EN COLLABORATION
AVEC
Le Centre d'Études
des Patrimoines culturels
du Charolais-Brionnais

南立面（縮尺：1 / 200）

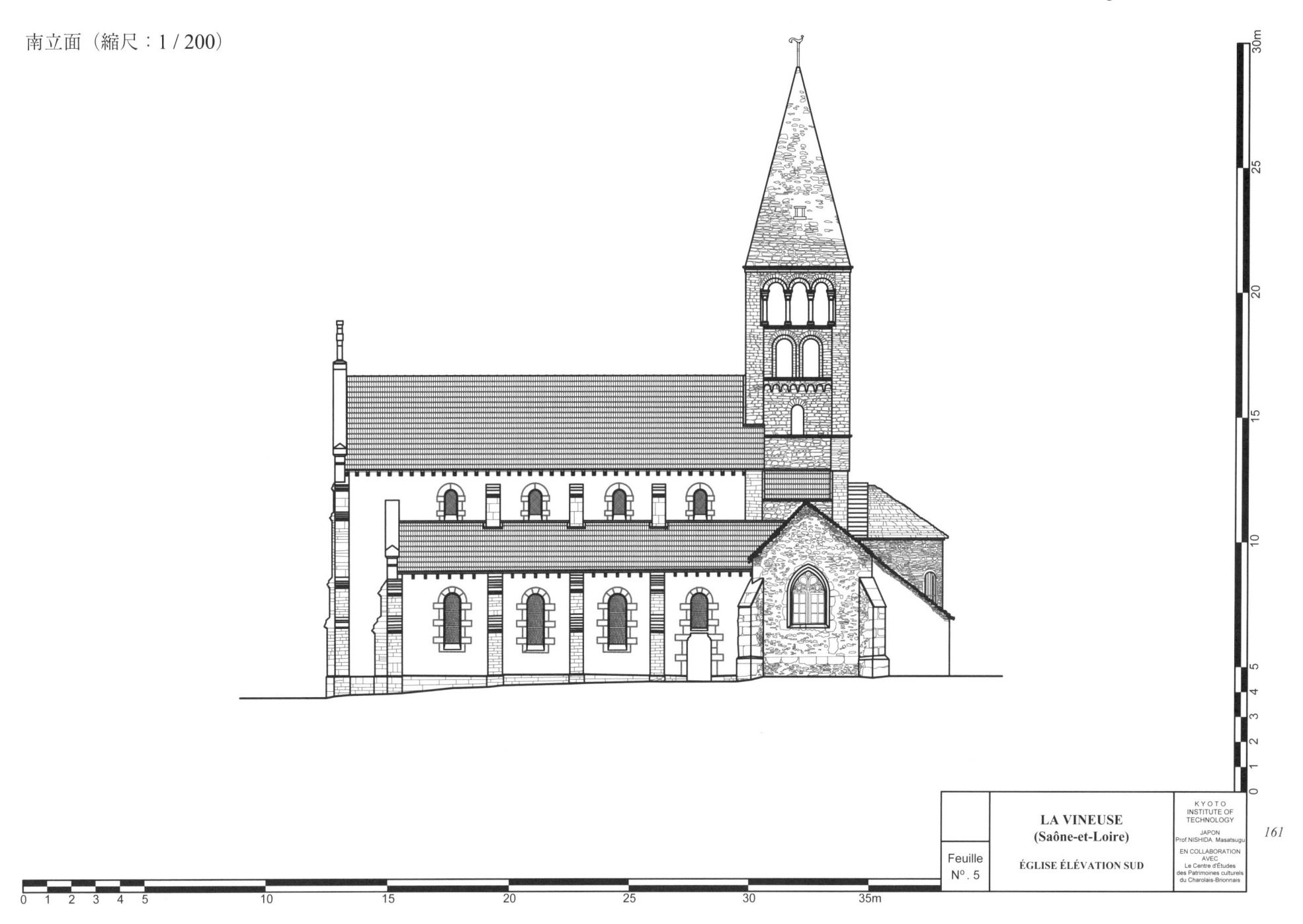

30m

161

LA VINEUSE (Saône-et-Loire)		KYOTO INSTITUTE OF TECHNOLOGY JAPON Prof.NISHIDA: Masatsugu EN COLLABORATION AVEC Le Centre d'Études des Patrimoines culturels du Charolais-Brionnais
Feuille N°. 5	ÉGLISE ÉLÉVATION SUD	

0 1 2 3 4 5 10 15 20 25 30 35m

横断面（縮尺：1 / 200）

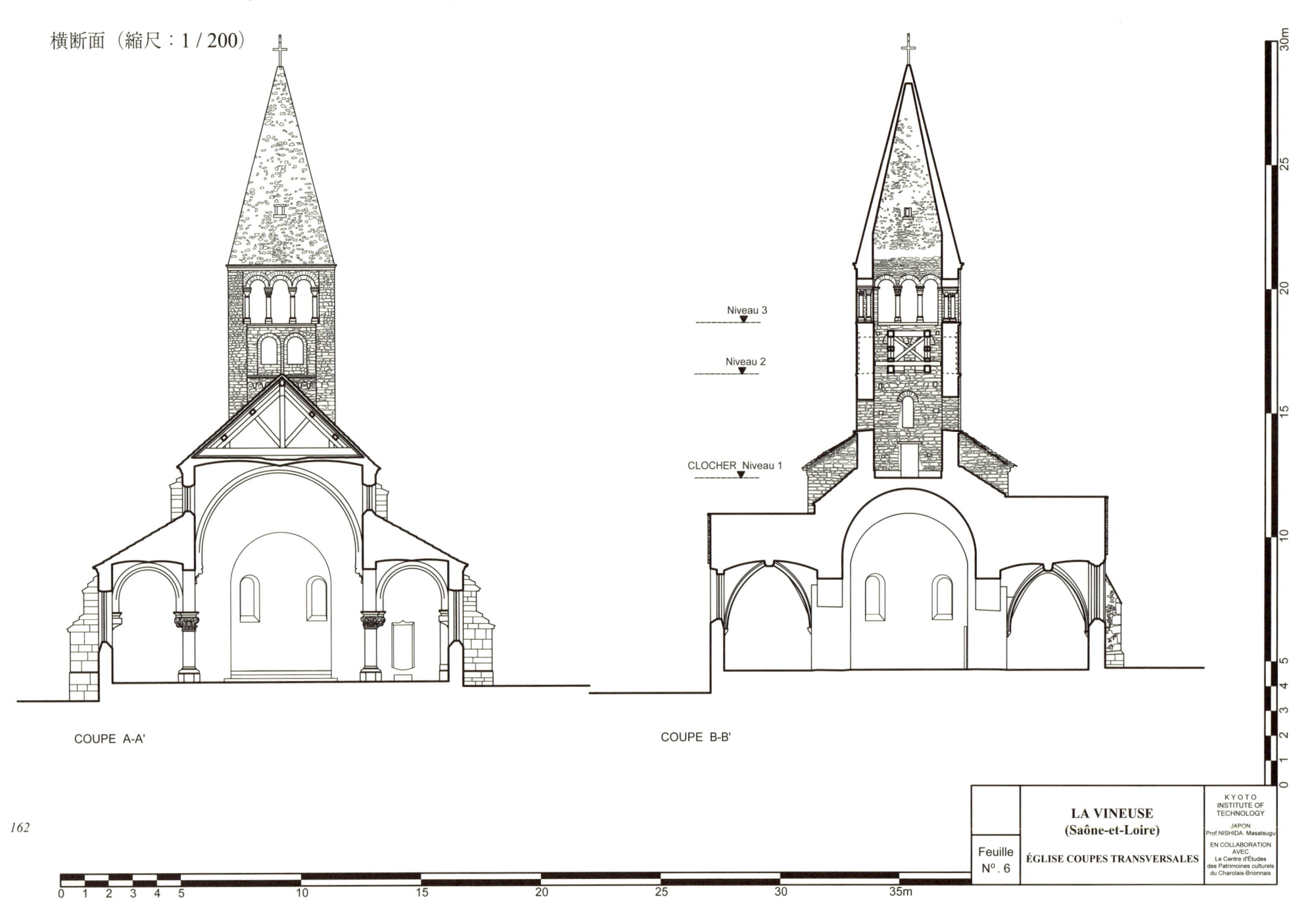

Niveau 3

Niveau 2

CLOCHER Niveau 1

COUPE A-A'

COUPE B-B'

LA VINEUSE
(Saône-et-Loire)

ÉGLISE COUPES TRANSVERSALES

Feuille
Nº . 6

KYOTO
INSTITUTE OF
TECHNOLOGY
JAPON
Prof.NISHIDA. Masatsugu
EN COLLABORATION
AVEC
Le Centre d'Études
des Patrimoines culturels
du Charolais-Brionnais

0 1 2 3 4 5   10   15   20   25   30   35m

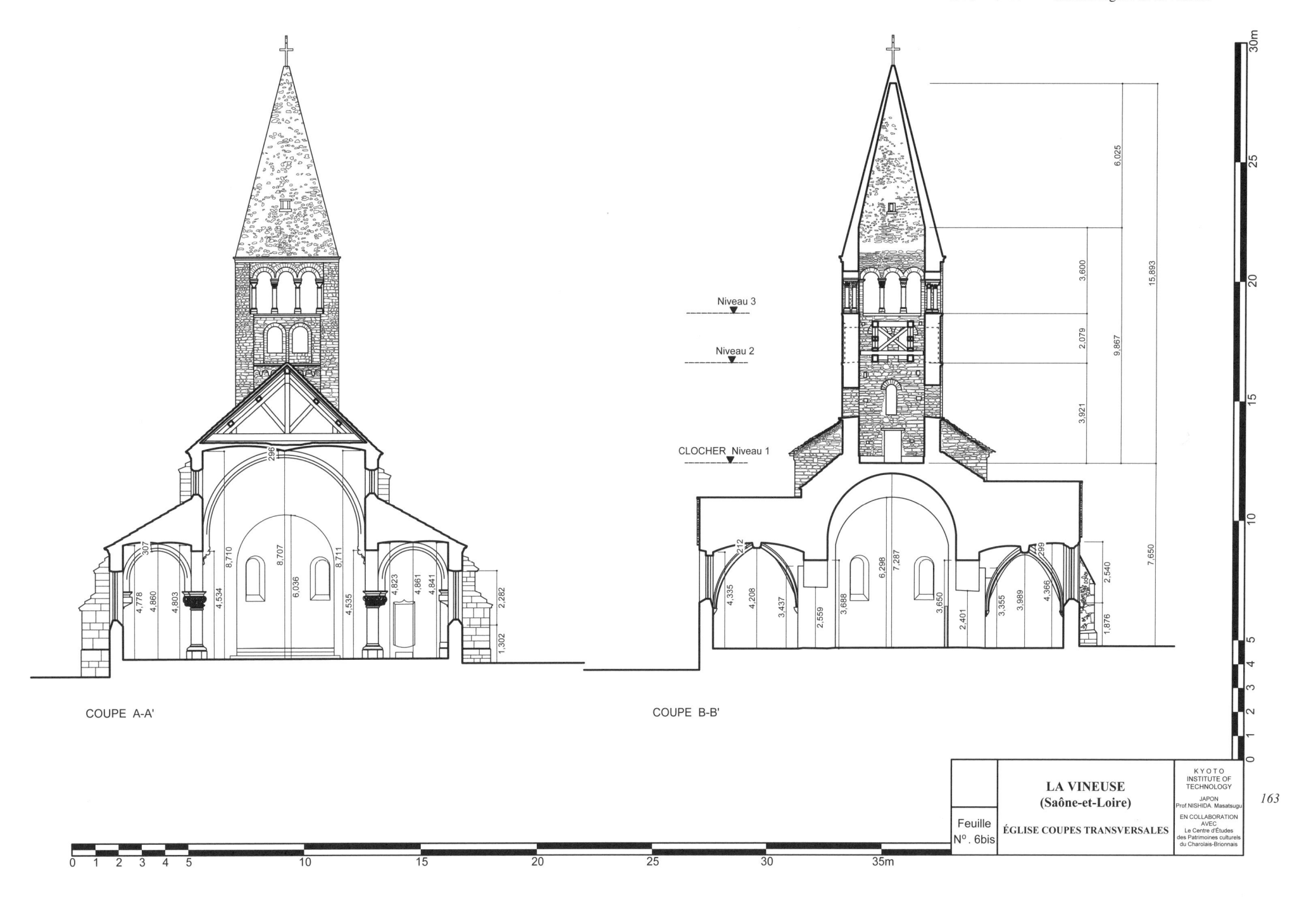

COUPE A-A'

COUPE B-B'

Niveau 3

Niveau 2

CLOCHER Niveau 1

	LA VINEUSE (Saône-et-Loire)	KYOTO INSTITUTE OF TECHNOLOGY JAPON Prof.NISHIDA. Masatsugu
Feuille N°. 6bis	ÉGLISE COUPES TRANSVERSALES	EN COLLABORATION AVEC Le Centre d'Études des Patrimoines culturels du Charolais-Brionnais

163

縦断面（縮尺：1 / 200）

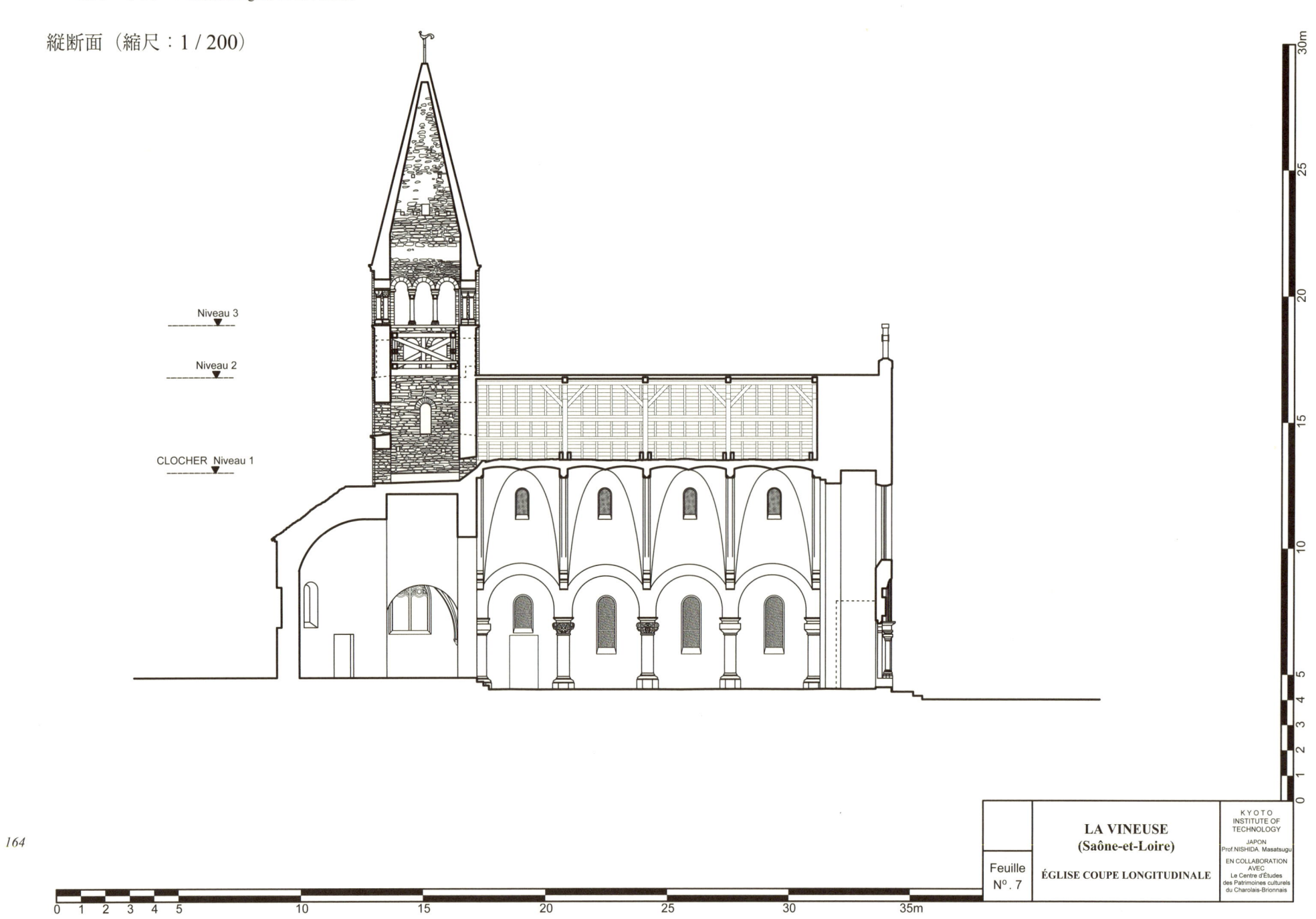

Niveau 3

Niveau 2

CLOCHER Niveau 1

LA VINEUSE
(Saône-et-Loire)

KYOTO
INSTITUTE OF
TECHNOLOGY
JAPON
Prof. NISHIDA. Masatsugu

EN COLLABORATION
AVEC
Le Centre d'Études
des Patrimoines culturels
du Charolais-Brionnais

Feuille
Nº. 7

ÉGLISE COUPE LONGITUDINALE

0 1 2 3 4 5   10   15   20   25   30   35m

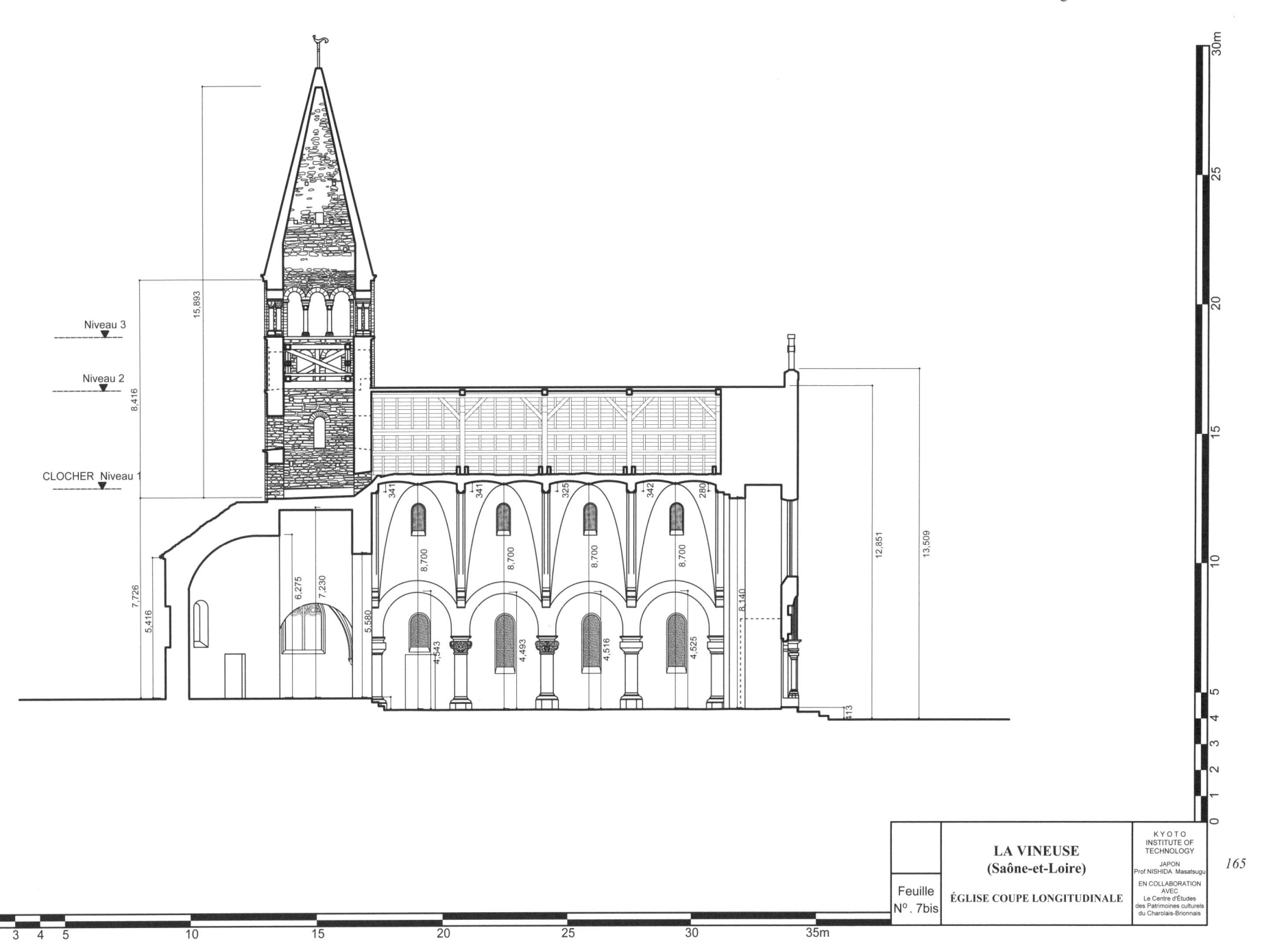

Niveau 3

Niveau 2

CLOCHER Niveau 1

15.893

8.416

7.726

5.416

6.275

7.230

5.580

341

341

325

342

280

8.700

8.700

8.700

8.700

4.543

4.493

4.516

4.525

8.140

12.851

13.509

413

30m

25

20

15

10

5

4

3

2

1

0

165

LA VINEUSE
(Saône-et-Loire)

Feuille
Nº. 7bis

ÉGLISE COUPE LONGITUDINALE

KYOTO
INSTITUTE OF
TECHNOLOGY

JAPON
Prof.NISHIDA. Masatsugu

EN COLLABORATION
AVEC
Le Centre d'Études
des Patrimoines culturels
du Charolais-Brionnais

0 1 2 3 4 5   10   15   20   25   30   35m

14. ル・ピュレ教会堂
L'église du Puley

実測調査

2007年9月20〜21日

［調査メンバー］

西田雅嗣、榎並悠介、岡北一孝、竹川展弘、竹村沙羅、平尾智、村岸真衣

実測図面

西田雅嗣、2008年

図面作成

西田雅嗣

Relevé

20 – 21 / 09 / 2007.

Masatsugu NISHIDA, Yusuke ENAMI, Tomo HIRAO, Mai MURAGISHI, Ikko OKAKITA, Norihiro TAKEKAWA, Sara TAKEMURA.

Auteur du plan

Masatsugu NISHIDA, 2008.

Dessin

Masatsugu NISHIDA.

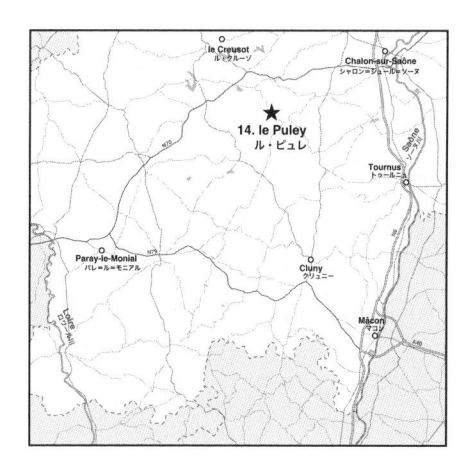

ル・ピュレ教会堂は、かつて修道院の付属教会堂であったが、現在は、大半の上部構造を失った廃墟である。しかしながら、身廊ヴォールトや交差部の上に乗っていたトロンプ・ドーム、あるいは木造の小屋組などを除いてはアプシスや両袖廊祭室、身廊の西側の入口のところのベイ、北側廊についてはヴォールト天井も残存し、上塗りは全面的に剝落してはいるが、外壁、ピアなどは良好な状態で残っており、ロマネスク建築がいかなるものであるかを理解させてくれる。クリスチャン・サパンが『ブルゴーニュ・ロマネスク』(2006年)の中で言う11世紀末から12世紀にかけての建設技術の到達点を、廃墟であるがゆえに、仔細に観察することができる。この教会堂は1973年に国の歴史的記念建造物に指定されている。

クリュニーとシャロンの中間地点から若干西寄りのところに位置するル・ピュレは、同じ南ブルゴーニュのトゥールニュのほど近くにあるランシャール修道院に所属する修道院で、11世紀末から12世紀初めの建築である。18世紀の文書は、この修道院がその時にすでに廃墟であったことを記している。1972年から1984年にかけて地元の保護団体より修復工事が実施されて、今日見る姿になった。

教会堂は三廊式の長堂で、身廊は三ベイから成る。交差廊を有するが、その南北の端部は側廊の外壁の位置からは突出しない。交差部の上には、1877年までは存在していたトロンプ・ドームとその上に乗る鐘塔が、小型のアーケード飾りの持送りの上に立ち上がっていた。19世紀の古写真が、八角塔であったこの鐘塔の威容を教えてくれる。

内陣は、半円形平面の上に半ドームが乗っているアプシスと、その前の奥行きの浅い矩形のベイとで形成される。この矩形内陣の南北は、交差廊に開く南北二つの袖廊祭室に通じている。身廊の屋根は、西端の一ベイを除いて失われているが、十字形平面をしたピアのドスレの上に降りてくる横断アーチで区切られた、尖頭トンネル・ヴォールトで覆われていた。身廊の北側には身廊大アーケードが残っていて、尖頭アーチとなっている。側廊については、現存する北側廊には、横断アーチを持たない交差ヴォールトが架かっている。西が正面には、早い時期のロマネスクに特徴的な小型のアーチの連続から成るアーケード装飾が妻壁の上部の縁を飾り、ロンバルド帯もあり、上塗りが剝落していることを除いて、往時の装飾の様子が分かる。西正面の入口上の、現状では中に何の装飾もないタンパンが、若干張り出した組積によって枠取られている。

168　建物内部には、特に入り隅などの部分に、建造当時の漆喰塗りの一部があちらこ

らに残っている。珍しい例であると言える。

建物東側部分の組積は明らかに西側のそれとは異なる。また、内陣と交差郎のところのアーチは半円アーチであるのに対して、身廊のそれは尖頭アーチである。このことは、建設の時期が、少なくとも二期に分かれることを示唆する。北側廊の西側から三つ目の、交差廊に隣接するベイの外壁の組積は、上部と地面に近い下部とで違いを見せており、この部分で工事の中断があったことが分かるが、おそらくこの二つの工期はそれほど離れていないと思われる。最初の工事はおそらく11世紀末から12世紀初めにかけてで、二番目の工事は12世紀であると考えられる。

［西田雅嗣］

L'état actuel de l'ancienne église priorale du Puley est aujourd'hui en état de ruine. Exceptées la voûte du vaisseau central et la coupole sur trompes qui couvrait la croisée du transept, ainsi que la totalité de la toiture charpentée, la structure principale subsiste encore dans un état satisfaisant, et nous permet d'observer la technique de construction et le plan de son architecture romane. Cette église est classée comme Monument Historique depuis 1973.

Cette église, située près de Chalon, fondée à une date inconnue comme église priorale dépendant du prieuré de Lancharre, montre bien l'architecture de la fin du XIe siècle et du début du XIIe siècle. Un texte du XVIIIe siècle précise que l'église était déjà en ruine à cette époque. Les travaux de restauration effectués entre 1972 et 1984 par une association locale ont permis d'en conserver l'architecture telle qu'on la voit aujourd'hui.

L'église est bâtie sur un plan basilical, à trois nefs de trois travées, ouvrant sur un transept non saillant surmonté d'une coupole sur trompes et d'arcatures en ressaut qui supportait le clocher détruit en 1877. Une photographie du XIXe siècle montre ce clocher encore entier, de forme octogonale.

Le chœur consiste en une courte travée droite, qui précède une abside en hémicycle. Les deux absidioles ouvrant sur le transept desservent aussi cette courte travée rectangulaire latéralement. La nef a perdu sa couverture, qui était une voûte en berceau brisé articulée par des arcs doubleaux retombant sur les dosserets de piliers cruciformes. Les grandes arcades existant encore au nord de la nef présentent la forme d'un arc brisé. Les bas-côtés sont à voûtes d'arêtes sans doubleaux. Sur la façade ouest, le décor des arcatures et bandes lombardes caractéristiques du premier âge de l'art roman, s'y trouvent encore à ce jour. Un massif de maçonnerie en saillie encadre le tympan nu du portail.

On peut remarquer que des traces d'enduits de l'époque subsistent encore, surtout à l'intérieur des angles, ce qui est assez rare.

L'appareil des parties orientales de l'église est visiblement différent de celui des parties occidentales. On note également que les arcs appartenant au chœur et au transept sont en plein cintre, tandis que ceux de la nef sont en arc brisé. Ces aspects montrent bien que la période de construction de cette église se divise, au moins, en deux étapes. L'appareil du mur du bas-côté nord présente nettement l'utilisation de deux moellons différents. Cette observation nous fait supposer que le changement de construction a lieu durant la période de la construction de cette partie. Mais ces deux phases ne sont pas très espacées dans le temps, on estime qu'elles appartiennent au XIIe siècle, si bien que la première campagne a dû commencer à la fin du XIe siècle.

[NISHIDA Masatsugu]

身廊からアプシスを見る
La nef vue vers l'abside.

身廊、西正面方向を見る
La nef vue vers l'entré occidentale.

平面（縮尺：1 / 150）

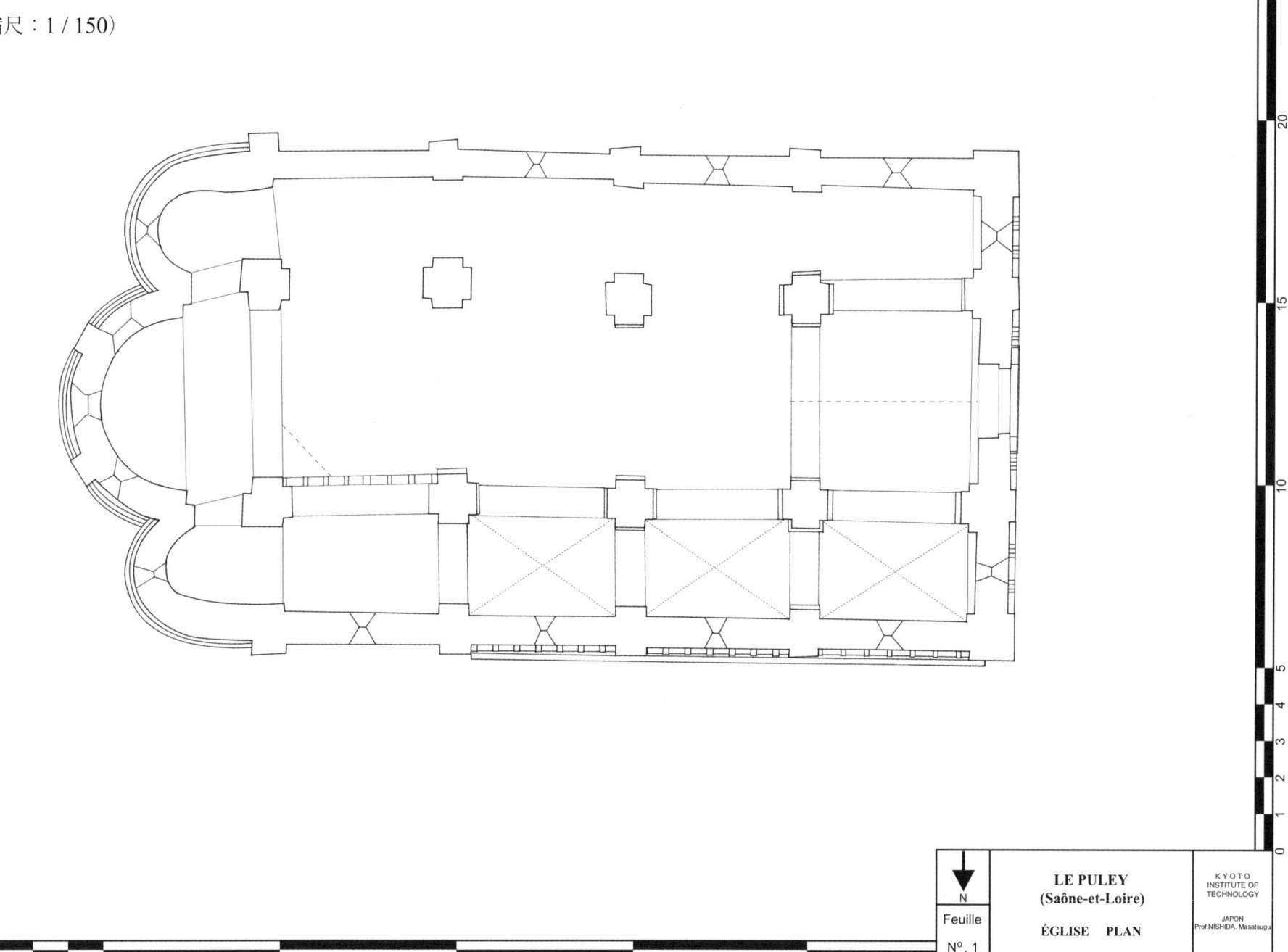

25m

20

15

10

5

4

3

2

1

0

N

Feuille

Nº. 1

LE PULEY
(Saône-et-Loire)

ÉGLISE   PLAN

KYOTO
INSTITUTE OF
TECHNOLOGY

JAPON
Prof.NISHIDA. Masatsugu

0 1 2 3 4 5   10   15   20   25m

15. マレのノートル＝ダム教会堂
L'église Notre-Dame de Malay

実測調査

2003年9月19〜20日

［調査メンバー］

西田雅嗣、石山智則、榎並悠介、福岡亜希子、町野真由美、三木正貴

実測図面

西田雅嗣、2003年12月

図面作成

町野真由美

Relevé

19 – 20 / 09 / 2003.

Masatsugu NISHIDA, Yusuke ENAMI, Akiko FUKUOKA, Tomonori ISHIYAMA, Mayumi MACHINO, Masataka MIKI.

Auteur du plan

Masatsugu NISHIDA, 12 / 2003.

Dessin

Mayumi MACHINO.

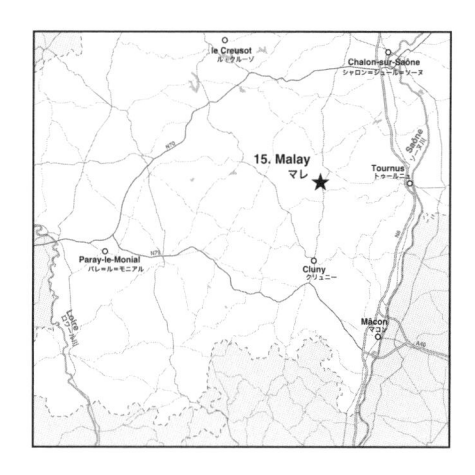

フランス・ブルゴーニュの南部に当たるマコネ地方は、クリュニー修道院とトゥールニュのサン＝フィリベール修道院を擁する土地で、この地方に残るロマネスク建築の数の多さとその質の高さは、この二つの修道院抜きには語れない。クリュニー系の教会堂建築とトゥールニュのサン＝フィリベールに連なる教会堂建築とが数多く現存しており、その各々に小中規模の教会堂が多数存在する。

マレのノートル＝ダム教会堂も、ブランシオンのサン＝ピエール教会堂などと同様に、一群の中規模教会堂に分類できる建物で、クリュニーと深く関係のある教会堂である。マレの教会堂は、内外ともに質素で装飾は限られ、クレルヴォーのベルナールの美学を思わせるある種厳格で構成的な建築である。こうした性格から、マレの教会堂は、その簡単な平面構成の中に読み取れるであろう寸法構成やプロポーションを通して、教会堂建築の計画に関する研究にとっても興味深い知見が期待できる建築である。

マレの教会堂はグローヌの流域の平野に建ち、クリュニーからもトゥールニュからも等しく15kmという位置にある。現在のマレは非常に小さいコミューンであるが、このコミューンは二つの教会堂を有する。記録によるとマレの教会堂の初出は1095年のクリュニー関係の文書であるが、この記録に既に二つの教会堂の存在が記されていると言う。もう一つの教会堂は、単身廊で、内陣上部に鐘塔を乗せたウジのサン＝マルタン教会堂である。マコネ地方のコミューンの中で、ロマネスクの同時期に建設された二つの教区教会堂を有するのはマレだけである。

1160年のクリュニーの記録から、このマレの教会堂は12世紀の後半以降、クリュニー修道院直轄の司祭館に付属する教会堂（doyenné）の一つであったことが知られ、極めて重要な教会堂であったことがわかる。1513年の記録によると、この年、ノートル＝ダム教会堂として記録され、クリュニー修道院長の聖職禄になっているという。大規模教会堂とは言えないまでも、三廊式の中規模教会堂であり、クリュニー本山の修道院長に直接結びつく格の高い教会堂であった。

土地で産するあまり上質ではない明るい色の石灰岩の切り石による組積が外観に露になっているが、これももちろん中世当時は上塗りを全体に施されていた。最近修復が行われたが、内部に関しては上塗りが修復により施され、アーチのアーキヴォルトやヴッシュール、あるいはピアに取り付く横断アーチを受けるピラスター等は色が変えられ、組積を模した石目地が描かれている。恐らく創建当初の様子もこの状態とそう異なるものではなかったと思われる。

三廊式の長堂式教会堂で、東端部に身廊と同じ幅の半ドームを架けたアプシスが付く。その先に付く四角い聖具室は後補である。出の少ない交差廊を持ち、両袖の東に、それぞれ一つずつ半ドームを架けた半円形平面の袖廊祭室が開く。交差廊には、身廊の軸と直交する向きの半円形トンネル・ヴォールトが架かり、交差部にはトロンプ・ドームが架かり、その上に交差部の矩形平面と同じ大きさの矩形を平面とするヴォリューム感のある鐘塔が乗る。交差廊を含んでこれより東にあるアーチ、ヴォールトは全て半円アーチである。交差部を画する四辺のアーチは二輪になっていて、このスペースの重要性を表現している。身廊は三ベイからなり、尖頭トンネル・ヴォールトが架かる。側廊のヴォールトは少し特殊なもので、交差ヴォールトであるが、その稜線はベイの中心にまでに至らず、身廊の軸に直交する向きの、側廊幅を長さとする短い長さの尖頭トンネル・ヴォールトが主たるヴォールトとなって、これに、これよりも迫高の低い、身廊の軸方向の尖頭トンネル・ヴォールトが貫入する形になっている。身廊大アーケード、身廊と側廊の横断アーチ、いずれも尖頭アーチである。交差廊を除いてそれより西の身廊部のアーチは全て尖頭アーチで、交差廊を含んだ内陣部の半円アーチと対照を成す。建設時期の違い、あるいは計画変更が現れていると考えられる。

交差部の西辺の南北二本のピアの形状の観察からは、この位置で計画の変更、あるいは工事の中断があったことが読み取れる。交差部のベイの内法幅が微妙に身廊内法幅よりも広く、交差部の南北辺のアーチ上部の壁面の位置が、身廊では大アーケードの内輪の表面の位置に揃えられていて、結果、身廊の大アーケードのアーチ上部の身廊軒壁の壁面が、交差部の南北辺のアーチ上部の壁面よりも身廊の内側に出っ張るということになっている。このことが、交差部の西辺の南北二本のピアの形状が他のピアの形状に比して複雑になっていることを説明する。つまり、ピアの芯が東西軸方向に通っておらず、内陣部と身廊部でずれが生じているということである。

この教会堂のほとんど唯一とも言えるモノグラフィックな記述は、1935年出版のジャン・ヴィレイの『旧マコン司教区のロマネスク教会堂——クリュニーとその地方』に見られるが、このヴィレイの記述においても、2006年のクリスチャン・サパンの『ブルゴーニュ・ロマネスク』中のマレの教会堂について記述した部分でも、同様に建設が二期に分かれることと、アーチの形状の違いによる内部の雰囲気の違いを、目視で明らかに感得できるものとして特筆している。ヴィレイは、全体としてこの教会堂は全体が均質にできている建築で、当初の計画が忠実に実行に移された極めて整った

形を呈する建築であるとした上で、建設は一気に行われたものではなく、交差廊を含む内陣部と身廊部には工事の中断があり、記録にこの教会堂が初出する1095年が身廊部も含めての全体の完成の年ではないかと推察する。一方、内陣部と身廊部にプロポーションや細部の意匠的な違いも示唆するサパンの書は、内陣部の完成を11世紀末、身廊部の完成を12世紀初頭か、もしくは12世紀の中頃ではないかと推察している。いずれにせよ、15km離れた近くのクリュニーでは第三教会堂がまさに建設されていたときであることは興味深い。

ヴィレイはさらに、側廊に修復、あるいは工事の中断と計画変更があったのではないかと指摘する。北身廊軒壁上部の高窓の下部が、側廊の屋根で一部隠れてしまっていること、また南身廊軒壁の三番目のベイの外部に、他のベイには見られない盲アーケード装飾の軒蛇腹が見られることがその理由である。

ベイの数と大きさを別とすれば、マレ教会堂は、平面の形式も大きさもブランシオンのそれに極めて良く似るが、外観の印象は大きく異なる。ブランシオンのサン＝ピエール教会堂では、鐘塔を除いて、建物の高さは非常に低く抑えられ、鐘塔の平面の大きさも、交差部の矩形そのままではなく、それよりも幅において小さく、また交差廊の幅は身廊幅より狭いので、交差廊両端の妻壁は、西正面やアプシス上部の身廊東端の妻壁に対して従属的な大きさである。対してマレは、ヴォールト天井高もモニュメンタルなもので、かつ交差部矩形の正方形がそのまま鐘塔の平面となり、極めてモニュメンタルな鐘塔がそびえ立っている。また交差部矩形が正方形であるため、交差廊両端の切妻壁は、身廊東端のアプシス上部に現れる切妻壁と同じ大きさであり、かつ高さも揃っており、三方に突出する大きな切妻壁の中央に大きな鐘塔がそそり立つと言う非常に印象的な会堂頭部の外観を呈する。この会堂頭部の構成は、ヴィレイもサパンの書も、そのシャープな造形とまとまった形態構成を一様に賞賛している。

この教会堂の平面図として、二種類の図面を確認した。一つは、ジャン・ヴィレイのもので、筆者等の実測からわかる内陣部の微妙な軸線のずれや、身廊部のわずかなゆがみは表現されておらず、直交直角を前提に描かれたものと考えられる。もう一つは近年実施された修復工事の際に、歴史的記念建造物修復建築家フレデリック・ディディエが1996年に作成したものである。これは我々の実測平面図と同様の軸線のずれ、ゆがみを表現している。

実測平面図には、大きな軸線のずれや矩形のゆがみ、直交直角からのずれは見られない。それでも、内陣部分は若干南に傾いている。実測寸法も大きく暴れてはおらず、

外観に印象と同様、正確に建設された様が窺い知れる。特に交差部の正方形は、内法で見て、極めて正確に施工されており、正確に正方形を保持することの重要性が見て取れる。図に記入してある寸法数値からは建設の精度の高さが窺われる。

分析図に、この教会堂の寸法構成の仮説を示す。大きな基準位置寸法と細部の大きさの寸法を総合的に考慮すると、1尺が31.2〜32.2cmの尺度が適当であると考えられる。これはブルゴーニュ地方の古慣用尺の一つと考えられる。19世紀に刊行された古慣用尺についての事典的な目録で「ディジョン尺」と記されることのある尺度に対応すると考えられる。

この尺度のもと、マレの教会堂平面では、大単位のような基準になる大きな主要寸法の基準位置は、内陣部と身廊部の間の建設工事の中断、あるいは計画変更を反映して、内陣部と身廊部がつながるところで、身廊軸に直交する向きの基準線として1.5尺のずれを認める。交差部正方形が、東西方向軸、南北方向軸双方が内法を基準面として寸法設定がなされていると考えられるのに対して、身廊部では、身廊軸と直交する向きの基準線として、ピア芯の位置をとると目される。この時、身廊部の身廊軸方向の基準線、つまり身廊幅を決定する基準線は、さきに交差部の南北二本のピアのところで述べた様に、交差部の南北辺のアーチ上部の壁面の位置が、身廊では大アーケードの内輪の表面の位置に揃えられていていると目される。一見、身廊の各ベイの矩形も正確に正方形のようであるが、それは身廊軒壁面の内法で見たときの寸法であり、ピアの厚みとして現れる身廊軒壁厚は、アーケードの二輪全体で考えると、極めて中途半端な尺数を示すことになり、身廊幅はやはり、大アーケードの内輪の表面の位置を基準面とすると考えられる。このとき、外輪を除いたアーケードの厚み、すなわちピアの厚みと考えられる寸法は2.5尺になる。

交差部正方形は15尺×15尺、身廊幅も15尺で、身廊のベイ長はピア芯々で16尺、側廊幅は内法で7尺、身廊部ピアの厚みは2.5尺、交差廊は内法で15尺、袖廊長はそれぞれ12尺、内陣奥行きは矩形のベイが10尺で、アプシス奥行きも10尺、内陣部の横断アーチ幅が3尺で、身廊部では2.5尺という寸法構成が、ブルゴーニュ地方の古慣用尺の下で、マレの寸法構成として想定できる。ヴィレイやサパンの書が指摘する内陣部と身廊部の違いも寸法に反映されていると考えられる。また、現れる主要寸法の尺数、3、7、10、12、15、16、34、35、48、も、12世紀に書かれたラングルのチボーの『数象徴論』の記述などに照らして、いずれもキリスト教的な良い象徴的意味を持つ数である。

15. マレのノートル＝ダム教会堂 L'église Notre-Dame de Malay

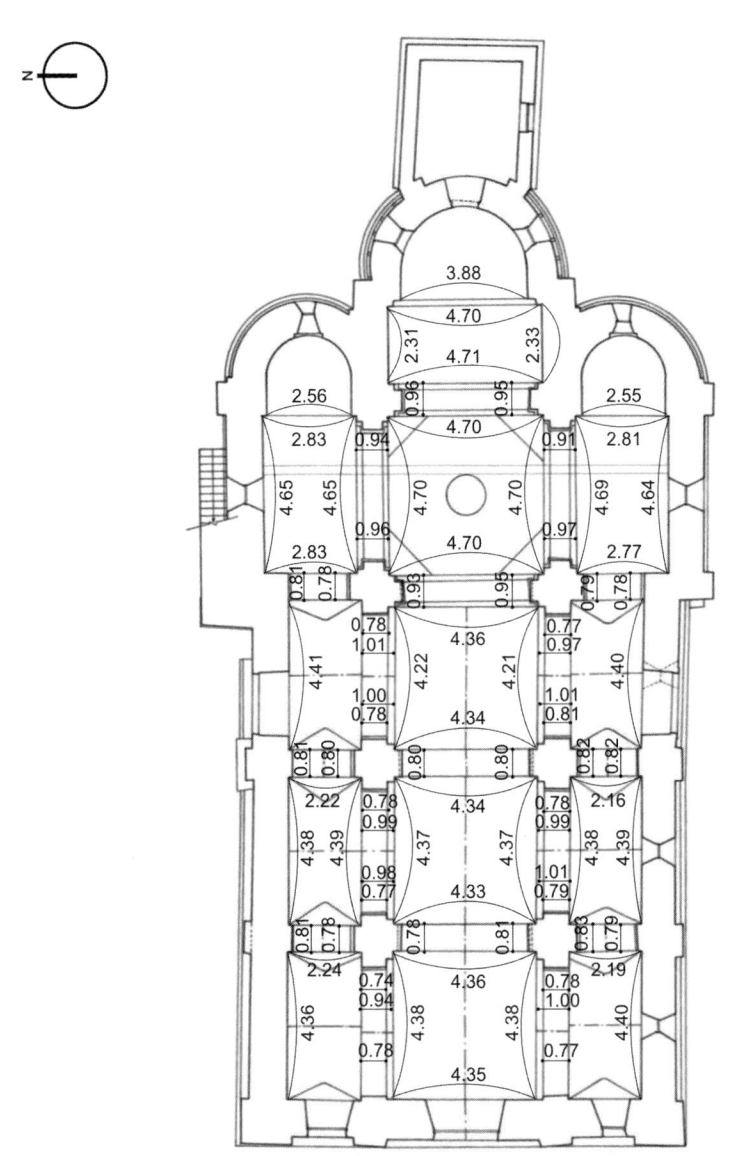

図中の実測寸法値の単位はm

図15-1　教会堂平面図・実測値　　　（作成　西田研究室）

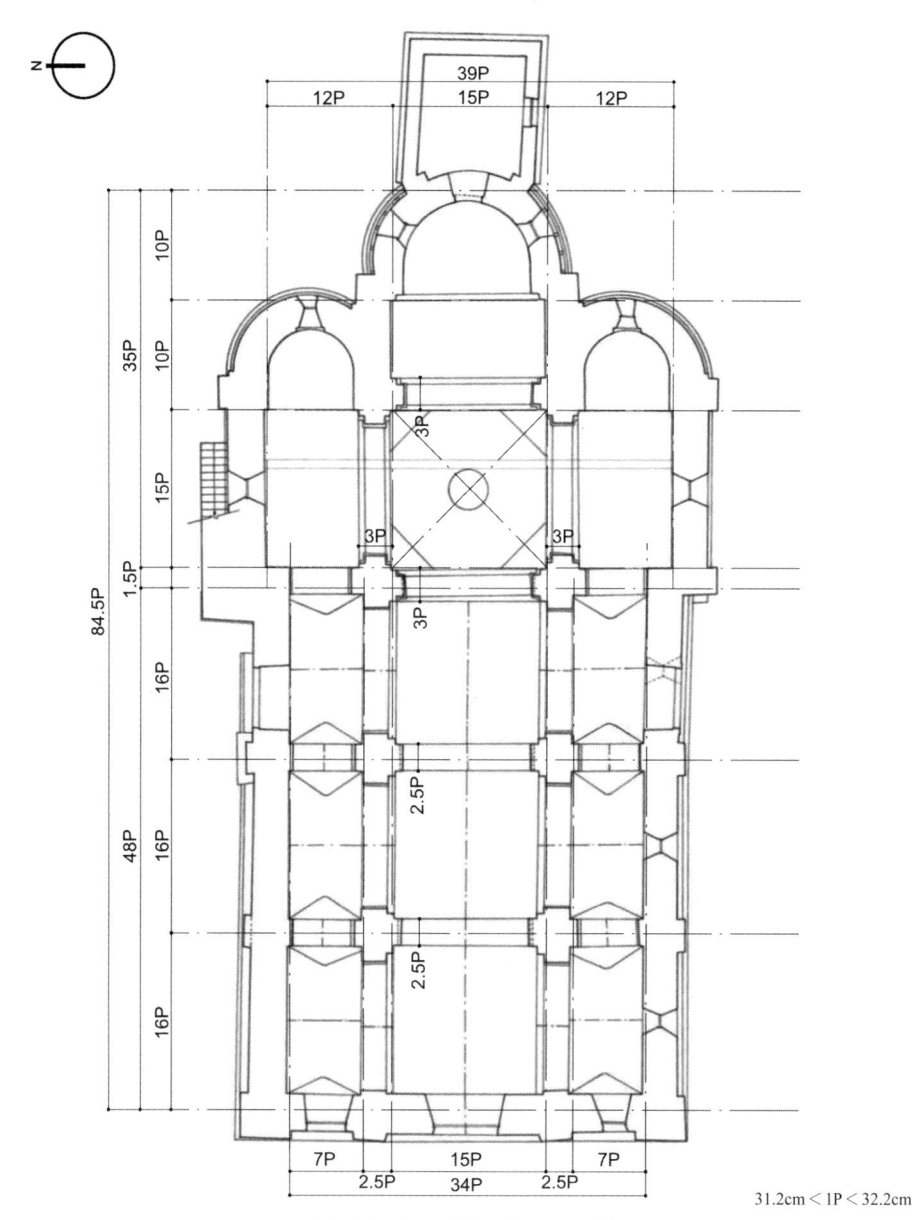

31.2cm＜1P＜32.2cm

図15-2　教会堂平面図・寸法分析　　　（作成　西田研究室）

マレの教会堂は、その平面で見た形式、規模ともブランシオンのサン＝ピエール教会堂に似るが、クリュニー修道院との直接の関係を反映して、規模に比して、外観は良く整ったモニュメンタルな表現をとる。このことは実測値や寸法構成にも読み取ることができ、極めて高い精度での施工が実測値に表れる。しかしながら、内陣部と身廊部の間に存する計画変更、工事の中断が、建物平面全体の寸法構成の基準線の設定に、やはり内陣部と身廊部において基準部位の設定の方針の違いを生み出している。尺度としては、この建物が建設されている時、同時に工事が進行していたクリュニー第三教会堂が用いたローマ尺ではなく、ブルゴーニュ地方の古慣用尺が用いられた。この尺度の下で現れる尺数は、いずれも当時の数象徴に照らして宗教的霊性を伴った数であり、尺数として霊性のメッセージが仕込まれたと考えられたのである。

［西田雅嗣］

L'église Notre-Dame de Malay se trouve dans la vallée de la Grosne, à quinze kilomètres de Cluny. Le village est situé aux abords de la route romaine liant Mâcon à Autun. Connu depuis le milieu du XIe siècle comme le chef-lieu d'un doyenné clunisien, un document historique rapporte que ce village comprenait une église, mentionnée pour la première fois en 1095. Ce même document nous explique également l'existence de deux églises dans ce village : l'une est l'église antérieure à celle existant actuellement, et l'autre une église plus petite, à nef unique surmontée d'un de clocher, il s'agit de Saint-Martin d'Ougy. Parmi les communes actuelles de cette région, seule Malay possède deux églises datant de la même époque. On peut imaginer facilement son importance religieuse à l'époque, par le fait qu'elle comptait parmi les doyennés de Cluny, donc sous l'autorité directe de l'abbé de l'ordre clunisien.

L'église est de forme basilicale, constituée d'une nef de trois travées à collatéraux, d'un transept légèrement en saillie de part et d'autre, précédé d'une courte travée rectangulaire du chœur terminé par une abside en hémicycle, flanqué d'absidioles. La croisée de transept est surmontée d'une coupole octogonale sur trompes. Bâtie en calcaire local très clair et de médiocre qualité, l'ensemble de l'église présente non seulement à l'extérieur mais aussi à l'intérieur un caractère dépouillé, d'une sobriété qui rappelle l'architecture cistercienne.

Entre la nef et le transept, on peut observer une rupture dans les travaux de construction. Deux campagnes peuvent être clairement distinguées. La rupture est visible notamment dans les deux piliers du côté ouest de la croisée : en effet les dosserets de ces piliers sont désaxés.

Selon Jean Virey, dans la troisième travée méridionale la présence d'une corniche décorée d'arcatures, absente à l'ouest, « témoigne soit d'une restauration de la partie antérieure du mur des nefs, soit d'une interruption des travaux au moment de la construction ».

À l'intérieur, l'élévation de la nef est à deux niveaux. Les arcs brisés à doubles rouleaux reposent sur des piles cruciformes avec, côté vaisseau central, des dosserets destinés à supporter les doubleaux. Une voûte en berceau brisé articulée par des arcs doubleaux couvre la nef. Les travées des bas-côtés sont de forme oblongues, couvertes par des voûtes d'arêtes séparées par des arcs doubleaux.

À mesure que l'on s'avance dans l'église, depuis la nef vers le transept, le changement de construction est perceptible en raison de l'emploi d'arcs en plein cintre et de voûtes en berceaux. Les proportions, et, en fonction du changement de ces éléments, l'esthétique aussi change d'un bout à l'autre de l'église. La croisée du transept est légèrement plus large que la nef. Des voûtes transversales en berceaux couvrent les étroits croisillons. La travée du chœur, étroite, voûtée en berceau est éclairée par trois fenêtres. Elle fonctionne comme la transition avec l'abside au plan en hémicycle, voûtée en cul-de-four.

À l'extérieur, la partie orientale de cette église émerge dans une forme cohérente, une grande pureté des lignes et une composition unifiée.

Le transept s'achève par des murs pignons triangulaires, percés d'une baie en plein cintre. La forme du mur oriental du chœur est identique à celle des murs pignons du transept, ses parois latérales comportant également une baie en plein cintre. Encadré par ces trois murs pignons, un grand clocher robuste se dresse au centre comme une espèce d'édifice de plan centré. L'abside, percée de trois fenêtres à l'origine, s'appuie sur deux larges contreforts. Une arcature aveugle sur corbeaux, composée de larges arcs en plein cintre, porte la corniche.

Le clocher dont le plan est un carré parfait, et qui domine au centre des trois murs pignons triangulaires, présente des proportions amples et impressionnantes en dépit de l'absence de flèche. Il consiste en deux niveaux : un soubassement massif avec ouverture à l'est et au sud, et un niveau supérieur décoré de paires de baies géminées, supportées au centre par des colonnettes disposées l'une derrière l'autre. Au-dessus encore, une arcature de briques sur corbeaux de pierre supporte la corniche, mais l'arcature est de fabrication récente.

［NISHIDA Masatsugu］

北東から見た教会堂外観
L'ensemble de l'église depuis le nord-est

身廊からアプシスを見る
Nef vue vers l'abside.

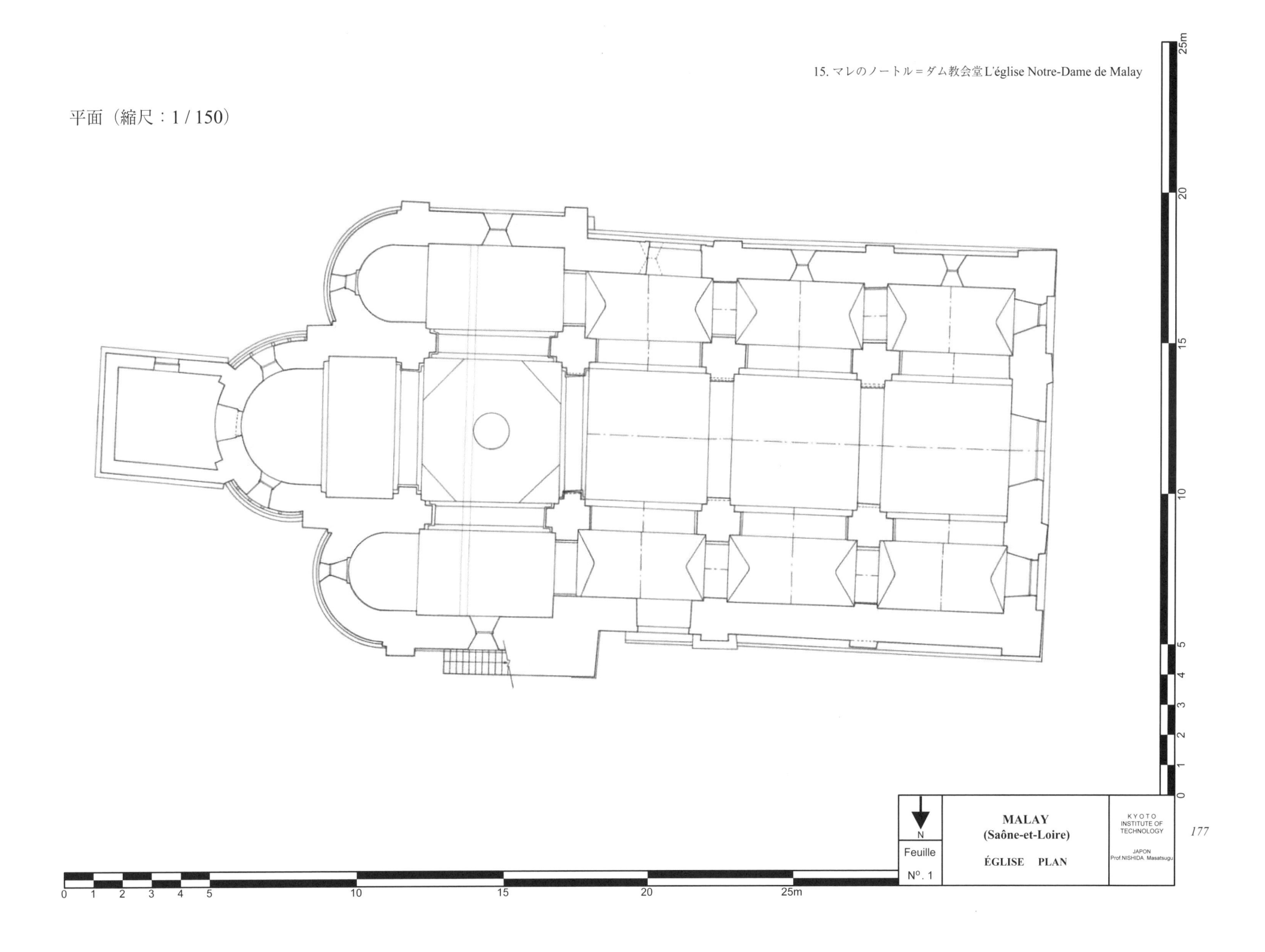

平面（縮尺：1 / 150）

25m

20

15

10

5

4

3

2

1

0

▼ N	**MALAY** (Saône-et-Loire)	KYOTO INSTITUTE OF TECHNOLOGY	*177*
Feuille		JAPON Prof.NISHIDA Masatsugu	
N°. 1	ÉGLISE PLAN		

0 1 2 3 4 5 10 15 20 25m

16. マルシニ旧修道院
L'ancien prieuré de Marcigny

実測調査

2012年9月28日

［調査メンバー］

西田雅嗣、岩田千穂、榎並悠介、太田圭紀、イラム・サーバン、高橋成美、
滝華清之、田邊高彬、中村裕子、原愛、増永恵、村岡陽葉、安井菜穂、
吉田佳世子

2013年9月26日

［調査メンバー］

西田雅嗣、太田圭紀、岡北一孝、加藤旭光、小岩穂菜美、古賀顕士、
小嶋千賀子、原愛、廣長晧介、森下瑶、安井菜穂

実測図面

西田雅嗣、2014年9月1日

図面作成

岩田千穂、太田圭紀、原愛

Relevé

28 / 09 / 2012.

Masatsugu NISHIDA, Yusuke ENAMI, Ai HARA, Chiho IWATA,
Megumi MASUNAGA, Haruyo MURAOKA, Yuko NAKAMURA, Yoshiki OHTA,
Ilham SAHBAN, Narumi TAKAHASHI, Kiyoshi TAKIHANA, Takaaki TANABE,
Nao YASUI, Kayoko YOSHIDA.

26 / 09 / 2013.

Masatsugu NISHIDA, Ai HARA, Kosuke HIRONAGA, Asahi KATO, Kenji KOGA,
Honami KOIWA, Chikako KOJIMA, Yoh MORISHITA, Yoshiki OHTA, Ikko OKAKITA,
Nao YASUI.

Auteur du plan

Masatsugu NISHIDA, 01 / 09 / 2014.

Dessin

Ai HARA, Chiho IWATA, Yoshiki OHTA.

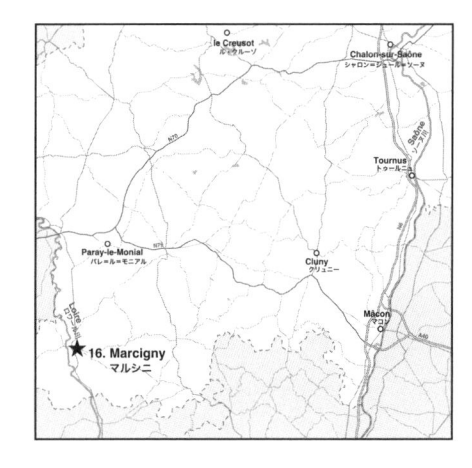

クリュニー第三教会堂を建設した修道院長ユーグ・ド・スミュールは、ベルゼ＝ラ＝ヴィル礼拝堂のような小規模建築にも傑作を残すが、出身地ブリオネ地方に幾つかの大規模な重要建築も残した。故郷スミュール＝オン＝ブリオネにサン＝チレール参事会教会堂を建て、兄弟が土地を所有する近くのマルシニに、1155年頃、クリュニー修道院所属の初の女子修道院を創設する。

フランス革命で完全に姿を消したこの修道院の様子は、1562年の調書、および1768年の古地図により知られる。女子修道院と男子修道院が並存する二重修道院であり、修道院の敷地全体には男子修道院と女子修道院が、各々の教会堂を有しながら建っていた。男子修道院の教会堂である現在の聖ニコラ教区教会堂の回りに展開する男子修道院がこの二重修道院全体の敷地南西部を占め、それよりも大きな面積を占める女子修道院が全体の敷地の北側に位置する。敷地中央北寄りに、女子修道院諸施設を回りに配置する回廊があり、その南側にこの修道院全体の付属教会堂であるラ・サント＝トリニテ教会堂が建つ。この教会堂は、女子修道院と男子修道院が共用し、教会堂北袖廊の北東に接続して女子修道院のノートル＝ダム礼拝堂が建っていた。

聖三位一体と聖母マリア、そして福音書記者聖ヨハネに捧げられたラ・サント＝トリニテ教会堂、そして女子修道院のノートル＝ダム礼拝堂および回廊、これらの建物は現存しないが、現在の司祭館は、ラ・サント＝トリニテ教会堂の前身廊を取り込んで後に建てられた建物で、その東壁にラ・サント＝トリニテ教会堂身廊入口のアーケードが遺る。司祭館の東に接する倉庫の北壁がラ・サント＝トリニテ教会堂身廊の南列大アーケードの位置であり、ラ・サント＝トリニテ教会堂南袖廊はガレージとして今も遺る。ノートル＝ダム礼拝堂は、現在の映画館の建物がそれを取り込んでいる。

付属教会堂の現存遺構の実測図をもとに、1562年の調書、および1768年の古地図、さらにはN・ルヴェロン等の先行研究の知見を総合して、ラ・サント＝トリニテ教会堂の平面を推定し、ある程度復元することができる。教会堂の主要部分の大半が、現在の映画館、倉庫、司祭館が囲む中庭にあったことになるが、中庭は現在舗装されており、身廊ピアの位置は、現在は現地に確認することはできない。復元した教会堂の平面の身廊の西側に二ベイ二層の前身廊が付く。

実測結果から教会堂の計画寸法・尺度についての検討が可能である。ガレージとして遺る南袖廊の寸法、特に交差部南側の、南袖廊との間の大アーケードに現れるピア、南袖廊東西面に痕跡がある側廊への至るアーケードや袖廊祭室の入口のアーケードの痕跡が、計画寸法を再現する上で大きな決め手を与える。司祭館東壁に残る身廊入口のアーケード跡より身廊心身幅は4.18m、ガレージの外壁に遺る交差部南面のアーケード幅が6.25mと判る。こうした実測値から、使用されたと考えられる物差しを導くなら、1尺の長さが概ね30cm程度（29.7～31.7cm）の物差しの下で、図に示すような平面の計画寸法が推定される。この物差しはローマ尺と考えられる。同じユーグ・ド・スミュールが建設したベルゼ＝ラ＝ヴィル礼拝堂でもローマ尺が使用されたと目された。加えて、この地方の小規模教会堂では、ブルゴーニュ地方の古慣用尺と考えられる物差しの使用が想定されるものが多い中、マッシーやブランシオンの教会堂のように、クリュニーとの関係が想定できた教会堂ではローマ尺の使用が想定された。ローマ尺の選択は、クリュニーが建築を通じて示すことを必要としたローマ教会との特別な絆の、建設における証だと考えられる。前身廊の存在とともにクリュニー第二教会堂によく似た建築構成で特徴付けられるマルシニのラ・サント＝トリニテ教会堂であるが、こうしたクリュニー建築の特徴が尺度の面でも確認できる。

［西田雅嗣］

Hugues de Semur (1024-1109), sixième abbé de Cluny, a réalisé un ensemble remarquable de l'œuvre architecturale. Outre la construction d'un gigantesque projet due à la troisième abbatiale de Cluny et la reconstruction d'une grande entreprise du prieuré de Paray-le-Monial, il nous a laissé aussi un chef-d'œuvre architectural de la chapelle de Berzé-la-Ville. Il a construit également dans la région du Brionnais, sa terre natale, des monuments importants comme l'église Saint-Hilaire qui date des années 1170. Saint Hugues a fondé vers 1055 le premier prieuré clunisien de femmes, la Sainte-Trinité de Marcigny, aux terres familiales.

Le prieuré est aujourd'hui détruit, conséquence de la Révolution, il ne reste pratiquement rien qui ne peut nous laisser imaginer l'aspect de ce riche prieuré. Les rares vestiges présentant des traces de l'église Sainte-Trinité se composent d'un compte rendu de la visite de 1562, ainsi qu'un plan terrier du XVIIIe siècle, qui nous imforment de l'architecture de cette église. Le prieuré est un type des prieurés doubles constitués des communautés des moniales et des moines. Le prieur et les moines étaient logés dans la partie méridionale du site, autour de l'église Saint-Nicolas qui existe encore aujourd'hui comme l'église paroissiale, tandis que la partie septentrionale, qui est plus vaste que la partie pour les moines, était occupée par la communauté moniale. Le cloître des femmes s'étendait au milieu de l'ensemble de ce site, flanqué de l'église priorale la Sainte-Trinité, qui constituait le seul lieu commun aux deux communautés. À l'extrémité nord du transept se trouvait la chapelle Notre-Dame.

La priorale de la Sainte-Trinité, dédiée à la Sainte-Trinité, Sainte-Marie et Saint-Jean-

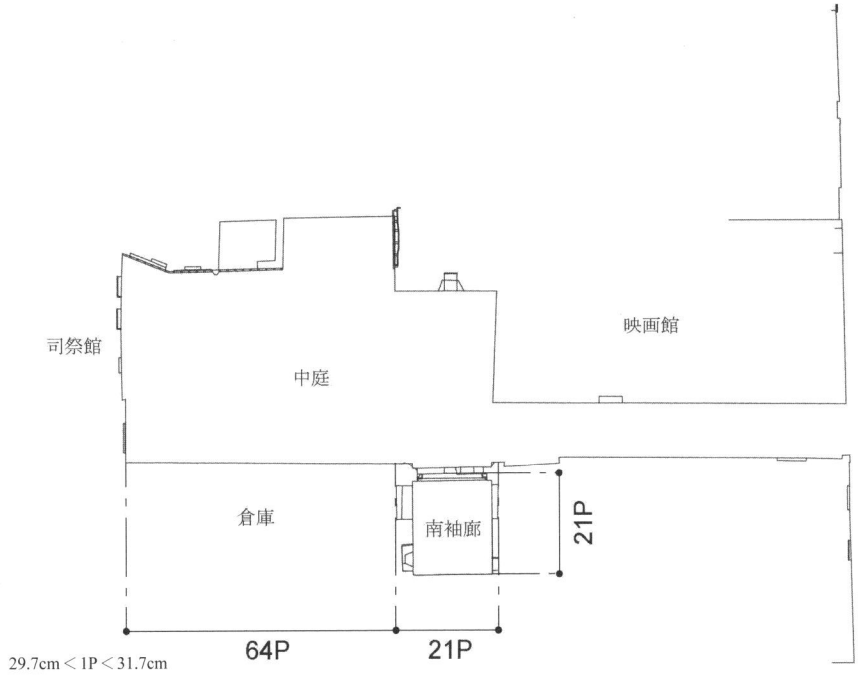

29.7cm＜1P＜31.7cm

図16-1　旧修道院現状平面図・寸法分析　　　（作成　西田研究室）

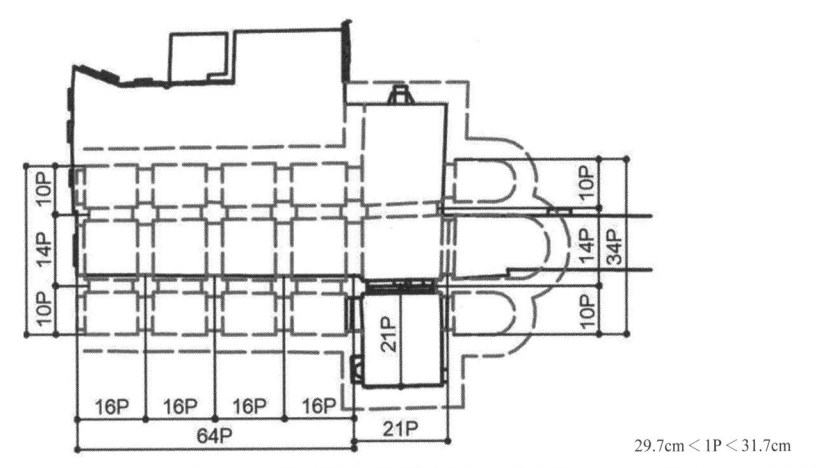

29.7cm＜1P＜31.7cm

図16-2　旧修道院平面推定図・寸法分析　　　（作成　西田研究室）

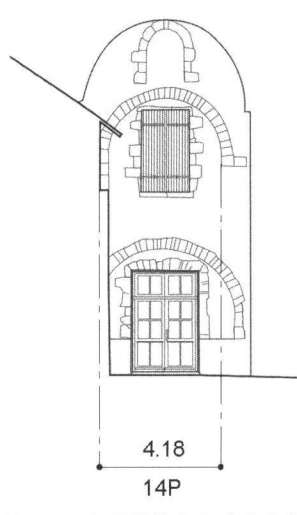

図16-3　旧修道院身廊（西面司祭館東壁）展開図・寸法分析

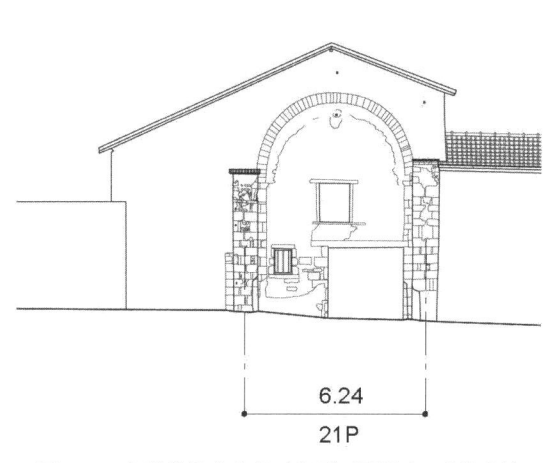

図16-4　旧修道院交差部（南面）展開図・寸法分析

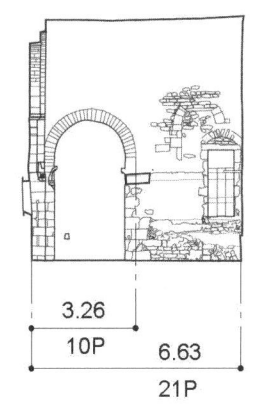

図16-5　旧修道院南袖廊（東面）展開図・寸法分析

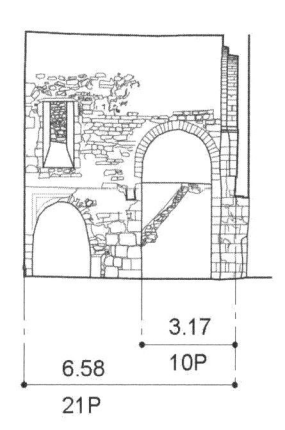

図16-6　旧修道院南袖廊（西面）展開図・寸法分析

（作成　西田研究室）

それぞれ図中の実測寸法値の単位はm
29.7cm＜1P＜31.7cm

l'Évangéliste, ainsi que la chapelle Notre-Dame et le cloître n'existent plus aujourd'hui. La cure était installée dans le logis de la prieuré qui avait été construite à l'emplacement de l'avant-nef de la priorale de la Sainte-Trinité. On peut encore voir les traces des voûtes de deux niveaux et de la voûte du vaisseau central de la nef sur la face orientale du logis. L'emplacement des grandes arcades de la nef correspond au mur du bâtiment prolongé vers l'est à partir du logis. Le bras sud du transept de la priorale reste encore transformé en garage. Les vestiges de la chapelle Notre-Dame furent utilisés dans le milieu cinématographie.

L'ancienne priorale de la Siante-Trinité de Marcigny est bâtie sur un plan très développé et qui présentait toutes les caractéristiques de l'architecture clunisienne : une avant-nef de deux travées, une nef principale, voûtée en plein cintre et comportant quatre travées, et deux bas-côtés, un transept saillant surmonté d'une tour carrée à la croisée, l'abside était précédée d'une travée rectangulaire, dont le chœur est flanquée de deux absidioles latérales.

L'analyse métrologique du plan de cette église peut s'effectuer d'après le métrage in situ. Tout est en pieds romains de 29,5cm, croisée 21 x 14 pieds romains, bras du transept 21 x 21 pieds romains, travée du vaisseau central de la nef 16 x 14 pieds romains, travée du bas-côté 16 x 10 pieds romans, la longueur totale de la nef 64 pieds romains, la largeur totale de la nef, 34 pieds romains.

L'unité de mesure en pied romain est aussi utilisée dans les églises de Massy, Brancion, La Vineuse, Berzé-la-Ville etc., et les églises particulièrement liées avec Cluny, grave la relation particulière de ce prieuré avec Cluny dans son architecture à travers la mesure utilisée. De même que l'architecture de Cluny se devait de manifester sa relation particulière avec Rome, l'architecture de la priorale de la Sainte-Trinité était conçue pour montrer la relation avec Cluny par le pied romain.

[NISHIDA Masatsugu]

東南から見た現状
L'ancienne priorale, l'état actuel vu depuis le sud-est.

身廊内部・西立面痕跡
Trace de l'élévation occidentale de la nef de l'ancienne priorale.

身廊内部・西立面、トンネル・ヴォールト痕跡
Trace de la voûte du vaisseau central de la nef, l'élévation occidentale de la nef de l'ancienne priorale.

南袖廊とその交差部側の立面の痕跡
L'ancienne priorale, le croisillon sud et la trace de l'élévation sud de la croisée.

南袖廊上部とその交差部側の立面の痕跡
L'ancienne priorale, la partie haute du croisillon sud et la trace de l'élévation sud de la croisée.

交差部南側のアーチと柱頭、南袖廊から見る
L'ancienne priorale, l'arcade méridionale de la croisée, vue depuis le croisillon sud.

南袖廊内部、南立面上部
L'ancienne priorale, la partie haute de l'élévation méridionale du croisillon sud.

南袖廊内部、西立面上部
L'ancienne priorale, la partie haute de l'élévation occidentale du croisillon sud.

南袖廊内部、北西隅上部を見る
L'ancienne priorale, l'intérieure du croisillon sud, vu vers la partie haute de l'angle nord-ouest.

183

16. マルシニ旧修道院 L'ancien prieuré de Marcigny

現状平面（縮尺：1 / 300）

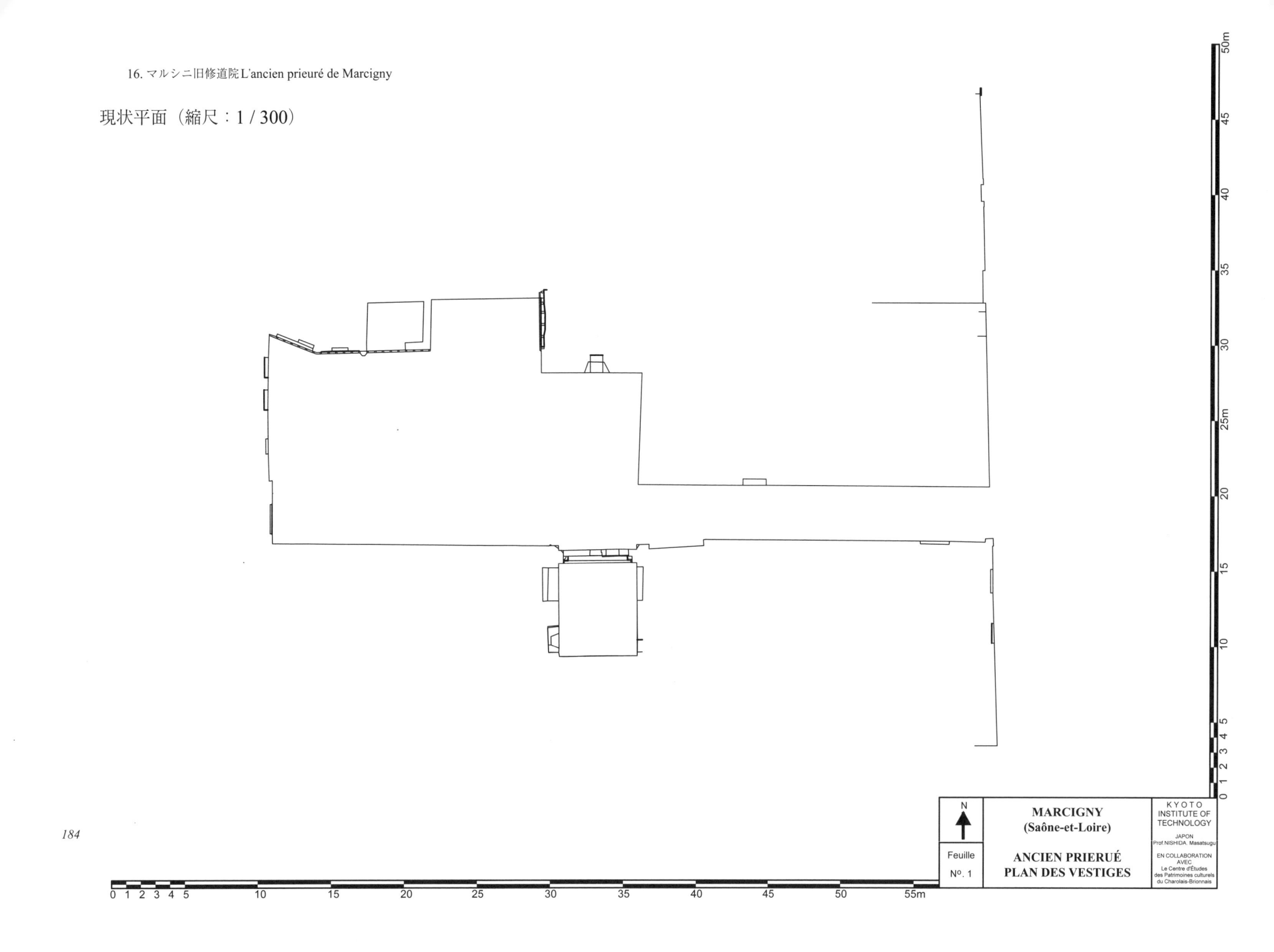

N

MARCIGNY
(Saône-et-Loire)

KYOTO
INSTITUTE OF
TECHNOLOGY
JAPON
Prof.NISHIDA. Masatsugu

Feuille
Nº. 1

ANCIEN PRIERUÉ
PLAN DES VESTIGES

EN COLLABORATION
AVEC
Le Centre d'Études
des Patrimoines culturels
du Charolais-Brionnais

0 1 2 3 4 5   10   15   20   25   30   35   40   45   50   55m

16. マルシニ旧修道院 L'ancien prieuré de Marcigny

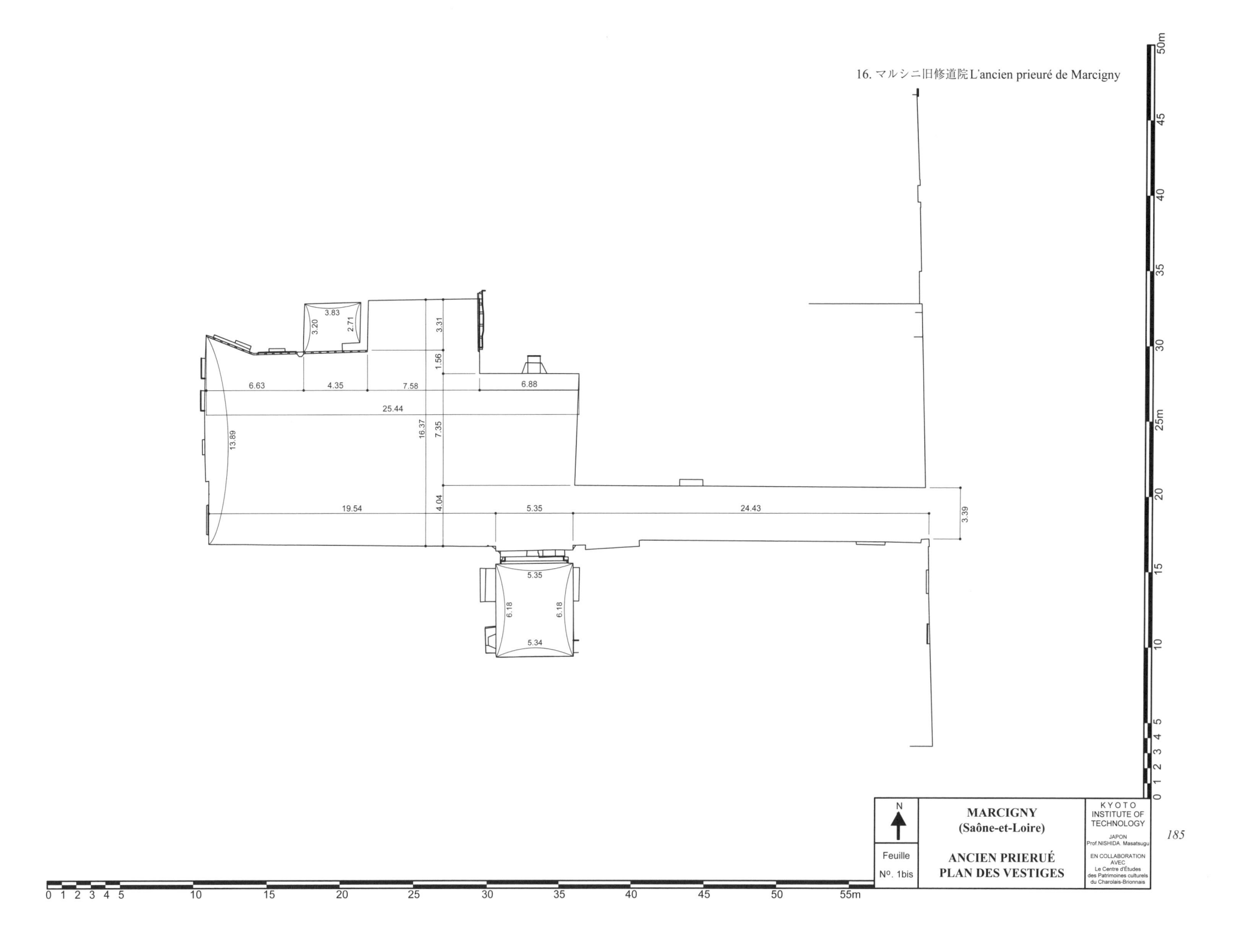

50m
45
40
35
30
25m
20
15
10
5
4
3
2
1
0

3.83
3.20
2.71
3.31
1.56

6.63
4.35
7.58
6.88

25.44

13.89
16.37
7.35

19.54
4.04
5.35
24.43
3.39

5.35
6.18
6.18
5.34

N

MARCIGNY
(Saône-et-Loire)

Feuille
Nº. 1bis

ANCIEN PRIERUÉ
PLAN DES VESTIGES

KYOTO
INSTITUTE OF
TECHNOLOGY
JAPON
Prof.NISHIDA. Masatsugu

EN COLLABORATION
AVEC
Le Centre d'Études
des Patrimoines culturels
du Charolais-Brionnais

185

0 1 2 3 4 5 10 15 20 25 30 35 40 45 50 55m

身廊内部・西立面（縮尺：1 / 150）

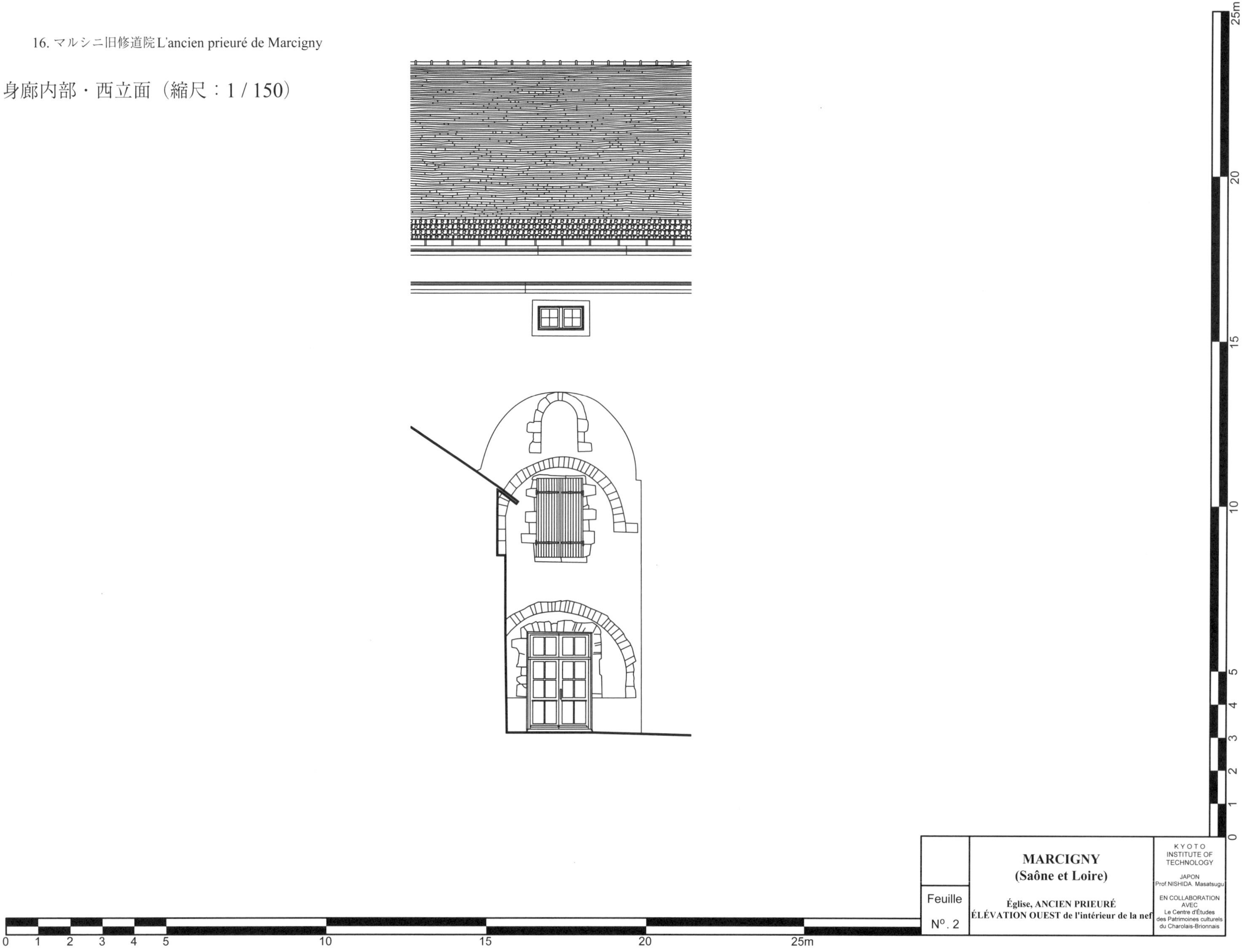
25m
20
15
10
5
4
3
2
1
0
MARCIGNY
(Saône et Loire)
Feuille
Nº. 2
Église, ANCIEN PRIEURÉ
ÉLÉVATION OUEST de l'intérieur de la nef
KYOTO
INSTITUTE OF TECHNOLOGY
JAPON
Prof.NISHIDA. Masatsugu
EN COLLABORATION AVEC
Le Centre d'Études des Patrimoines culturels du Charolais-Brionnais
0 1 2 3 4 5 10 15 20 25m

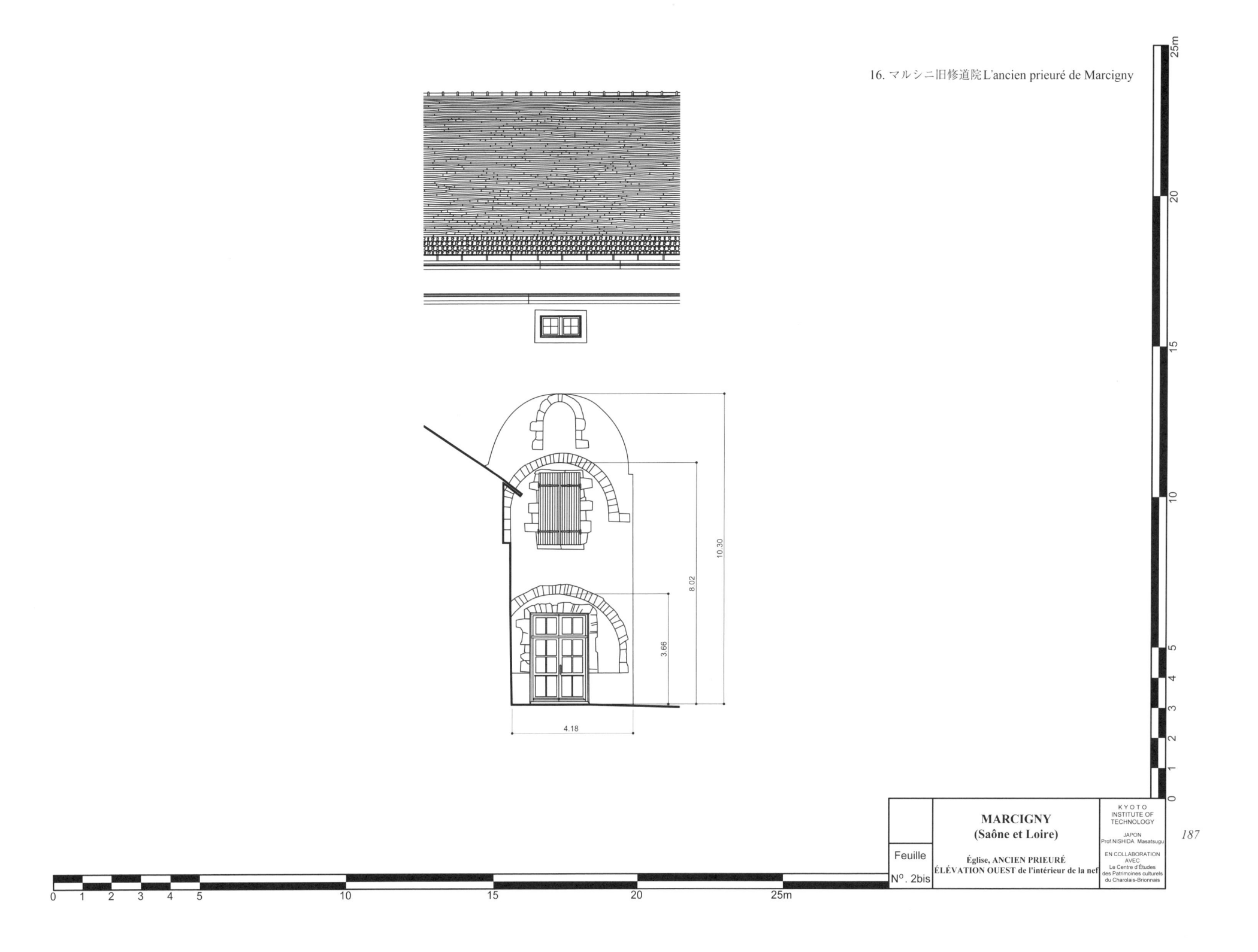

10.30

8.02

3.66

4.18

MARCIGNY
(Saône et Loire)

Feuille

N°. 2bis

Église, ANCIEN PRIEURÉ
ÉLÉVATION OUEST de l'intérieur de la nef

KYOTO
INSTITUTE OF
TECHNOLOGY

JAPON
Prof.NISHIDA. Masatsugu

EN COLLABORATION
AVEC
Le Centre d'Études
des Patrimoines culturels
du Charolais-Brionnais

187

0 1 2 3 4 5 10 15 20 25m

交差部南立面（縮尺：1 / 150）

	MARCIGNY	KYOTO
	(Saône et Loire)	INSTITUTE OF TECHNOLOGY
		JAPON
		Prof.NISHIDA. Masatsugu
Feuille	Église, ANCIEN PRIEURÉ	EN COLLABORATION AVEC
N°. 3	ÉLÉVATION SUD de la croisée du transept	Le Centre d'Études des Patrimoines culturels du Charolais-Brionnais

0 1 2 3 4 5   10   15   20   25m

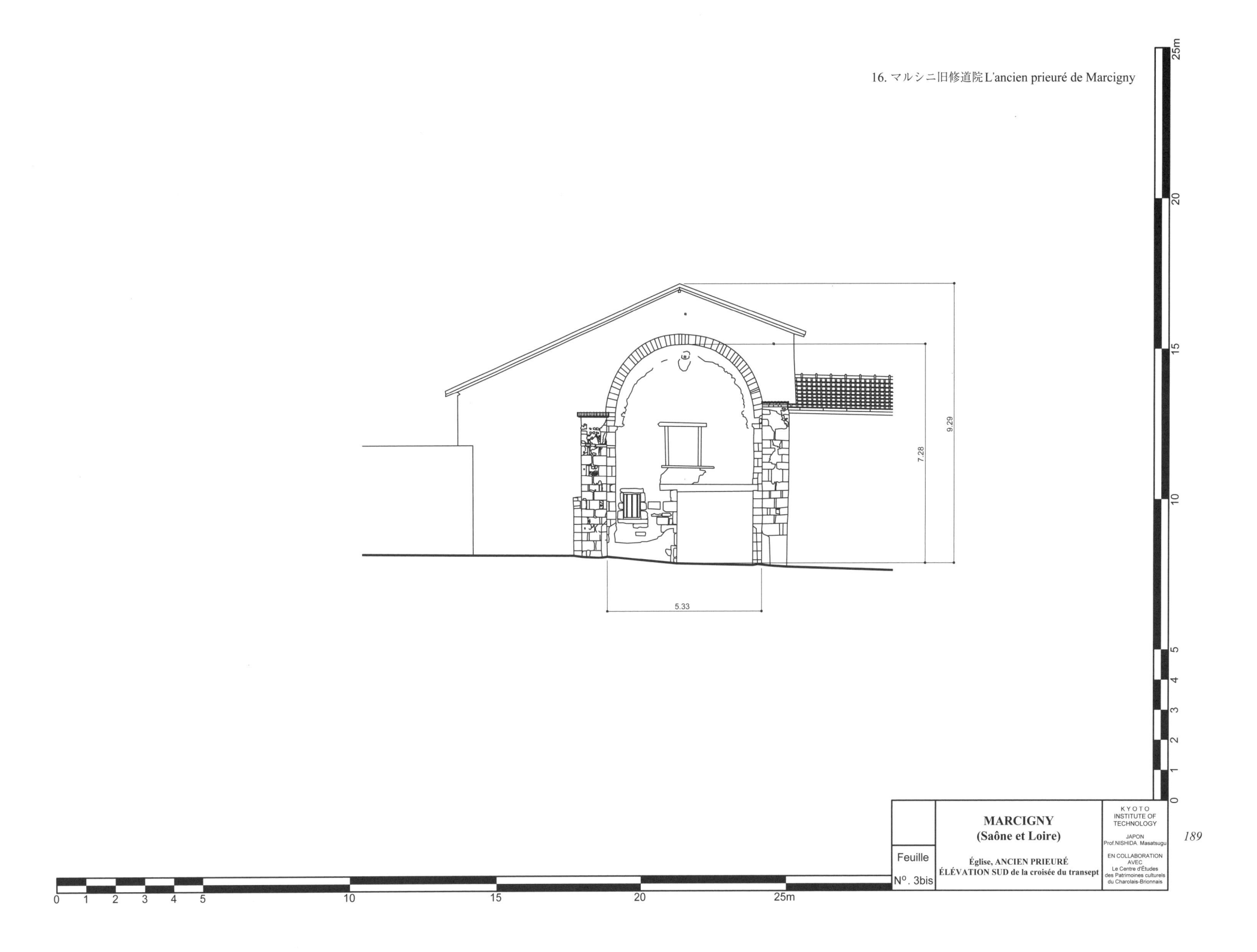

9.29

7.28

5.33

25m

20

15

10

5
4
3
2
1
0

MARCIGNY
(Saône et Loire)

Feuille

N°. 3bis

Église, ANCIEN PRIEURÉ
ÉLÉVATION SUD de la croisée du transept

KYOTO
INSTITUTE OF
TECHNOLOGY

JAPON
Prof.NISHIDA Masatsugu

EN COLLABORATION
AVEC
Le Centre d'Études
des Patrimoines culturels
du Charolais-Brionnais

189

0 1 2 3 4 5   10   15   20   25m

南袖廊内部立面（縮尺：1 / 150）

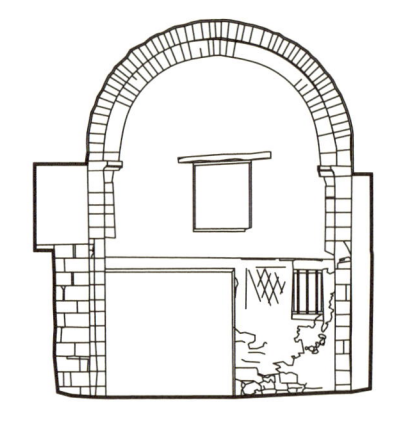

ÉLÉVATION NORD

ÉLÉVATION EST

ÉLÉVATION SUD

ÉLÉVATION OUEST

	MARCIGNY (Saône et Loire)	KYOTO INSTITUTE OF TECHNOLOGY JAPON Prof NISHIDA. Masatsugu
Feuille Nº. 4	Église, ANCIEN PRIEURÉ LES ÉLÉVATIONS du croisillon sud du transept	EN COLLABORATION AVEC Le Centre d'Études des Patrimoines culturels du Charolais-Brionnais

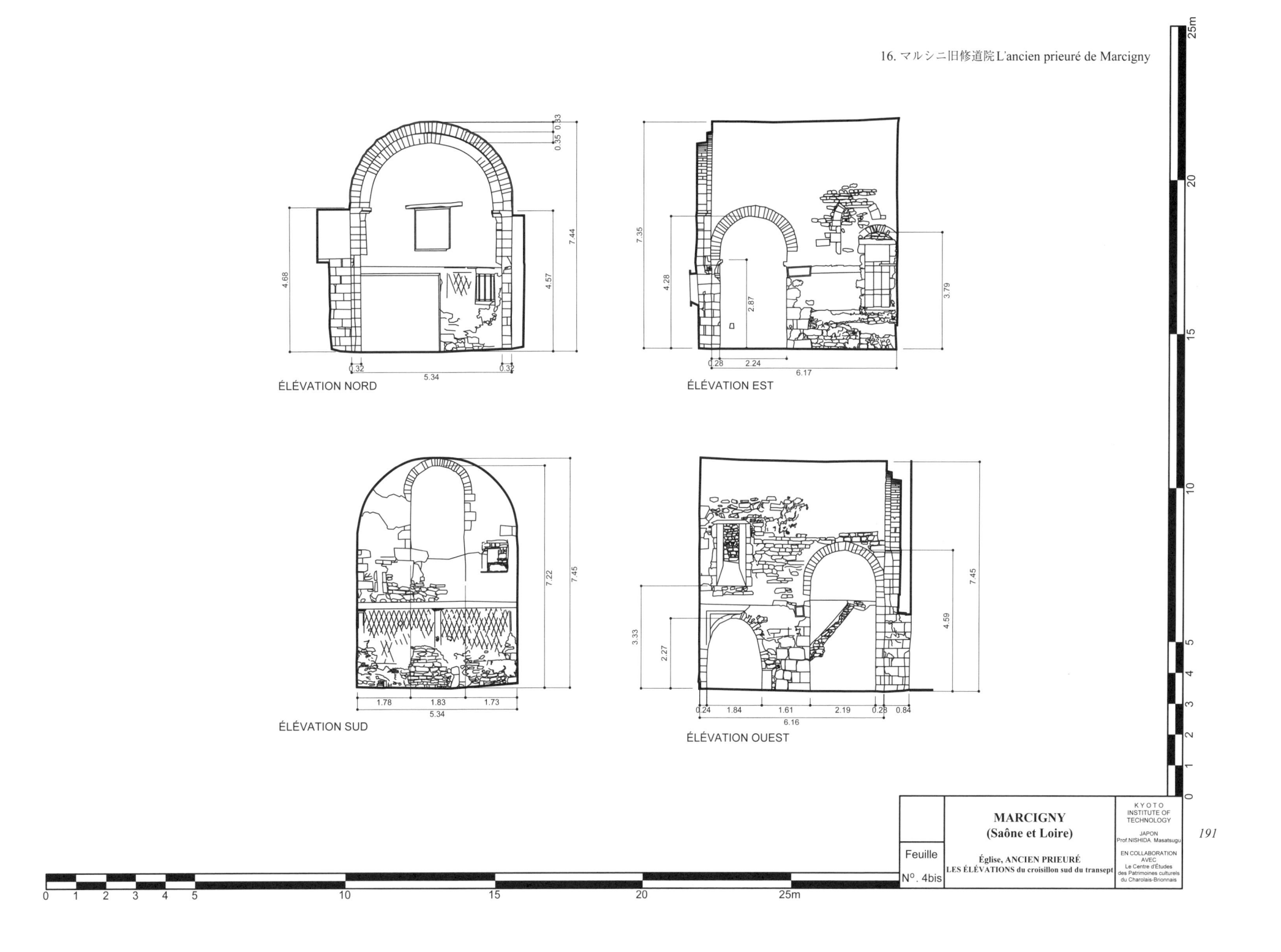

ÉLÉVATION NORD

ÉLÉVATION EST

ÉLÉVATION SUD

ÉLÉVATION OUEST

MARCIGNY
(Saône et Loire)

Feuille

Nº. 4bis

Église, ANCIEN PRIEURÉ
LES ÉLÉVATIONS du croisillon sud du transept

KYOTO
INSTITUTE OF
TECHNOLOGY

JAPON
Prof.NISHIDA. Masatsugu

EN COLLABORATION
AVEC
Le Centre d'Études
des Patrimoines culturels
du Charolais-Brionnais

0 1 2 3 4 5 10 15 20 25m

17. マッシー教会堂
L'église de Massy

実測調査

2009年9月22日

［調査メンバー］

西田雅嗣、榎並悠介、岡北一孝、蔵田優美、堀恵未香、増永恵、村岸真衣

2010年9月20・21・24日

［調査メンバー］

西田雅嗣、岡北一孝、イラム・サーバン、神藤康弘、西村昇希、野元京平、原愛、増永恵、三宅拓也、宮澤槙、村上真美、吉松亜侑美

実測図面

西田雅嗣、2010年10月27日

図面作成

イラム・サーバン、原愛

Relevé

22 / 09 / 2009

Masatsugu NISHIDA, Yusuke ENAMI, Megumi MASUNAGA, Ikko OKAKITA, Emika HORI, Yumi KURATA, Mai MURAGISHI.

20, 21, 24 / 09 / 2010

Masatsugu NISHIDA, Ai HARA, Megumi MASUNAGA, Takuya MIYAKE, Maki MIYAZAWA, Mami MURAKAMI, Takaki NISHIMURA, Kyouhei NOMOTO, Ikko OKAKITA, Ilham SAHBAN, Yasuhiro SHINTO, Ayumi YOSHIMATSU.

Auteur du plan

Masatsugu NISHIDA, 27 / 10 / 2010.

Dessin

Ai HARA, Ilham SAHBAN.

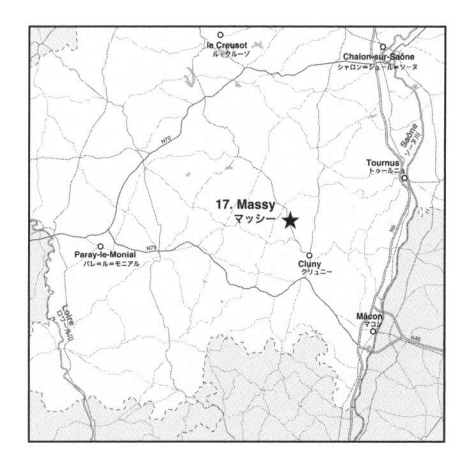

マッシーの教区教会堂は、クリュニーの北西およそ6kmのところにある人口55人のマッシーと名付けられたコミューンにある、守護聖人を聖ドニとする教会堂である。960年の証書に、マコン司教がマッシーにあるサン＝マルタン礼拝堂をクリュニー修道院に譲渡したとあり、このサン＝マルタン礼拝堂がマッシー教会堂の前身であると考えられている。マッシーの教区教会堂が文献に最初に登場するのは12世紀中頃であるが、現存教会堂の意匠は12世紀よりも古いと考えられる装飾や建築意匠を見せているため、現在でも現存教会堂を11世紀前半の建設とする意見と12世紀前半とする見解とに分かれている。今でも多くの研究者が第一に挙げる、この教会堂についての古典的な記述であるジャン・ヴィレイの『旧マコン司教区のロマネスク教会堂——クリュニーとその地方』(1935年)所収のモノグラフィーでは、現存教会堂の建設年代を11世紀前半とする。2007年にパリ第一大学の中世美術史・考古学の修士論文として著されたパスカル・ジャリュゾの網羅的な研究でも、建設年代についてはヴィレイの説が追認されている。一方クリスチャン・サパンは、『ブルゴーニュ・ロマネスク』(2006年)でこの教会堂を取り上げており、12世紀前半の特徴を見せる建築とする。

ヴィレイの書には平面図が掲載されるが、直交直角を前提に描かれたもので、彼自身が指摘する、教会堂の東西軸に対して身廊が南の方にずれて平行四辺形になっている様子は図示されていない。サパンの書、およびジャリュゾの修士論文は、マコネ地方の二十一のロマネスク単身廊教会堂の寸法について、実測をもとにした論考を著したアラン・ゲローの実測図を掲載する。この平面図は、軸のずれなどの不規則な点を再現している。アラン・ゲロー同様、ジャリュゾもこの教会堂平面の寸法の分析を行っている。

マッシーの教会堂の現存建築は単身廊の小教会堂である。身廊は木造小屋組で、現在は木造の平天井になっている。半円形平面のアプシスを東端に持ち、アプシスと身廊との間には、身廊よりも幅が狭いトンネル・ヴォールトを架けた内陣である矩形のベイが置かれ、その上には正方形平面の鐘塔が乗る。全体にわたって外壁は、漆喰塗りが残る部分と、漆喰の上塗りの下の小割りのモエロン積みが露出した部分が混在している。装飾に関しては、とりわけ身廊は全くの無装飾建築と言える。身廊の窓も小さく、おそらく当初の形状を保持していると思われる。対して、鐘塔の方は、この地方の鐘塔を高く上げる多くの教会堂と同じく、比較的念入りな装飾が施されている。鐘塔の外観全体は四層からなり、柱頭彫刻を持つ小円柱のついた二連小アーケードや半円アーチの二連開口部、同じ地方のシャペーズ教会堂やトゥールニュのサン＝フィリ

ベール教会堂の前身廊の外観と同じジグザグの装飾やロンバルド帯がつき、こうした装飾の様子が、この教会堂を11世紀前半の建設とする説の主たる根拠となっている。

アラン・ゲローは、この教会堂の建設に用いられた尺度として1尺が29.5cm程度のローマ尺を実測から導出し、施工精度は高くないが、与えられた尺数は明解で、内法8尺×16尺の内陣矩形、内法24尺×48尺の身廊、8尺がモジュールとなった寸法構成を指摘している。また、身廊の四辺の寸法の和は144尺となり、『聖書』の黙示録に記される天上のエルサレム周長の数となる事も指摘する。ジャリュゾの修士論文でもこの分析は追認されるが、我々の実測結果もまたアラン・ゲローの示す寸法構成を再確認する。我々の平面図では、平面の軸のずれ、歪みに関しては、アラン・ゲローが示すものとは微妙に異なるところがある。特にアラン・ゲローは内陣の矩形は、平面の縄張りの出発点として、かつ霊的意味も伴って、入念に正確に施工される部分であり、直角が正確に守られたとするが、我々の実測では、内陣矩形も平行四辺形と目された。

マッシー教会堂の建設におけるローマ尺の使用は、ローマとの絆を建築的に仕組むことを目論むクリュニーの影響と考えることが出来るかも知れない。しかし、このマッシーの建築が11世紀前半の建設だとするならば、ローマ尺を大々的に使用したクリュニー第三教会堂建設以前の工事ということになり、クリュニーの影響を言うのは難しいかも知れない。むしろアラン・ゲローが明らかにした、11世紀の建築であるトゥールニュのサン＝フィリベール修道院でのローマ尺の使用という事実を考えるべきかも知れない。あるいは、マッシーのローマ尺は、この建築が12世紀の建物で、クリュニーとの絆を尺度を通して示しているとも考えられる。

［西田雅嗣］

À six kilomètres au nord-est de Cluny se situe l'église paroissiale de Massy, qui appartient aujourd'hui à un hameau. Les textes historiques rapportent que vers 960 l'évêque de Mâcon donnait à Cluny une chapelle dédiée à Saint-Martin, située à Massy. Quant à l'église paroissiale de Massy, elle est mentionnée dans un document historique du XIIe siècle.

Selon la description faite dans l'ouvrage de Christian Sapin intitulé *Bourgogne romane* (2006), l'église actuelle a probablement remplacé la chapelle antérieure, et date probablement de la première moitié du XIIe siècle. L'église, d'une grande simplicité, est construite sur un plan de type nef unique sans collatéraux. La partie orientale du chœur consiste en une travée rectangulaire de chœur sous clocher et une abside. On constate que cette petite église bien conservée présente de nombreuses caractéristiques architecturales non seulement de cette période, mais également de cette région du sud de la Bourgogne.

La longueur de la nef rectangulaire fait exactement deux fois sa largeur. Ceci signifie que le rectangle de la nef s'inscrit dans un double carré, qui est la géométrie initiale du plan. La nef comporte trois étroites fenêtres à double ébrasement des murs gouttereaux et une large ouverture située dans la partie supérieure de la façade ouest. La toiture de la nef est couverte de *laves*. Le plafond du vaisseau de la nef est lambrissé, d'un travail récent. À l'est de la nef, un grand arc en plein cintre forme l'entrée de la travée rectangulaire sous le clocher, elle-même couverte d'une voûte en berceau. L'abside, légèrement moins large que le chœur, est semi-circulaire et voûtée en cul-de-four. Originellement, elle comportait probablement trois petites fenêtres, mais seule celle dans l'axe est aujourd'hui intacte.

Comparé à la simplicité austère de la nef et de l'abside, le décor du clocher semble relativement riche. Le clocher est bâti en rectangle dont la largeur est plus petite que celle de la travée rectangulaire sous le clocher. Les murs orientaux et occidentaux du clocher sont supportés par le mur oriental de la nef et les deux contreforts disposés de chaque côté de l'abside, tandis que les deux autres murs du clocher, ceux du nord et du sud sont étayés par des arcs de décharge visibles sur les murs latéraux du chœur. Sur chaque face du clocher, de larges bandes d'angle encadrent les éléments décoratifs. En partie basse, les façades du clocher ne possèdent aucune décoration. Quant au décor du second niveau, au nord et à l'est, des arcatures sont surmontées par deux bandes superposées de dents d'engrenage et de dents de scie, surplombées par deux ouvertures en plein cintre, en retrait par rapport au nu du mur. Sur les autres faces du clocher, les bandes lombardes sont absentes et seules les dents d'engrenages se trouvent au sud. En partie supérieure, les éléments en retrait sont surmontés de larges fenêtres géminées en plein cintre portées, au centre, par une paire de colonnettes alignées l'une derrière l'autre. Au nord et à l'est, des colonnettes uniques sont aussi présentes de chaque côté des ouvertures, à la différence des autres faces. Une bande de dents d'engrenage agrémente également la partie supérieure de la face orientale. Le toit actuel est couvert de *laves*.

La maçonnerie de calcaire peut se caractériser comme un « petit appareil cassé au marteau ». Les enduits imitant un appareillage de pierre sur le mur nord sont encore visibles, et datent probablement de la fin du Moyen Âge. Ils marquent l'emplacement d'une porte primitive. On note aussi que, sur le contrefort sud de l'abside, est gravé l'emblème de l'abbaye de Cluny.

L'analyse métrologique du plan confirme bien l'unité de mesure du pied romain de 29,5cm, ceci aussi reflèterait probablement la relation étroite de cette église avec Cluny, comme on voit, malgré la postérité de sa date de construction, dans le plan de le chapelle des moines de Berzé-la-Ville. Par cette mesure romaine, on obtient les cotes : 13 x 13 pieds pour le plan extérieur du clocher (8 x 8 pieds pour le plan intérieur), 8 x 16 pieds pour la travée rectangulaire sous le

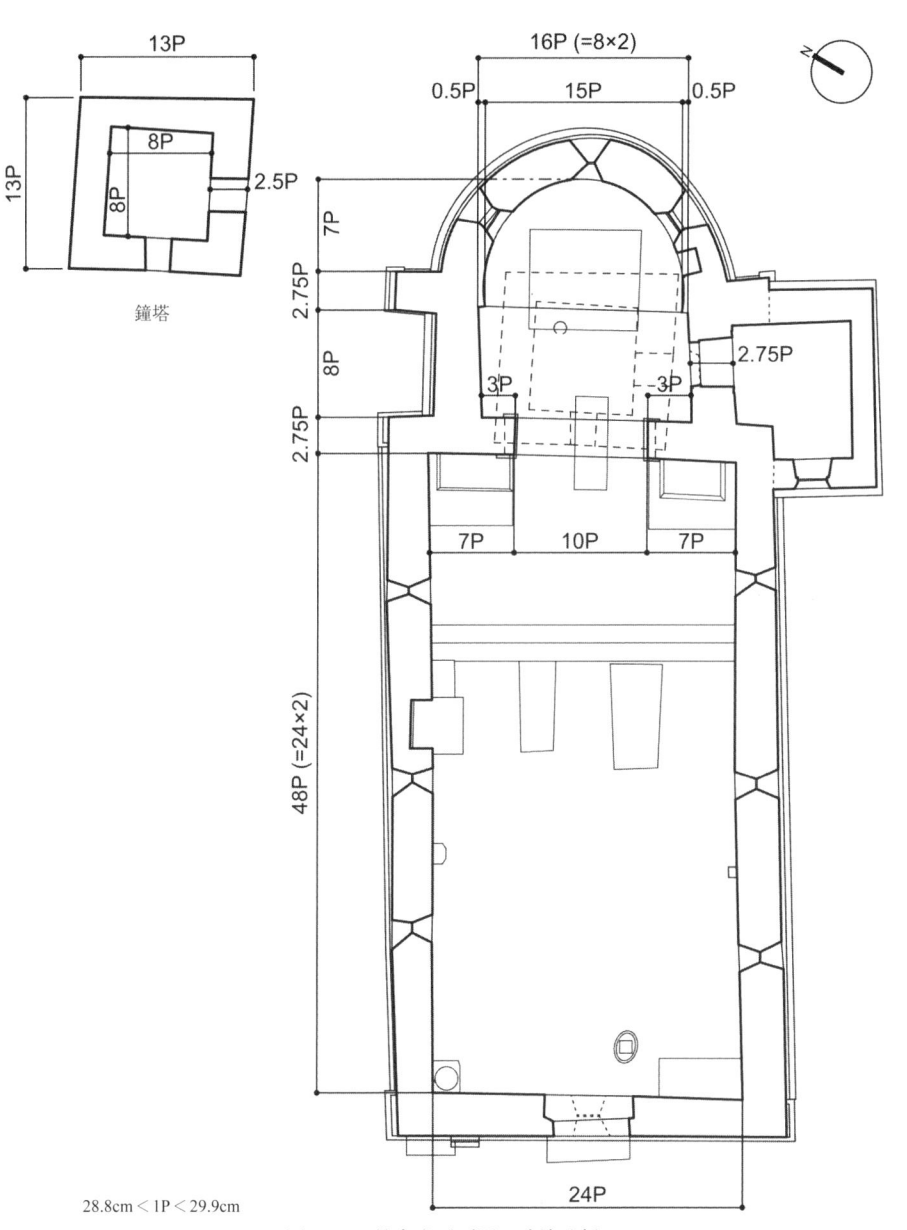

鐘塔

28.8cm < 1P < 29.9cm

図17-1　教会堂平面図・寸法分析　　　（作成　西田研究室）　*195*

clocher, 24 x 48 pieds pour la nef. De ce fait, on constate l'emploi d'un module de 8 pieds. On note aussi que le périmètre de la nef (48 + 24 + 48 +24) vaut 144 pieds, c'est-à-dire le nombre de perches du périmètre de la Jérusalem céleste.

［NISHIDA, Masatsugu］

教会堂外観、北面
L' église, côté nord.

教会堂外観、北面
L'ensemble de l'église, côté nord.

教会堂外観、北西から見る
L'ensemble de l'église depuis le nord-ouest.

鐘塔東面
Côté est du clocher

南東から見た外観
L'extérieur vu depuis le sud-ouest.

鐘塔南面
Côté sud du clocher.

勝利門アーチ・内陣・アプシス
Arc-triomphal, chœur et abside.

勝利門アーチ、鐘塔下のヴォールトが架かる矩形の内陣とアプシス
Arc-triomphal, travée barlongue sous clocher et l'abside au-delà.

平面（縮尺：1／150）

教会堂

鐘塔

Niveau 1

Niveau 2

Niveau 3

PLAN CLOCHER

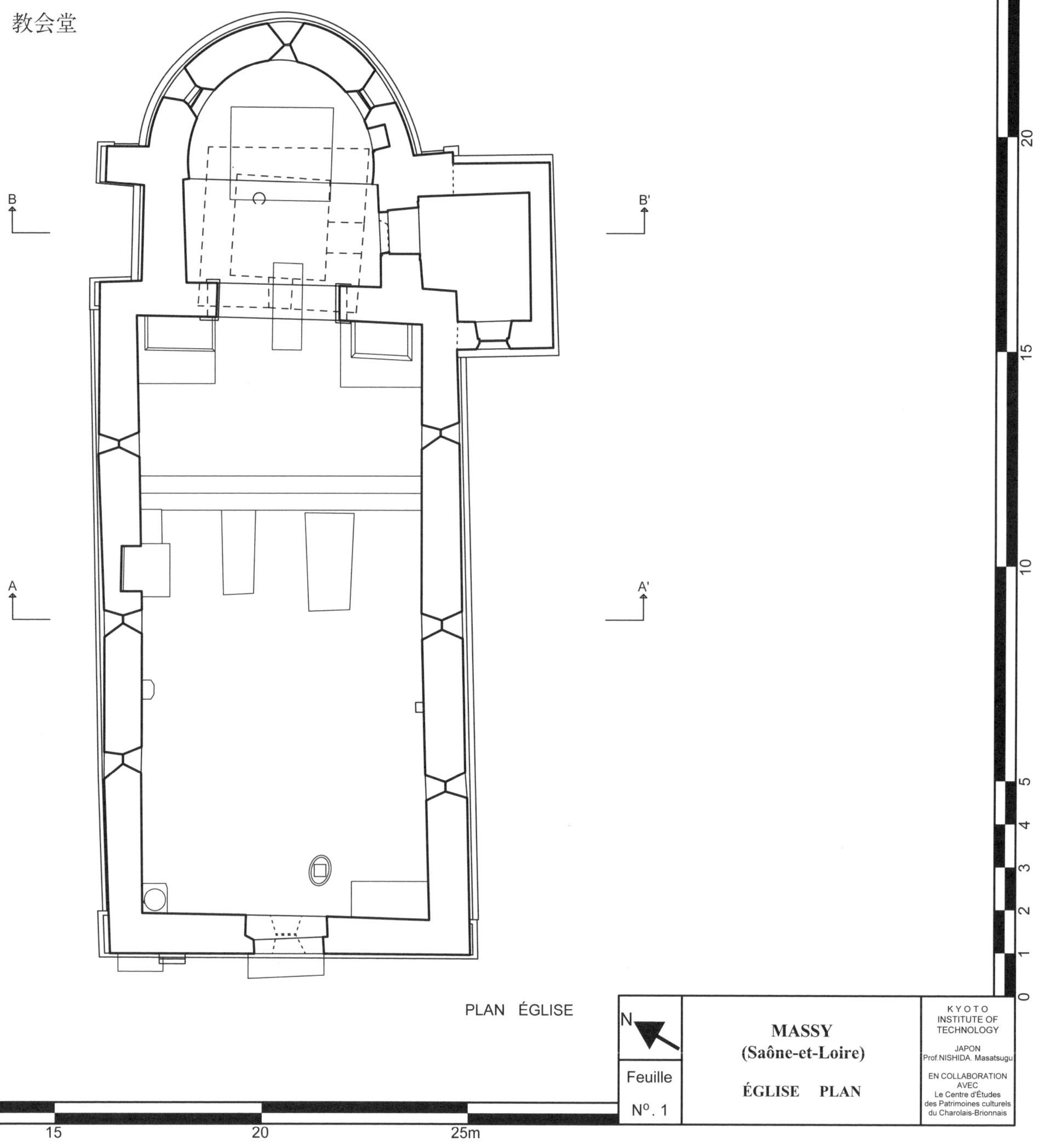

B ⌐ B'

A ⌐ A'

PLAN ÉGLISE

0 1 2 3 4 5 10 15 20 25m

N

Feuille
N°. 1

MASSY
(Saône-et-Loire)

ÉGLISE PLAN

KYOTO
INSTITUTE OF
TECHNOLOGY
JAPON
Prof.NISHIDA. Masatsugu

EN COLLABORATION
AVEC
Le Centre d'Études
des Patrimoines culturels
du Charolais-Brionnais

25m

20

15

10

5
4
3
2
1
0

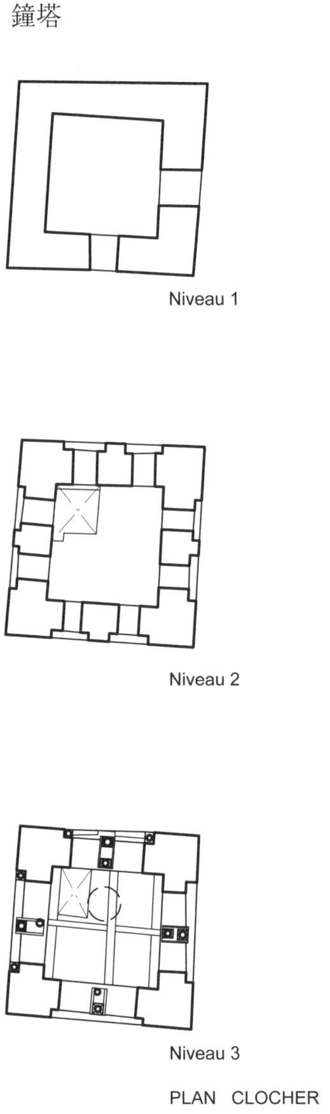

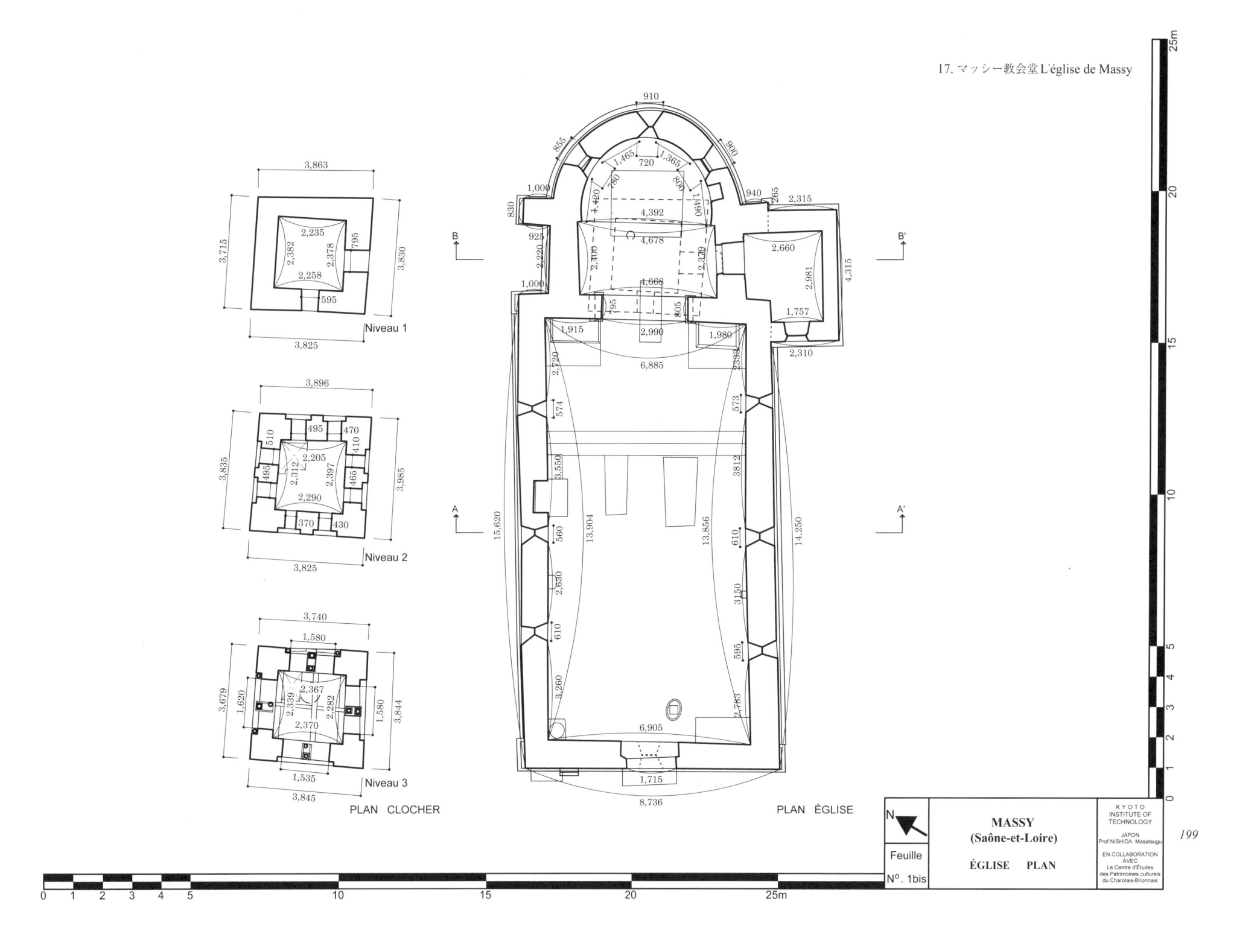

Niveau 1

Niveau 2

Niveau 3

PLAN CLOCHER

PLAN ÉGLISE

MASSY
(Saône-et-Loire)

Feuille

Nº. 1bis

ÉGLISE PLAN

KYOTO
INSTITUTE OF
TECHNOLOGY

JAPON
Prof.NISHIDA. Masatsugu

EN COLLABORATION
AVEC
Le Centre d'Études
des Patrimoines culturels
du Charolais-Brionnais

西正面 （縮尺：1 / 150）

Feuille	MASSY	KYOTO INSTITUTE OF TECHNOLOGY
	(Saône-et-Loire)	JAPON Prof.NISHIDA. Masatsugu
N°. 2	ÉGLISE FAÇADE OUEST	EN COLLABORATION AVEC Le Centre d'Études des Patrimoines culturels du Charolais-Brionnais

0 1 2 3 4 5　　　　10　　　　15　　　　20　　　　25m

東立面（縮尺：1 / 150）

25m
20
15
10
5
4
3
2
1
0

KYOTO
INSTITUTE OF
TECHNOLOGY

JAPON
Prof.NISHIDA. Masatsugu

EN COLLABORATION
AVEC
Le Centre d'Études
des Patrimoines culturels
du Charolais-Brionnais

MASSY
(Saône-et-Loire)

ÉGLISE FAÇADE EST

Feuille

Nº. 3

201

0 1 2 3 4 5   10   15   20   25m

北立面（縮尺：1 / 150）

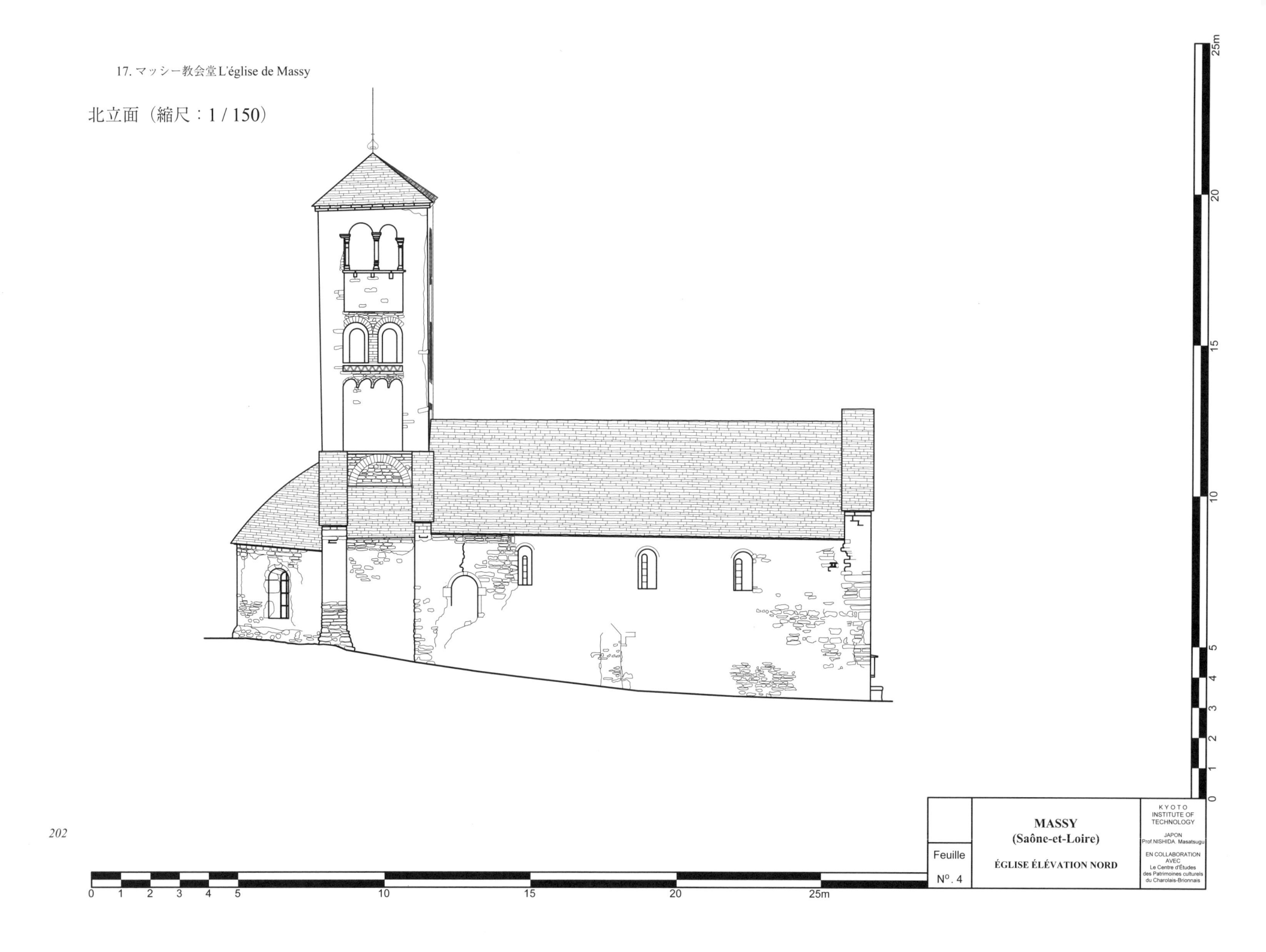

25m

20

15

10

5
4
3
2
1
0

| Feuille | **MASSY**
 (Saône-et-Loire) | K Y O T O
 INSTITUTE OF
 TECHNOLOGY
 JAPON
 Prof. NISHIDA. Masatsugu |
| N°. 4 | **ÉGLISE ÉLÉVATION NORD** | EN COLLABORATION
 AVEC
 Le Centre d'Études <br> des Patrimoines culturels <br> du Charolais-Brionnais |

0 1 2 3 4 5   10   15   20   25m

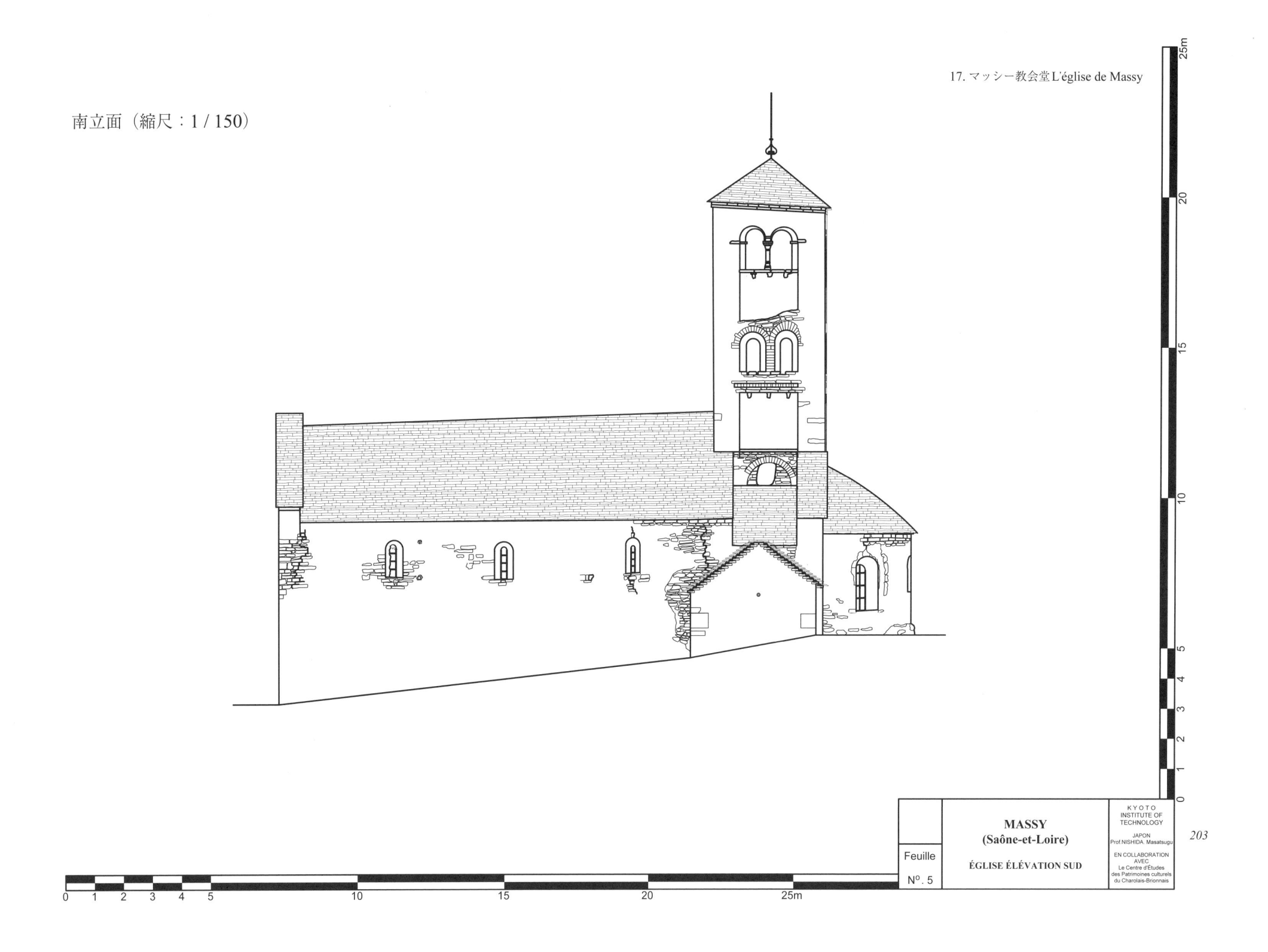

南立面（縮尺：1 / 150）

MASSY
(Saône-et-Loire)

Feuille

N°. 5

ÉGLISE ÉLÉVATION SUD

KYOTO
INSTITUTE OF
TECHNOLOGY

JAPON
Prof.NISHIDA. Masatsugu

EN COLLABORATION
AVEC
Le Centre d'Études
des Patrimoines culturels
du Charolais-Brionnais

203

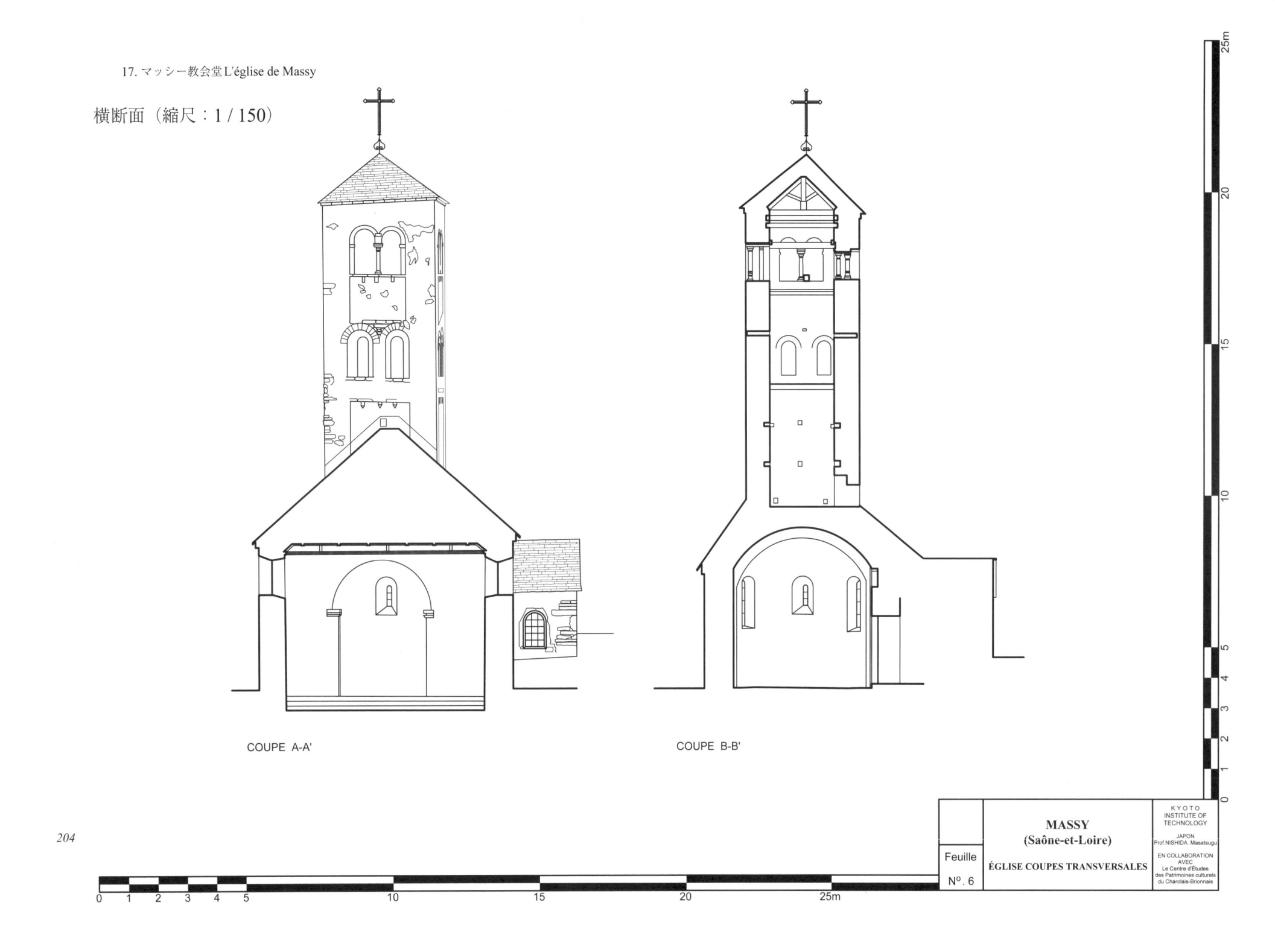

横断面 （縮尺：1 / 150）

COUPE A-A'

COUPE B-B'

Feuille
Nº. 6

MASSY
(Saône-et-Loire)

ÉGLISE COUPES TRANSVERSALES

KYOTO
INSTITUTE OF
TECHNOLOGY

JAPON
Prof.NISHIDA. Masatsugu

EN COLLABORATION
AVEC
Le Centre d'Études
des Patrimoines culturels
du Charolais-Brionnais

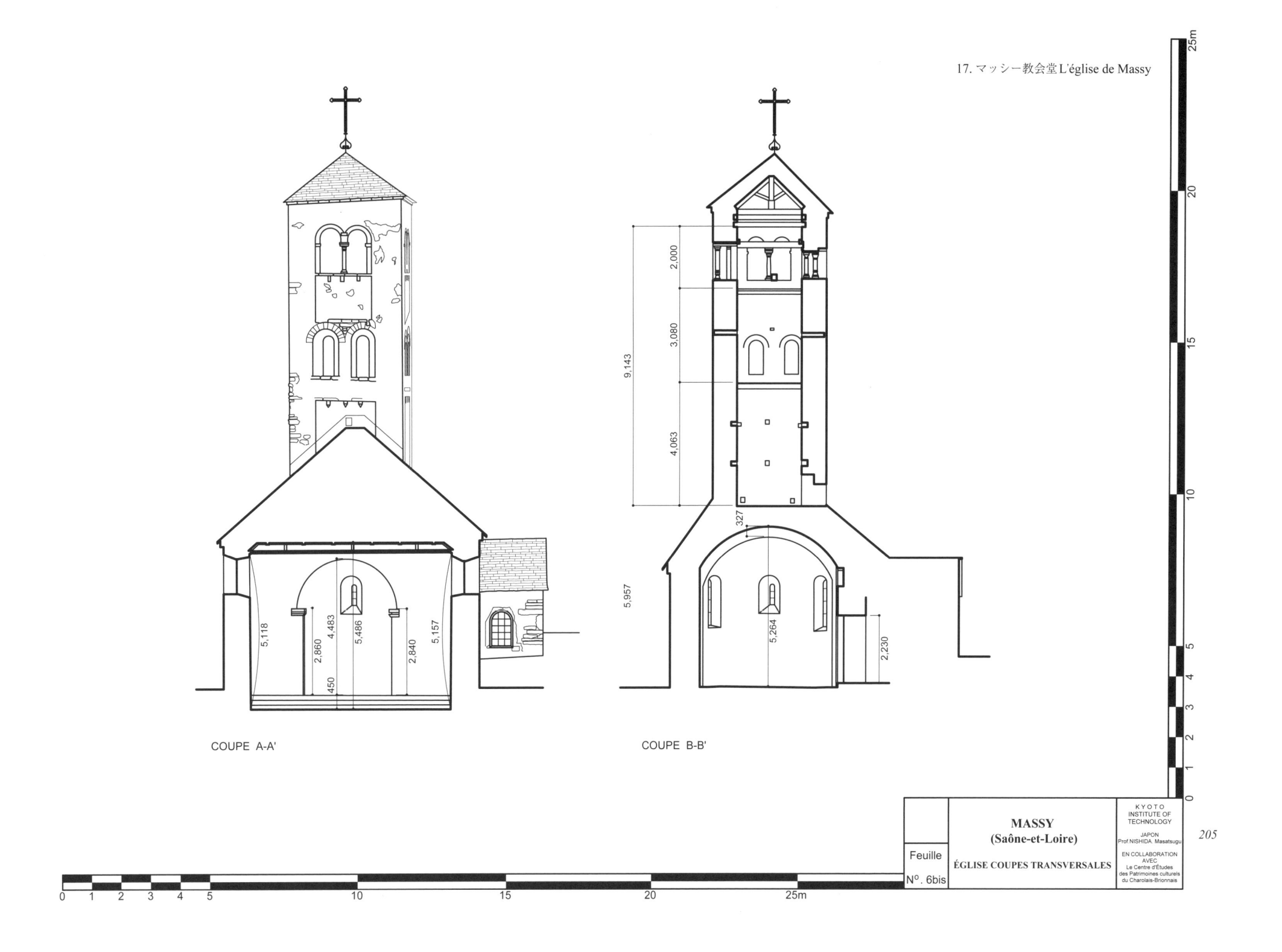

COUPE A-A'

COUPE B-B'

205

MASSY	KYOTO
(Saône-et-Loire)	INSTITUTE OF TECHNOLOGY
	JAPON
	Prof.NISHIDA. Masatsugu
Feuille	EN COLLABORATION AVEC
	Le Centre d'Études
ÉGLISE COUPES TRANSVERSALES	des Patrimoines culturels
N°. 6bis	du Charolais-Brionnais

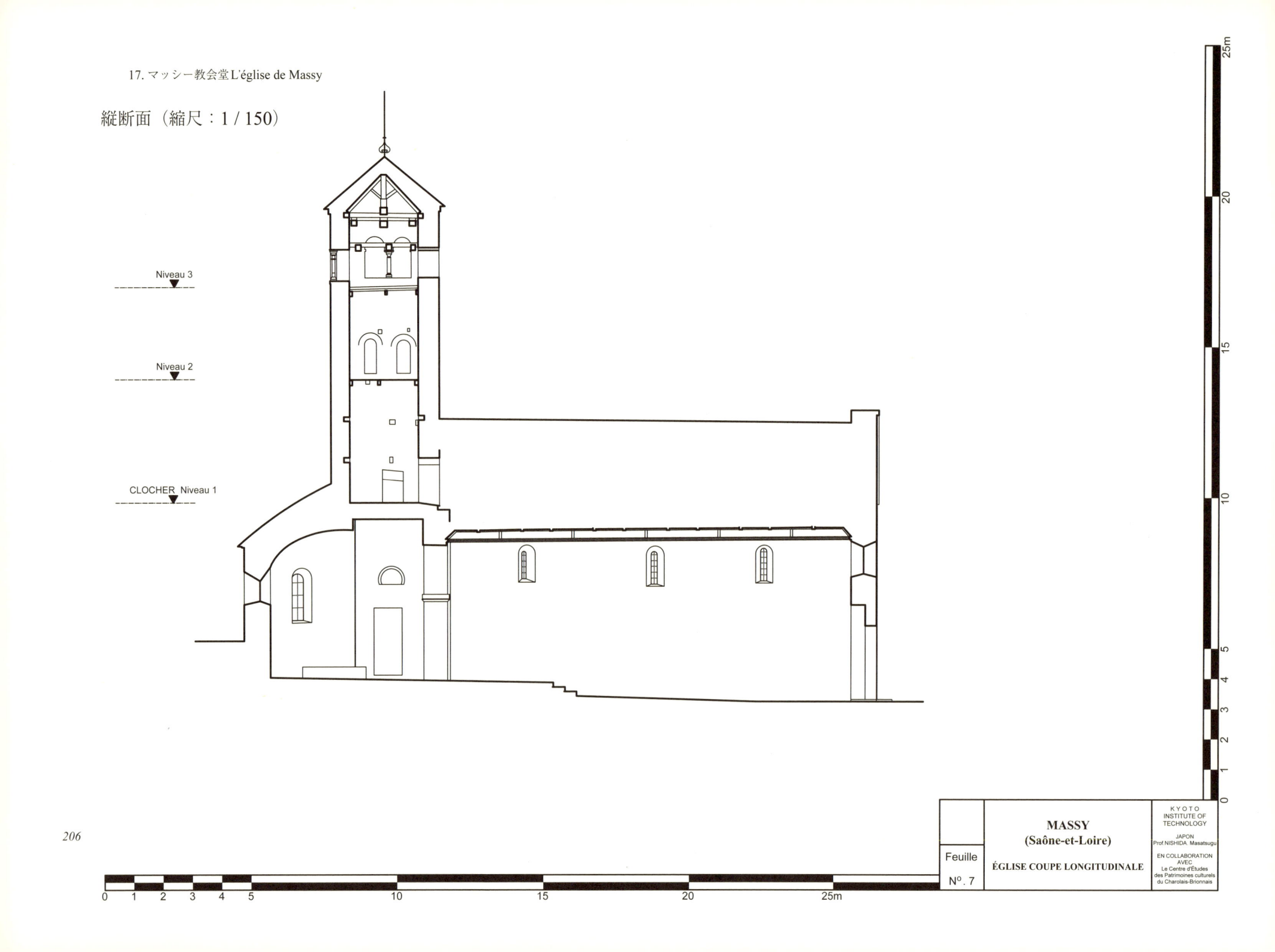

17. マッシー教会堂 L'église de Massy

縦断面 （縮尺：1 / 150）

Niveau 3

Niveau 2

CLOCHER Niveau 1

206

Feuille	**MASSY** (Saône-et-Loire)
N°. 7	**ÉGLISE COUPE LONGITUDINALE**

KYOTO
INSTITUTE OF
TECHNOLOGY

JAPON
Prof.NISHIDA. Masatsugu

EN COLLABORATION
AVEC
Le Centre d'Études
des Patrimoines culturels
du Charolais-Brionnais

0 1 2 3 4 5 10 15 20 25m

25m
20
15
10
5
4
3
2
1
0

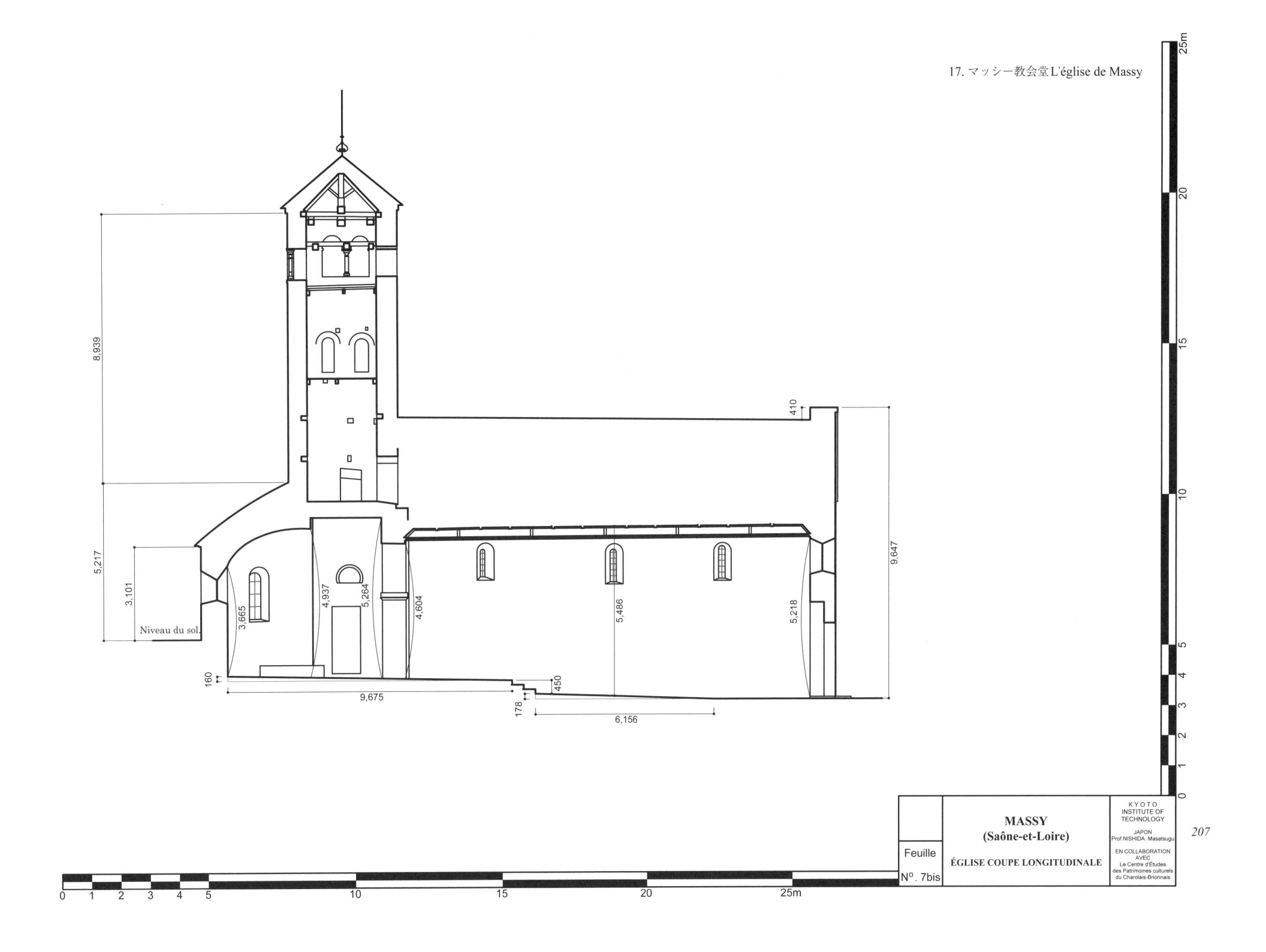

25m

8,939

5,217

3,101

Niveau du sol.

3,665

4,937

5,264

4,604

160

9,675

178

450

6,156

410

9,647

5,486

5,218

20

15

10

5

4

3

2

1

0

	MASSY (Saône-et-Loire)	KYOTO INSTITUTE OF TECHNOLOGY JAPON Prof.NISHIDA. Masatsugu
Feuille	ÉGLISE COUPE LONGITUDINALE	EN COLLABORATION AVEC Le Centre d'Études des Patrimoines culturels du Charolais-Brionnais
Nº. 7bis		

207

18. マズィユ教会堂
L'église de Mazille

実測調査

2007年9月19日

［調査メンバー］

西田雅嗣、榎並悠介、岡北一孝、竹川展弘、竹村沙羅、平尾智、村岸真衣

2011年9月12 ～ 16日

［調査メンバー］

西田雅嗣、赤木紗菜、岩田千穂、加藤旭光、小島浩輔、小嶋千賀子、
イラム・サーバン、原愛、前田健太郎、増永恵、村上玲奈、安井菜穂

実測図面

西田雅嗣、2012年2月14日

図面作成

原愛、増永恵

Relevé

20, 21 / 09 / 2007.
Masatsugu NISHIDA, Yusuke ENAMI, Tomo HIRAO, Mai MURAGISHI,
Ikko OKAKITA, Norihiro TAKEKAWA, Sara TAKEMURA.

12 – 16 / 09 / 2011.
Masatsugu NISHIDA, Sana AKAGI, Ai HARA, Chiho IWATA, Asahi KATO,
Chikako KOJIMA, Kosuke KOJIMA, Kentaro MAEDA, Megumi MASUNAGA,
Rena MURAKAMI, Ilham SAHBAN, Nao YASUI.

Auteur du plan

Masatsugu NISHIDA, 14 / 02 / 2012

Dessin

Ai HARA, Megumi MASUNAGA.

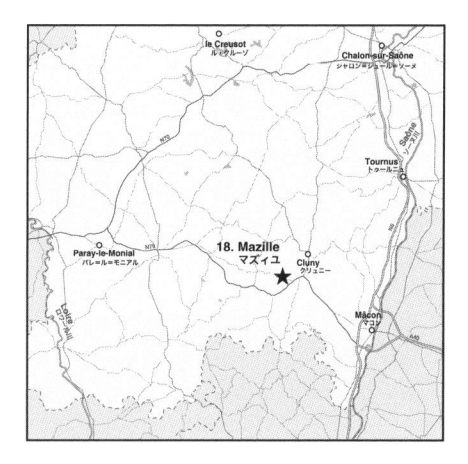

マズィユ教会堂は、クリュニーの南西およそ10km弱のところにある人口400人ほどのマズィユと名付けられたコミューンに建つ、守護聖人聖ブレーズに奉献された教区教会堂で、正確にはマズィユのサン＝ブレーズ教区教会堂という。1913年に歴史的記念建造物に指定されている。

マズィユに関する古文書は少なくないが、謎もまた多いとされる。恐らく古代ローマに遡る集落が950年にはクリュニー修道院に譲渡され、11世紀後半にはクリュニー修道院長ユーグ・ド・スミュールも関係し、現在の教会堂から少し離れた丘の上に司祭館（doyenné）を建設し、マズィユの集落も丘の上に移された。現在の教会堂は、丘の麓に、集落から離れて孤立して建つという特殊な立地だが、それはこうした理由によるとされる。11世紀末、丘の上に新たな教会堂建設が計画された可能性はあるものの、結局、11世紀末から12世紀初頭に実施されたのは麓の旧教会堂の改造であった。

牧歌的な田園風景の中に、特徴的な鐘塔のシルエットを見せながらぽつんと建つマズィユの教会堂は、とりわけその露わになった壁面の粗い石積の表情と立地環境でロマネスク芸術愛好家達のロマンティックな興味を掻き立てる。愛好家たちを魅了して来た、フランスでは比較的知られたロマネスク建築である。しかし、外部の、特に北側の身廊軒壁に明確な上塗りがあり、またその上に削って描かれた石目地の痕跡が見られ、内部では漆喰の上塗りの幾つかの層も残存し、描き目地も見られる。こうした現状が示しているように、中世当時にあっては確実にこの教会堂の外観も、全体にわたって上塗りが施されていて、今日見る姿とは大きく異なっていた。ブルゴーニュ地方ではラーヴと呼ばれるスレート状の粗い石材で葺かれた現在の屋根も、この建物の「ロマネスク風」外観の魅力的な要素であるが、中世当時においては屋根葺き材としては瓦しか知られておらず、全くの時代錯誤的な外観である。現在目にするこの教会堂の姿は2016年に行われた大規模な修復工事の結果であるが、外部に露出する石、ラーヴで葺かれた屋根などの外観は、1930年代に実施された大規模な修復工事の結果である。

教会堂は極めてシンプルな単身廊教会堂で、東から半ドームの架かるアプシス、交差ヴォールトの架かる矩形平面の内陣、そして勝利門アーチがあって、続く身廊は木造小屋組で、現在は平天井が吊られている。鐘塔は、この地方の多くの教会堂と異なり、矩形内陣の上部にではなく、その南横に、内陣上部に沿うような形で、しかも上部は教会堂から若干独立して離れた形で建っている。鐘塔基部は、外部から見ると袖廊のように扱われ、切妻屋根が乗っているが、鐘塔本体の平面は基部のそれよりも小

さい。矩形内陣の北側には袖廊はない。アプシス内部は、壁面の曲面に沿うテーブル状の台の上の、窓を枠取るアーケード装飾と小円柱で装飾され、この地方の幾つかの教会堂に見る比較的豪華な内陣のしつらえを見せる。身廊軒壁の厚さは1m近くあり、木造小屋組であることを考えると非常に厚い壁であり、アプシスの外部軒回りの持送り装飾の不規則さや、同じくアプシス外壁の非常な厚さ、あるいは規則的ではあるが比較的モルタル層の厚い小振りのモエロン積みの組積などの要素とともに、これらの部分が10世紀の後半から、遅くとも11世紀の前半にはすでに出来ていたことを示している。

しかしながら、教会堂の内部に入って、まず気付かされるのは、勝利門アーチの異様な低さである。が、このアーチが開く隔壁の裏側（東面）を見るなら、この低い半円アーチが当初の物ではなく改築された物であることが判る。現アーチの上部に当初アーチを埋めた石積みの跡が認められ、同時に、矩形内陣上部に架かる交差ヴォールトが、その起拱点以下の組積との間できちんと連続していない。この内陣交差ヴォールトは、勝利門アーチの改築時に架け直された物と考えられ、恐らく矩形内陣南に建つ鐘塔もこのときの建設であろう。それは、恐らくクリュニー修道院長ユーグ・ド・スミュールの介入のあった11世紀末から12世紀初頭のことと考えられる。アプシス内壁曲面の小円柱装飾もこのときに付された装飾と考えるのが妥当であろう。

実測調査からは、本来注意深く正確な長方形として建設される筈の矩形内陣部の平面も微妙に平行四辺形になっていることが判る。目視観察から、矩形平面の内陣に架かる交差ヴォールト、そしてこの内陣の南北の壁に設けられた尖頭アーチも、勝利門アーチの改築時の工事によって、つまり第二期の工事によってできたものであることが理解される。

マズィユ教会堂の現在の建築は大きく分けて二回の工事でできているものと結論付けられる。第一段階は、現存の身廊が作られた段階で、身廊軒壁、そして矩形の内陣部とアプシスが建設され、第二段階では、勝利門アーチが作り替えられ、矩形の内陣の上部が作られ、アプシスの内部、そして鐘塔が建設されたものと考えられる。西正面に見られる新古典主義意匠の扉口は、当然かなり後のものである。

西正面とアプシスの外部はロンバルド帯のアーケード装飾で飾られている。ロンバルド帯を形作るそれぞれのアーチは均一ではなく、造作の質は高くない。作られた年代としてはそう遅いものではないと思われる。外部の壁面に露出している組積がこの建物の組積を代表するものであるとするなら、組積は極めて規則的できちんと層をな

した小振りの石灰岩のモエロン積みで、これはこの建物がそう古くはないことを示しているとも言える。しかし、近くに良質の石材を供給する石切場があることを考えると、このあたりの建築としては普通のこととも言える。興味深いのは全体として壁厚が通常よりも厚いということである。西正面の壁厚は1m以上あり、身廊軒壁の厚さも1mほどある。アプシスの曲面部の壁厚に至っては1m25cmほどもある。建設年代の古さを物語っているように思える。アラン・ゲローも言うように、これらのことから10世紀の後半から11世紀の初めに第一期の工事が行われたと推察できる。

第二期の工事の年代に関しては、この段階の工事に属する部分には尖頭アーチが含まれるので、1100年以前ではあり得ないとして良いであろう。アプシスの内部を飾る小円柱の上に乗るアーケード装飾もこの年代のものと見て良いであろう。小円柱の柱頭に見る葉形彫刻装飾はクリュニー第三教会堂に見られる意匠である。アプシスの内部の壁面の装飾は、この第二期の工事の時にやりかえられたと考えられる。

実測値からこの教会堂の平面の寸法構成を考えてみると、1尺が31.5〜33.0cmとかなり大きな幅を許容しなければならないが、ブルゴーニュ地方の古慣用尺（あるいはローマ尺から派生されるマニュアリス尺）と考えられる尺度のもとで、アプシス半径10尺、矩形内陣内法13×20尺、鐘塔基部13×10尺、身廊内法48×24尺という完数尺の単純な寸法構成が浮かび上がる。身廊の四辺の寸法の和は144尺となり、他の教会堂身廊寸法にも認め得た『聖書』の黙示録に記される天上のエルサレム周長の数となる。また13も含めて他の数、10、24、3、4と言った尺数も、ロマネスク期の数象徴では霊的意味を担う数と考えられるものである。

ここで分析した平面の寸法構成は、鐘塔を除いては基本的に10世紀か11世紀の第一期の建設によって形をなした建築計画である。また鐘塔については、内部や屋根形状の観察から、特に上部については明らかに後世の建設であることが判る。内陣上部の現状の小屋組や組積にも、後世に付加された痕跡が随所に見いだされ、当初教会堂では、矩形内陣上部に鐘塔が乗っていたという可能性も否定はできないと考えられる。

2011年に我々が実施した調査で作成された実測図面が契機となって、2016年には本格的な修復工事が、歴史的記念建造物修復建築家フレデリック・ディディエの指揮のもとで実施された。所有者であるコミューンがその必要性を認識し、コミューンの発議により認可された修復である。ただし、この修復により、内部は、現在も内部に残る重なり合った上塗りのいくつかの層から判断されて選ばれた一種類の上塗り塗装が、壁画の残る部分を除いて全面に施された。数々の考古学的痕跡を見せていた内陣

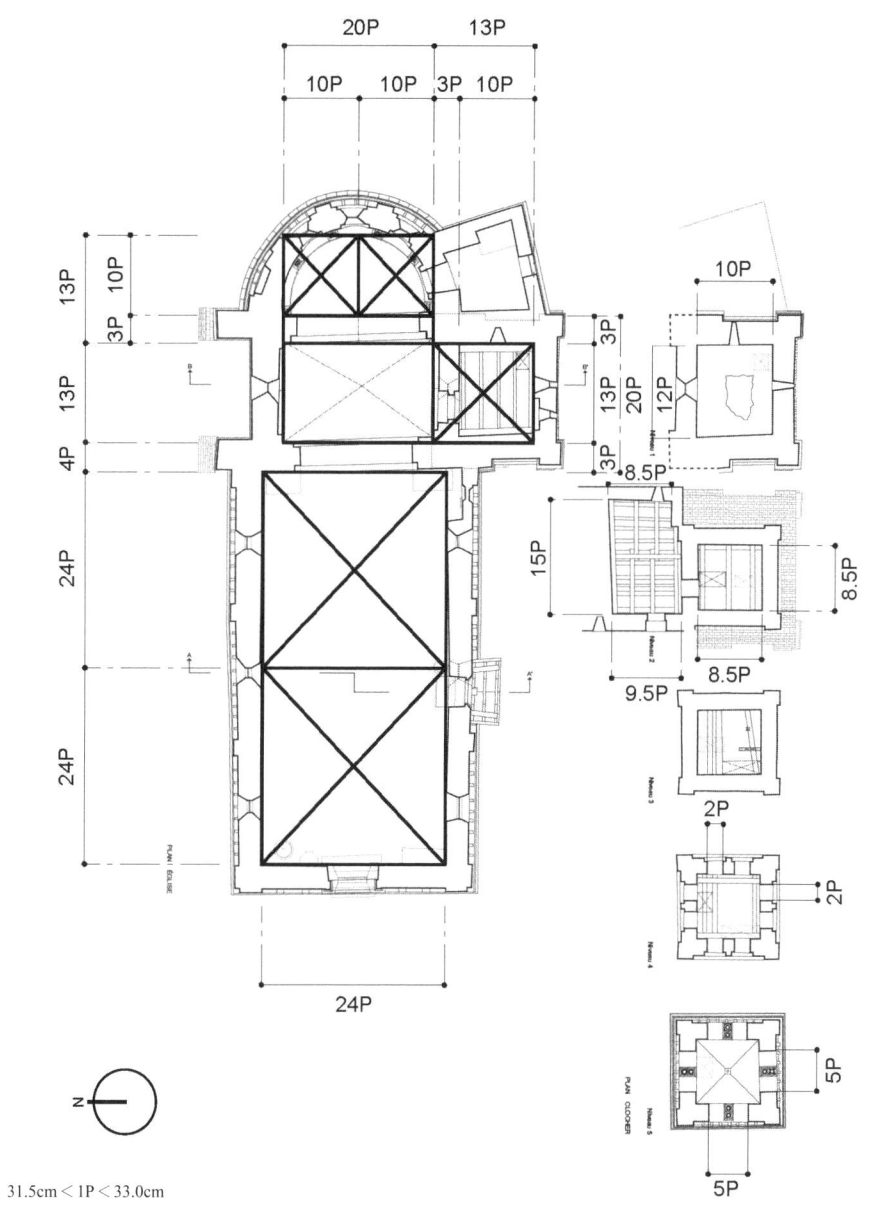

31.5cm＜1P＜33.0cm

図18-1　教会堂平面図・寸法分析　　　　　（作成　西田研究室）　*211*

や勝利門アーチも、アプスィスのアーケード装飾も全て淡い黄褐色の漆喰で塗り込められ、部分的には新たに描き目地も施され、ここに記した教会堂内部で我々が観察し得たことのほとんどすべてが新たに塗られた漆喰の下に隠れることとなった。

［西田雅嗣］

L'église paroissiale saint Blaise de Mazille (MH 1913) est de celles qui attirent les amateurs d'art roman. Son isolement au milieu d'un vallon verdoyant, son aspect « pierre nue » parfaitement homogène lui confèrent ce caractère « ancien » et romantique qui satisfait l'esthétique d'une partie de l'élite cultivée. L'examen archéologique découvre bien d'autres motifs d'intérêt. L'intérieur de l'église a été entièrement restauré en 2016 sous la direction de Frédéric Didier ; tout a été réenduit, ce qui a fait disparaître des possibilités d'observation des parements, mais confère à l'édifice une qualité architecturale de premier ordre.

Lorsqu'on pénètre dans la vaste nef rectangulaire, on est frappé par l'étrangeté de l'arc triomphal en plein cintre, très bas, qui barre la vue à l'est de manière surprenante. L'observation du revers (le décapage avait fait apparaître le parement antérieurement à la dernière restauration) montre immédiatement que la situation actuelle n'est pas la situation d'origine. Sur toute la moitié sud, on aperçoit avec une parfaite netteté la trace d'un ancien arc triomphal également en plein cintre, mais nettement plus élevé (clé à environ 340 cm au-dessus de la clé actuelle) et plus étroit (370 environ au lieu de 480). L'analyse précise de la croisée montre que la voûte d'arêtes, ainsi que les arcs brisés qui servent d'arcs de soutien au nord et au sud, correspondent aussi à cette seconde phase. L'observation intérieure et extérieure du clocher montre également que ce clocher hors-œuvre est contemporain de cette seconde phase (porte d'accès au sud en arc brisé, voûte en berceau brisé au dessus du rez-de-chaussée du clocher). La récente restauration a fait réapparaître la porte primitive du clocher, juste au dessus du grand arc, elle est obturée. Un nouveau système d'accès a été aménagé sous forme d'un espace en arrière à droite du grand arc, qui s'ouvre sur la nef d'un côté et donne accès au premier étage du clocher de l'autre.

Autrement dit, pour faire bref, pour comprendre cet édifice, il est indispensable de distinguer dès l'abord deux parties : une première phase à laquelle correspondent la nef, les murs gouttereaux de la croisée et l'abside, une seconde phase, avec l'arc triomphal, la croisée, l'intérieur de l'abside et le clocher.

Aussi bien la façade que l'extérieur de l'abside sont décorés d'arcatures lombardes ; les unes et les autres ont un profil gauche et irrégulier, qui interdit de rechercher une datation tardive. Si l'appareil des parements extérieurs est représentatif de la maçonnerie, cela veut dire qu'il s'agit de petits moellons calcaires assez réguliers et bien lités, ce qui ne surprend pas,

étant donné l'abondance de bons matériaux à proximité ; mais on est surtout frappé de l'énorme épaisseur des murs : plus d'un mètre pour la façade et les gouttereaux, et 125 pour l'abside hémicirculaire. Ces indices orientent vers une date qui peut se situer dans la seconde moitié du Xe siècle ou le début du XIe.

Au contraire, la présence notable d'arcs brisés dans la seconde phase rejette presque nécessairement après 1100. Il paraît plus que plausible d'attribuer également à cette seconde phase l'arcature et les colonnettes qui ornent l'intérieur de l'abside ; le décor de feuillage des chapiteaux est celui de Cluny III ; ce qui laisse supposer une réfection de l'abside par placage d'un décor intérieur. Au dernier étage du clocher, aux quatre ouvertures se trouvent des colonnette géminées surmontées de chapiteaux ; les chapiteaux intérieurs ne sont pas sculptés, mais ceux de l'extérieur le sont ; au nord et à l'est, un décor de feuillage du type indiqué précédemment, au sud et sans doute à l'ouest, des chapiteaux à figures ; le chapiteau occidental n'est pas identifiable, mais au sud les personnages qui entourent la corbeille ont tous de figures d'atlantes ; l'état presque parfait de ce chapiteau incite à se demander dans quelle mesure il ne s'agirait pas d'une réfection. Plusieurs des colonnettes sont finement cannelées.

Les dimensions de la nef sont environ 1660 x 790. Il pourrait bien s'agir du « pied manuel » de 33,2cm, attesté à Cluny de diverses manières avant Cluny III ; unité qui donnerait une nef de 50 x 24 (avec ce module : travée sous le clocher 20 x 20, abside 20 x 10 ; clocher 13 x 13 à l'extérieur).

La première question que suscitent ces observations est de savoir pourquoi le grand arc a été repris comme il l'a été ; le fait que plus de la moitié du grand arc précédent soit conservé paraît exclure l'idée d'un effondrement général ; mais le fait que le clocher ait été édifié hors œuvre (pratique plutôt rare à Cluny) permet d'imaginer une hypothèse intermédiaire : le grand arc d'origine se serait assez affaissé pour provoquer l'effondrement du premier clocher et la destruction de la croisée, sans doute trop large (env. 680). D'où une réparation-consolidation de la croisée sur son plan antérieur, et la construction d'un clocher de bonne qualité immédiatement au sud. Il reste que l'on ne comprend pas parfaitement d'où provenait la nécessité de rabaisser autant le grand arc.

Quelques éléments gothiques se sont ajoutés par la suite. Au sud, l'ancienne porte romane a été bouchée et transformée en niche, tandis qu'une porte flamboyante était installée plus à l'ouest. Un bénitier de bonne facture, de style néo-classique, a été installé à droite de cette porte, portant une inscription 'JESUS MARIA JOSEPH SIEUR CLAUDE NONAIN L'AN 1710'. Une peinture murale se trouve sur le mur gouttereau nord, du côté du chœur, elle a été dégagée et restaurée, on peut y distinguer quatre scènes, de gauche à droite 'un homme agenouillé devant un crucifix et à sa gauche la Mort sous la forme d'un squelette avec une flèche qui part vers la gauche et semble vouloir l'entraîner ; un saint Christophe portant le Christ qui accompagne un clerc agenouillé en prière ; une Pietà ; un saint Étienne lapidé qui se tourne vers la Pietà. Un phylactère sortant du clerc présenté par saint Christophe, avec le début "O Mater Dei..." ' (identification due à Séverine Berlier-Lepape, que je remercie). Plusieurs croix de consécration sont apparues, de deux types, une fleurdelysée, et une autre à croix pattée. Des traces de faux appareil sont également de deux types : ocre rouge sur fond blanc sur le mur nord de la croisée, blanc sur fond ocre jaune à l'angle sud-est de la nef. L'intrados du grand arc porte un curieux décor de zig-zags.

Le portail principal de type néo-classique est manifestement très tardif. Le moins que l'on puisse dire est que la restauration massive des années 30, qui a abouti à autant de décapages et à reconstituer un toit de laves (là où le Moyen Age n'a jamais connu que de la tuile) a abouti à un résultat parfaitement anachronique. On note cependant, à l'extérieur du gouttereau nord, des traces d'enduit ancien, avec quelques indications de faux appareil ciselé ; les chapiteaux de l'abside portent des traces de peinture bleue et rouge.

L'histoire de Mazille est complexe, et la quantité de documents écrits disponibles considérable. Du haut Moyen Age est issu un vaste fiscus comtal, possible héritier d'une grande exploitation romaine. Ce fiscus fut cédé à l'abbaye de Cluny en 950, et devint une de ses principales sources d'approvisionnement. On incline à penser que ce fut l'abbé Hugues qui décida d'un vaste plan de restructuration à la fin du XIe siècle, d'où résulta sans doute un grand programme de construction sur la colline, à la fois résidence privilégiée des moines et centre domanial, en même temps que toute la population de la zone était regroupée dans une sorte de burgus fortifié en damier ; on connaît plusieurs lieux dits antérieurement occupés qui ne subsistent qu'à l'état de simple microtoponyme. Or le vocable actuel de l'église paroissiale, saint Blaise, semble inexistant en Bourgogne avant le milieu du XIe. La seconde phase de l'église romane pourrait bien être contemporaine de cette vaste réorganisation. Mais cette conclusion, pour très probable qu'elle soit, n'éclaire pas la période antérieure. Les documents du Xe siècle mentionnent une *ecclesia sancti juliani*, et nul ne peut dire où elle se trouvait exactement, mais rien n'exclut qu'il s'agisse de l'église considérée. Situation compliquée par le fait curieux que l'on ne connaît pas le patron de la chapelle du doyenné.

Je serais tenté (mais sous toute réserve) d'imaginer que le principal noyau de population aux IXe et Xe se trouvait autour de l'église que nous connaissons, dédiée à saint Julien ; l'abbé Hugues, décidant vers 1100 de rassembler toute la population et les activités de la zone sur la colline autour des bâtiments du doyenné, aurait ainsi causé l'abandon de cet habitat de vallée, tout en mettant en œuvre, en quelque sorte sous forme de compensation, un programme de restauration et de décoration de l'église paroissiale maintenue en place (la chapelle du doyenné n'est pas antérieure au XIIIe), et l'arrivée d'un nouveau saint, plus au goût du jour.

[Alain GUERREAU]

西正面
Façade ouest.

東から見た外観
L'extérieur vu depuis l'est.

北立面
L'élévation nord.

南側外観
L'extérieur sud.

会堂頭部北側面
L'élévation nord du chevet.

鐘塔南側面
Côté méridional du clocher.

身廊、勝利門アーチ・内陣方向を見る
Nef vue vers l'arc-triomphal et chœur.

身廊、内陣から西側入口方向を見る
Nef vue depuis le chœur vers l'entrée ouest.

鐘塔最上層二連アーチ開口柱頭彫刻
Chapiteaux des baies jumelles du niveau
supérieur du clocher.

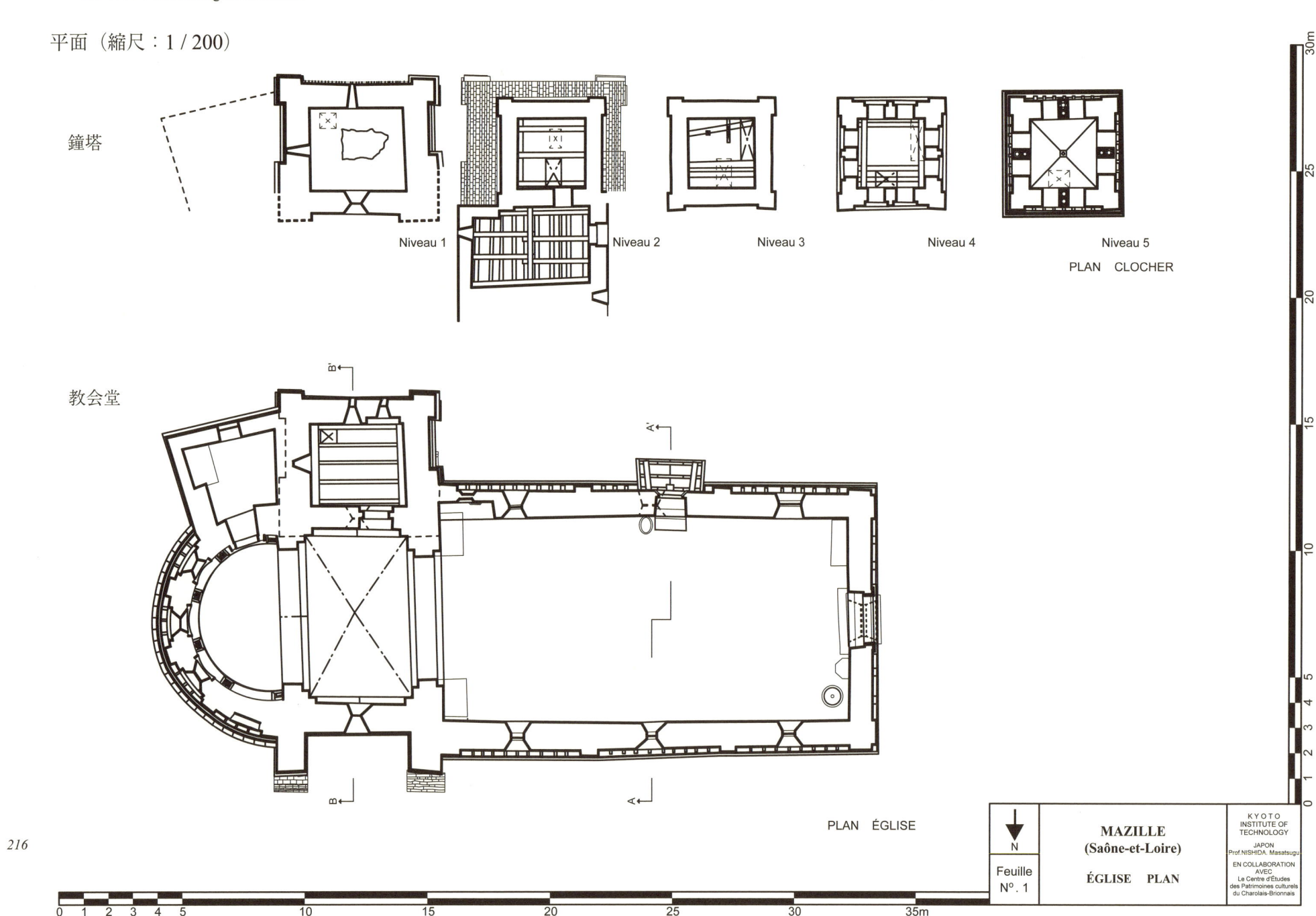

18. マズィユ教会堂 L'église de Mazille

平面（縮尺：1 / 200）

鐘塔

Niveau 1 Niveau 2 Niveau 3 Niveau 4 Niveau 5

PLAN CLOCHER

教会堂

PLAN ÉGLISE

MAZILLE
(Saône-et-Loire)

ÉGLISE PLAN

Feuille
N°. 1

N

KYOTO
INSTITUTE OF
TECHNOLOGY
JAPON
Prof.NISHIDA. Masatsugu
EN COLLABORATION
AVEC
Le Centre d'Études
des Patrimoines culturels
du Charolais-Brionnais

216

0 1 2 3 4 5 10 15 20 25 30 35m

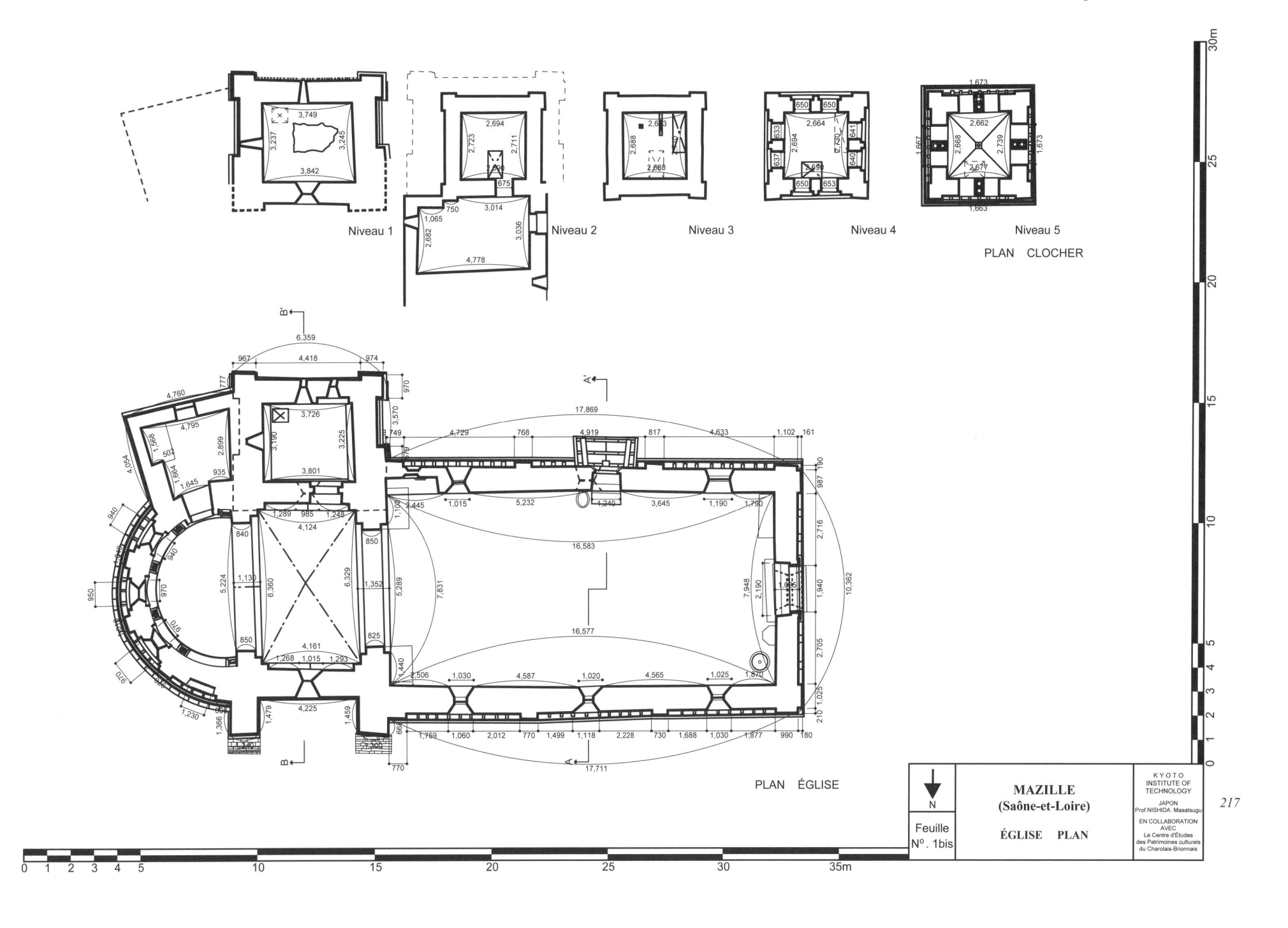

Niveau 1

Niveau 2

Niveau 3

Niveau 4

Niveau 5

PLAN CLOCHER

PLAN ÉGLISE

N

MAZILLE
(Saône-et-Loire)

ÉGLISE PLAN

Feuille
Nº. 1bis

KYOTO
INSTITUTE OF
TECHNOLOGY
JAPON
Prof.NISHIDA. Masatsugu

EN COLLABORATION
AVEC
Le Centre d'Études
des Patrimoines culturels
du Charolais-Brionnais

217

西正面（縮尺：1 / 200）

Feuille N°. 2	MAZILLE (Saône-et-Loire)	KYOTO INSTITUTE OF TECHNOLOGY JAPON Prof.NISHIDA. Masatsugu EN COLLABORATION AVEC Le Centre d'Études des Patrimoines culturels du Charolais-Brionnais
	ÉGLISE FAÇADE OUEST	

0 1 2 3 4 5 10 15 20 25 30 35m

30m
25
20
15
10
5
0

東立面（縮尺：1 / 200）

30m
25
20
15
10
5
4
3
2
1
0

| Feuille N°. 3 | **MAZILLE** **(Saône-et-Loire)** ÉGLISE FAÇADE EST | KYOTO INSTITUTE OF TECHNOLOGY JAPON Prof NISHIDA. Masatsugu EN COLLABORATION AVEC Le Centre d'Études des Patrimoines culturels du Charolais-Brionnais |

0 1 2 3 4 5   10   15   20   25   30   35m

北立面（縮尺：1 / 200）

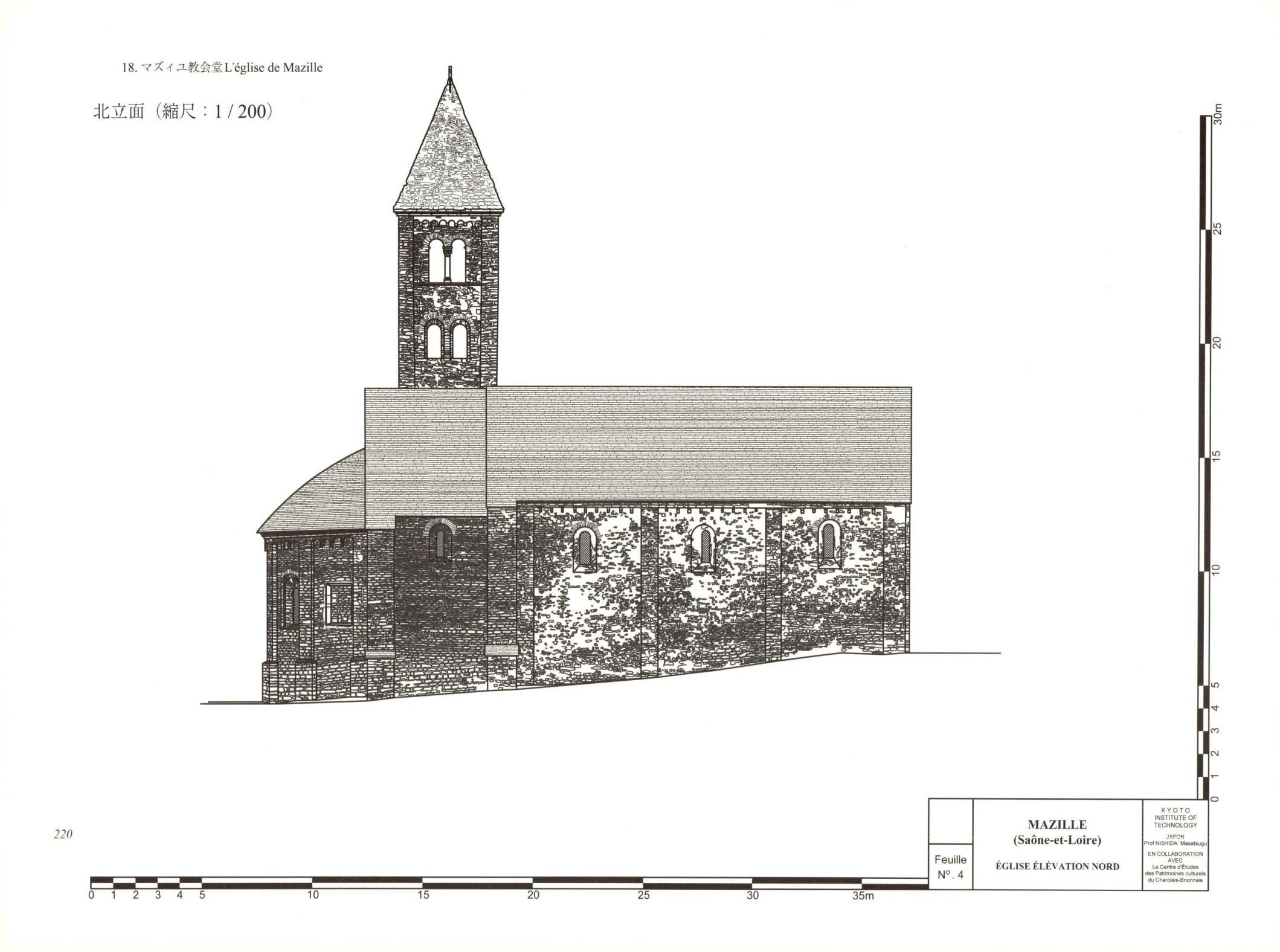

	MAZILLE (Saône-et-Loire)	KYOTO INSTITUTE OF TECHNOLOGY JAPON Prof.NISHIDA. Masatsugu
Feuille Nº. 4	ÉGLISE ÉLÉVATION NORD	EN COLLABORATION AVEC Le Centre d'Études des Patrimoines culturels du Charolais-Brionnais

0 1 2 3 4 5   10   15   20   25   30   35m

南立面（縮尺：1 / 200）

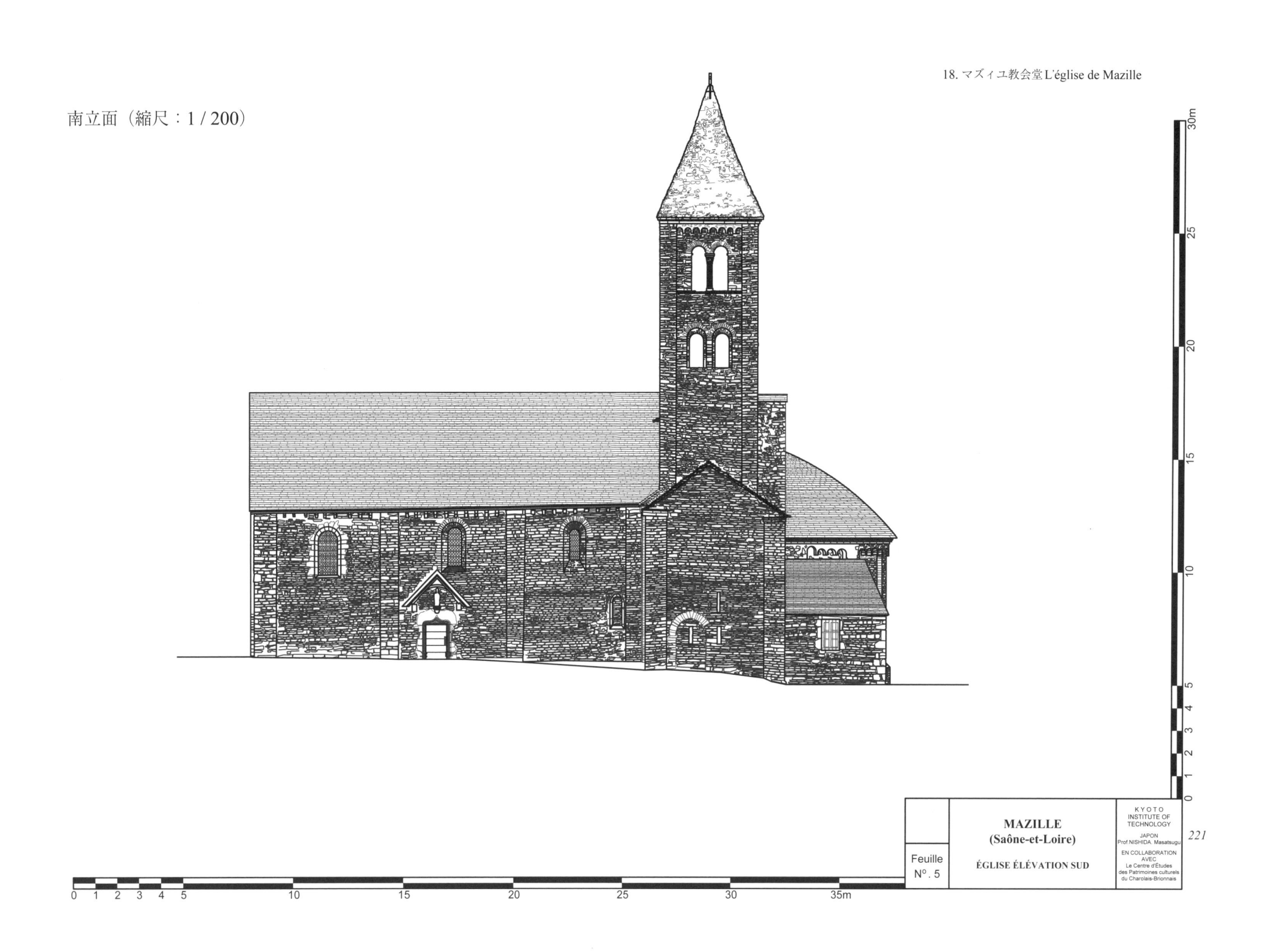

30m

25

20

15

10

5
4
3
2
1
0

Feuille
N°. 5

MAZILLE
(Saône-et-Loire)

ÉGLISE ÉLÉVATION SUD

KYOTO
INSTITUTE OF
TECHNOLOGY
JAPON
Prof.NISHIDA. Masatsugu

EN COLLABORATION
AVEC
Le Centre d'Études
des Patrimoines culturels
du Charolais-Brionnais

221

0 1 2 3 4 5   10   15   20   25   30   35m

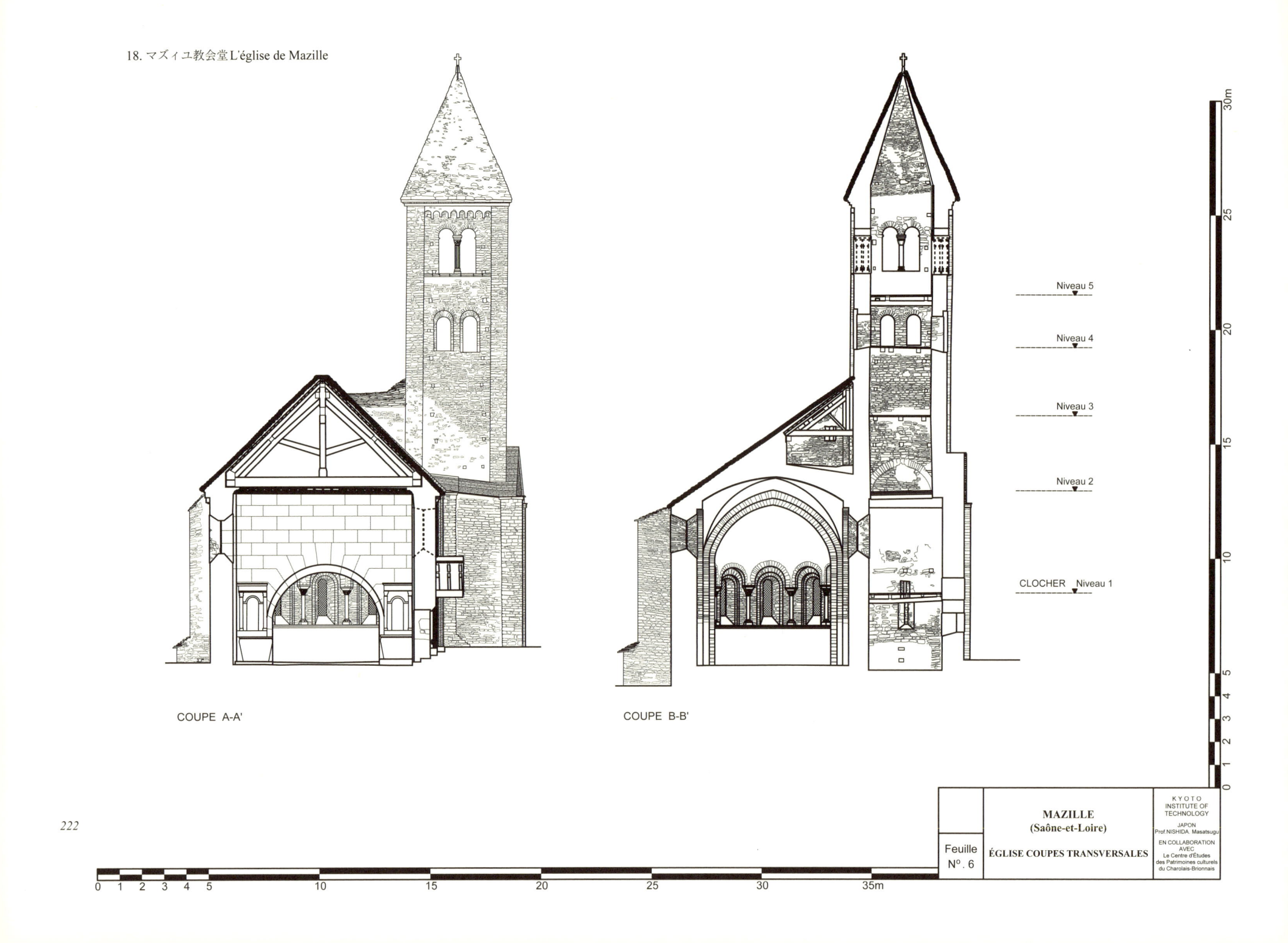

COUPE A-A'

COUPE B-B'

Niveau 5

Niveau 4

Niveau 3

Niveau 2

CLOCHER Niveau 1

30m

25

20

15

10

5
4
3
2
1
0

MAZILLE
(Saône-et-Loire)

Feuille
N°. 6

ÉGLISE COUPES TRANSVERSALES

KYOTO
INSTITUTE OF
TECHNOLOGY

JAPON
Prof NISHIDA. Masatsugu

EN COLLABORATION
AVEC
Le Centre d'Études
des Patrimoines culturels
du Charolais-Brionnais

0 1 2 3 4 5   10   15   20   25   30   35m

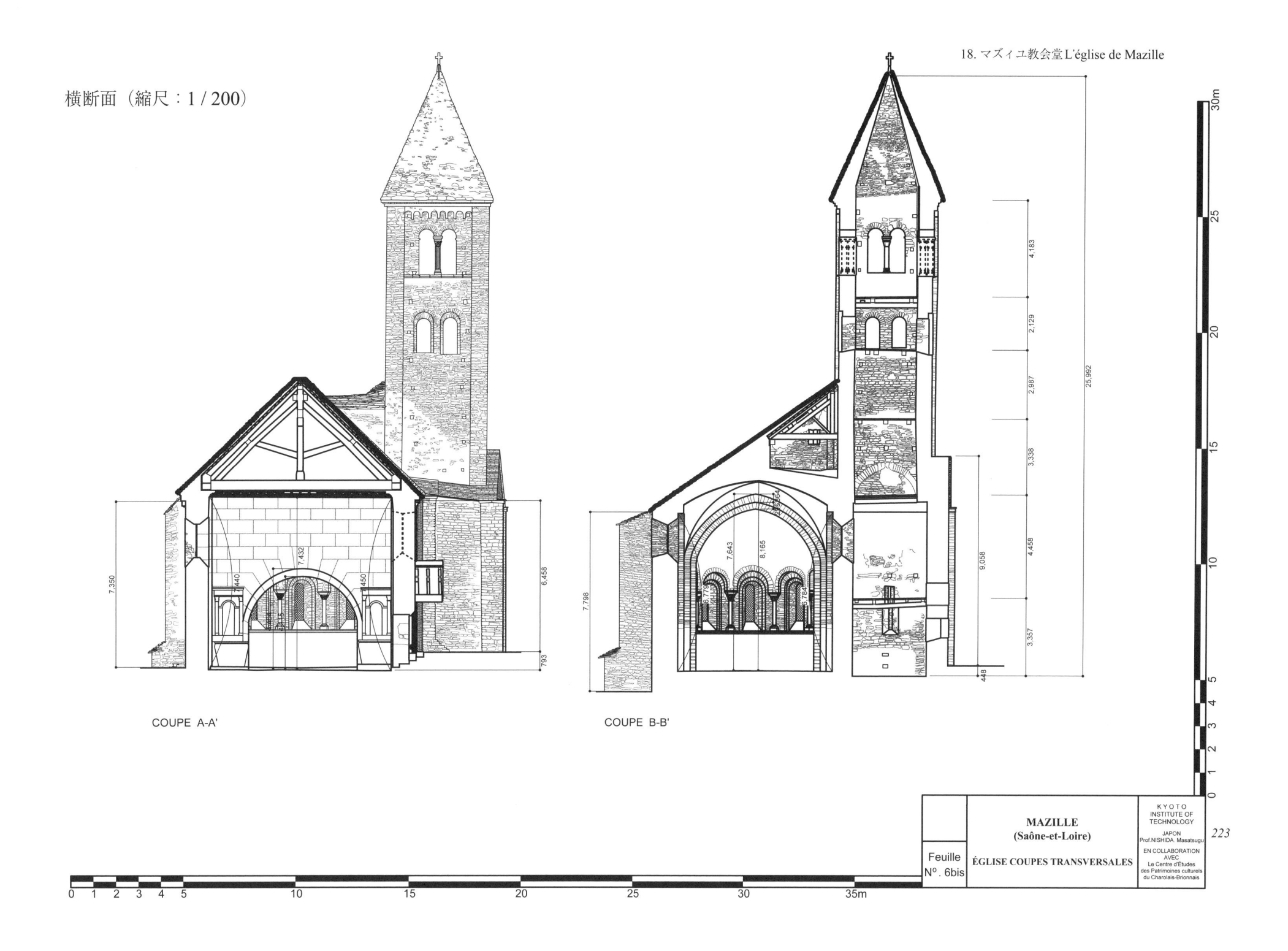

横断面（縮尺：1 / 200）

18. マズィユ教会堂 L'église de Mazille

COUPE A-A'

COUPE B-B'

	MAZILLE (Saône-et-Loire)	KYOTO INSTITUTE OF TECHNOLOGY JAPON Prof.NISHIDA, Masatsugu
Feuille N°. 6bis	ÉGLISE COUPES TRANSVERSALES	EN COLLABORATION AVEC Le Centre d'Études des Patrimoines culturels du Charolais-Brionnais

223

0 1 2 3 4 5 10 15 20 25 30 35m

縦断面（縮尺：1 / 200）

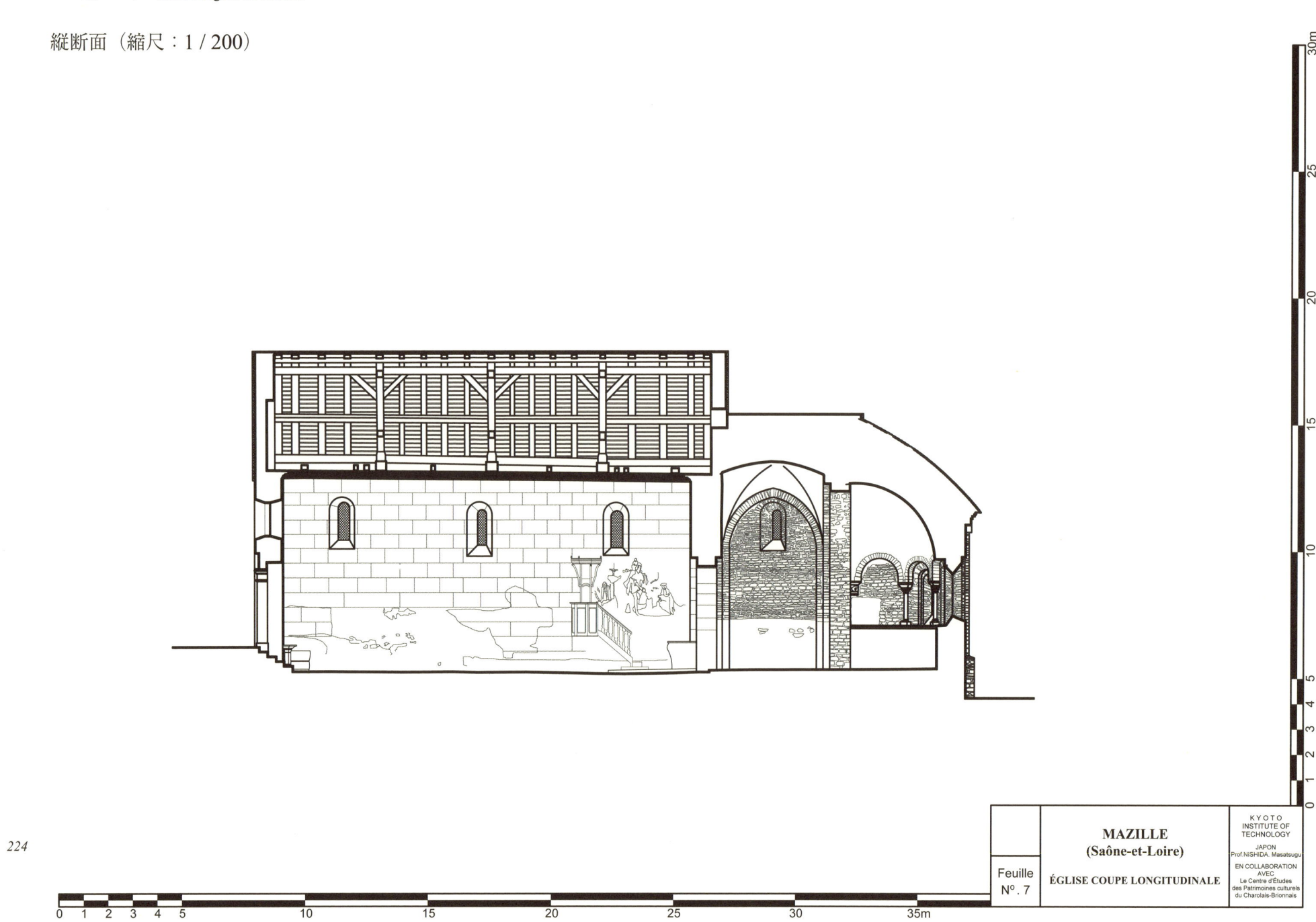

	MAZILLE	KYOTO INSTITUTE OF TECHNOLOGY
	(Saône-et-Loire)	JAPON
		Prof NISHIDA. Masatsugu
Feuille		EN COLLABORATION
N°. 7	ÉGLISE COUPE LONGITUDINALE	AVEC
		Le Centre d'Études
		des Patrimoines culturels
		du Charolais-Brionnais

0 1 2 3 4 5 10 15 20 25 30 35m

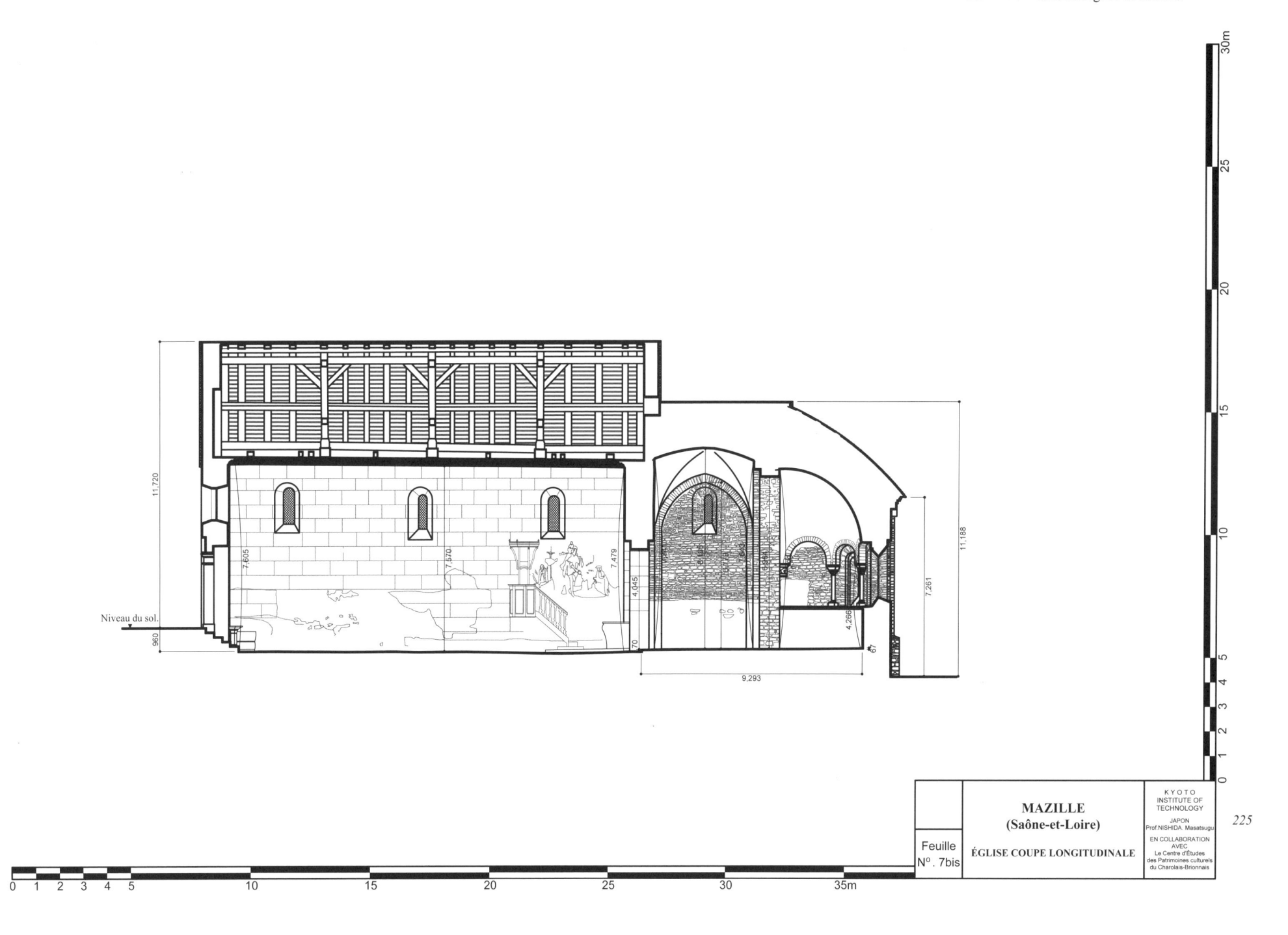

Niveau du sol.

MAZILLE
(Saône-et-Loire)

Feuille
N°. 7bis

ÉGLISE COUPE LONGITUDINALE

KYOTO
INSTITUTE OF
TECHNOLOGY
JAPON
Prof.NISHIDA. Masatsugu
EN COLLABORATION
AVEC
Le Centre d'Études
des Patrimoines culturels
du Charolais-Brionnais

225

0 1 2 3 4 5   10   15   20   25   30   35m

19. ウジ教会堂
L'église d'Ougy

実測調査

2003年9月19日

［調査メンバー］

西田雅嗣、石山智則、榎並悠介、福岡亜希子、町野真由美、三木正貴

2015年9月24、25、28〜30日

［調査メンバー］

西田雅嗣、岩田千穂、大來美咲、大野未華、加藤旭光、古賀顕士、硯稚芸、原愛、
廣長晧介

実測図面

西田雅嗣、2016年8月29日

図面作成

岩田千穂、大野未華

Relevé

19 / 09 / 2003

Masatsugu NISHIDA, Yusuke ENAMI, Akiko FUKUOKA, Tomonori ISHIYAMA,
Mayumi MACHINO, Masataka MIKI.

24, 25, 28 – 30 / 09 / 2015

Masatsugu NISHIDA, Ai HARA, Kosuke HIRONAGA, Chiho IWATA, Asahi KATO,
Kenji KOGA, Misaki OKI, Mika ONO, Chiki SUZURI.

Auteur du plan

Masatsugu NISHIDA, 29 / 08 / 2016.

Dessin

Chiho IWATA, Mika ONO.

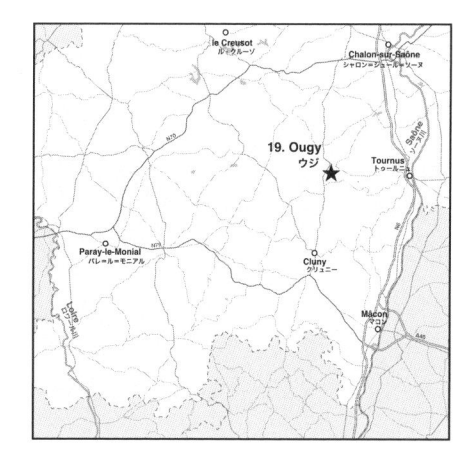

ウジの名前は、Ecclesia de Otgers として1095年の文書に、クリュニー修道院所有の領地の一つとして現れる。また1108年の文書ではウジに聖職者がいたことが確認できる。また1278年のクリュニー修道院の文書にはOugiesの記載がある。ウジの教会堂は、恐らく教区教会堂ではなく、すぐ近くのマレの教会の分教会だったようである。中世当時、クリュニーから来る財産や収入はマレの司祭長の所轄であった。ウジは、現在でもコミューンとしては、マレに所属する農村小集落である。

簡単な平面とは反対に、アーチ窓や軒蛇腹、そして四隅のピラスターで装飾され、印象的な尖塔状の四角錐屋根の乗った鐘塔を持つこの教会堂の外観の表情は、我々が普通に持つ、田舎にひっそりと建つロマネスクの小教会堂のイメージに相応しい。

身廊は単純な四角い平面の上に建つ。二本の横断アーチに支持された尖頭トンネル・ヴォールトの天井が架かり、外部には控壁がありこれを補強している。南側の身廊軒壁には、隅切りのなされた窓が二つあり、ここから採光される。またこの面に水平の楣の乗った出入口が一つ設けられている。北側の身廊軒壁は無窓である。

鐘塔の真下に当たる矩形の内陣にも、やはり尖頭トンネル・ヴォールトが架かり、内側の方に大きく隅切りが取られた窓を持つ南北両側の壁から採光される。四角い蓋状のものが天井にあり、かつての鐘塔へのアクセスの痕跡が残る。

アプシスは半円形の平面である。尖頭の半ドームが架かり、外側と内側の両側に隅切りの施された窓が三つ開けられ、ここから採光される。

西正面の扉口は二本の控壁で枠取りされていて、開口上部には水平の楣石が乗る。扉口上部の軒蛇腹は二段になっている。かつてのより古い時代の扉口の存在を示唆している可能性もある。

鐘塔の平面は正方形である。鐘塔基部の南北面に、上部構造の荷重を支える埋込アーチが外からも認められるが、このアーチより上部の外観立面を開口部で見るなら、立面は三層である。下から、現在は埋められている簡単な窓が各面に一つずつある最下層、その上の、これも現在は埋められている二連アーケード開口を各面に持つ中間層、そして三本の小円柱の上に乗る二連アーケードが各面に開く最上層である。四角錐の尖塔の基部は鉄筋コンクリート造であり、おそらく両大戦間に行われた大規模修復工事の際に建設されたものと推測される。

建物全体にわたって組積が極めて均質であることが注意を引く。灰色の石灰岩の小振りの切石によるモエロン積みで、石材は非常に規則的に四角く切り出され、きちんと層をなして積まれている。控壁や隅石の荷重がかかる部分には、若干の砂岩のブ

ロックも混じっている。

ウジ教会堂の外観は、一連の修復工事の結果、特に外壁に露出する石や、ブルゴーニュ地方ではラーヴと呼ばれるスレート状の粗い石材で葺かれた屋根など、全く時代錯誤的な相貌を持つに至ってしまった。そこここに部分的に残存する上塗りの断片から、少なくとも19世紀までは、この建物外部は上塗りが施されていたと判断される。屋根のラーヴに関しては、17世紀以前にラーヴ葺きはあり得ないとアラン・ゲローはいう。また鐘塔の上に乗る四角錐の尖塔屋根も再建されたもので、アラン・ゲローは中世末以前のものではあり得ないだろうとの判断を示している。ロマネスクの教会堂の外観として、突飛とも言えるほど石しか目に入らない現在のウジ教会堂の外観は異様であるとも言える。

対して内部は、大きな修復がなされなかったこともあり、かつての古い様子を荒れた状態の中に留めている。幾つかの異なる上塗りの層が識別できる。西正面壁の内側には、出入口上部の半円形の壁に聖フィリップの壁画の断片が認められる。おそらく13世紀初めのものと考えられるが、現在のこの教会堂が聖マルタンに捧げられていることを考えると、このような重要な場所に聖フィリップの像が描かれる理由が不可解である。アプシスにも、かなり剥落してはいるが、いくつかの壁画や上塗りの層が確認できる。半球ドームに描かれているのは、四つの生き物（テトラモルフ）と推察され、下の方には、すぐ近くの城主ウクセル家の紋章も見られる。

クリュニー修道院の所領に建つこの教会堂に領主の紋章が描かれているのは不思議である。ウジ教会堂は、ウクセル城までの距離とマレ教会堂までの距離が等しい場所に建っている。クリュニーの所領ではあるが、13世紀になって、領主ウクセル家とクリュニーの関係が改善された時、領主の礼拝堂としての役割も、ウジ教会堂は果たしたものと考えられる。領主ウクセル家から、建築に対する財政的な支援もあったと考えられる。これが、ウジ教会堂に見る、組積をはじめとする例外的とも言えるほどの上質な作りの理由であるとも考えられる。

上述のように、1095年、1108年、1278年に教会堂の存在の記録があることから、建設年代としてジャン・ヴィレイは、11世紀末か12世紀前半を提示する。近くのクリュニー本山では、この時未曾有の規模の第三教会堂が建設中であった時である。一方、非常に規則的な平面や正確な組積を考えると、この建物は平均以上の技術力を持った石工集団によって建てられたと考えられるが、この均質な建物ゆえに、建築そのものの観察から建設年代を推察するのは容易ではない。鐘塔の開口部の小円柱の柱頭は東

面にしか認められず、それも葉形飾りのもので、概ね12世紀の装飾と通常は考えるものである。西正面の内側に描かれた聖フィリップの絵は1200年以前ではあり得ない。組積の際立った正確さは12世紀末の建設を思わせる。文書の記録からは、11世紀にはすでに教会堂が存在していたことが跡付けられる。こうしたことを総合すると、確実性は極めて低いが、現在のウジの教会堂は、12世紀後半の建設とするのが妥当な線ではないかとも考えられる。

　ウジのこの教会堂については、図面は二種類が確認された。一つはパリの建築・文化財資料館収蔵のもので、1965年の日付を持つE・マロの手になるもので、1/200の平面図と断面図、1/100の鐘塔平面図、そして外観パースが描かれた1枚の図面で、当時の現況を示す。もう一つは、鐘塔に登るために、恐らく最近になって付けられた外部階段を除去する修復工事の際に描かれた1983年の、建築家O・ド・ラ・シャペルの描いた図面で、修復前の状況を縮尺1/100の平・立・断面図で示した図面である。いずれも実際の遺構が示すごくわずかの不規則さ、寸法のばらつきは無視された一般的な精度の図面である。

　アラン・ゲローは、ブルゴーニュ地方の二十一の単身廊の小規模教会堂の平面を自ら実測し、軸線のずれと尺度単位と寸法からロマネスク教会堂の建設の実際を考察した1998年の論文中に、ウジの教会堂の実測値、寸法、分析結果を示している。ウジの教会堂についてアラン・ゲローは、二十一の教会堂の殆どの平面の矩形が直交直角からの歪みを示すのに対し、この教会堂の平面には極めて高い精度の直交直角が見られる事を指摘し、また逆に寸法に関しては、二十一の教会堂の殆どが、1尺が29.5cm程度のローマ尺で平面全体が一貫した寸法構成を見せるのに対し、この教会堂の平面の寸法構成には、縄張りの取り違い以外に考えられない寸法の乱れが存在する事を指摘する。この論文の中でアラン・ゲローが提唱するロマネスク教会堂建築平面の寸法構成の幾つかの原則（完数尺となる主要寸法は基本的に内法寸法である、縄張りでは縦方向と横方向にそれぞれ一つの中心軸に沿ってしか寸法をとらない、直交直角への配慮は希薄である等）は、同時代文書史料によってもある程度蓋然性が確認されているので、この原則に従いつつ、我々もウジの教会堂平面の寸法構成について検討を行って見た。

　アラン・ゲローは、平面のいくつかの比較的大きなまとまった箇所の内法寸法を、共通に完数尺にし得る尺度を当該建築に用いられた物指しとし、1尺の長さが29.5cm程度のローマ尺に優位性を置く。2パーセント内外の誤差は許容しつつ、二十一のブルゴーニュの小規模教会堂について、十七棟の教会堂まではローマ尺であると結論す

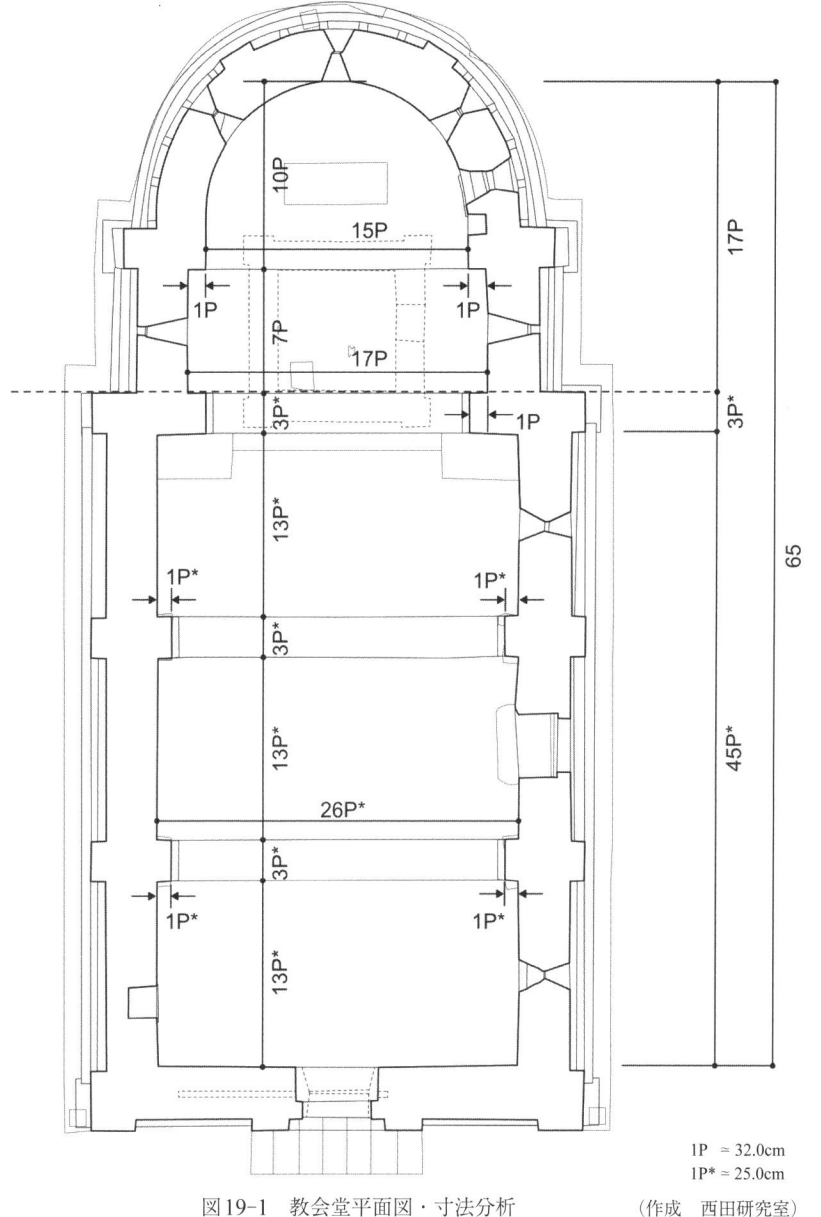

1P ≒ 32.0cm
1P* ≒ 25.0cm

図19-1　教会堂平面図・寸法分析　　　　（作成　西田研究室）　229

る。ウジについても、アプシス、アプシスと身廊の間の鐘塔が乗る矩形内陣のベイの寸法からローマ尺であるとし、アプシスに内陣を加えた奥行きを21尺とする。しかし身廊長さをローマ尺とした場合、横断アーチを受けるドスレの幅が完数尺とならず、またアプシスも含めた堂全長が59尺となり、「思考体系である数象徴は中世建築の指導的原理である」（J・ル・ゴフ）と言う見解に照らして蓋然性の低い尺数であるとして、身廊建設時の縄張りの読み違えとする。検討過程で、可能性として12吋＝1尺の1吋を1寸としてこれを10倍して派生される腕尺（1尺＝29.5cmの時、1腕尺＝24.6cm）も検討されるが、何故かこの時の幅方向の尺数に良い値が出ないとして棄却する。

しかしこの1腕尺を考えた場合（こうした尺度派生は中世当時には普通であった）、身廊幅は26尺、横断アーチ間の各ベイの長さは13尺となり、中世の数象徴が示すように13が神聖数の一つで、かつ身廊1ベイの矩形が13尺四方の正方形を二つ並べた形になること、ドスレの出の寸法が正にこの1腕尺になること、さらに横断アーチ幅も3尺と言う完数尺になること、あるいは身廊全長が45尺になることを考えあわせると、蓋然性の高い尺度、寸法構成と言える。身廊の1尺がドスレの出の寸法に現れていることから、内陣幅とアプシス幅の違いにより生じる内陣東の両端の壁の出や内陣西側のドスレの出（実測値平均32.1cm）も、内陣とアプシスの工事で用いられた物差しでの1尺と考えて見ることができる。そうすると、この内陣とアプシスで用いられた尺度は、1尺が32cm程度となる。19世紀に出版された古の度量衡に関する事典的な目録は、ブルゴーニュの古慣用尺の一つとして31.5cmや33.1cmを掲げている。この尺度の下で内陣は17尺×7尺、アプシス幅は15尺、同奥行きは10尺となり完数尺である。またアプシスと内陣を合わせた部分は17尺四方の正方形になる。

J・ル・ゴフが言うように、実際の長さにではなく寸法の数の意味に重要性があったとするなら、尺度が異なっても、尺数のみを加減して得られる数にも意味がある。以上の二種類の尺度を想定して得られた尺数から堂全長の尺数を得ると65尺＝13×5となり、身廊にも現れた13が、平面の寸法構成全体の鍵となる数であることが分かる。

我々が考える寸法構成の結論は図の通りである。基礎図形も、正方形と言う形でその存在が示唆される。1尺の長さは、ドスレの出のような寸法に現れている可能性がある事、全体の尺数の理屈は保ちつつ、物指し自体は、一つの建物でも異なる場合もあり得る事も示唆された。

［西田雅嗣］

L'église d'Ougy (*ecclesia de Otgers*) est mentionnée parmi les possessions de Cluny en 1095 (bulle d'Urbain II), un prévôt d'Ougy apparaît en 1108 (Tournus 63). Cette église ne fut sans doute jamais une église paroissiale, mais une succursale de Malay. D'ailleurs, les biens et revenus de Cluny à Ougy dépendaient du doyenné de Malay. L'église est pourtant entourée d'un cimetière, ce qui tend à montrer que ce hameau disposait d'une nette autonomie. L'église a été classée MH en 1929.

La nef est un simple rectangle couvert d'une voûte en berceau brisé, supportée par deux arcs doubleaux, étayés à l'extérieur par des contreforts. Le mur gouttereau sud est percé d'une porte à linteau droit et éclairé de deux fenêtres à double ébrasement, le mur gouttereau nord est aveugle.

La travée sous clocher est seulement couverte d'une voûte en berceau brisé. Elle est éclairée par deux fenêtres à ébrasement interieur. Une ouverture carrée donnait accès au clocher. L'abside hémicirculaire est surmontée d'un cul-de-four en berceau brisé, et éclairée par trois fenêtres à double ébrasement. Le portail est surmonté d'un linteau droit et encadré par deux contreforts. Une double corniche au-dessus pourrait attester de l'existence d'un porche à époque ancienne. Le clocher carré comporte trois étages d'ouvertures (au-dessus d'un arc de décharge en berceau brisé) : une baie simple (obturée), une baie double (obturée) et une baie géminée encadrée par trois colonnettes. La flèche du clocher repose sur un niveau en béton armé, sans doute installé la entre les deux guerres, au moment de la première grande campagne de restauration.

L'appareil, très homogène, est remarquable : de petits moellons de calcaire gris bien appareillés, très réguliers et lités, avec quelques blocs de grès dans des parties portantes (contreforts, chaînages d'angle).

L'église d'Ougy a un aspect tout a fait différent à l'extérieur et à l'intérieur.

A l'extérieur, une série de restaurations successives ont donné au bâtiment un aspect totalement anachronique : pierre nue pour les murs, laves sur les toitures. Des fragments d'enduits anciens subsistent ici ou là, attestant que l'édifice fut enduit au moins jusqu'au 19e siècle. Quant aux laves de la toiture, elles ne sont en aucun cas antérieures au XVIIe siècle. La flèche en pierre, totalement reconstruite, n'a certainement pas été installée avant la fin du Moyen Age. L'aspect agressivement lithique est tout a fait incongru. Au demeurant, les pierres employées (calcaire kimméridgien) sont extrêmement gélives et se détériorent très rapidement lorsqu'elles sont soumises au intempéries : l'enlèvement des enduits est aussi une énorme erreur technique.

A l'intérieur au contraire, l'absence de toute restauration confère à cette église un aspect d'antiquité mal tenue. Diverses couches de peinture sont repérables sur l'enduit, qui s'effrite par-ci par-la. Les éléments les plus intéressants sont aux deux extrémités. Au revers du portail, une lunette hémicirculaire conserve l'essentiel d'une peinture représentant saint Philippe, qui peut dater de la première moitié du XIIIe siecle (l'église étant placée sous le patronage de saint Martin, on s'explique mal la présence de saint Philippe dans cette position privilégiée). Dans l'abside, de nombreuses couches picturales ont été partiellement et plus ou moins maladroitement dégagées. Peut-être un tétramorphe gothique au cul-de-four. Plus bas, une litre, dont on repère au moins deux états, figure le blason des seigneurs d'Uxelles.

Pour obtenir des dimensions en pied acceptables, il faut faire passer la limite orientale de la nef à l'est du grand arc. On obtient ainsi, en pieds romains de 29,5 cm, une division en longueur : 40/10/10. En largeur, d'ouest en est, 22, 18 et16. Clocher 12 x 12 (extérieur). La mesure des angles réserve la plus grosse surprise : les angles sont tous assez rigoureusement droits, ce qui est exceptionnel.

La présence de la litre seigneuriale paraît contradictoire avec l'appartenance à Cluny de cette église. L'église d'Ougy est à peu près équidistante du château d'Uxelles et de l'église de Malay. Tout en faisant partie du domaine clunisien, elle a pu faire également office de chapelle seigneuriale, les relations des Clunisiens avec Uxelles s'étant beaucoup améliorées au XIIIe siècle ; on pourrait d'ailleurs imaginer que la construction ait été financée par ce lignage, ce qui expliquerait peut-être la qualité singulière de l'ouvrage.

L'extrême régularité du plan et l'appareillage rigoureux tendent à montrer que le bâtiment fut construit par une équipe de maçons d'une compétence très au-dessus de la moyenne. Ce qui, paradoxalement, ne simplifie pas la datation. De même, le matériau employé est d'une texture qui le rend complètement impropre à la sculpture (on ne trouve en tout et pour tout que deux chapiteaux décorés, sur la face orientale du clocher ; chapiteaux à feuillage, attribuables globalement au XIIe siècle). Une datation à partir du second tiers du XIIe siècle serait possible ; l'extrême précision de l'appareillage incite plutôt à penser à la fin du XIIe, d'autant que le saint Philippe peint au revers du portail n'est pas antérieur à 1200. Reste la difficulté soulevée par la mention en 1095. Il existait manifestement une église à Ougy au 11e. Mais la probabilité qu'il s'agisse de l'église actuelle est extrêmement faible. Seules des observations archéologiques permettraient de clarifier vraiment la situation.

Plusieurs statues anciennes ont été volées à diverses époques. Il n'y a jamais eu de sacristie, les accessoires liturgiques étaient conservés dans une grande armoire du XVIIIe siècle, qui se trouve toujours au revers du mur de façade.

[Alain GUERREAU]

教会堂東立面、アプシスと鐘塔
L'élévation est : abside et clocher.

教会堂北面外観
L'extérieur nord de l'église.

南西から見た外観
L'église depuis le sud-ouest.

教会堂南面外観
L'extérieur sud de l'église.

身廊から勝利門アーチとその向こうの鐘塔下の矩形の内陣、そして奥のアプシスを見る
Nef vue vers l'arc-triomphal et la travée barlongue sous clocher, l'abside au-delà.

身廊から勝利門アーチとその向こうの鐘塔下の矩形の内陣、そして奥のアプシスを見る
Nef vue vers l'arc-triomphal et la travée barlongue sous clocher, l'abside au-delà.

勝利門アーチとその向こうの鐘塔下の矩形の内陣、そして奥のアプシス
L'arc-triomphal et la travée barlongue sous clocher, l'abside au-delà.

身廊、内陣から西側入口方向を見る
Nef vue depuis le chœur vers l'entrée ouest.

鐘塔内部、基部を見下げる
L'intérieur du clocher, vu vers la souche.

鐘塔最上層二連アーチ開口
Baies jumelles du niveau supérieur du clocher avec le chapiteau.

平面（縮尺：1 / 200）

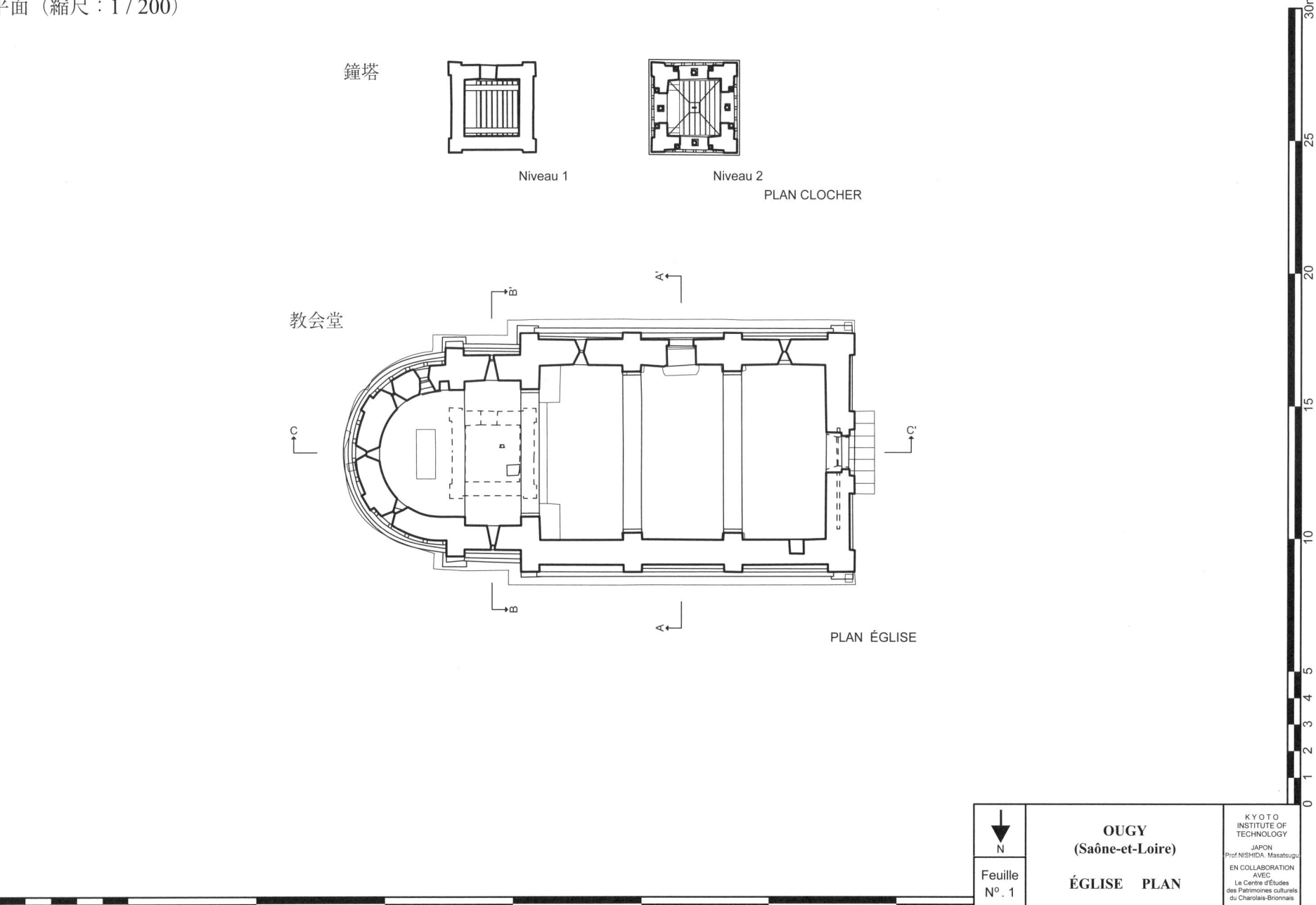

鐘塔

Niveau 1   Niveau 2

PLAN CLOCHER

教会堂

PLAN ÉGLISE

N

Feuille
N°. 1

OUGY
(Saône-et-Loire)

ÉGLISE   PLAN

KYOTO
INSTITUTE OF
TECHNOLOGY
JAPON
Prof.NISHIDA, Masatsugu

EN COLLABORATION
AVEC
Le Centre d'Études
des Patrimoines culturels
du Charolais-Brionnais

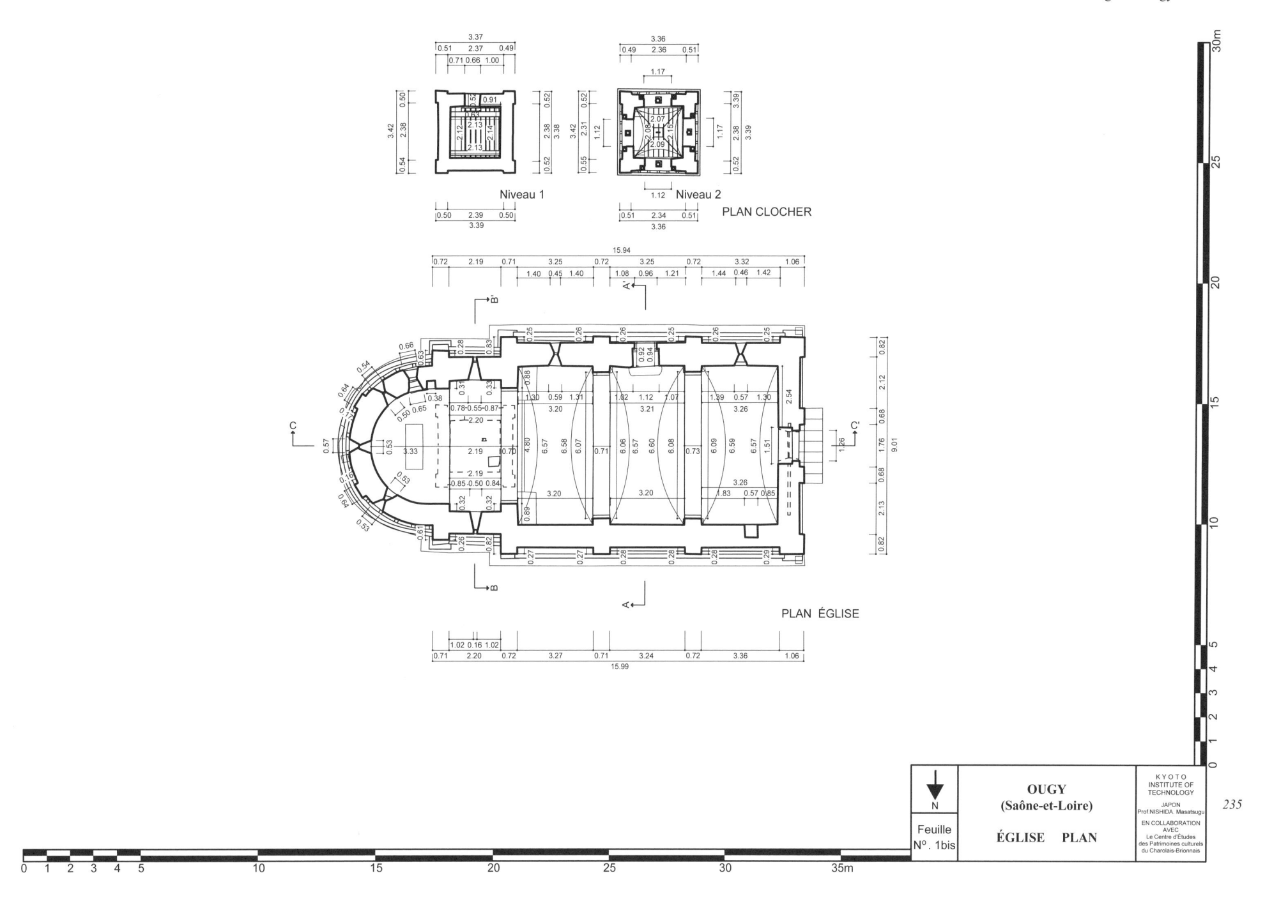

Niveau 1

Niveau 2

PLAN CLOCHER

PLAN ÉGLISE

C

C'

B

B'

A

A'

N

Feuille
Nᵒ. 1bis

OUGY
(Saône-et-Loire)

ÉGLISE PLAN

KYOTO
INSTITUTE OF
TECHNOLOGY
JAPON
Prof.NISHIDA, Masatsugu

EN COLLABORATION
AVEC
Le Centre d'Études
des Patrimoines culturels
du Charolais-Brionnais

北立面／東立面（縮尺：1／200）

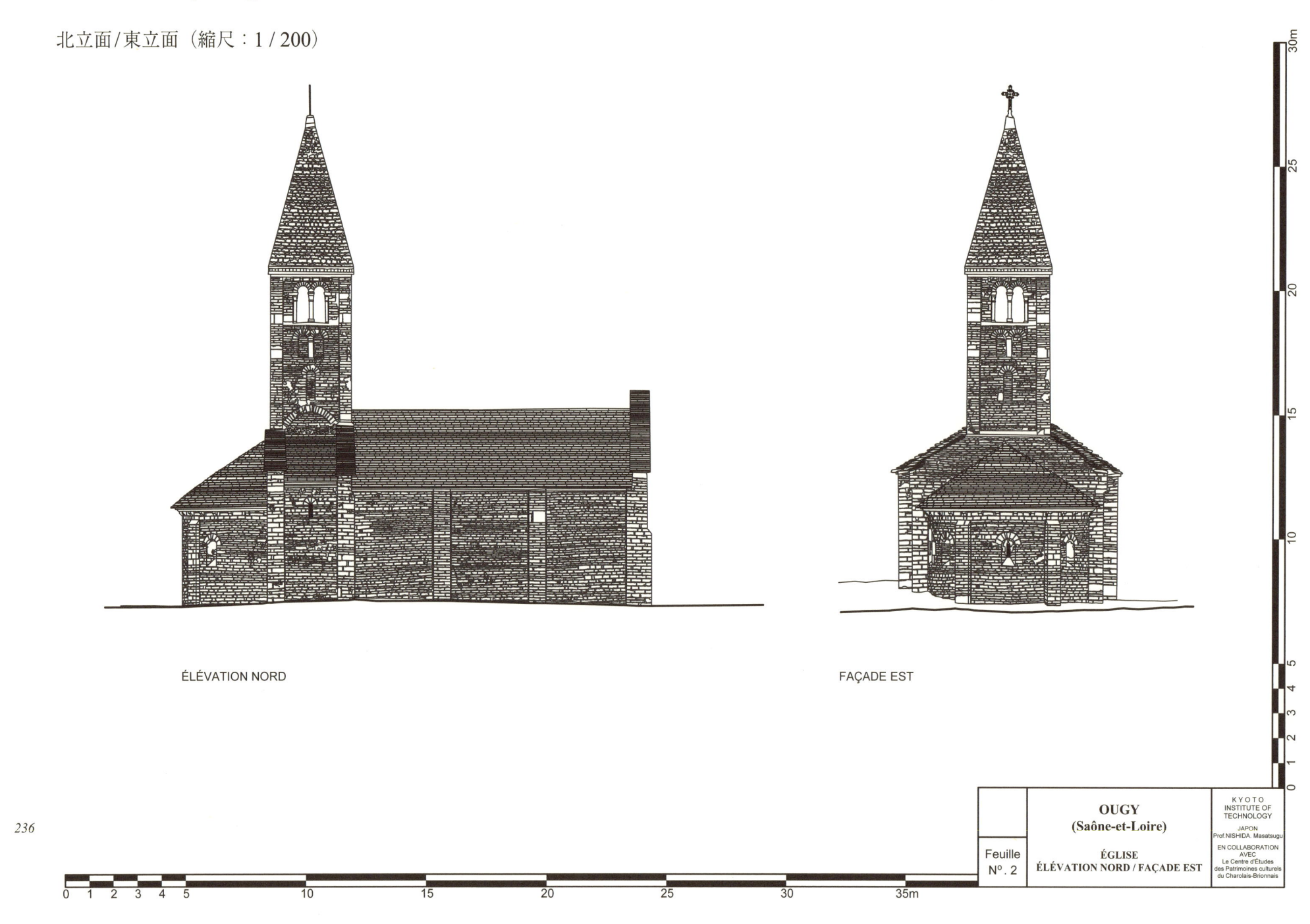

ÉLÉVATION NORD

FAÇADE EST

0 1 2 3 4 5　　10　　15　　20　　25　　30　　35m

| Feuille N°. 2 | OUGY (Saône-et-Loire) | KYOTO INSTITUTE OF TECHNOLOGY JAPON Prof.NISHIDA: Masatsugu EN COLLABORATION AVEC Le Centre d'Études des Patrimoines culturels du Charolais-Brionnais |
| | ÉGLISE ÉLÉVATION NORD / FAÇADE EST | |

30m 25 20 15 10 5 4 3 2 1 0

南立面／西正面（縮尺：1 / 200）

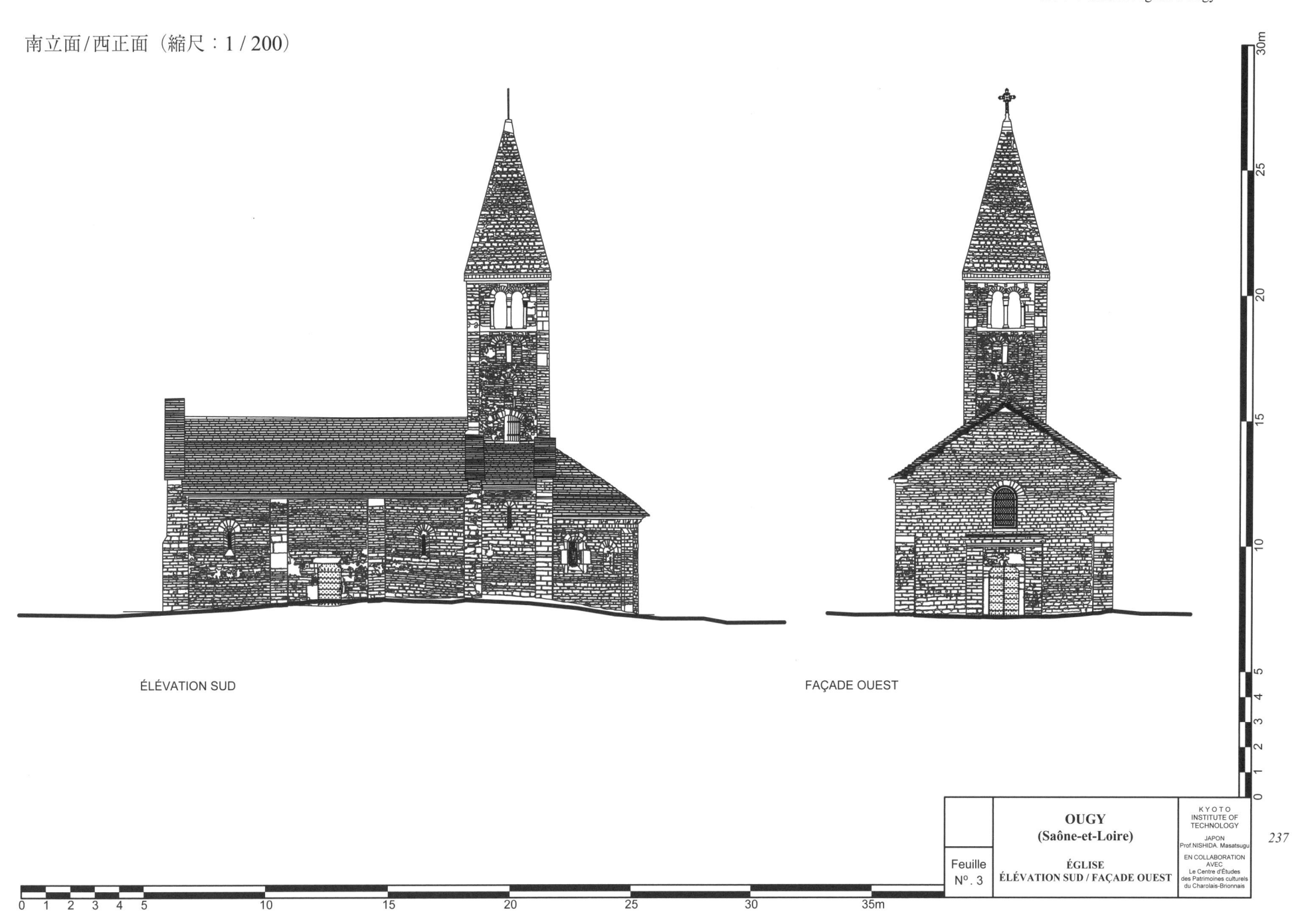

ÉLÉVATION SUD

FAÇADE OUEST

30m

25

20

15

10

5
4
3
2
1
0

	OUGY (Saône-et-Loire)	KYOTO INSTITUTE OF TECHNOLOGY JAPON Prof.NISHIDA. Masatsugu
Feuille N°. 3	ÉGLISE ÉLÉVATION SUD / FAÇADE OUEST	EN COLLABORATION AVEC Le Centre d'Études des Patrimoines culturels du Charolais-Brionnais

0 1 2 3 4 5   10   15   20   25   30   35m

横断面 / 縦断面 （縮尺：1 / 200）

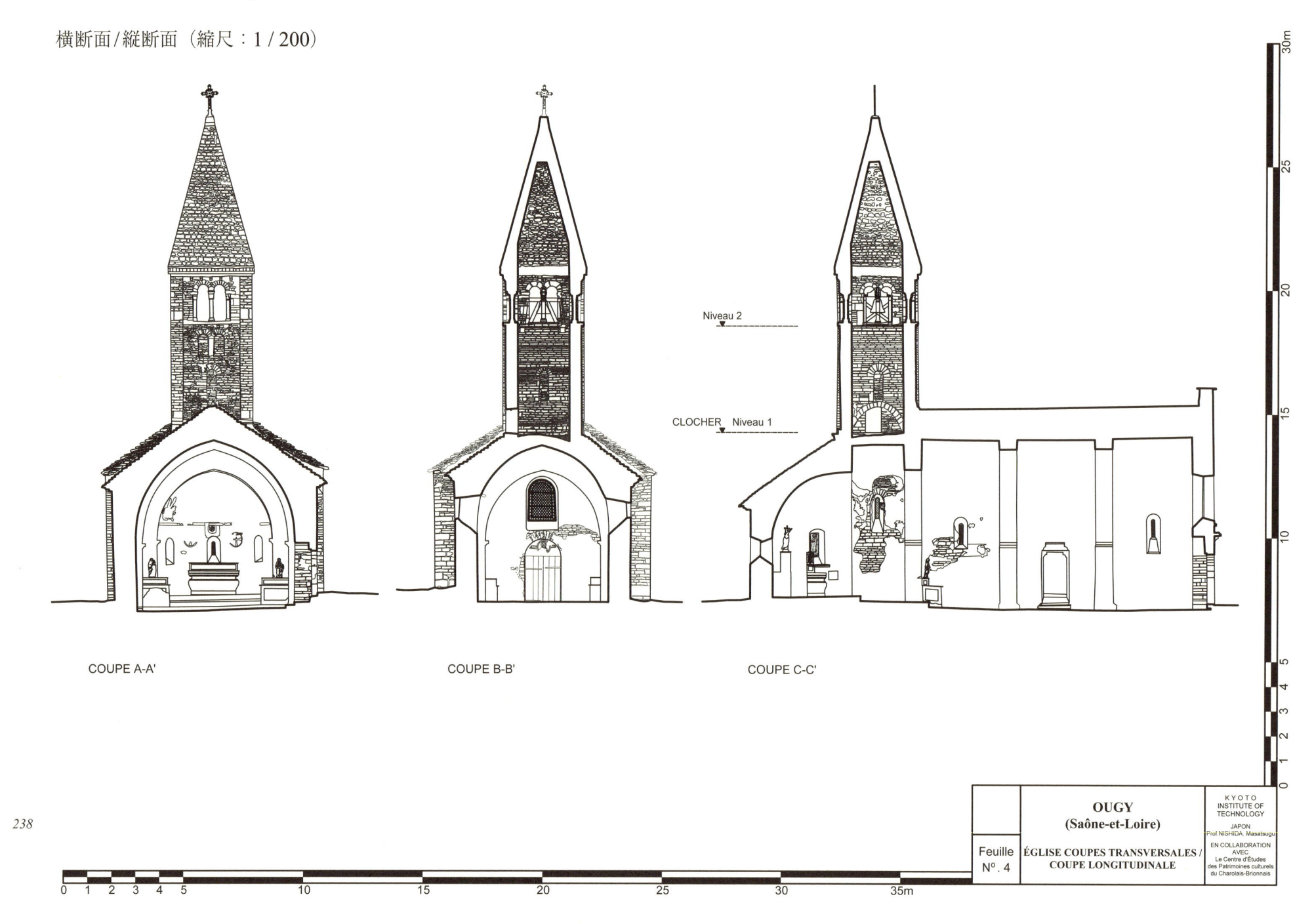

COUPE A-A'

COUPE B-B'

COUPE C-C'

Niveau 2

CLOCHER Niveau 1

30m

25

20

15

10

5

4
3
2
1
0

	OUGY (Saône-et-Loire)	KYOTO INSTITUTE OF TECHNOLOGY JAPON Prof.NISHIDA. Masatsugu
Feuille N°. 4	ÉGLISE COUPES TRANSVERSALES / COUPE LONGITUDINALE	EN COLLABORATION AVEC Le Centre d'Études des Patrimoines culturels du Charolais-Brionnais

0 1 2 3 4 5   10   15   20   25   30   35m

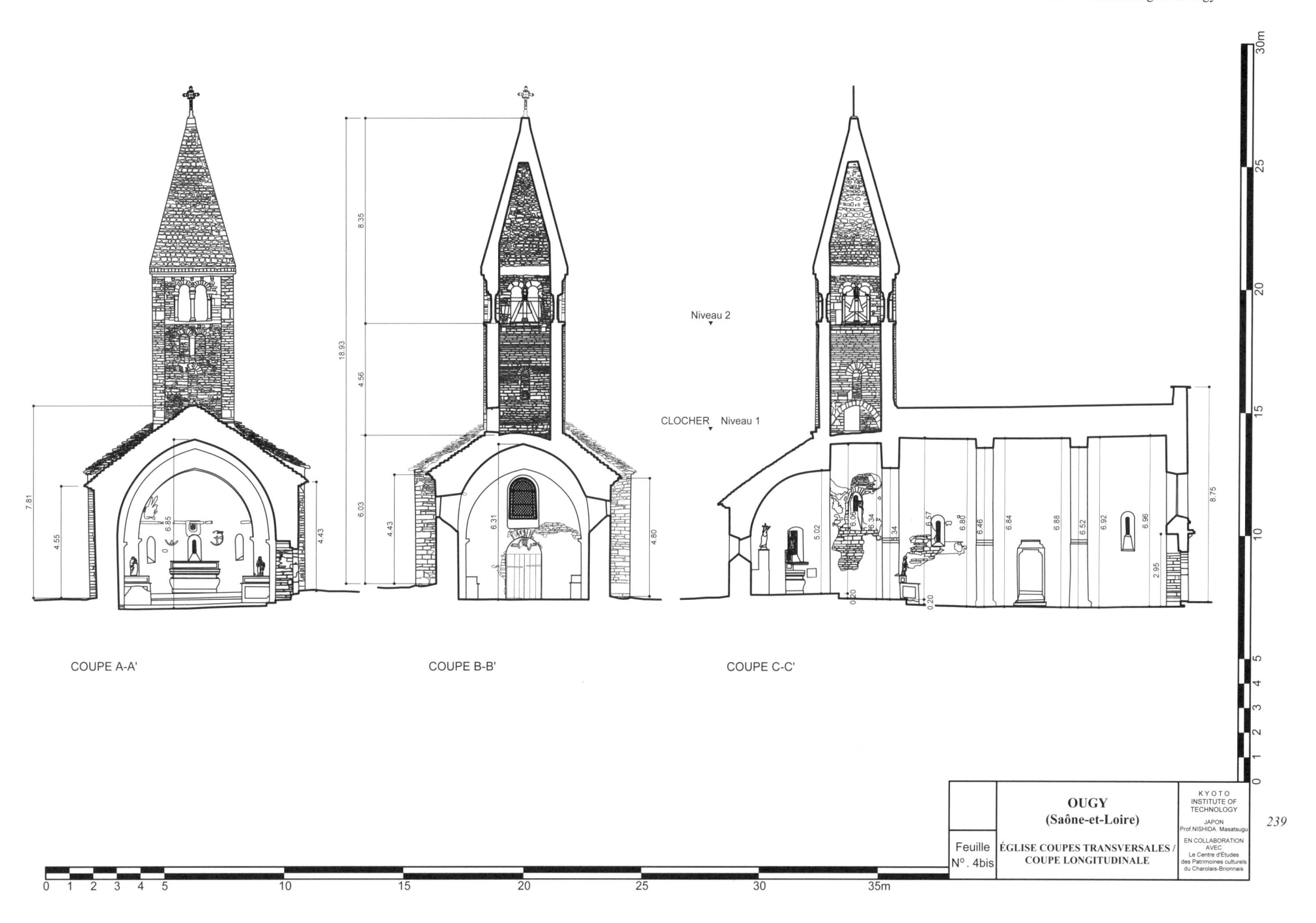

COUPE A-A'

COUPE B-B'

COUPE C-C'

Niveau 2

CLOCHER Niveau 1

OUGY **(Saône-et-Loire)**	KYOTO INSTITUTE OF TECHNOLOGY JAPON Prof.NISHIDA, Masatsugu
Feuille N°. 4bis	**ÉGLISE COUPES TRANSVERSALES /** **COUPE LONGITUDINALE**	EN COLLABORATION AVEC Le Centre d'Études des Patrimoines culturels du Charolais-Brionnais

20. サン＝ヴァンサン＝デ＝プレ教会堂

L'église de Saint-Vincent-des-Prés

実測調査

2010 年 9 月 22 〜 24、27 日

［調査メンバー］

西田雅嗣、岡北一孝、イラム・サーバン、神藤康弘、西村昇希、野元京平、原愛、増永恵、三宅拓也、宮澤槙、村上真美、吉松亜侑美

実測図面

西田雅嗣、2011 年 7 月 29 日

図面作成

イラム・サーバン、原愛

Relevé

22 – 24, 27 / 09 / 2010

Masatsugu NISHIDA, Ai HARA, Megumi MASUNAGA, Takuya MIYAKE, Maki MIYAZAWA, Mami MURAKAMI, Takaki NISHIMURA, Kyouhei NOMOTO, Ikko OKAKITA, Ilham SAHBAN, Yasuhiro SHINTO, Ayumi YOSHIMATSU.

Auteur du plan

Masatsugu NISHIDA, 29 / 07 / 2011.

Dessin

Ai HARA, Ilham SAHBAN.

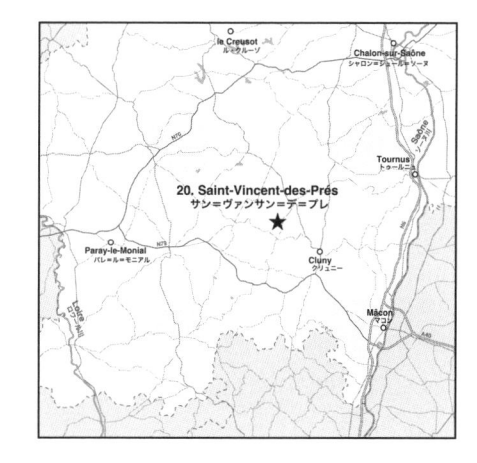

20. サン＝ヴァンサン＝デ＝プレ教会堂 L'église de Saint-Vincent-des-Prés

サン＝ヴァンサン＝デ＝プレ教会堂は、クリュニーの北西およそ9kmのところにあるサン＝ヴァンサン＝デ＝プレという名のコミューンに建つ教区教会堂である。10世紀の証書に、この地にあった事が記される礼拝堂を引き継いだ教会堂で、11世紀にマコンのサン＝ヴァンサン参事会に属する教区教会堂の一つとなった。現在のサン＝ヴァンサン＝デ＝プレのコミューンは、人口が110名程度の小村で、このコミューンの中心を流れるギュイ川のそばに教会堂は建つ。

ロベール・ド・ラステイリの大部なロマネスクの宗教建築についての概説書『ロマネスク期のフランス宗教建築』（2011年）には、ブルゴーニュ地方のロマネスク建築を扱った章の中に二か所だけこの教会堂についての言及がある。一つは、この教会堂の、おそらくもっとも目につく特徴的な点である、直径が1mを超える巨大な円筒状のピアについてで、同様な円筒状の大きなピアを持つ、同じ南ブルゴーニュにあるトゥールニュのサン＝フィリベール教会堂やシャペーズの教会堂と同様のピア形式として言及される。別の箇所では、ブルゴーニュ・ロマネスクでの教会堂平面の種々の平面形式に関するもので、半円形平面のアプスの前に多少なりとも長さのある矩形のベイが来るタイプとして、ファルジュの教会堂平面とともにサン＝ヴァンサン＝デ＝プレが言及され、交差廊に直接アプスが開くタイプとの区別がなされているが、この記述は間違いである。

この教会堂についてのまとまった記述は、現在にあっても依然ジャン・ヴィレイの『旧マコン司教区のロマネスク教会堂——クリュニーとその地方』（1935年）である。上記R・ド・ラステイリの書も全面的にこのヴィレイの書を参照源とする。クリスチャン・サパンの『ブルゴーニュ・ロマネスク』（2006年）は、平面図を示すとともに、ほぼ一頁にわたってサン＝ヴァンサン＝デ＝プレについての記述を載せる。サパンの記述も、基本的にはヴィレイに基づいたものであり、特に大きな見解、記述内容の違いは見られないが、建設年代についての他、この建築の一大特徴である巨大な円筒状のピアについての解釈に関しては、ヴィレイよりも解釈の可能性を広く考え、様々な解釈の可能性を示唆する。

図面に関しては、一般に流布して来たものはヴィレイの書に示されるものであるが、直交直角を前提にして描かれたもので、ピアの位置関係、大きさ等に現状の実際との著しい齟齬が見られる。サパンが示す図面は、アラン・ゲローが描いたものをもとにした平面図で、この地方の小規模ロマネスク教会堂の尺度研究のために彼が実施した実測をもとに描かれたもので、建物の空間としての大きさや軸のずれについては正確

であるが、建築的要素の図面表記に関しては正確な情報は期待できない。

サン＝ヴァンサン＝デ＝プレの教会堂は両側廊を伴う三廊式で、東のアプスと三ベイからなる身廊の間には、平面的に側廊を超えて突出はしていないが、交差廊がある。交差部にはトロンプ・ドームが乗り、その上に正方形平面の鐘塔が建つ。身廊には半円トンネル・ヴォールトが架かり、両側廊には交差ヴォールトが架かるが、南側廊の交差ヴォールトの交差稜線は著しい不規則性を見せる。交差廊の両袖廊も側廊と同様の交差ヴォールトが乗るが、身廊第三ベイ東側は、側廊も含めて隔壁アーチになっていて、交差廊と身廊とはかなり明確に区画されている。交差部を形成する四本のピア、身廊第二ベイの東側の二本のピアの、合計六本のピアが巨大な円筒状のピアで、その直径は1mを超える。対して身廊第二ベイ西側にある身廊両側の二本のピアは、円柱ではあるものの、非常に細いもので、彫刻の施された柱頭を伴っており、全く装飾がなく単純な形をした他の円筒ピアと際立ったコントラストを見せる。しかし、建築は、特にこの部分で計画変更や建設の中断をはっきり示す痕跡も特にはなく、この柱頭付きの細身の円柱も、身廊部の建築的まとまりの中に一体化している。

交差廊は、平面上は目立たないが、立面としては、両袖廊の、側廊より高い天井や屋根によってはっきりと示される。交差部の上には鐘塔が乗る。通常、この地方にあっては、教会堂本体の方が簡素なものである場合でも鐘塔の方は、ロンバルド帯や飾りアーケードを伴う開口などによって比較的装飾的な意匠を見せ、細部意匠においても柱頭彫刻を伴うなど多少手の込んだ造作を示すのが普通であるが、サン＝ヴァンサン＝デ＝プレの鐘塔の意匠は、近辺の他のロマネスク教会堂に比べ、またこの教会堂本体の外部装飾に比べても、かなり簡素なものである。三層からなる外観の最上部に開く、簡単な柱頭彫刻を持った小円柱で二連アーチを形成するアーケードくらいが目立った装飾である。対して、アプシスの外壁には壁付きの半円柱によるロンバルド帯状の装飾があり、西正面にもロンバルド帯の装飾がある。また身廊軒壁上部の外側の、側廊の屋根より上の部分には盲アーケード装飾の上部とおぼしきものも見える。側廊の外壁は北面、南面とも無装飾であるが（側廊の窓には後の手が入っている）、以上のようなことを考えると、この教会堂の鐘塔の簡素さは際立っている。この鐘塔について、組積の状態や使用されている石の色味の違い、あるいは鐘塔基部の不陸などから、現在の鐘塔には後世の手が入っている可能性が考えられるが、歴史的記念建造物修復建築家フレデリック・ディディエも、修復工事に際して作成した報告書で、鐘塔には恐らく19世紀の修復の手が入っているとの見解を示している。

　明言する文書史料を欠くため、建設年代に関してジャン・ヴィレイは、建築の観察から、11世紀の第1四半世紀の1025年頃と結論付ける。彼は、身廊大アーケードのアーチが若干尖頭になっている（我々の調査での観察では尖頭になっているとは判断できなかった）が、この時期既にブルゴーニュにあっては頻繁にこの形が用いられていたというJ・キシュラの説に従う。クリスチャン・サパンは、非常に整った層を成してきれいに積まれた組積や、幾つかのアーチに見られる頂部の尖り、西から数えて身廊第一ベイの東側の二本の円柱の柱頭彫刻、アプス外壁に付く半円柱装飾などを根拠に、巨大で荒々しい円筒状のピアが与える印象に反して、建設年代は1025年よりも下がり、11世紀末から12世紀初めにかけてのものかも知れないという。

　前述の通り、ヴィレイもサパンも、そしてド・ラステイリもこの教会堂の建築的特徴だと考えるのが、巨大な円筒状のピアであり、そしてそこから連想される11世紀のトゥールニュのサン＝フィリベール教会堂やシャペーズの教会堂の内部空間に結びつけられる古拙な雰囲気である。一方で、ヴィレイは、円筒状ピアの並外れたスケールに注目し、かつ、教会堂の大きさの方は、巨大な円筒ピアに不釣り合いな小規模なものであり、この教会堂の、とりわけ内部における、空間よりも、巨大な円筒ピアやマッシヴな壁体などの、空間を充填する要素が勝る様子を指摘する。またヴィレイは、身廊第一ベイ西側にある、柱頭彫刻の乗った、他に比べて極端に細身の円柱に関しては、身廊のこの位置では、もはや鐘塔の荷重を支持する事を考慮する必要がないので、あまりに円筒の量塊で埋まってしまった身廊空間を少しでも風通しの良いものにしたいと考えたからだ、と解釈する。これに関してクリスチャン・サパンは、石材の欠乏の故なのか、鐘塔支持ための構造的な必要性がこの位置ではあまりないからかなのは分からないという。

　アラン・ゲローは、ロマネスク建築の度量衡的研究にとって極めて重要な論考「マコネ地方の二十一のロマネスク小規模教会堂」（1998年）でサン＝ヴァンサン＝デ＝プレも二十一教会堂の一つとして取り上げている。寸法の分析から、この教会堂は極めて明瞭な計画性を持った建物として解釈できるといい、ローマ尺（1尺の長さがほぼ29.5cm）が用いられ、半円形のアプスを除いた交差廊と身廊の矩形が全体で、24尺×48尺という1：2矩形のプロポーションになり、この四辺の寸法の総和が144尺、すなわち『黙示録』に記される天上のエルサレムの周長の数になる、と分析した。また身廊と側廊の関係については、身廊軒壁の壁面内側の内法寸法で捉えて、身廊幅が10尺で側廊幅が7尺だとする。

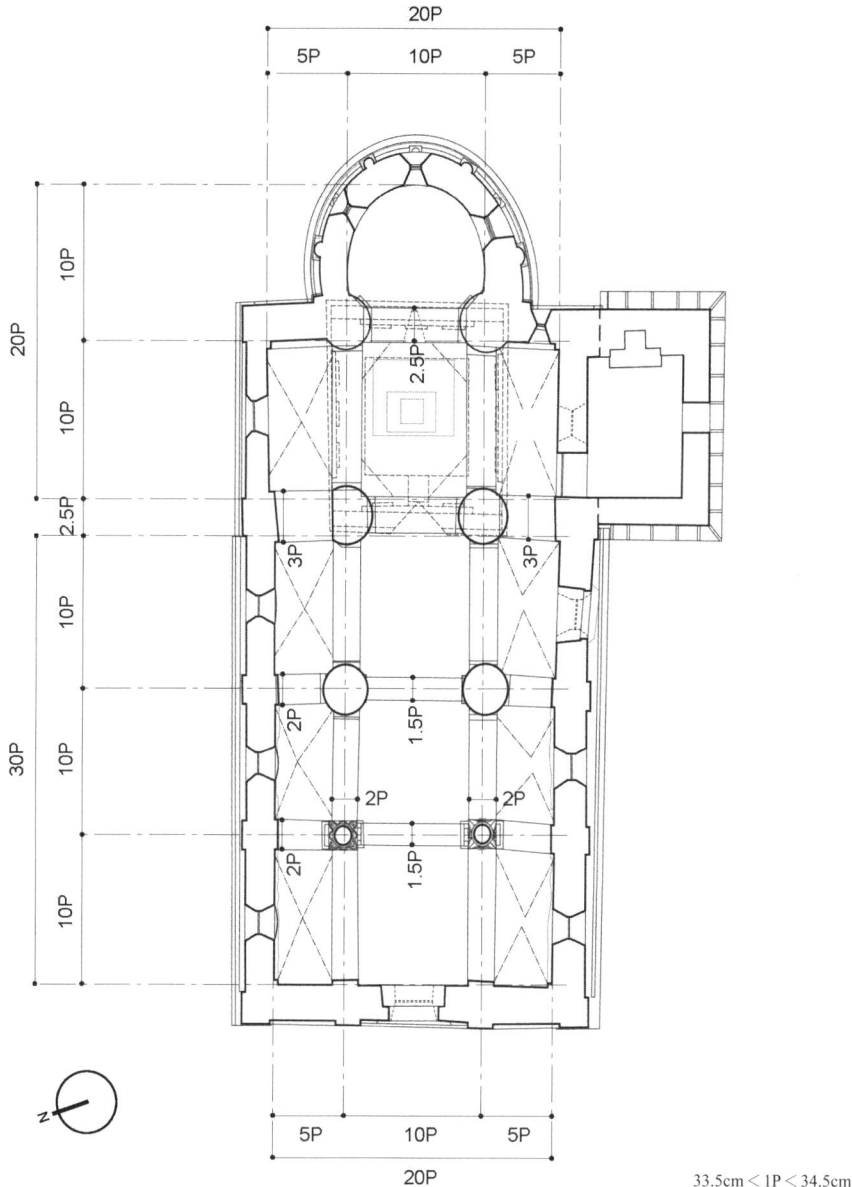

33.5cm＜1P＜34.5cm

図20-1　教会堂平面図・寸法分析　　（作成　西田研究室）　*243*

実測数値に照らして見ると、以上の寸法分析には幾つかの肯首しがたい点がある。

一つには、ローマ尺の想定である。例えば、身廊第一ベイ西側の身廊幅を10尺とすると、このときローマ尺1尺は27.0cmになってしまう。また交差部幅のところでは、26.5cmになってしまい、ローマ尺とは言い難い尺度である。

また、平面だけ見るなら、交差廊も含めた24尺×48尺の矩形は意味がありそうに見えるが、建築を立体として考えるなら、あるいは内部の使われ方を考えるなら、必ずしも交差廊込みの身廊部矩形というのは意味をなさない。鐘塔が乗り、内陣と考えられる矩形を含む交差廊と、身廊空間との間の建築的な差は大きいのであり、身廊部矩形としては交差廊を除いたベイ三つ分の長さの矩形を一つのまとまりと考えるべきであろう。

さらに巨大な円柱（これは内部まで完全に石であり、レンガ積みの上に漆喰を塗ったものではない）、さらには細身の円柱の配置を考えるなら、身廊軒壁の内面を施工時の計測基準面とするよりも、柱芯を基準に、芯々での寸法体系の方が施工上は合理的である。

以上の事を念頭にして導きだされる寸法構成は、図に示すようなものになる。東西軸に三ベイからなる身廊部矩形は20尺×30尺の矩形で、鐘塔が乗る交差部は、東西方向を内法で、南北方向を芯々で測ると10尺四方の正方形、側廊幅5尺に身廊幅10尺で、1：2の常套的な寸法比になる。このとき1尺の長さは、概ね33.5〜34.5cmとなり、ブルゴーニュ地方の古慣用尺と考えられる。このとき寸法構成上、身廊部と交差廊の間には、隔壁アーチ幅に対応する2.5尺という端数が現れる。巨大円筒ピアの直径には3尺という寸法が与えられている。

［西田雅嗣］

La petite église de Saint-Vincent-des-Prés se trouve à neuf kilomètres de Cluny. On suppose qu'elle est a pris la succession d'une première chapelle datant du Xe siècle. Selon une charte du XIe siècle, entre 1063-1072, l'église de Saint-Vincent-des-Prés était restituée au chapitre de Saint-Vincent de Mâcon qui en nommait le titulaire. L'église de Saint-Vincent-des-Prés est classée Monument Historique en 1931.

L'église actuelle est bâtie sur un plan à trois vaisseaux. La nef centrale est voûtée en berceaux en plein cintre, articulée par des doubleaux, et dotée de collatéraux à voûtes d'arêtes. La nef précède une travée de transept surmontée par une coupole octogonale sur trompes, ainsi que des travées de croisillons également en voûtes d'arêtes. L'abside semi-circulaire, voûtée en cul-de-four, était éclairée à l'origine par trois baies, dont il ne subsiste que celle du nord.

Dans l'intérieur, l'aspect massif des murs et des supports composés de grosses piles rondes, comme à Chapaize ou à Tournus, rendent une ambiance imposante. Ceci contraste fortement avec les deux premières travées séparées par des colonnes fines à chapiteaux. On ignore encore la raison de l'utilisation de ces grosses piles de proportions démesurées par rapport à la norme. Aussi, on ne connait pas à ce jour la raison d'un si grand contraste entre les grosses piles rondes et les colonnettes très minces de la première travée. On peut proposer une explication structurale, dont les piles participant au contrebutement de la charge de la coupole qui surmonte le transept, cette charge exerçant une poussée sur les travées voisines.

L'extérieur de l'église ne présente pas de telle anormalité, et les élévations en sont plus ou moins homogènes dans leur expression sobre et dépouillée. Les dosserets sont identiques et sont en correspondance avec les doubleaux. On observe sur les fines colonnettes engagées dans le pourtour extérieur de l'abside des profils simples et des chapiteaux. En façade ouest, le portail surmonté d'un arc en plein cintre avec moulures, composée d'un biseau et d'un filet, est encadré par deux larges bandes lombardes construites en pierres de taille qui rejoignent une arcature à huit petits arcs en plein cintre. La forme élancée du vaisseau central est ainsi exprimée dans la façade, tandis que les bas-côtés présentent un décrochement au niveau de leur toiture. La toiture en lave posée directement sur les reins de voûte date d'une restauration postérieure. Au sommet de l'extérieur des murs gouttereaux, on observe les registres d'arcatures présentant des décors qui courent tout du long de la nef.

Le clocher placé sur la croisée du transept est supporté par les quatre grosses piles rondes. Il est construit sur un plan carré, se composant de trois niveaux visibles sur les élévations : le premier avec trois hautes arcades murales par face, le second avec une simple baie en plein cintre, et le troisième avec une baie géminée à doubles colonnettes. L'ensemble est d'une expression architecturale très sobre, encadré aux angles par de grands dosserets plats qui montent jusque sous la toiture.

La construction de cette petite église paroissiale date probablement de la fin du XIe ou du début du XIIe siècle. Christian Sapin constate, dans l'ouvrage *Bourgogne romane* qu'il a édité, qu'« en dépit d'apparents archaïsmes (arcatures, gros piliers circulaires ...), la présence d'appareils bien layés, de brisures dans les arcs, deux chapiteaux ornés de grands fleurons et l'abside avec ses colonnes extérieures engagées nous invitent à placer cette petite église plus tard que ne le veut la tradition locale, avec sans doute plusieurs étapes de chantiers ».

L'analyse métrologique peut résulter du rectangle de la nef en plan. L'organisation des cotes la plus cohérente est obtenue avec un pied d'environ 33,5-34,5cm. Comme le plan coté analytique montre, le plan de la nef, excepté le transept, qui est constituée d'un rectangle de 30 x 20 pieds, la croisée 10 x 10 pieds, et l'abside 10 x 10 pieds.

［NISHIDA Masatsugu］

西正面、南西から見る
Façade ouest vue depuis le sud-ouest.

東立面、アプシスと鐘塔
Élévation est: abside et clocher.

教会堂北面
Côté nord de l'église.

北西から見た教会堂外観
L'extérieur depuis le nord-ouest.

北西から見た鐘塔
Clocher depuis le nord-ouest.

身廊、アプシス方向を見る
Nef vue vers l'abside.

身廊、交差部から西側入口方向を見る
Nef vue depuis la croisée du transept vers l'entrée ouest.

交差部のトロンプ・ドームとその奥のアプシス
Coupole sur trompes et l'abside au-delà.

交差部から西側入口方向を見る
La croisée du transept vers l'entrée ouest.

平面（縮尺：1 / 150）

鐘塔

教会堂

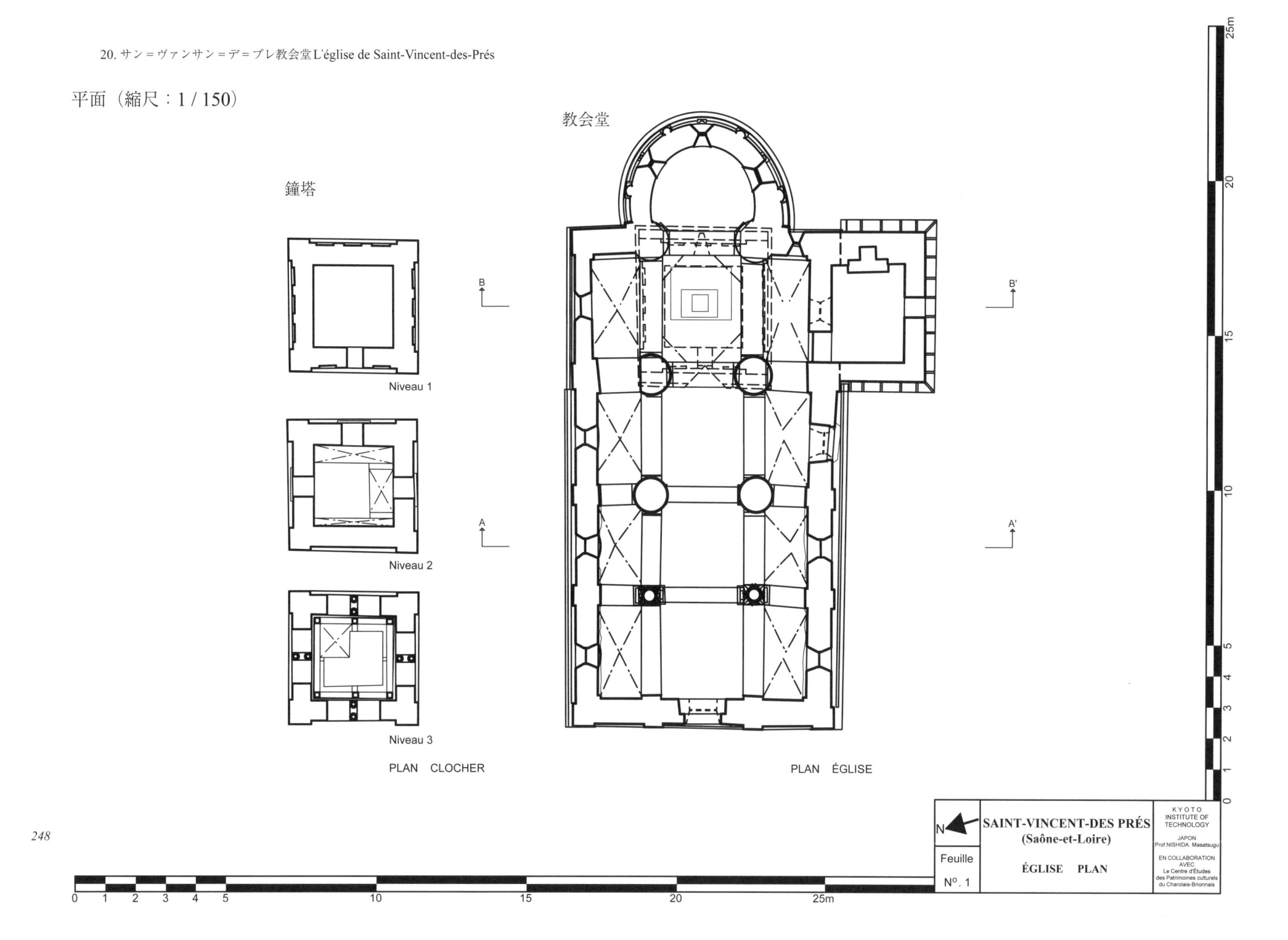

Niveau 1

Niveau 2

Niveau 3

PLAN   CLOCHER

PLAN   ÉGLISE

SAINT-VINCENT-DES PRÉS
(Saône-et-Loire)

Feuille

Nº . 1

ÉGLISE   PLAN

KYOTO
INSTITUTE OF
TECHNOLOGY

JAPON
Prof.NISHIDA. Masatsugu

EN COLLABORATION
AVEC
Le Centre d'Études
des Patrimoines culturels
du Charolais-Brionnais

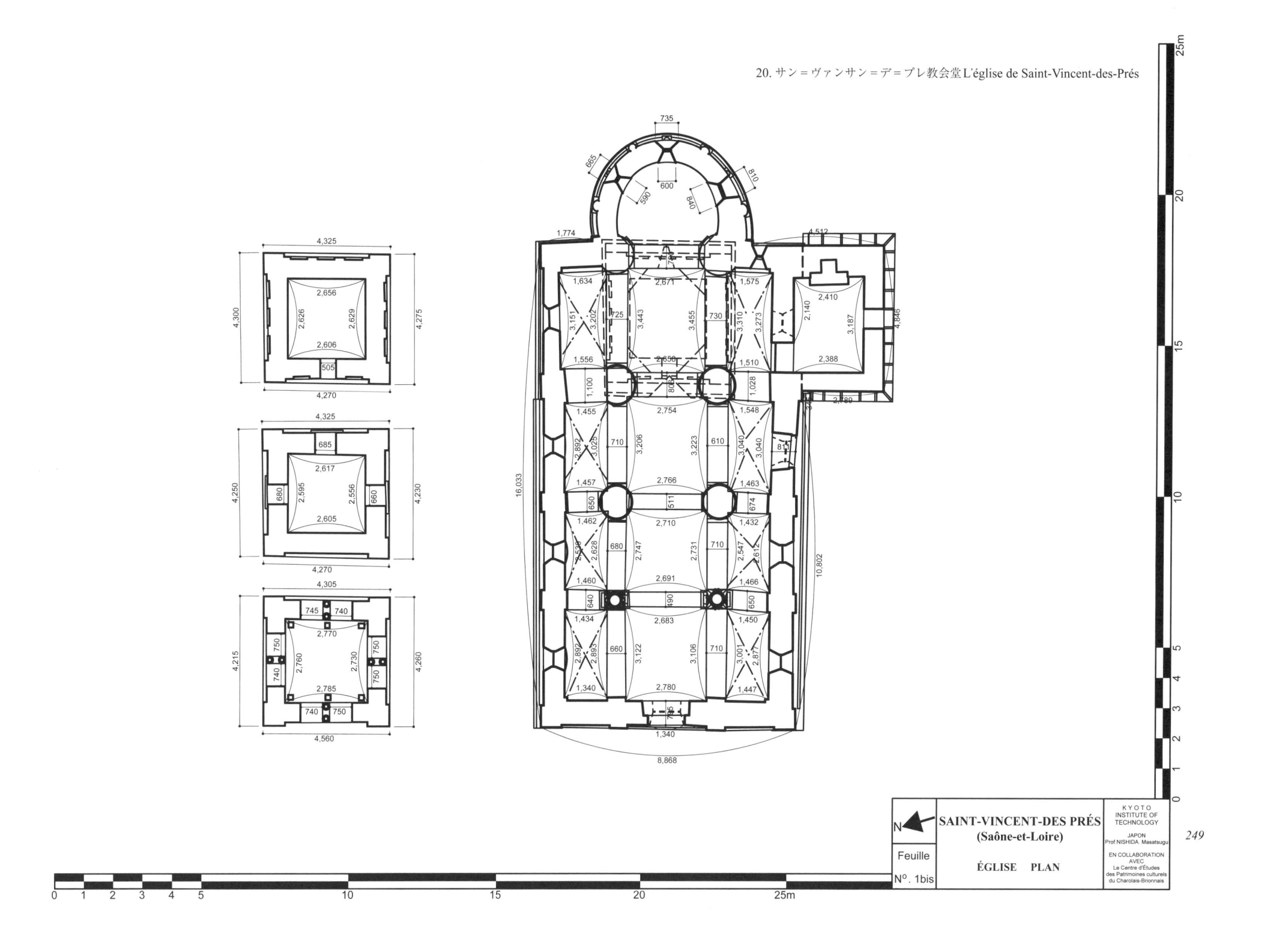

SAINT-VINCENT-DES PRÉS
(Saône-et-Loire)

Feuille
Nº. 1bis

ÉGLISE   PLAN

KYOTO
INSTITUTE OF
TECHNOLOGY

JAPON
Prof.NISHIDA. Masatsugu

EN COLLABORATION
AVEC
Le Centre d'Études
des Patrimoines culturels
du Charolais-Brionnais

249

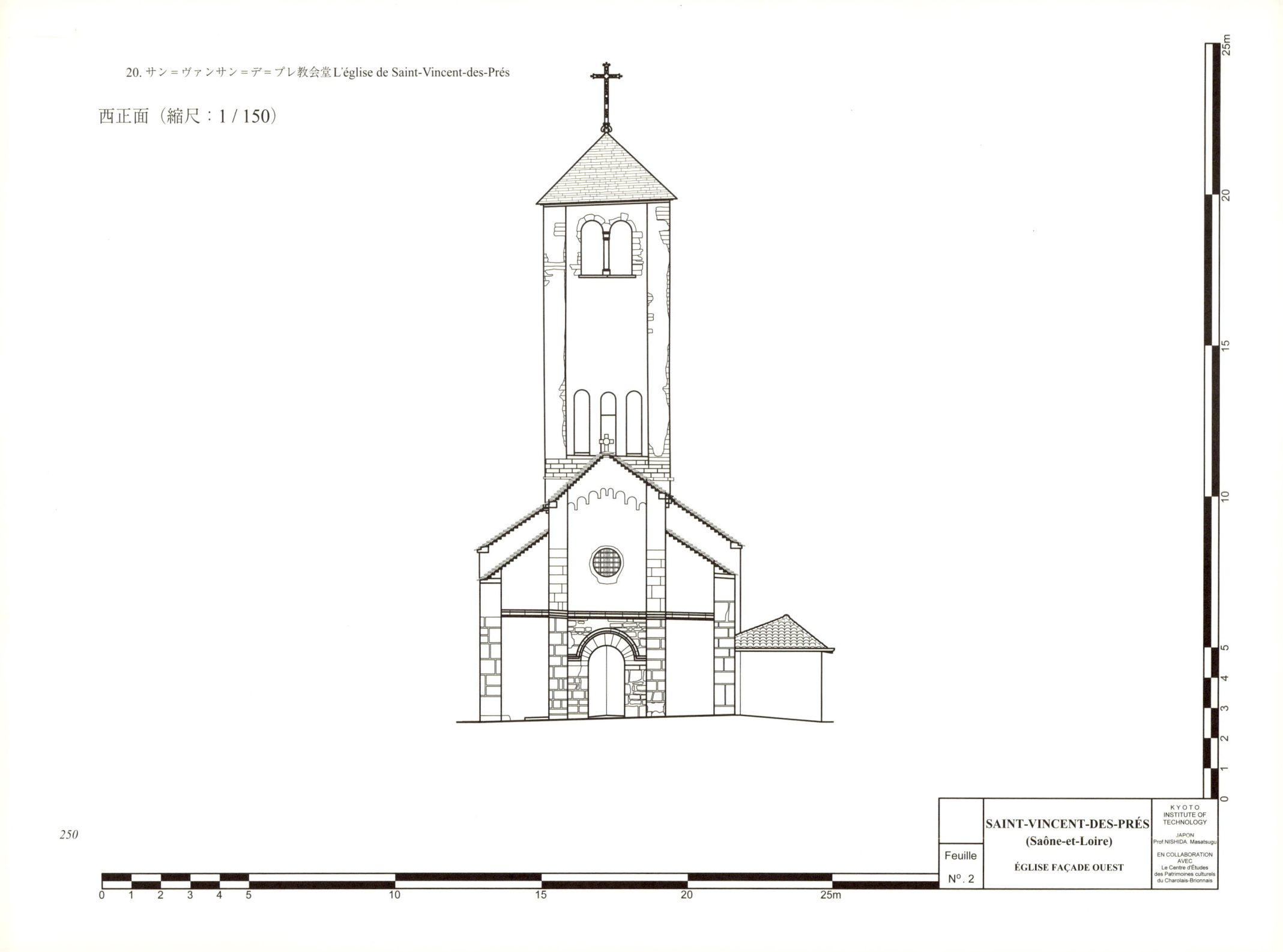

20. サン゠ヴァンサン゠デ゠プレ教会堂 L'église de Saint-Vincent-des-Prés

西正面（縮尺：1 / 150）

250

SAINT-VINCENT-DES-PRÉS
(Saône-et-Loire)

Feuille

Nº. 2

ÉGLISE FAÇADE OUEST

KYOTO
INSTITUTE OF
TECHNOLOGY

JAPON
Prof NISHIDA. Masatsugu

EN COLLABORATION
AVEC
Le Centre d'Études
des Patrimoines culturels
du Charolais-Brionnais

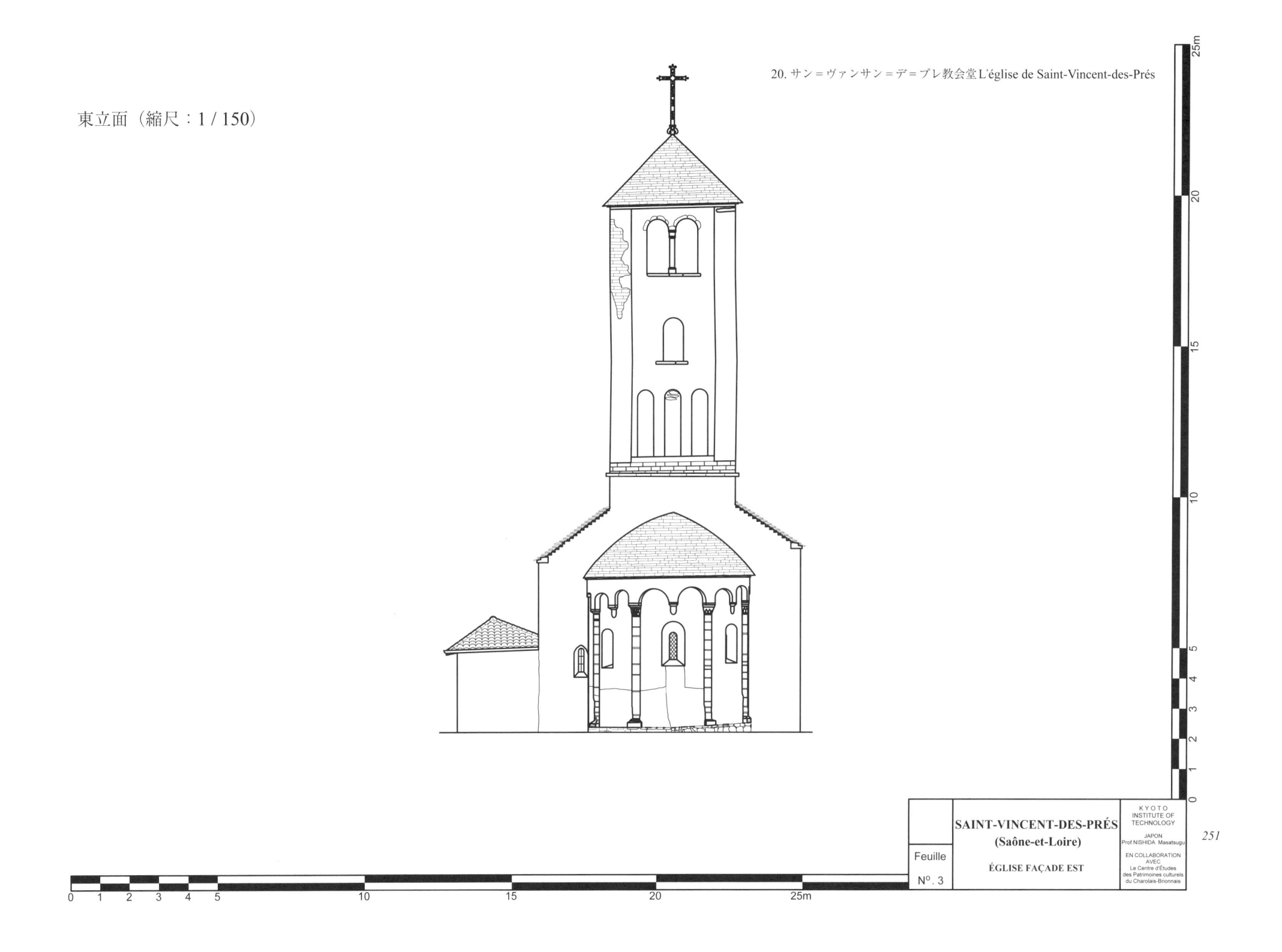

東立面（縮尺：1 / 150）

20. サン＝ヴァンサン＝デ＝プレ教会堂 L'église de Saint-Vincent-des-Prés

25m

20

15

10

5
4
3
2
1
0

SAINT-VINCENT-DES-PRÉS (Saône-et-Loire)	KYOTO INSTITUTE OF TECHNOLOGY JAPON Prof.NISHIDA Masatsugu EN COLLABORATION AVEC Le Centre d'Études des Patrimoines culturels du Charolais-Brionnais
Feuille Nº. 3	ÉGLISE FAÇADE EST

251

0 1 2 3 4 5   10   15   20   25m

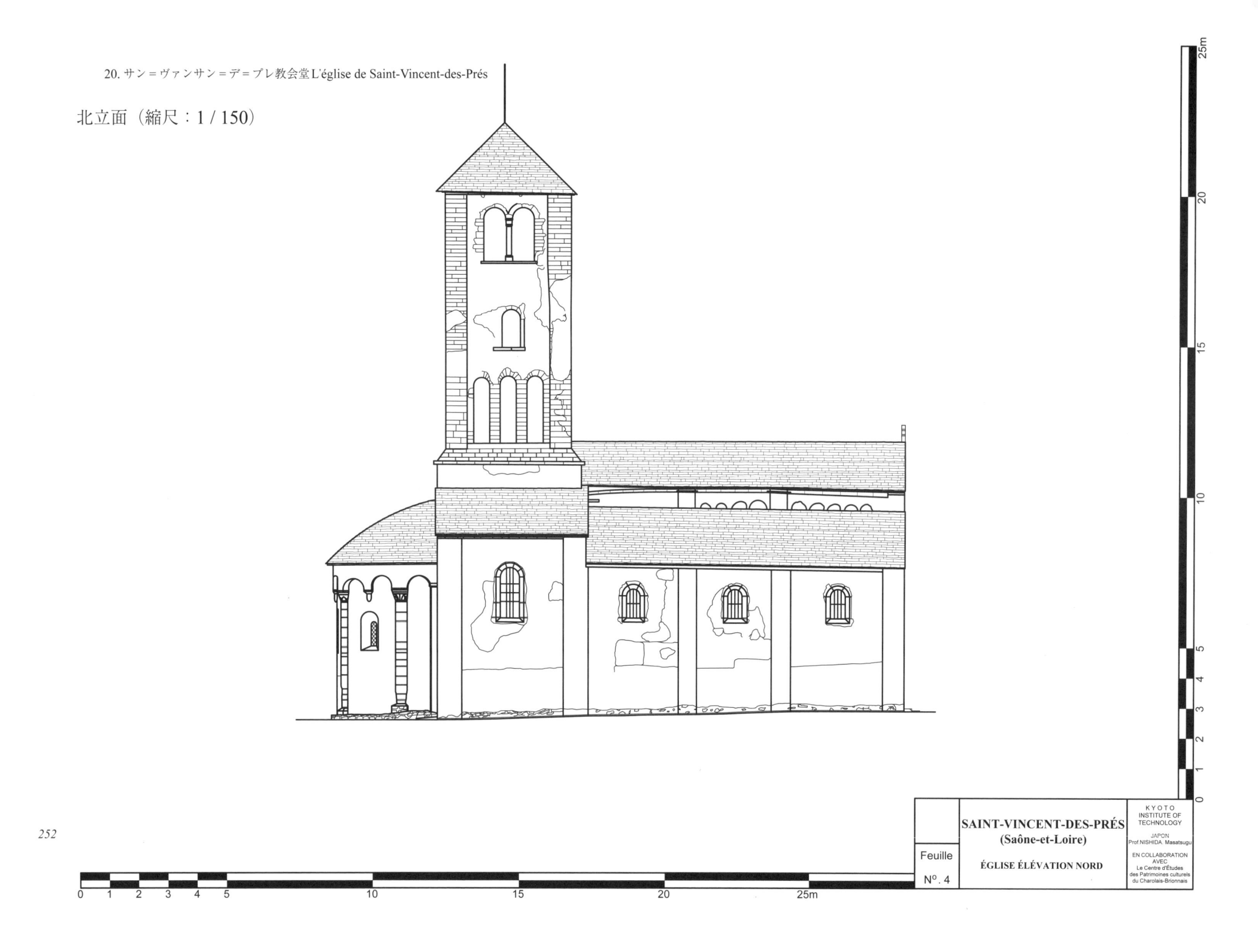

20. サン＝ヴァンサン＝デ＝プレ教会堂 L'église de Saint-Vincent-des-Prés

北立面（縮尺：1 / 150）

252

SAINT-VINCENT-DES-PRÉS
(Saône-et-Loire)

Feuille N°. 4

ÉGLISE ÉLÉVATION NORD

KYOTO
INSTITUTE OF
TECHNOLOGY

JAPON
Prof.NISHIDA. Masatsugu

EN COLLABORATION
AVEC
Le Centre d'Études
des Patrimoines culturels
du Charolais-Brionnais

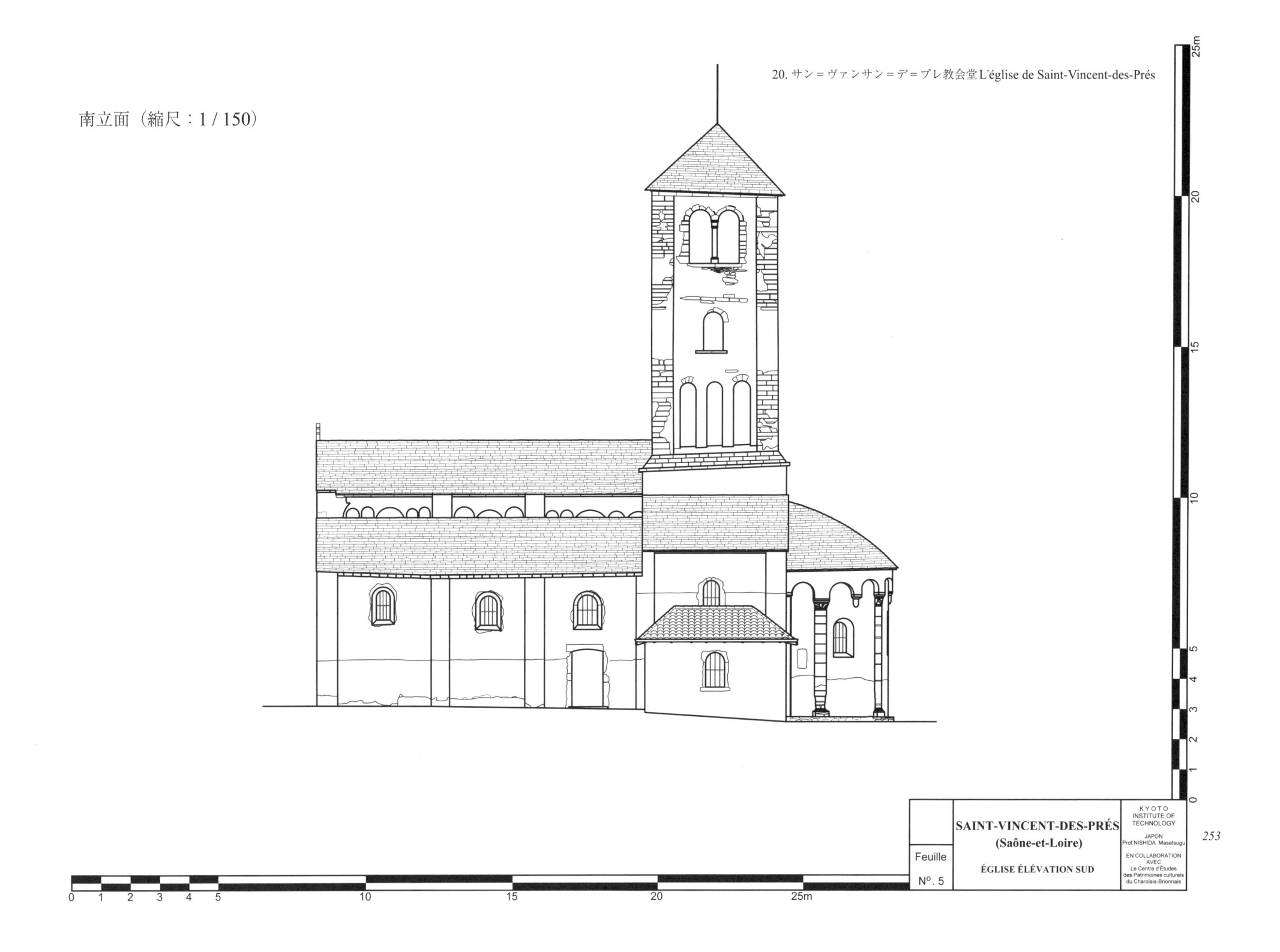

南立面（縮尺：1 / 150）

20. サン＝ヴァンサン＝デ＝プレ教会堂 L'église de Saint-Vincent-des-Prés

SAINT-VINCENT-DES-PRÉS
(Saône-et-Loire)

Feuille

Nº. 5

ÉGLISE ÉLÉVATION SUD

KYOTO
INSTITUTE OF
TECHNOLOGY

JAPON
Prof.NISHIDA. Masatsugu

EN COLLABORATION
AVEC
Le Centre d'Études
des Patrimoines culturels
du Charolais-Brionnais

253

横断面（縮尺：1 / 150）

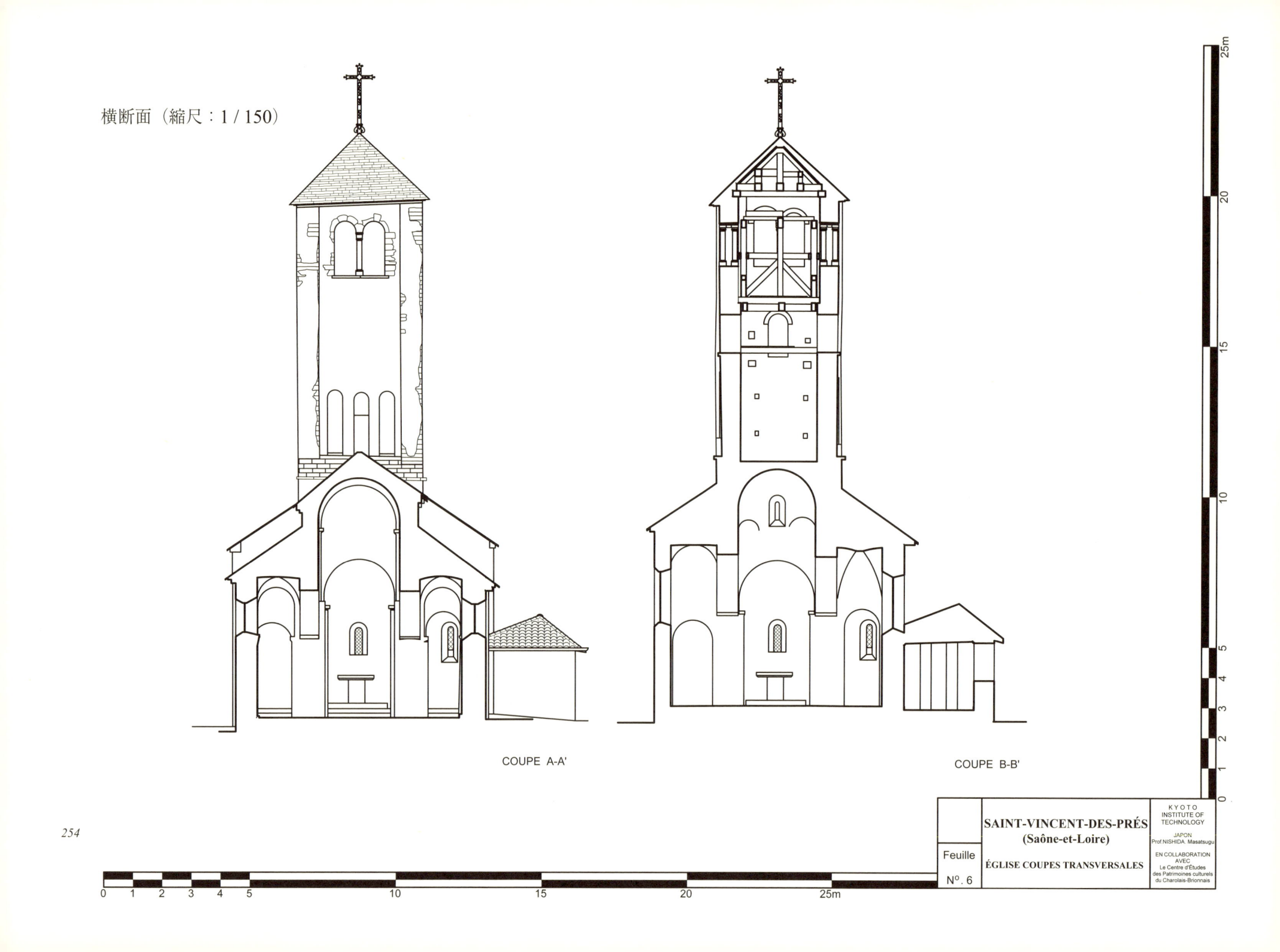

COUPE A-A'

COUPE B-B'

254

KYOTO
INSTITUTE OF
TECHNOLOGY

SAINT-VINCENT-DES-PRÉS
(Saône-et-Loire)

JAPON
Prof.NISHIDA. Masatsugu

EN COLLABORATION
AVEC
Le Centre d'Études
des Patrimoines culturels
du Charolais-Brionnais

Feuille

Nº. 6

ÉGLISE COUPES TRANSVERSALES

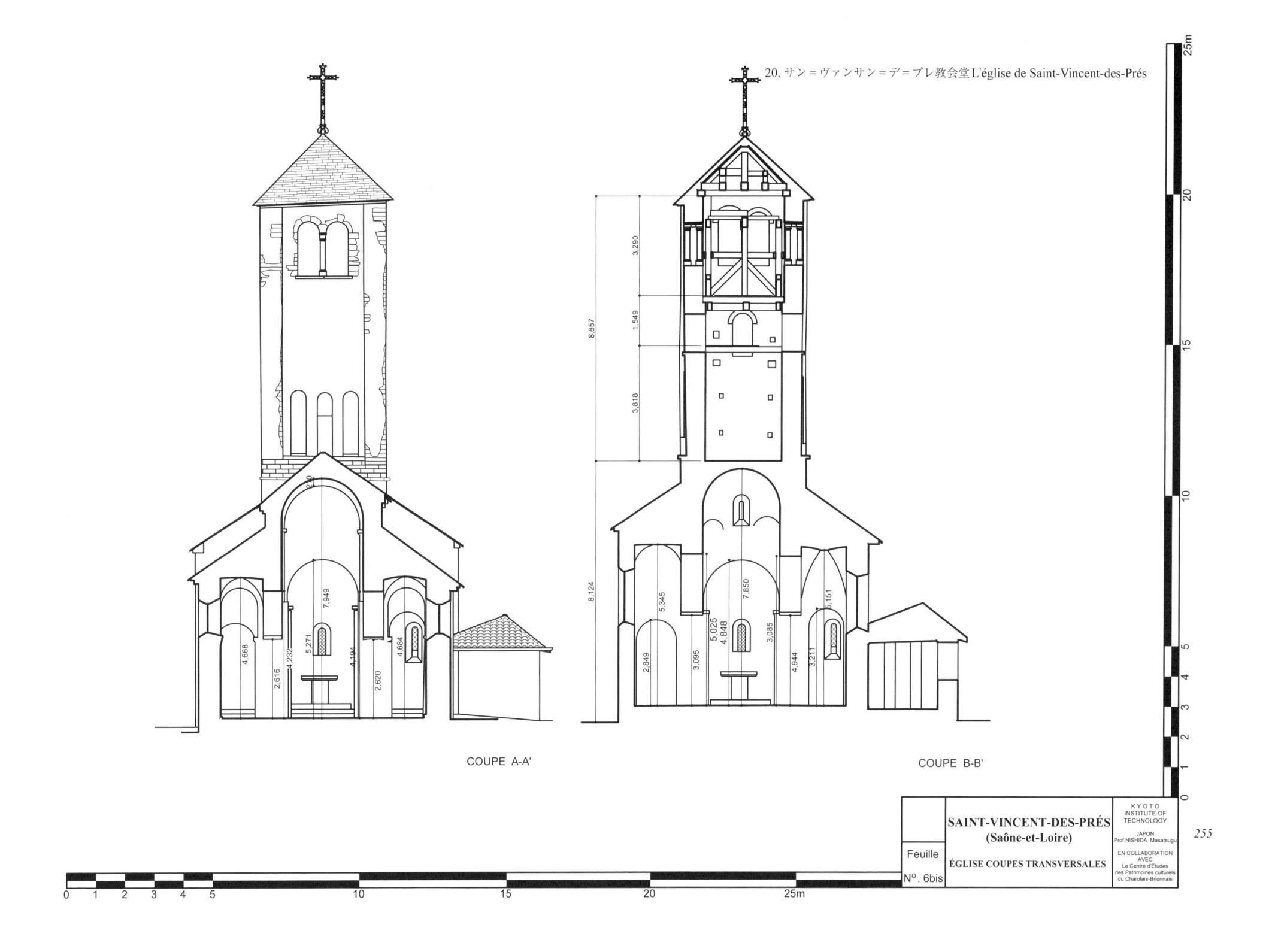

20. サン＝ヴァンサン＝デ＝プレ教会堂 L'église de Saint-Vincent-des-Prés

COUPE A-A'

COUPE B-B'

SAINT-VINCENT-DES-PRÉS
(Saône-et-Loire)

Feuille

Nº. 6bis

ÉGLISE COUPES TRANSVERSALES

KYOTO
INSTITUTE OF
TECHNOLOGY

JAPON
Prof.NISHIDA. Masatsugu

EN COLLABORATION
AVEC
Le Centre d'Études
des Patrimoines culturels
du Charolais-Brionnais

255

縦断面（縮尺：1 / 150）

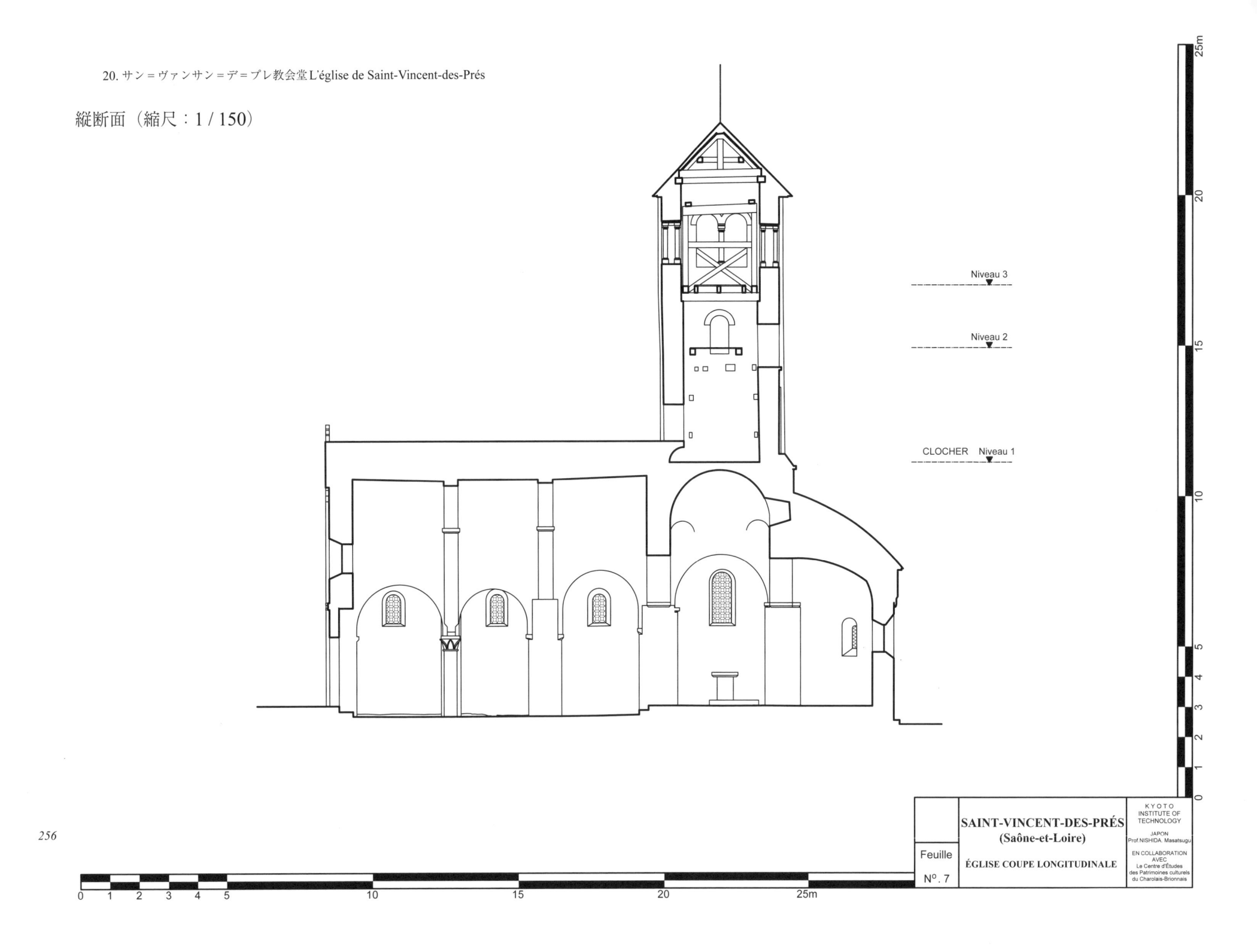

Niveau 3

Niveau 2

CLOCHER　Niveau 1

25m

20

15

10

5
4
3
2
1
0

0　1　2　3　4　5　　　　10　　　　15　　　　20　　　　25m

SAINT-VINCENT-DES-PRÉS
(Saône-et-Loire)

Feuille

N°. 7

ÉGLISE COUPE LONGITUDINALE

KYOTO
INSTITUTE OF
TECHNOLOGY

JAPON
Prof.NISHIDA. Masatsugu

EN COLLABORATION
AVEC
Le Centre d'Études
des Patrimoines culturels
du Charolais-Brionnais

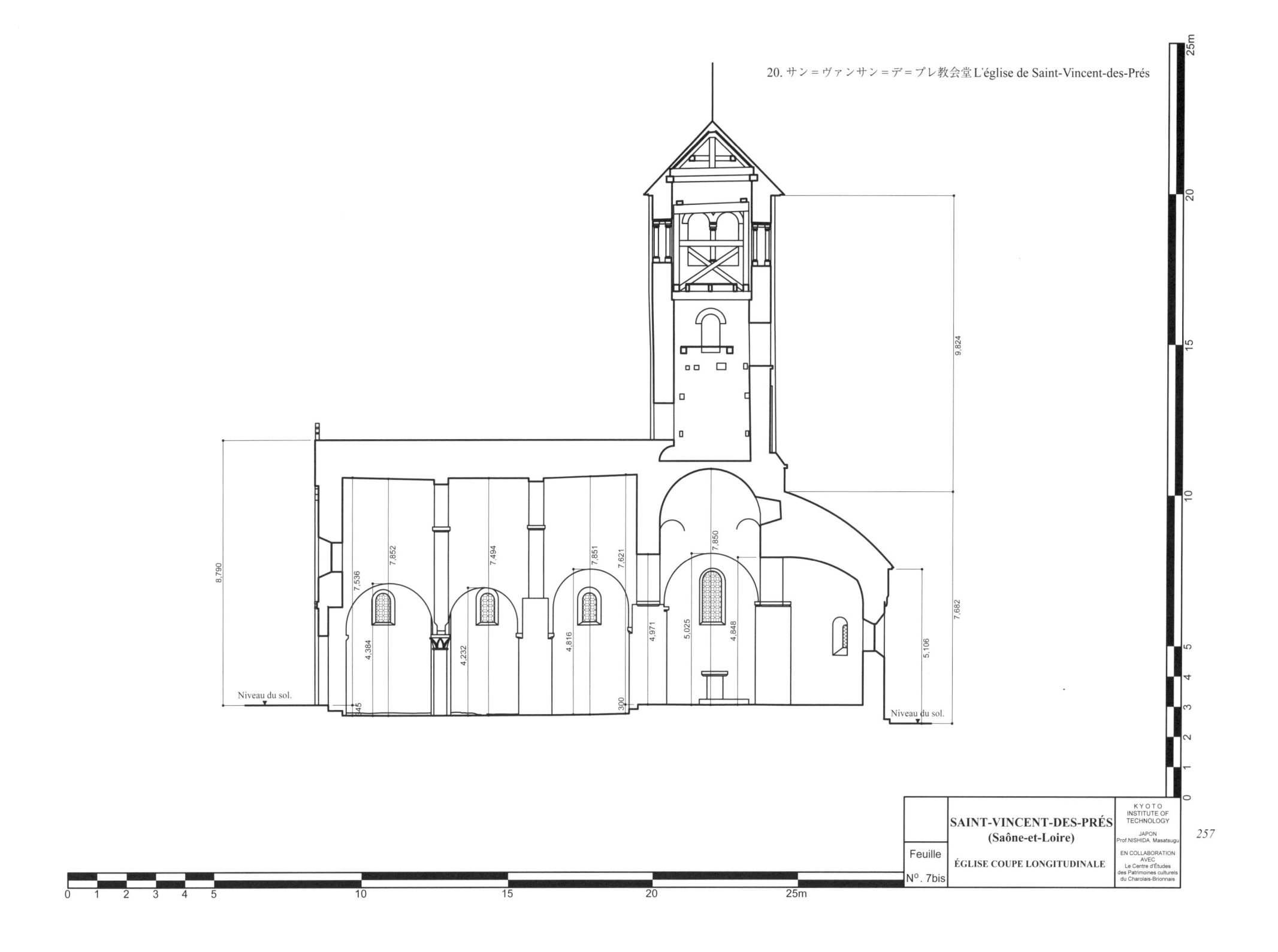

20. サン＝ヴァンサン＝デ＝プレ教会堂 L'église de Saint-Vincent-des-Prés

Niveau du sol.

Niveau du sol.

SAINT-VINCENT-DES-PRÉS	KYOTO INSTITUTE OF TECHNOLOGY
(Saône-et-Loire)	JAPON Prof.NISHIDA. Masatsugu
Feuille	EN COLLABORATION AVEC
Nᵒ. 7bis ÉGLISE COUPE LONGITUDINALE	Le Centre d'Études des Patrimoines culturels du Charolais-Brionnais

0 1 2 3 4 5 10 15 20 25m

21. テゼ教会堂

L'église de Taizé

実測調査

　2006年9月25日

　［調査メンバー］

　　西田雅嗣、岩崎洋、榎並悠介、大白紗愛、渡部恵理

実測図面

　西田雅嗣、2007年4月

図面作成

　榎並悠介

Relevé

25 / 09 / 2006

Masatsugu NISHIDA, Yusuke ENAMI, Hiroshi IWASAKI, Sae OSHIRO, Eri WATANABE.

Auteur du plan

Masatsugu NISHIDA, 04 / 2007.

Dessin

Yusuke ENAMI.

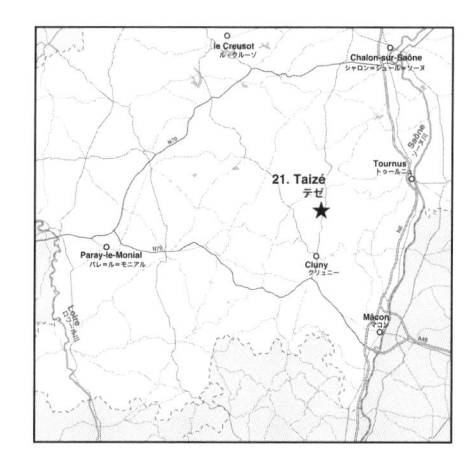

グローヌ川流域の谷間の丘の上、クリュニーから数km離れたところに位置するテゼの教会堂もまた、ウジの教会堂などと同様、鐘塔を備えた単身廊にアプシスが付いただけの、この地方の典型的な簡素な小規模教会堂である。現在の教会堂は、1156年のクリュニー修道院の証書の中に言及されている教会堂であると考えられている。しかしながら、10世紀末に、テゼのサン＝マルタン礼拝堂として言及される建物もあり、現在の教会堂には前身の建物があったと推察される。

恐らくこの前身建物、つまり現存教会堂の最初の建設工事でできたと考えられる小さな建物部分が、身廊の外壁の下の部分の組積に現在でも認められる。上部のものよりも小さな横長の切石でできている組積部分がそれで、クリスチャン・サパンはこの最初の建設の時期を10世紀末から11世紀のものと考える。この時の工事でできた東西の身廊軒壁には、現在の教会堂の身廊内部の両側にあるアーケードの下のところに、不規則な迫石でできた二つの半円アーチの窓がある。身廊のこの古い部分には控壁もドスレもない。石積みの状態の観察から、この古い部分の東側の端部が確認でき、現在の身廊よりも若干短かったと推察される。

テゼの教会堂は、四角錐の屋根がかかった鐘塔を上に乗せる矩形の内陣と、その前の半円形平面のアプシス、そして後ろの単身廊という平面の上に建っている。テゼの村がある小高い丘の麓からも望める鐘塔は、双子の半円アーチ開口がロンバルド帯で囲まれた意匠で、この地方の小規模教会堂に特徴的な装飾である。鐘塔の乗る矩形の内陣にはトロンプ・ドームが架かり、アプシスには半ドームが架かる。アプシス入口のアーチはわずかに尖頭である。身廊は単身廊、外部には一切控壁を持たないが、内部に設けられた控壁が身廊軒壁の盲アーケードを形成し、横断アーチはないものの、身廊を三つのベイに分け、尖頭トンネル・ヴォールトが架かる。内部は、当初のものではないが、繰型蛇腹と身廊側面のアーケードの迫石を除いて全体に上塗りが施されている。建造当時も同様だったと考えられる。外観には、鐘塔のロンバルド帯と軒上端部の鋸状の歯型飾りを除いてほとんど装飾は見当たらない。内部と同様建造当初は全体に上塗りが施されていたと思わせる痕跡が残る。

ジャン・ヴィレイの『旧マコン司教区のロマネスク教会堂——クリュニーとその地方』（1935年）は、テゼのこの教会堂を取り上げている。クリスチャン・サパンの『ブルゴーニュ・ロマネスク』（2006年）にもこの教会堂についての記述がある。図面に関しては、クリスチャン・サパンの書も再掲するジャン・ヴィレイの平面図が、確認できた唯一の平面図である。歪みや軸のずれは無視され、控壁の有無や大きさ、窓の位置などに現状との乖離が多い。

平面の各部寸法の実測値は全体にわたってばらつき、同じ値を示すべきものがしばしば大きく異なる。平面の歪みも大きく、身廊の矩形は西側ほど狭く、北側の身廊軒壁が南側のそれよりも短い。しかし鐘塔の乗るベイの矩形は、比較的正確な長方形である。身廊軒壁の控壁の出が南北でかなり異なる事、南側面のアーケードの厚みが一定しない事が注意を引く。

30.7cm ～ 33.1cmの比較的大きな幅を考えれば、1尺が31.5cmのブルゴーニュ地方の古慣用尺の一つで、12尺を基準尺とする全体の寸法構成が想定できる。最も慎重に施工され最も重要な部位であった鐘塔の乗るベイは7×12尺の矩形、身廊は内法で36×20尺の矩形となる。身廊長さは12尺×3で、身廊長さ内法を12尺で三等分した位置にアーケードの控壁の芯が来る。ここに現れた尺数7、12、20、36は、12世紀の数象徴論によれば、聖なる意味を持つ霊的な数である。

クリスチャン・サパンは、この教会堂に、二段階の工事の結果として生まれた建築の姿を跡付ける。身廊部東端から1.5m程の所より西側が11世紀の建設で、当初教会堂の身廊はここまでで、現在のものよりは小型の教会堂で、これが、10世紀末にテゼにあったと史料が言うサン＝マルタン礼拝堂だとする。目視でも確認できる身廊外壁の東部分と上部の組積の違いや、現在の窓の下の微妙にずれた位置にある半円アーチ窓を塞いだ痕跡を根拠に、鐘塔の乗る矩形のベイ、アプシス、身廊軒壁の控壁、アーケード、尖頭トンネル・ヴォールトは、第二段階の12世紀の工事だとする。

建物の目視観察と寸法の検討は、以上の見解よりも若干詳細な建設過程を推測させてくれる。

勝利門アーチの位置は、現在の身廊全幅の中心にではなく、南北で厚みの異なる身廊両側面のアーケードの壁面の内法間の中心に正確に位置している。北側と南側の身廊アーケード厚みの違いは、身廊の軸に対してずれた位置に既に開いていた勝利門アーチの中心を、身廊ヴォールト架構時に新たに架けられるヴォールトの尖頭の位置に正確に揃えるための措置と考えられる。身廊外壁東の組積の状態と埋められた窓が示すように、当初建物の身廊は東側に延長されたが、そのときに現在の勝利門アーチが開けられ、鐘塔を乗せる矩形のベイが作られた。このとき何らかの理由で勝利門アーチは、まだアーケードの付いていない木造天井の身廊幅の中心からずれた位置に開けられた。身廊延長時に作られた勝利門アーチの上部と身廊西壁の内側上部に、同じ高さのところに水平の帯状の僅かな盛り上がりが認められるが、身廊が延長されて

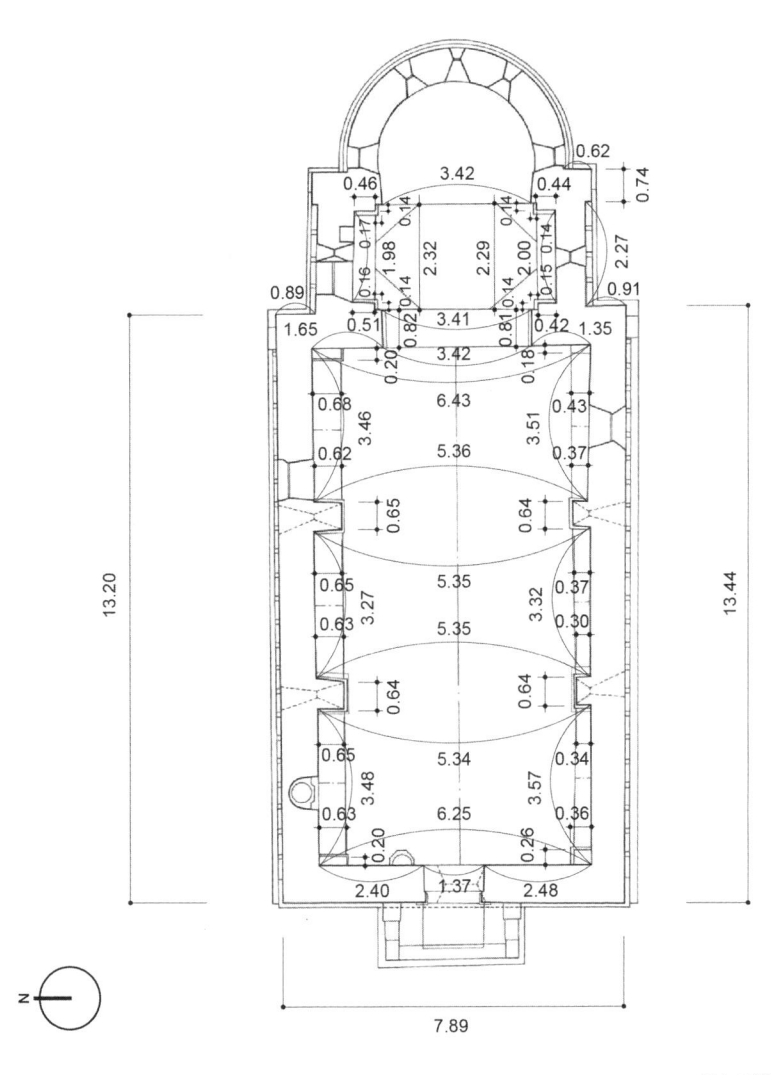

図21-1　教会堂平面図・実測値　　　（作成　西田研究室）

図中の実測寸法値の単位はm

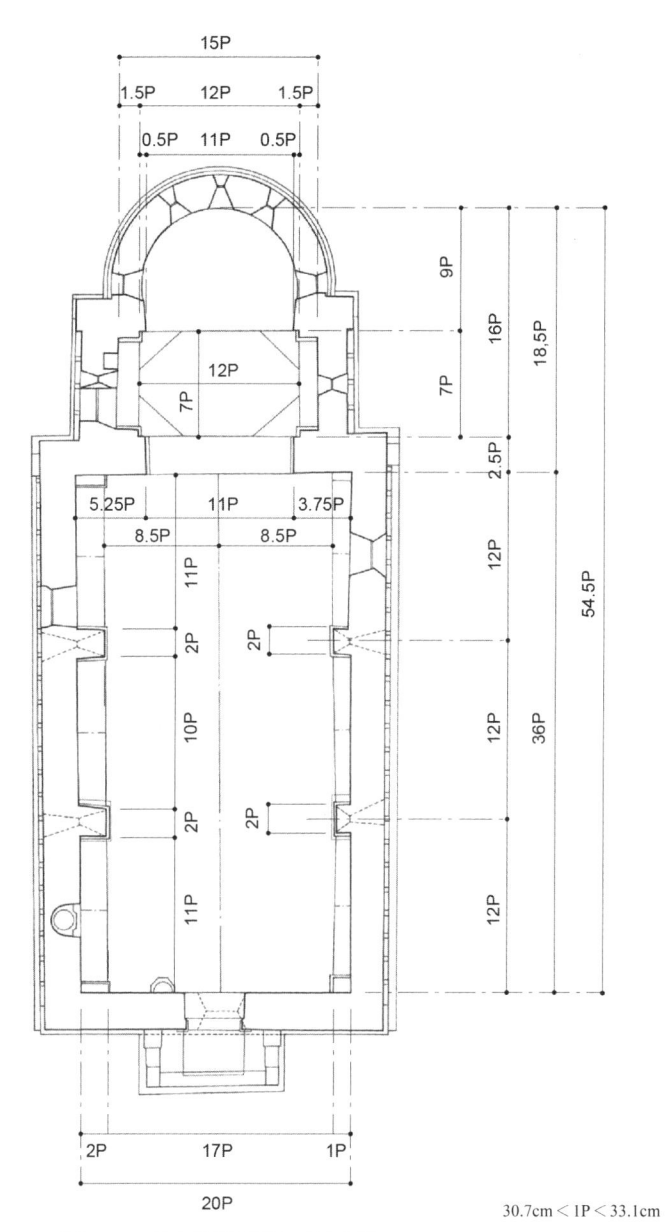

図21-2　教会堂平面図と寸法分析　　　（作成　西田研究室）

30.7cm＜1P＜33.1cm

261

勝利門アーチが開けられたときもまだ木造天井であった事の痕跡であろう。従って身廊延長時に、身廊軒壁にアーケードが付けられてヴォールトが架けられたのではない。身廊延長時には、鐘塔の乗る矩形の内陣も恐らく建設されたが、アプシスはまだ建設されなかった。アプシス入口のアーチは尖頭なので、時代の下がる事を示している。身廊両側面に尖頭のアーケードを設けて、身廊に尖頭アーチを架けた時にアプシスが建設されたと考えられる。こうした小規模教会堂が、時とともに改造され、姿を変えていく様を良く物語る例だと言える。

［西田雅嗣］

À quelques kilomètres de Cluny, l'ancienne église paroissiale de Taizé qui est une petite église typique de cette région, avec un clocher au décor charmant. Il s'agit d'une petite église romane du type nef unique, qui nous présente clairement les deux étapes distinctes de la construction à l'époque romane.

Le plan est simple et exemplaire avec une nef unique d'environ 12 m de longueur, précédée par une travée rectangulaire du chœur sous le clocher et une abside en hémicycle. L'ouvrage édité par Christian Sapin suppose que l'état actuel peut correspondre à l'église mentionnée en 1156 dans une charte de Cluny. Cependant la mention d'une chapelle Saint-Martin de Taizé à la fin du Xe siècle nous fait penser qu'il a dû exister une construction plus ancienne.

La première construction de ce petit édifice est encore visible dans les maçonneries extérieures au sud et au nord, où la partie basse en petit appareil allongé est d'un module plus petit qu'en partie haute. Dans ces murs gouttereaux qui appartiennent à la première construction (selon Christian Sapin, fin X^e- XIe siècle ?), deux fenêtres en plein cintre aux claveaux irréguliers de petit module situés juste en dessous des arcades de la nef actuelle se trouvent pour chaque côté. Cette partie ancienne de la nef ne comporte pas de contrefort ni de dósseret. L'observation de ces maçonneries nous permet de deviner l'extrémité orientale de la nef ancienne, plus courte que la nef actuelle.

L'église actuelle qui est le résultat de la deuxième campagne de construction consiste en une nef unique en berceau brisé, éclairée par deux nouvelles baies au nord et au sud. Au moment de la deuxième construction, on a repris la disposition de la nef ancienne en appliquant contre les murs gouttereaux les voûtes de hautes arcades murales au profil brisé, de même que la coupole sur trompes avec ouverture en arc brisé vers l'abside. Cette deuxième campagne a probablement été exécutée au cours du XIIe siècle. On note que, en raison de la différence de l'épaisseur de mur ajouté pour voûter la nef, l'axe actuel de l'intérieur de la nef est légèrement décalé par rapport à l'axe du chœur.

Le décor du clocher est également typique et exemplaire dans le contexte géographique et morphologique. Il a beaucoup d'analogie avec celui de Mazille. Il présente des bandes plates d'angles verticaux qui montent jusqu'à la corniche supérieure, et qui encadrent le premier niveau de simples baies en plein cintre et au-dessus un deuxième niveau avec des baies géminées soulignées par l'arcature. Le clocher est couvert d'une toiture de pierre en pyramide relativement élancée.

［NISHIDA, Masatsugu］

北西から見た教会堂全景
L'ensemble de l'église depuis le nord-ouest.

鐘塔下のトロンプ・ドームが架かる矩形の内陣
Travée barlongue sous clocher, voûtée par une coupole sur trompes.

平面（縮尺：1 / 100）

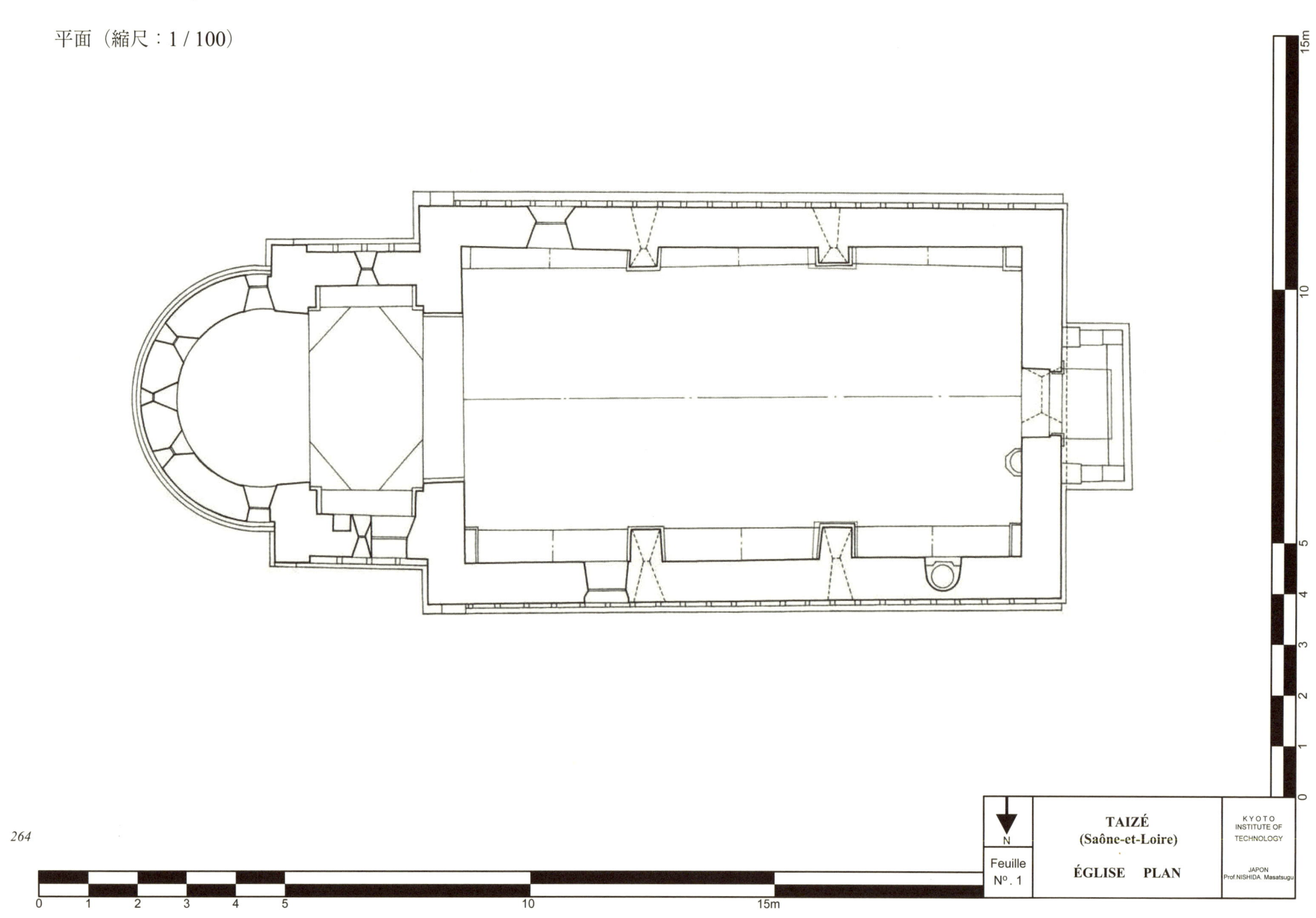

15m

10

5

4

3

2

1

0

0 1 2 3 4 5 10 15m

N

Feuille
Nº. 1

TAIZÉ
(Saône-et-Loire)

ÉGLISE PLAN

KYOTO
INSTITUTE OF
TECHNOLOGY

JAPON
Prof.NISHIDA. Masatsugu

参考文献
Bibliographie

Ⅰ. 一般：歴史・美術・社会
Généralité : histoire, art, société

Barral i Altet, X. (éd.), *Artistes, Artisans et Production artistique au Moyen Age*, Colloque international, Paris, 1986-1990, 3 vol.

Barral i Altet, X.(dir.), *Dictionnaire critique d'iconographie occidentale*, Rennes, 2003.

Barral i Altet, X., *Histoire de l'art*, Paris, coll. que sais-je ?, 1989, 1996, 2002.

Barral i Altet, X., *L'art médiéval*, Paris, coll. que sais-je ?, 1991, 1993, 2001.

Berlioz, J. (présenté par), *Moines et religieux au Moyen Age*, Paris, 1994.

Charron, P. et Guillouët, J.-M.(dir.), *Dictionnaire d'histoire de l'art du Moyen Âge occidental*, Paris, 2009.

Daussy, S.-D.(dir.), *L'église, lieu de performances In Locis competentibius*, Paris, 2016.

Duby, G., *Art et société au Moyen Age*, Paris, 1997.

Duby, G., *L'An Mil*, Paris, 1980.

Duby, G., *Le temps des cathédrales, L'art et la société 980-1420*, Paris, 1976.

Duby, G., *L'Europe au Moyen Âge*, Paris, 1984.

Erlande-Brandenburg, A., *Qu'est-ce qu'une église ?*, Paris, 2010.

Grabar, A., *Les origines de l'esthétique médiéval*, Paris, 1992.

Guerreau, A., « Quelques caractères spécifiques de l'espace féodal européen », Bulst, N., Descimon, R. et Guerreau, A., *L'État ou le roi, Les fondations de la modernité monarchique en France(XIVe - XVIIe siècle)*, Paris, 1996, p.85-101.

Guerreau, A., *L'avenir d'un passé incertain*, Paris, Seuil, 2001.

Heitz, C., *Recherches sur les rapports entre architecture et liturgie à l'époque carolingienne*, Paris, 1963.

Le Goff, J., *Les intellectuels au Moyen Age*, Paris, 1957, 1985.

Le Goff, J., *La civilisation de l'occident médiéval*, Paris, 1964, 1982.

Le Goff, J., Schmitt, J.-Cl., *Dictionnaire raisonné de l'occident médiéval*, Paris, 1999.

Mélanges en hommage à Xavier Barral i Altet, Le plaisir de l'art du Moyen Âge, Paris, Picard, 2012.

Mérimée, P., *Notes de voyages*, Paris, 1989, 4 vol., 2003, 1 vol. (orig., *Le Midi*, 1835, *L'Ouest*, 1836, *L'Auvergne*, 1838, *La Corse*, 1840)

Nishida, M., Reveyron, N., Cluzel, J.-S.(dir.), *L'idée d'architecture médiévale au Japon et en Europe*, Bruxelles, Mardaga, 2017.

Raul Glaber, *Histoires* (trad. et présent. par Arnoux, M.), Turnhout, 1996.

Reculs, O., *Atlas pittoresque de la France. Recueil*, Paris, 1909(?), 3 vol.

Ⅱ. ロマネスク美術一般
Art romane, généralité

Aubert, M., Gaillard, G., Bouard, M. de, Durliat, M., Thibout, M., Vallery-Radot, J., et Benoît, F., *L'art roman en France*, Flammarion, Paris, 1961.

Barral i Altet, X., Avril, F., Gaborit-Chopin, D., *Le Monde roman : le temps des croisades*, Paris, coll. L'Univers des formes, 1982.

Barral i Altet, X., Avril, F., Gaborit-Chopin, D., *Le Monde roman : les royaumes d'Occident*, Paris, coll. L'Univers des formes, 1983.

Barral i Altet, X., *Contre l'art roman ? Essai sur un passé réinventé*, Paris, 2006.

Crozet, R., *L'art roman*, Paris, PUF, 1962, 1992.

Dectot, X., *L'art roman en France*, Paris, 2005.

Erlande-Brandenburg, A., *De pierre, d'or et de feu - La création artistique au Moyen Âge IVe-XIIIe siècle*, Paris, 1999.

Erlande-Brandenburg, A., *L'art roman, Un défi européen*, Paris, Gallimard, 2005.

Erlande-Brandenburg, A. et Mérel-Brandenburg, A.-B., *Histoire de l'Architecture Française du Moyen Âge à La Renaissance(IVe siècle - début XVIe siècle)*, Paris, 1995.

Focillon, H., *Art d'Occident, Le Moyen Âge roman et gothique*, Paris, 1938, 1963(4e édition), 1973(l'édition du Livre de poche), 1983.

Focillon, H., *L'art des sculpteurs romans. Recherches sur*

l'histoire des formes, Paris, 1931, 1964, 1988.

Focillon, H., *Peintures romanes des églises de France,* Paris, 1967.

Loubatière, J., *Bible de l'art roman,* Rennes, 2010.

Musée du Louvre, *La France roman au temps des premiers Capétiens (987 - 1152),* Paris, 2005.

Phalip, B., *Auvergne romane,* Dijion, 2013.

Prache, A. (dir.), *Initiation à l'art roman - Architecture et sculpture,* Paris, Zodiaque, 2002.

Reveyron, N., *L'art roman,* Paris, 2008.

Schapiro, M., « On the aesthetic attitude in Romanesque art », *Romanesque Art,* New York, 1977, p. 1-27.

Scobeltzine, A., *L'art féodal et son enjeu social,* Paris, Gallimard, 1973.

III. ロマネスク建築一般
Architecture romane, généralité

Barral i Altet, X., *Haute Moyen-Age, De l'antiquité tardive à l'an mil,* Köln-Lisboa-London-New York-Paris-Tokyo, Taschen, 2002.

Barral i Altet, X., *Le monde roman, Villes, cathédrales et monastères,* Köln-Lisboa-London-New York-Paris-Tokyo, Taschen, 2001.

Brutails, J. - A., *La géographie monumentale de la France aux époques romanes et gothique,* Paris, 1923.

Brutails, J. - A., *Pour comprendre les monuments de la France,* Paris, 1995.

Conant, K. J., *Carolingian and Romanesque Architecture 800-1200,* Harmondworth, 1st edition 1959, 2nd integrated edition with corrections 1979, The Pelican History of Art.

Crroyer, E., *L'architecture romane,* Paris, 1888.

Dehio, G. und Bezold, G., *Die Kirchliche Baukunst des Abendlandes,* Suttugart, 1892, 1969, 7 vol.

Fernie, E., *Romanesque Architecture,* New Haven and London, 2014, Yale university Press/Pelican History of Art.

Guillouët, J.-M., *L'architecture romane,* Paris, 2010.

Heitz, C., *L'Architecture religieuse carolingienne,* Paris, 1980.

Lasteyrie, R. de, *L'Architecture religieuse en France à l'époque romane,* Paris, Picard, seconde édition, 1929.

Mortet, V. et Deschamps, P., *Recueil de textes relatifs à l'histoire de l'architecture et à la condition des architectes en France au Moyen Âge,* Paris, 1911 et 1929(rééd. avec la préface de Presssouyre, L., Paris, CTHS, 1995, 1 vol.).

Nishida, M., « Une architecture qui émerge de la mesure », *in* Nishida, Reveyron, Cluzel, 2017.

Pérouse de Monclos, J.-M., *Méthode et vocabulaire Architecture,* Paris, coll. Principes d'analyse scientifique, publiée par l'Inventaire général des monuments et richesses artistiques de - la France, 4e édition, 2002.

Pérouse de Monclos, J.-M., *Architecture - description et vocabulaire méthodiques,* coll. Principes d'analyse scientifique, Inventaire général du patrimoine culturel, Paris, 2011.

Sapin, Ch.(dir.), *Avant-nefs & Espace d'accueil dans l'église,* Paris, CTHS, 2002.

Vallery-Radot, J., *Églises romanes, Filiations et échanges d'influences,* Brionne, 1979.

Vergnolle, É., *L'art roman en France. Architecture - Sculpture - Peinture,* Paris, 1994.

Vogüé, Dom M. et Neufville, Dom J., *Glossaire de termes techniques à l'usage des lecteurs de "la nuit des temps",* La Pierre-qui-Vire, coll. Introductions à la nuit des temps, 4e édition revue et corrigée par Oursel R.

IV. クリュニー修道院
Ordre de Cluny

Musée Ochier, *Cluny III, LA MAIOR ECCLESIA,* Cluny, 1988.

Pacaut, M., *L'ordre de Cluny,* Paris, Fayard, 1986.

Stratford, N.(dir.), Cluny, *Onze siècles de rayonnement,* Paris, Éditions du patrimoine, Centre des monuments nationaux, 2010.

Vingtain, D., *L'abbaye de Cluny, Centre de l'Occident médiéval,* Paris, 2009.

関口武彦『クリュニー修道制の研究』、東京、南窓社、2005年.

V. クリュニー建築
Architecture clunisienne

Baud, A., *Cluny, Un grand chantier médiéval au cœur de l'Europe,* Paris, 2003.

Conant, K. J., « New results in the Study of Cluny Monastery », *Journal of the Society of Architectural Historians,* vol. 16, no. 3, 1957, p.3-11.

Conant, K. J., « The Place of Cluny in Romanesque and Gothic Architecture », *The Journal of the Architectural Historians,* vol. 2, no. 3, 1942, p.3-5.

Conant, K. J., *Cluny, Les églises et la maison du chef d'ordre,* Mâcon, 1968.

Reveyron, N.(dir.), *Hugues de Semur 1024-1109 Lumières clunisiennes,* Saint-Denis, Doyen Éditeur, 2009.

Reveyron, N.(dir.), *Cluny et l'art roman en Charolais-Brionnais, Influences & Résistances,* Saint-Denis, Doyen Éditeur, 2010.

Reveyron, N., « Hugues de Semur et l'architecture clunisienne. Influences de la liturgie et des coutumes monastiques sur les programmes architecturaux dans l'ecclesia cluniacensis », *Monuments et mémoires de la fondation Eugène Piot,* Académie des inscriptions et belles-lettres, Tome 91, 2012, p.91-147.

Salvèque, J.-D., *L'abbaye de Cluny, Bourgogne, Itinéraires,* Paris, 2001.

VI. 計画、建設技術
Projet, chantier et technique de la construction

Armi, C. E., *Design and Construction in Romanesque*

Architecture. First Romanesque Architecture and the Pointed Arch in Burgundy and Northern Italy, Cambridge, Cambridge university press, 2004.

Aubert, M., « La Construction au Moyen Age », *Bulletin monumental*, tome 118, 1960, p.241-259 et tome. 119, 1961, p.7-42, p.81-120, p.181-209, p.297-323.

Bernardi, Ph., *Bâtir au Moyen Âge*, Paris, 2011.

Colombier, P. du, *Les Chantiers des Cathédrales, Ouvriers - Architectes - Sculpteurs*, Paris, 1973(Nouvelle édition).

Hatot, T., *Bâtisseurs au Moyen Âge. Une abbaye romane / Boscodon*, Clermont-Ferrand, 2001.

Jeannin, E., *Chantiers d'abbayes*, Moisenay, 2002.

Paquet, J. P., « Les tracés directeurs des plans de quelques édifices du domaine royal au moyen âge », *Les Monuments Historiques de la France*, no. 2, 1963, p.9-84.

Shelby, L. R., *Gothic design techniques*, Carbondale and Edwardsville, 1977.

西田雅嗣『シトー会建築のプロポーション』、東京、中央公論美術出版、2006年

Ⅶ. 尺度・度量衡
Mesure et métrologie

Bernadi, Ph. et Mignon, J.-M., « Évaluation et mesure des bâtiments. L'exemple de la Provence médiévale », *Histoire & Mesure*, XVI-3/4, p.309-343.

Doursther, H., *Dictionnaire universel des poids et mesures anciens et modernes*, Amsterdam, 1840(reprint 1965).

Gattey, F., *Tables des rapports des anciennes mesures agraires avec les nouvelles, précédées des éléments du nouveau systèmem métrique*, Paris, 1812.

Guerreau, A., « Édifices médiévaux, métrologie, organisation de l'espace à propos de la cathédrale de Beauvais », *Annales Économies - Sociétés - Civilisations,* 47-1992, p.87-106.

Guerreau, A., « L'analyse des dimensions des édifices médiévaux. Notes de méthode provisoires », *Paray-le-*

Monial, Brionnais-Charolais. Le renouveau des études romanes. IIe colloque scientifique international de Paray-le-Monial. 1998, Paray-le-Monial, 2000, p.327-335.

Guerreau, A., « L'évolution du parcellaire en Mâconnais (env.900-env.1060) », Feller, L., Mane, P. et Piponnier F.(éd.), *Le village médiéval et son environnement, Études offertes à Jean-Marie Pesez, Histoire ancienne et médiévale*, 48, 1998, p.509-536.

Guerreau, A., « Observations métrologiques sur l'abbatiale Saint-Philibert de Tournus », *Saint-Philibert de Tournus, Histoire, Archéologie, Art. Actes de Colloque du Centre International d'Études Romanes, Tournus 1994*, Tournus, 1995, p.205-214.

Guerreau, A., « Vingt et une petites églises romanes du Mâconnais : Irrégularités et métrologie », Beck, P.(dir.), *Archéologie Aujourd'hui , L'innovation technique au moyen âge, Actes du VI e Congrès International d'archéologie médiévale*, 1998, p.186-210.

Guilhiermoz, P., *De l'équivalence des anciennes mesures*, Paris, 1913.

Hocquet, Jean-Claude, *La métrologie historique*, Paris, coll. Que sais-je ?, 1995.

Machabey, A., *La Métrologie dans les musées de province et sa contribution à l'histoire des poids et mesures en France depuis le treiziéme siècle*, Troyes, 1962.

Paucton, *Métrologie ou Traité des mesures*, Paris, 1780.

Saigey, J. F., *Traité de métrologie*, Paris, 1834.

西田雅嗣『シトー会建築のプロポーション』、東京、中央公論美術出版、2006年

※各教会堂の尺度・寸法分析で特に参照したのは、

Doursther, H., *Dictionnaire universel des poids et mesures anciens et modernes*, Amsterdam, 1840(reprint 1965).

Machabey, A., *La Métrologie dans les musées de province ...*, Troyes, 1962.

である。

Ⅷ. 美学・象徴性
Esthétique et symbolique

Beaujouan, G., « Le symbolisme des nombres à l'époque romane », *Cahiers de civilisation médiévale*, 4, Poitiers, 1961, p.159-169.

Beigbeder, O. : *Lexique des symboles*, La Pierre-qui-vire, coll. Zodiaque - La Nuit des temps, 1969.

Bouyer, L., *Architecture et liturgie*, Paris, 1991.

Bruyne, E. De, *Etudes d'esthétique médiévale*, Bruges, 1946, 3 vol., Genéve, 1975, 3 vol., Paris, 1998, 2 vol.

Cazenave, M.(dir.), *Encyclopédie des symboles*, coll. Le livre de poche – La Pochothèque – Encyclopédies d'aujourd'hui, 1996.

Davy, M. M., *Initiation à la Symbolique Romane (XIIe siècle)*, Paris, 1977.

Guillaume Durand de Mende, Evéque du treizième siècle, *Manuel pour comprendre la signification symbolique des cathédrale et des églises*, Lugrin, La maison de vie, 1996.

Hani, J., *Le Symbolisme du Temple Chrétien*, Paris, Guy Trédaniel Éditeur, 1990.

Hiscock, N., *The Wise Master Builder. Platonic Geometry in Plans of Medieval Abbeys and Cathedrals*, Aldershot, Ashgate, 2000.

Jouven, G., *La Forme initiale, symbolisme de l'architecture traditionnelle*, Paris, 1985.

Jouven, G., *L'Architecture cachée, tracés harmoniques*, Paris, 1979.

Jouven, G., *Les Nombres cachés, ésotérisme arithmologique*, Paris, 1978.

Krautheimer, R., « Introduction to an "Iconography of Mediaeval Architecture" », Journal of the Warburg and Courtauld Institutes, vol. 5, 1942, p.1 - 33.

Sauer, J., *Symbolik des Kirchengebäudes und Seiner Ausstattung* in der Auffassung des Mittelalters, Freiburg, 1924, 1964.

Sunderland, E. R., « Symbolic numbers and romanesque church plans », *Journal of the Society of Architectural Historians*, vol. 18, no. 3, 1959, p.94-103.

Thibaut de Langres, *Traité sur le symbolisme des nombres*, XIIe siècle(traduit et commenté par R. Deleflie, Langres, 1978).

西田雅嗣『シトー会建築のプロポーション』、東京、中央公論美術出版、2006年.

IX. ブルゴーニュ・ロマネスク
Bourgogne romane

Armi, C. E., *Massons and Sculptors in Romanesque Burgundy, The new Aesthetics of Cluny III*, University Park, London, 1983.

Barnoud, J.-N., Reveyron, N. et Rollier G.(dir.), *Paray-le-Monial*, Paris, Zodiaque, 2004.

Berry, W. *Romanesque architecture in the rural Autunois and the processes of stylistic change,* 2 vol with 2 vol of the catalogue of buildings and appendices, dissertaition presented to the Faculty of the graduate school, University of Misouri-Columbia, 1993.

Congrès archéologique de France, 98e session en 1935, *Lyon et Mâcon*, Paris, 1936.

Congrès archéologique de France, 166e session en 2008, *Monuments de Saône-et-Loire, Bresse bourguignonne, Chalonnais, Tournugeois*, Paris, 2010.

Dickson, M. et Ch., *Les églises romanes de l'ancien diocèse de Chalon - Cluny et sa région*, Mâcon, Protat, 1935.

Grivot, D., *L'art roman en Bourgogne*, Rennes, Éditions Ouest-France, 1999.

Guerreau, A., « L'Église romane de Saint-André-le-Désert. Notes sur quelques textes et sur le bâtiment », *Annales de l'académie de Mâcon*, Tome 14, Travaux 2002, p.197-218.

Le guide, Charolais-Brionnais - Pays d'art et d'histoire, Musées - Architectures - Paysages, Paris, 2012.

Nishida, M., *Les églises romanes à l'ombre de Cluny en Bourgogne du Sud, Recueil de Plan*, Kyoto, priv. 2016.

Oursel, R. et Oursel, A.-M., *Les églises romanes de l'Autunois et du Brionnais - Cluny et sa région*, Mâcon, Protat, 1956.

Oursel, R. et Barnoud, J.-N., *Paray-le-Monial, les 900 ans d'une basilique*, Besançon, 1992.

Sapin, Ch.(dir.), *Bourgogne romane*, Dijon, Éditions Faton, 2006.

Virey, J., *Paray-le-Monial et les églises du Brionnais*, Paris, 1926.

Virey, J., *Les églises romanes de l'ancien diocèse de Mâcon, Cluny et sa région*, Mâcon, Protat, 1889, 1890, 1891 et 1935.

X. 各教会堂に関する参考文献
Références bibliographiques relatives aux églises particulières

1. アムニ教会堂
L'église d'Ameugny

Virey, J., *Les églises romanes de l'ancien diocèse de Mâcon, Cluny et sa région*, Mâcon, Protat, 1935, p. 65.

2. ベルジュスラン教会堂
L'église de Bergesserin

Virey, J., *Les églises romanes de l'ancien diocèse de Mâcon, Cluny et sa région*, Mâcon, Protat, 1935, p. 82.

3. ベルゼ＝ラ＝ヴィル修道士礼拝堂
La chapelle des moines de Berzé-la-Ville

Mercier, F., « Berzé-la-Ville, La chapelle du château des «moines» », in *Congrès archéologique de France*, 1936, p. 485-502.

Sapin, Ch.(dir.), *Bourgogne romane*, Dijon, Éditions Faton, 2006, p. 100.

Virey, J., *Les églises romanes de l'ancien diocèse de Mâcon, Cluny et sa région*, Mâcon, Protat, 1935, p. 84.

4. ブラノ教会堂
L'église de Blanot

Sapin, Ch.(dir.), *Bourgogne romane*, Dijon, Éditions Faton, 2006, p. 35.

Virey, J., *Les églises romanes de l'ancien diocèse de Mâcon, Cluny et sa région*, Mâcon, Protat, 1935, p. 94.

5. ブランシオンのサン＝ピエール教会堂
L'église Saint-Pierre de Brancion

Dickson, M. et Ch., *Les églises romanes de l'ancien diocèse de Chalon - Cluny et sa région*, Mâcon, Protat, 1935.

Sapin, Ch.(dir.), *Bourgogne romane*, Dijon, Éditions Faton, 2006, p. 108.

Virey J., «Brancion», in *Congrés archéologique de France*, 1936, p. 534-539.

6. ビュフィエール教会堂
L'église de Buffières

Virey, J., *Les églises romanes de l'ancien diocèse de Mâcon, Cluny et sa région*, Mâcon, Protat, 1935, p. 109.

7. シャルボナ教会堂
L'église de Charbonnat

Oursel, R. et Oursel, A.-M., *Les églises romanes de l'Autonois et du Brionnais - Cluny et sa région*, Mâcon, 1956, p. 197.

Sapin, Ch.(dir.), *Bourgogne romane*, Dijon, Éditions Faton, 2006, p. 192.

8. シャルリュー修道院教会堂前身廊
L'avant-nef de l'abbatial de Charlieu

Külger, K., « Tournus et la fonction des Galilées en Bourgogne », *in* Sapin 2002, p. 414-423.

Sapin, Ch.(dir.), *Bourgogne romane*, Dijon, Éditions Faton, 2006, p. 142.

Sunderland, E. R., *Charlieu*, Lyon, 1971.

Virey, J., *Les églises romanes de l'ancien diocèse de Mâcon, Cluny et sa région*, Mâcon, Protat, 1935, p. 133.

9. クレ教会堂
L'église de Cray

Virey, J., *Les églises romanes de l'ancien diocèse de Mâcon, Cluny et sa région*, Mâcon, Protat, 1935, p. 269.

10. キュルティル＝ス＝ビュフィエール教会堂
L'église de Curtil-sous-Buffières

Virey, J., *Les églises romanes de l'ancien diocèse de Mâcon, Cluny et sa région*, Mâcon, Protat, 1935, p. 274.

11. ドゥテ教会堂
L'église de Dettey

Oursel, R. et Oursel, A.-M., *Les églises romanes de l'Autonois et du Brionnais - Cluny et sa région*, Mâcon, 1956, p. 207.

Sapin, Ch.(dir.), *Bourgogne romane*, Dijon, Éditions Faton, 2006, p. 191.

12. ドンズィ＝ル＝ペルテュイ教会堂
L'église de Donzy-le-Pertuis

Réthoré, J., *Donzy-le-Pertuis en Haute-Mouge, Tome 1 : Le temps des paysans*, Mâcon, 71 - Images de Saône-et-Loire, 1988.

Sapin, Ch.(dir.), *Bourgogne romane*, Dijon, Éditions Faton, 2006, p. 110.

Virey, J., *Les églises romanes de l'ancien diocèse de Mâcon, Cluny et sa région*, Mâcon, Protat, 1935, p. 278.

13. ラ・ヴィヌーズ教会堂
L'église de la Vineuse

Virey, J., *Les églises romanes de l'ancien diocèse de Mâcon, Cluny et sa région*, Mâcon, Protat, 1935, p. 463.

14. ル・ピュレ教会堂
L'église du Puley

Dickson, M. et Ch., *Les églises romanes de l'ancien diocèse de Chalon - Cluny et sa région*, Mâcon, Protat, 1935.

Sapin, Ch.(dir.), *Bourgogne romane*, Dijon, Éditions Faton, 2006, p. 106.

15. マレのノートル＝ダム教会堂
L'église Notre-Dame de Malay

Sapin, Ch.(dir.), *Bourgogne romane*, Dijon, Éditions Faton, 2006, p. 105.

Virey, J., *Les églises romanes de l'ancien diocèse de Mâcon, Cluny et sa région*, Mâcon, Protat, 1935, p. 331.

16. マルシニ旧修道院
L'ancien prieuré de Marcigny

Abbé Mouterde, « L'église du prieuré de Marcigny », *Bulletin de La Diana*, 1913.

Reveyron, N.(dir.), *Hugues de Semur 1024-1109 Lumières clunisiennes*, Saint-Denis, Doyen Éditeur, 2009.

Reveyron, N.(dir.), *Cluny et l'art roman en Charolais-Brionnais, Influences & Résistances*, Saint-Denis, Doyen Éditeur, 2010.

Reveyron, N., « Hugues de Semur et l'architecture clunisienne. Influences de la liturgie et des coutumes monastiques sur les programmes architecturaux dans l'ecclesia cluniacensis », *Monuments et mémoires de la fondation Eugène Piot*, Académie des inscriptions et belles-lettres, Tome 91, 2012, p.91-147.

Reveyron, N., « Aménagements et décors trado-médiévaux dans la priorale clunisienne de Marcigny », *Revue Mabillon*, n.s., t. 23(=t. 84), 2012, p. 223-244.

17. マッシー教会堂
L'église de Massy

Jaluzot, P., *Saint-Denis de Massy, une église romane du domaine de l'abbaye de Cluny en Bourgogne du Sud*, mémoire de Maîtrise en histoire de l'art et archéologie, Université Paris I Panthéon-Sorbonne, 2007.

Sapin, Ch.(dir.), *Bourgogne romane*, Dijon, Éditions Faton, 2006, p. 111.

Virey, J., *Les églises romanes de l'ancien diocèse de Mâcon, Cluny et sa région*, Mâcon, Protat, 1935, p. 336.

18. マズィユ教会堂
L'église de Mazille

Sapin, Ch.(dir.), *Bourgogne romane*, Dijon, Éditions Faton, 2006, p. 115.

Virey, J., *Les églises romanes de l'ancien diocèse de Mâcon, Cluny et sa région*, Mâcon, Protat, 1935, p. 340.

19. ウジ教会堂
L'église d'Ougy

Virey, J., *Les églises romanes de l'ancien diocèse de Mâcon, Cluny et sa région*, Mâcon, Protat, 1935, p. 347.

20. サン＝ヴァンサン＝デ＝プレ教会堂
L'église de Saint-Vincent-des-Prés

Didier, F., *Saint-Vincent-des-Prés, église, Étude préalable de remise en valeur intérieure*, janvier 1993.

Sapin, Ch.(dir.), *Bourgogne romane*, Dijon, Éditions Faton, 2006, p. 112.

Virey, J., *Les églises romanes de l'ancien diocèse de Mâcon, Cluny et sa région*, Mâcon, Protat, 1935, p. 416.

21. テゼ教会堂
L'église de Taizé

Sapin, Ch.(dir.), *Bourgogne romane*, Dijon, Éditions Faton, 2006, p. 103.

Virey, J., *Les églises romanes de l'ancien diocèse de Mâcon, Cluny et sa région*, Mâcon, Protat, 1935, p. 431.

XI. 著者による日本語での既往発表論文

西田雅嗣、榎並悠介「ブランシオンのサン＝ピエール教会堂とその平面の寸法構成について：フランス・ブルゴーニュ、マコネ地方のロマネスク教会堂の寸法に関する調査研究（1）」『日本建築学会近畿支部研究報告集』第47号・計画系、2007年、p.885-888.

榎並悠介、西田雅嗣「マレ教会堂とその平面の寸法構成について：フランス・ブルゴーニュ、マコネ地方のロマネスク教会堂の寸法に関する調査研究（2）」『日本建築学会近畿支部研究報告集』第47号・計画系、2007年、p.889～892.

西田雅嗣、榎並悠介、渡部恵理「テゼのロマネスク教会堂の平面の寸法構成と建設プロセス——フランス・ブルゴーニュ、マコネ地方の小規模教会堂に関する研究——」『日本建築学会大会学術講演梗概集』F-2・建築歴史・意匠、2007年、p.227-228.

西田雅嗣、榎並悠介「ドゥテとシャルボナの二つのロマネスク教会堂の平面について——フランス・ブルゴーニュ地方の小規模教会堂に関する研究——」『日本建築学会大会学術講演梗概集』F-2・建築歴史・意匠、2010年、p.165-166.

西田雅嗣、原愛、増永恵、岡北一孝、三宅拓也、「サン＝ヴァンサン＝デ＝プレのロマネスク教会堂の建築について——南ブルゴーニュの小規模ロマネスク教会堂に関する研究——」『日本建築学会近畿支部研究報告集』第51号・計画系、2011年、p.745-758.

西田雅嗣、原愛、増永恵、岡北一孝、三宅拓也「マッシー教会堂の平面の寸法構成について——南ブルゴーニュ地方の小規模ロマネスク教会堂に関する研究——」『日本建築学会大会学術講演梗概集』F-2・建築歴史・意匠、2011年、p.701-702.

西田雅嗣、原愛、増永恵、岩田千穂、加藤旭光、榎並悠介、岡北一孝、小嶋千賀子、安井菜穂「マズィーユ教会堂の建築と平面の寸法構成について：南ブルゴーニュの小規模ロマネスク教会堂に関する研究」『日本建築学会大会学術講演梗概集』F-2・建築歴史・意匠、2013年、p.755-756.

西田雅嗣、原愛、岡北一孝、加藤旭光、小嶋千賀子、安井菜穂、太田圭紀「ベルゼ＝ラ＝ヴィル修道士礼拝堂の建築について：南ブルゴーニュの小規模ロマネスク教会堂に関する研究」『日本建築学会近畿支部研究報告集』第54号・計画系、2014年、p. 689-692.

西田雅嗣、原愛、岩田千穂、加藤旭光、太田圭紀、廣長皓介、古賀顕士「ブラノとドンジィ＝ル＝ペルテュイの二つのロマネスク教会堂の建築について」『日本建築学会近畿支部研究報告集』第56号・計画系、2016年、p. 657-660.

西田雅嗣、原愛、岩田千穂、加藤旭光、古賀顕士、廣長皓介「マルシニ修道院付属教会堂の建築について　南ブルゴーニュ地方のロマネスク教会堂建築に関する研究」『日本建築学会大会学術講演梗概集』F-2・建築歴史・意匠、2016年、p.723-724.

あとがき

　本書は、著者の西田が2006年以来、11年間にわたって取り組んできたフランス南ブルゴーニュ地方の小村に建つロマネスクの中・小規模教会堂に関する一連の調査、研究をまとめたものである。

　博士論文とその後、いくばくかの研究をまとめて、ロマネスクのシトー会の修道院建築に関する研究書『シトー会建築のプロポーション』を2006年に、やはり日本学術振興会の研究成果公開促進費を得て中央公論美術出版から上梓した。これでシトー会建築に関する集中的な研究に一区切りをつけ、さて次に何をテーマに中世建築研究を続けようかと思案していた折、リヨン大学第二のニコラ・レヴェロン氏の知遇を得た。当時クリュニー建築を見直す研究に着手していたレヴェロン氏との議論の中から、シトー会の次はクリュニー会かな、などとぼんやり考えていた筆者のアイデアが急速に具体化した。そしてそれを行動に移したのが2006年である。

　シトー会の建築をテーマとしたのと同様、今回のクリュニー修道院に関係する建築の研究でも筆者の興味は、やはり装飾の限られた、建築のエッセンスだけがそこに現れているような小規模な建築に向かい、これらを研究対象とすることを当初より考えていたように思う。そして、これもシトー会の建築の研究と同様、建物に直に向き合い、実測をし、図面を起こし、それを考察の第一の材料として建築理解に迫ること、この方法論も変わることはなかったと思う。また、目の前にある「モノ」としての建築との対峙から、その建物を建てた当時の人々の思いに迫りたい、その建築が中世当時の人々の心性の中で理解されていたその姿を知りたい、という目標もやはり変わらなかった。

　しかしながら、10年以上前の『シトー会建築のプロポーション』と比べて、今回のブルゴーニュのクリュニーのロマネスク教会堂に関する本は随分と体裁の異なるものとなった。19世紀末から20世紀前半にかけてフランスの国立古文書学校を牙城に築き上げられた「記念物考古学」の伝統的な方法を見直したつもりである。モニュメントをつぶさに観察し、関係文書資料を渉猟して、この二つもとに簡潔で的確な建築の記述を行うこと、これが古文書学校の「記念物考古学」で、今日のフランス文化財行政や中世建築研究の基礎を築いたものである。本書が扱った地域に関するものとして

は、参考文献にも掲げた、Virey, J., *Les églises romanes de l'ancien diocèse de Mâcon, Cluny et sa région*, Mâcon, Protat, 1889, 1890, 1891 et 1935、Oursel, R. et Oursel, A.-M., *Les églises romanes de l'Autunois et du Brionnais - Cluny et sa région*, Mâcon, Protat, 1956、Dickson, M. et Ch., *Les églises romanes de l'ancien diocèse de Chalon. Cluny et sa région*, Mâcon, Protat, 1935の三部作が「記念物考古学」の模範的な成果であり、本書が扱った小規模教会堂に関しては、今日なお、この三部作が現役の基本的な目録的基礎資料となっている。本書では、限られたいくつかの要素については、これら既往の記述内容に修正を迫った箇所もあるが、基本的には、本書もこうした「記念物考古学」に基礎を置いた「基礎資料集」を目指した。

　こうした「記念物考古学」と本書に違いがあるとすれば、詳細な実測図面である。本書所収の図面は全て、京都工芸繊維大学の西田研究室が、何人かの他大学の大学院生らの助力も得ながら実測調査を実施し、自ら作成した図面である。まずは実測をし、図面を起こし、そこから建築を考えるのは優れて日本的な建築史研究の方法かもしれない。シトー会建築の研究に続いてこの方法を今回も踏襲した。2012年からはトータル・ステーションを用い、平面だけでなく、より高い精度で立面、断面も計測し図面を作成した。本書に示した一連のこうした図面は、今まで正確な図面のなかった教会堂に、初めて建築的に精度の高い図面を提供することになり、共著者のアラン・ゲロー氏が序文の中で述べるように、フランスでも、信頼に足る貴重な資料として一定の評価を得た。また、マズィユ教会堂のように、本書所収の我々が作成した実測図面が契機になって、教会堂所有者である自治体が国や地方の補助金を得て、修復工事が実現したことは大きな喜びである。建築ごとに書かれた客観的な建築記述が詳細な建築図面と一緒になって、中世当時の人々の心性の中で理解されていた建築の理解につながるものになってほしいと思っている。

　2012年以降は、一つの教会堂について、おおむね一週間程度の時間をかけて、しかも多くの人たちの助力を得て実施してきた建築調査であるが、「シャロレ＝ブリオネ地方文化財国際研究センター（CEP）」を主宰するピエール・デュリ氏との協働がなければ到底実現できるような調査ではなかった。シトー会建築の研究の時以来知己を得

ていた本書の共著者であるフランス国立科学研究センターの研究者であるアラン・ゲロー氏は、南ブルゴーニュのマコネ地方出身で、パリの他に現在でもそこに自宅を持っており、CEPをよく知っていた。また彼は、我々が実測調査を得意としていることをすでに承知していた。こうしてゲロー氏より、シャロレ＝ブリオネ地方に多数残るロマネスク教会堂の研究と保存に役立てるための基礎資料作りを、学生のワークショップという形での実測図面作成を軸にしてやっている組織という触れ込みで、CEPとのコンタクトを強く勧められた。またニコラ・レヴェロン氏からも同様にCEPとの協働を勧められた。

2008年の文化財の日のスミュール＝アン＝ブリオネの教会堂で、熱く見学客に語りかけている人物を見かけた。デュリ氏に違いないと思い声をかけたところ果たしてそうであった。CEPとの協力関係の始まりである。2009年からは、調査グループ全員が、昔の小学校の校舎を本拠地としているCEPで、合宿のような形で寝泊りをしながら2016年まで毎年二棟ずつ、毎朝、CEPが用意してくれる昼食を車に積み込んで、サン＝クリストフ＝アン＝ブリオネという村にあるCEPを車で出発して調査に赴いた。教会堂の調査許可の取得、教会堂のある村の住民たちとのコミュニケーションの場の設定、我々の調査の情宣活動、調査機材の準備、食事、洗濯と、至れり尽くせりの協力体制には感謝してもしきれない。途中でCEP所長となったイヴォンヌ、料理を作ってくれたマリー＝クリスティーヌ、雑務一般一切を手伝ってくれたシモン、中世城郭建築の専門家で郷土史家のジャン＝マリー、その他にもCEPに集う人々は多く、彼ら彼女らみんなに心から感謝を申し上げたい。ちなみにCEPは現在でも、教員に率いられたブダペストやワイマール、スロベニアの大学のグループを毎年夏にワークショップの形で受け入れ、この地方のロマネスク教会堂の実測図面作成を継続しており、2019年で30年目となる。残念ながら我々は研究費の関係もあり、2010年から本格的に開始したCEPでのワークショップの形での実測調査であるが、2016年で切り上げなくてはならなくなった。本書所収の実測図面の大半は、こうしたCEPとの協力関係で作成されたものである。

本書所収の図面のうち最も古いものは2003年に調査を行なったブランシオンとマレの教会堂のものである。実は筆者は、シトー会建築についての研究で1999年に博士号を取得した直後から、確固たる動機もないままに、なんとなくブルゴーニュのロマネスクに惹かれていた。2002年、人口数名のブランシオンの村を単身で訪れ、翌年からすでに、マコネ地方を中心にブルゴーニュ・ロマネスクの調査を開始した。その時

からCEPとの協働が始まるまでの間の数年は、ブランシオンにただ一軒ある宿にお世話になった。当時はごく僅かの人数の院生からなる調査グループであったが、宿を切り盛りするフランソワ・ムラール夫妻に大変お世話になった。ブランシオンに廃墟の状態で現存する中世の城塞の所有者でもあり、ブランシオンの教会堂と城塞の保存協会のメンバーでもある夫妻には、宿泊だけでなく調査許可から始まり調査、研究に関しても大いにお世話になった。記して謝意を表したい。

共著者であるが、アラン・ゲロー氏についても、筆者から一言記しておきたい。国立古文書学校出身のゲロー氏は著名な中世史家である。古文書の扱いに慣れていると同時に、フランスの研究者としては珍しく、寸法、尺度にただならぬ興味を寄せ、故郷マコネ地方の二十一の教会堂を自ら実測し、尺度論からその建築のありようを論じた貴重な論文も著している。筆者がまだ博士論文のためのシトー会建築についての調査を始めた頃、パリ第一大学のシトー会美術の権威であった故レオン＝プレスイール博士より、実測を行う研究者として紹介して頂き、著者の実測調査を激励されたのを記憶している。それ以来の交流で、2003年のブランシオンの調査時には、教会堂の中で三時間に及ぶ講義を受けたことが未だ記憶に新しい。2010年からのCEPとの協働での調査では、筆者らのグループの調査時には必ず最低一日は帯同し、筆者と一緒に鐘塔の中、小屋裏、組積の観察と、建物の隅々まで共に観察し議論をした。本書に掲載されているアラン・ゲロー氏の手になるテクストは、こうして成ったものである。氏の厚意と友情に深く感謝する。

CEPの学術理事でもあり、やはり筆者らの調査グループの滞在中には必ずCEPや調査現場に顔を出してくれたニコラ・レヴェロン氏にも感謝申し上げる。氏と交流が始まり、筆者のブルゴーニュでの調査も本格化し始めた2009年は、クリュニー修道院創立1100年記念にしてクリュニー修道長ユーグ・ド・スミュール没後900年記念の年であった。これにちなんで氏が主催したパレ＝ル＝モニアルでの国際シンポジウムに筆者は招待され、ブルゴーニュでの実測を中心とした調査のその時点での多少の結果を発表する機会を得た。そんなところから始まった研究が今回こうした形で一書にまとめ上げることができたのも、レヴェロン氏の日頃からの援助によるところが大きい。

本書に集められた建築は、ベルゼ＝ラ＝ヴィルを除いて全てコミューン（基礎自治体）が所有し、維持管理に当たっている建物である。我々の調査を許可し、有形無形の様々な援助を提供してくれ、さらには住民たちとの親睦の機会も作ってくれ我々を温かく迎えてくれた、村長、助役、保存協会、住民の方々に、いちいちここで名前を

上げることはできないが、関係した全ての方々に心からお礼を申し上げる。

またベルゼ＝ラ＝ヴィル修道士礼拝堂の所有者であるマコン・アカデミーにもお礼を申し上げる。有名な壁画に比して、ほとんど研究の進んでいない建築に関して、実測図作成の我々の提案を快く受け入れてくれ、貴重なロマネスクの壁画のある室内を自由に実測する許可を与えてくれた。我々の実測図面にとても喜んでいただき光栄である。

本書は図面集でもある。現地での実測をもとにした図面が中心となっているもので、実測調査や実測図の作図を担当した西田研究室の学生諸君と、調査に参加してくれた何人かの他大学の学生諸君との共同の成果である。彼らにも御礼申し上げる。彼らも共著者であるという意味を込めて、各図面には調査と作図に関わった学生諸君の氏名を記してある。

最後に、中央公論美術出版の日野啓一社長のご理解がなければ、本書がこのような形でまとまることはなかった。また、編集作業を担当して下さった鈴木拓士氏には、以前の『シトー会建築のプロポーション』に引き続き今回もまた大変にお世話になった。予定が大幅に遅れる筆者の入稿に辛抱強く付き合っていただき、感謝の言葉もないくらいである。心より御礼申し上げる。

なお本書の出版あたっては、「独立行政法人日本学術振興会平成30年度科学研究費助成事業（科学研究費補助金）（研究成果公開促進費）学術図書」の交付を受けることができた。記して感謝申し上げる。

　　　2019年2月3日

　　　　　　　　　　西田 雅嗣

Remerciements

Nous exprimons nos sincères remerciements à toutes les personnes qui ont soutenu ce projet ou qui, à un moment ou à un autre, nous ont fait profiter de leurs observations et apporté leur aide : en particulier Pierre Durix et Yvonne Bosché, ainsi que tout le personnel du Centre international de l'études des patrimoines culturels en Charolais-Brionnais (CEP) pour leur collaboration sans faille et leur accueil chaleureux, Professeur Nicolas Reveyron (Université Lyon 2), Madame et Monsieur De Murard à Brancion, Académie de Mâcon, ainsi que tous les maires, le personnel de mairie et les habitants des communes qui nous ont permis d'étudier leurs églises romanes. L'auteur japonais tient également à remercier chaleureusement Monsieur Alain Guerreau, auteur français de ce livre, pour sa participation et son aide précieuse.

La publication de cet ouvrage a reçu le soutien financier de Société japonaise de la promotion scientifique -JSPS.

NSHIDA Masatsugu

著者略歴

西田雅嗣（にしだ・まさつぐ）NISHIDA Masatsugu

京都工芸繊維大学大学院教授。1958年北海道生まれ。1984年京都工芸繊維大学大学院修士課程修了。1999年東京大学にて博士号取得。西洋中世建築を専門とし、遺構の実証的・考古学的な建築調査を中心的な方法として研究を長年行って来ている。主著である『シトー会建築のプロポーション』（中央公論美術出版、2006年）は2008年建築史学会賞を受賞した。また、日仏比較建築研究にも長年携わり、フランス人研究者とともに日本建築文化に関する多くのフランスでの講演、シンポジウム、フランス語での出版にも関わる。フランス国立科学研究センターのフィリップ・ボナン氏らとの共編・共著で、多数の日仏の専門家が共同で作り上げた事典 *Vocabulaire de la spatialité japonaise*（CNRS出版、2014年）は、フランス建築アカデミーの2014年書籍賞を受賞した。ソルボンヌ大学美術史・考古学部門とフランス国立科学研究センターの共同研究者でもある。その他、日欧の中世建築の専門家によるシンポジウムを企画し、そこでの講演をもとにした論考を集めた共編・共著の *L'idée d'architecture médiévale au Japon et en Europe*（Mardaga, 2017）のような出版物もある。

Archéologue et architecte, Nishida Masatsugu est professeur à l'Institut Technologique de Kyoto, où il enseigne l'histoire de l'architecture. Spécialiste d'architecture du Moyen Âge, il a dirigé de nombreuses campagnes de relevés sur l'architecture romanes en France. Son ouvrage de synthèse, intitulé *De la proportion de l'architecture cistercienne*, paru en 2006 au Japon, a été récompensé par le prix de la Société japonaise de l'histoire de l'architecture. Spécialiste d'architecture comparée, il a également codirigé l'édition d'un dictionnaire intitulé *Vocabulaire de la spatialité japonaise* (CNRS, prix du livre de l'Académie d'Architecture 2014).

アラン・ゲロー Alain GUERREAU

1948年、フランス南ブルゴーニュ地方のマコン生まれ。国立古文書学校に学んだ中世史学者。研究者としてのキャリアの全てをフランス国立科学研究センターCNRSでの中世研究に捧げる。その研究は、2001年に出版された主著『曖昧な過去の未来 - 21世紀における中世の歴史とは？』に見られるように、中世のほとんど全ての分野に及ぶ。西洋中世におけるヨーロッパ社会のあり方を総合的に体系化しようとする研究から、教会堂こそが中世ヨーロッパ社会の本質的な要素であるとの認識に至り、古文書と遺構を同時に視野に入れながら教会堂の編年やその役割を明らかにする研究に従事する。

Alain Guerreau a consacré toute sa carrière, qui s'est déroulée entièrement au Centre National de la Recherche Scientifique, à l'histoire du Moyen Age dans tous ses différents aspects (L'avenir d'un passé incertain. *Quelle histoire du Moyen Age au XXIe siècle ？* 2001). Ses recherches sur l'organisation globale de la société de l'Europe médiévale occidentale l'ont conduit à conclure que les églises constituaient un élément essentiel de ces sociétés et que l'on doit combiner l'étude des textes et celle des bâtiments pour parvenir à cerner leur chronologie et leurs fonctions.

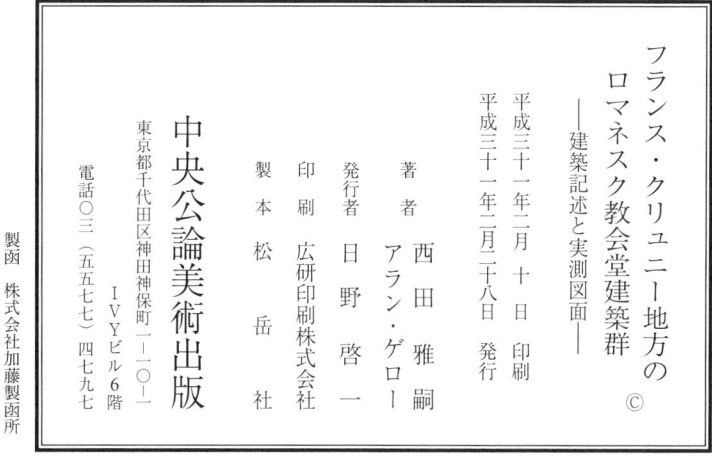

フランス・クリュニー地方のロマネスク教会堂建築群
——建築記述と実測図面—— ©

平成三十一年二月十日　印刷
平成三十一年二月二十八日　発行

著者　西田　雅嗣
　　　アラン・ゲロー

発行者　日野　啓一

印刷　広研印刷株式会社

製本　松岳社

中央公論美術出版

東京都千代田区神田神保町一一〇一
ＩＶＹビル6階

電話〇三（五五七七）四七九七

製函　株式会社加藤製函所

ISBN978-4-8055-0870-1